普通高等教育"十五"国家级规划教材

旅游资源开发

马耀峰　宋保平　赵振斌　编著

教育部人文社会科学重点研究基地重大项目（2000ZDXM770013）

科 学 出 版 社

北　京

内 容 简 介

本书以国家最新颁布的《旅游资源分类、调查与评价》、《旅游规划通则》为依据，完整、系统地阐述了自然类旅游资源、人文类旅游资源和旅游资源开发。本书强化了对旅游资源的认识和旅游资源的开发模式，并根据我国地域辽阔、东方文明古国的特点，突出了自然景观类型的多样性和人文文化、民俗风情的多元化。在旅游资源部分强调了其系统性和完整性，在旅游资源开发部分强调了其创新性。

本书可作为旅游管理、地理科学、环境科学、城市规划等专业的教材；亦可作为旅游、管理、经济、环境、规划等行业部门的管理人员和科技工作者的参考书；并能作为区域旅游资源调查、普查的培训用书。

图书在版编目(CIP)数据

旅游资源开发/马耀峰，宋保平，赵振斌编著．—北京：科学出版社，2004

(普通高等教育"十五"国家级规划教材)

ISBN 978-7-03-013899-6

Ⅰ．旅…　Ⅱ．①马…②宋…③赵…　Ⅲ．旅游资源-资源开发-高等学校-教材　Ⅳ．F590．3

中国版本图书馆 CIP 数据核字(2004)第 070077 号

责任编辑：杨　红　李久进／责任校对：钟　洋

责任印制：赵　博／封面设计：陈　敬

科学出版社出版

北京东黄城根北街16号

邮政编码：100717

http://www.sciencep.com

保定市中画美凯印刷有限公司印刷

科学出版社发行　各地新华书店经销

*

2005 年 1 月第　一　版　开本：720 × 1000　1/16

2018 年 1 月第十六次印刷　印张：26

字数：514 000

定价：45.00 元

（如有印装质量问题，我社负责调换）

前　言

据世界旅游组织预测，21世纪国际旅游仍将保持强劲的增长势头，到2020年，国际旅游人数将增至15.61亿人次，旅游收入将达到2万亿美元，中国将成为世界第一大旅游目的地国家，每年到中国旅游的人数将增至1.37亿人次，中国旅游发展潜力巨大。中国旅游业将成为对国家经济建设贡献最大的产业之一。

旅游业的壮大依赖于不断发展的旅游目的地建设和旅游资源开发，只有常变常新的大量旅游产品才能持续不断地吸引不同的国内外旅游者。旅游资源是旅游业发展的基础，也是旅游规划和旅游资源开发的先决条件；旅游资源开发是一项将资源转化为产品的综合技术。两者紧密相关，前者是条件，后者是手段。旅游业发展的绩效在某种程度上取决于旅游资源开发的成败。随着现代科技的发展和人类社会的进步，旅游资源涵盖的范围越来越宽泛。旅游资源与开发越来越受到国内外学术界和旅游业界的高度关注。

本书为普通高等教育“十五”国家级规划教材（国家教育部教高函［2002］17号文件）。作者以我国2003年5月1日开始实施的《旅游资源分类、调查与评价》和《旅游规划通则》为依据，完整、系统地阐述了自然类旅游资源和人文类旅游资源以及旅游资源开发的概念、理论和技术问题。主要内容包括：旅游资源分类体系、地文景观、水域风光、气象气候与天象、生物景观、综合自然景观、历史遗址、古代建筑、古典园林、宗教文化、古代陵墓、旅游商品、人文活动、城镇与产业等旅游资源；旅游资源调查与评价、旅游资源信息系统、旅游资源开发原理、旅游资源开发模式、旅游业可持续发展等。本书是作者20多年来旅游教学和科研实践的结晶，撰写本教材力图突出：

1）从认识论和学生的思维特点出发，按照理论阐述—实践案例分析—理论探讨的思路组织教材，重视理论和实践的结合，使学生能从理论—实践—理论来进行认知。

2）旅游资源部分以国标为基础，强调了旅游资源的系统性和完整性；旅游资源开发部分突出了实践性和创新性，并融入了作者数十年的部分研究成果。

3）教材内容紧密围绕国家新颁布的旅游资源、旅游规划国标来进行组织，并尽量满足学科的发展和教学的基本要求。

4）根据数字旅游的发展趋势，增加了旅游资源信息系统内容。

5）突出“重视基础、强化原理、重于分析、强调实用”的编撰特色。

本书第一章至第七章由赵振斌负责完成，第八章至第十五章由宋保平负责完成，第十六章至第二十章由马耀峰负责完成，全书由马耀峰统稿。参与本书有关工作、撰写部分章节初稿的还有（按章节先后顺序排序）：李艳花、孟彩萍、马瑛、王秀兰、王啸、刘敏、魏峰群、席岳婷、徐楠、郑秀娟、杨敏、刘昆、李尘、陶莉丽、殷文杰、李旭（第十八章、第十九章）、姚媛等。在此对他们表示衷心的感谢。

马耀峰

2004 年 8 月

目　录

第一章　导　　言

学习提示

一、主要内容

- 旅游资源的概念内涵及特点
- 旅游资源与旅游业的关系
- 旅游资源、旅游产品与旅游商品的开发

二、学习重点

- 掌握旅游资源的概念和内涵
- 学会多角度地看待旅游资源概念问题
- 了解旅游资源与旅游业发展的关系
- 知道旅游资源、旅游产品与旅游商品的关系

第一节　旅游资源的概念与特点

旅游是由客体（旅游资源）、主体（旅游者）和介体（旅游业）三大要素构成的综合体。旅游资源是旅游活动的对象，虽然不同历史时期旅游活动的主题内容有所不同，现代旅游业涉及的行业和范围也在不断扩大，但旅游资源作为旅游活动构成要素的基础地位始终没有改变。正是由于旅游资源的存在，才产生了旅游吸引力，导致游客的空间流动，即旅游活动的出现，因此，对旅游资源研究是旅游学研究最基本的内容之一。

一、旅游资源的定义

从现代旅游业的发展看，对区域旅游资源状况的认识和评价，是区域旅游开发的前提。而对有关旅游资源的一切认识、研究和实践活动，都有赖于一个相对科学的旅游资源概念的建立。旅游资源的概念影响到旅游资源的分类、调查、评价及旅游产品开发等诸多方面。

西方国家学者多将旅游资源称作旅游吸引（物）（tourist attraction），是指旅游地吸引旅游者的所有因素的总和。原苏联地理学家普列奥布拉曾斯基等从技术经济的角度对旅游资源给出如下定义：旅游资源是在现有技术和物质条件下，能够被用作组织旅游经济的自然的、技术的和社会经济的因素。

20 世纪 80 年代以来，随着我国旅游业的发展，旅游资源的研究受到许多学者的重视，然而到目前为止，尚未形成一个为学界公认的旅游资源定义。由于认识角度的不同，出现了不同的旅游资源的定义。

陈传康、刘振礼认为：“旅游资源是在现实条件下，能够吸引人们产生旅游动机并进行旅游活动的各种因素的总和，它是旅游业产生和发展的基础。”保继刚认为：“旅游资源是指对旅游者具有吸引力的自然存在和历史文化遗产，以及直接用于旅游目的的人工创造物。”卢云亭指出：“凡是对旅游者产生吸引力，并具备一定旅游功能和价值的自然与人文因素的原材料，统称为旅游资源。”李天元等认为：“凡是能够造就对旅游者具有吸引力环境的自然因素、社会因素或其他任何因素，都可构成旅游资源。”苏文才、孙文昌将旅游资源描述为：“在自然界或人类社会中凡能对旅游产生吸引向性、有可能被用来规划开发成旅游消费对象的各种事与物（因素）的总和。”晓鞍认为：“能够使旅游者发生兴趣，有足够的力量吸引他们前来，并由此可获得经济效益的各种要素的集合。”

上述国内学者的定义多数都是从旅游资源本身的利用价值，即从旅游资源的吸引力角度给出的，因此其共同之处在于都表明旅游资源必须对游客具有一定的吸引力，而且是直接作用于旅游者，用于欣赏和消遣的因素，这是旅游资源概念的核心所在。不同之处表现在两个方面：首先是对旅游资源具体内容的概括与表述上存在差异；其次，学者们还分别从不同角度强调了旅游资源的一些特点或属性，以便更科学地界定旅游资源。如旅游资源界定的技术经济前提（陈传康、刘振礼）；旅游资源的功能和价值（卢云亭）；旅游资源可被用来开发的特性及经济属性（苏文才、孙文昌与晓鞍）等。

一些学者还从旅游资源开发或旅游业发展的角度来界定，使得旅游资源的概念变得更广泛。如郭来喜认为：“凡能为旅游者提供游览观赏、知识乐趣、度假疗养、娱乐休息、探险猎奇、考察研究以及友好往来和消磨闲暇时间的客体和劳务，均可称为旅游资源”，将劳务（服务）也引入旅游资源的定义。申葆嘉认为：“旅游资源是一切可以用于旅游开发的条件和因素”，包括社会资源和专用资源两部分。其中前者包括基础设施资源、自然与社会环境、可用于旅游投资的社会财力和物力；后者包括旅游服务设施资源、旅游吸引诸因素资源、旅游专用劳动力。谢彦君则认为，旅游资源除了一般所指外，还应包含旅游者和各种能传达旅游地相关信息的标识物（如广告、宣传品等）在内，将概念的内涵进一步扩大。

根据以上学者的看法，本着简明、实用的原则，作者把旅游资源的概念界定为：凡能吸引旅游者产生旅游动机，并可能被利用来开展旅游活动的各种自然、人文客体或其他因素，都可称为旅游资源。

二、旅游资源概念的内涵

旅游资源与一般的资源相比较，具有较为丰富的内涵和独特的属性，为了更好地理解旅游资源的概念，对上述定义作如下解释。

1. 具有吸引力

旅游资源应和其他类型的资源一样，具有一定的利用价值，即对人类有某种用处。旅游资源的利用价值主要体现在对游客的吸引力上。游客之所以从客源地到某一旅游地去旅游，就是因为这一旅游地有吸引游客的事物，旅游资源成为旅游者从客源地到旅游目的地间客流的推动因素。如优美的自然风光、驰名的文物古迹、舒适的气候环境、奇特的风土人情、优惠的购物环境、精湛的艺术表演等，它们可以吸引游客前去游览、观赏、购物、休疗、学习、体验等，从而满足人们愉悦身心、康体保健、陶冶情操、休闲娱乐、购物消费、增长见识、开阔视野、探险猎奇、扩大交往等愿望。

旅游资源对游客的吸引力是指对旅游者群体而言，而不是以个别人的好恶为标准。对多数人有吸引力，而个别人对其缺乏兴趣的资源仍属旅游资源。由于旅游者旅游需求、旅游动机的不同，旅游资源能吸引的相关群体有一定的倾向性。就某种具体的旅游资源来说，它可能对某旅游者群体吸引力颇大，而对另外的旅游者无多大吸引力。如农村居民被城市的现代化建筑、设施构成的城市风光所吸引；而城市居民久居闹市，对农村的田园风光非常向往。旅游资源的倾向性使得旅游资源的开发具有很强的客源市场针对性。

是否具有旅游吸引力成为判断事物是否属于旅游资源的重要依据。狭义的旅游资源概念应界定为能吸引旅游者前往目的地旅游的旅游景观要素，不包括为了达到这些目的而辅助完成的旅游接待因素，如导游、司机、服务员、经营管理人员等提供的服务。这些接待因素在旅游活动中仅仅起到了媒介作用，并不是吸引游客前来旅游的主体事物。但广义的旅游资源概念应将其包括在内，如造诣较高的书法家、艺术家、名厨师和别具一格的工作人员等，不仅他们的作品或产品为旅游者所欣赏或享用，而且他们的创造、制作或工作过程也成为了游客的参观项目。旅游接待中，“人人都是旅游资源”就包含这层含义。夏威夷人民热情好客，许多人去那里目的之一就是想亲身体验这种热情好客的氛围。因此，该地把热情好客的居民也作为吸引游人的因素加以宣传。这种带有某种特色的接待服务已不仅仅是旅游媒介，而成为吸引旅游者的景观构成因素，应属于旅游资源范畴。

2. 内容的发展变化

旅游资源是一个发展的概念，它的范畴在不断地扩大。在区域旅游业发展的不同历史阶段，对旅游资源的内涵会有不同的理解与认识。旅游资源范畴的扩大主要基于以下两方面的因素。

首先，旅游资源的界定应有一定技术经济前提。科学技术的不断进步，必然使得旅游资源的内容不断扩大。原来不是旅游资源的事物和因素，今天就有可能成为旅游资源予以开发。如随着航天技术的发展，作为游客遨游太空已不是梦想。2001 年 4 月 28 日美国商人丹尼斯·蒂托乘坐俄罗斯“联盟 TM-32”飞船飞往国际空间站，度过了为期 8 天的太空旅行，他成了真正意义上的太空游客。随后，美国等西方国家已开始酝酿一种亚轨道飞行器的短期太空旅行项目，这将使太空和太空站成为新的旅游资源。随着现代信息技术的发展，虚拟技术已经能够使人与虚拟三维环境进行视觉、触觉、嗅觉、听觉等感觉的实时交流，所谓的虚拟旅游资源也应运而生。虚拟旅游资源可是人类现有资源的数字化形式，如全息文物图像；也可是人类丰富想像力的产物，如星际穿梭、海底探险。与真实旅游资源相比，虚拟旅游资源更具有题材的开放性和组合的完美性。一些以虚拟旅游资源为内容的主体公园已在国外开始建设。据报道，我国的数字故宫项目也在进行当中。人们旅游前，可首先在虚拟景观中“畅游”，然后再到实际景观中去真实体验。

其次，随着经济的发展，大众生活水平的提高，人们的旅游需求出现了多样化、个性化的发展趋向。使得过去不是旅游资源的事物现象今天也成为了旅游资源。如我国 20 世纪 90 年代以前，旅游类型主要是观光游览，旅游资源的开发主要集中在自然风光和文物古迹的参观方面。90 年代以后，随着国内旅游业的蓬勃兴起，人们的旅游需求越来越多样化，如休闲度假，科技、文化、高校等专题旅游蓬勃发展，我们审视旅游资源的视野也变得越来越开阔了。近年来产业旅游的出现，使得工厂的生产车间，农场的茶园、果园亦成为旅游吸引物；生态旅游的出现，使得具有原始景观特征的一些自然保护区成为旅游资源；保健意识的增强，使一些药膳房、中药材博物馆成为吸引物；国内、国际经济联系的日益频繁，使得一些交通便利，信息灵通，经济发达的城市设施如展览馆、会议中心、酒店成为发展会展旅游的资源。随着旅游业的发展，旅游资源的范畴几乎到了无所不包的程度。

3. 形态的多元化

旅游资源有自然的，人文的；有物质的，也有非物质的；有有形的，还有无形的，因此具有多种形态。作为旅游资源，自然界禀赋的沟壑山峦、河流湖泊、飞瀑涌泉、花鸟虫鱼、日光月色等，以及人工创造的、历史遗存的园林、宫殿、城阙、文物等，它们是物质的、有形的客观实体，认同感较强，易于被人们认可，这是旅游资源中很重要的一部分。而对于像历史名人、上海海派文化、风土人情、故事传奇等无形的不易为人们感知和触摸到的非物质的事物和现象，往往缺乏对其本质的理解与认可。实际上精神的、非物质的事物，是在物质基础上产生并依附于物质而存在的，如不同的文化总是通过生活方式、风俗习惯、艺术创作、文字记载等形式表现出来。非物质性事物构成了重要的旅游资源形式。

旅游活动除满足旅游者旅游过程中的物质需要外，更重要的是满足旅游者的精神需求。因此，物质的和非物质的旅游资源都是旅游开发中重要的资源形式。随着旅游业的发展，旅游者欣赏水平的提高，非物质性资源越来越在旅游开发中处于重要的地位，成为旅游资源深层次开发的核心之一。旅游开发中常说的“深化旅游产品文化内涵”，其实质就是强调要在旅游资源的文化内涵方面做文章，以提高旅游产品的品位。充分发掘无形的精神文化旅游资源，可拓宽旅游的内容，并为有形的、物质的旅游产品创造出一种新的附加值。如提起湖北省蒲圻县石头关，知之者不多，但是若说此处是赤壁，则声名远扬，这就是文化对物质资源价值的升华作用。

三、旅游资源的特点

1. 旅游资源的综合性

旅游资源的综合性首先表现为旅游资源多是由不同的要素组成的综合体。如山岳景观是由高耸挺拔的山体与林地、云雾等组成；峡谷景观是由谷地、河水及林地组成；一些气象、天象景观更是多种因素共同作用的结果，如彩虹、夕阳、佛光等，都是阳光光线与一定质量的大气作用的结果。由于这些景观形成因素都有相对不确定性，因此对其开发利用应注意对不同因素作用条件的满足。人文旅游资源也具有综合性的特点，如古村落作为一种旅游资源，它是由生态、物态、文态、情态等多种物质或非物质要素共同作用下形成的。生态要素是指影响村落与环境关系的要素，如风水、地貌、水文条件等；物态要素指村落的建筑物和构筑物体系，如牌楼、民居、宗祠等；文态要素指形成古村落的文化艺术及思想内容，如牌匾、绘画、雕刻等；情态要素指村落社会生活的各个方面。以上四方面对古村落整体景观的形成缺一不可，某一方面的破坏，可导致整个景观的破坏。

旅游资源的综合性还表现在旅游资源开发上。由于单一资源的开发往往对旅游者的吸引力有限，在实践中，常把不同类型的旅游资源结合在一起开发，以形成互补优势。如西湖风景区虽然以湖泊为主，但还包括山丘、林地、古建、古桥等一系列资源类型。这些资源类型虽有所不同，但开发中都应服从于统一的主题，使资源类型间达到协调一致。

综合性要求旅游资源的开发与保护都应具备整体的眼光，用联系的方法看待问题。开发中不能只见树木不见森林，进行破坏式开发建设；保护不能头痛医头，脚痛医脚，而应从联系中寻找解决问题的方法。

2. 旅游资源的地域性

地域性是指旅游资源分布具有一定的地域范围，存在地域差异，带有地方色彩。旅游资源的地域性是由以下方面引起的：首先，由于地域分异因素（纬度、地貌、海陆位置等）的影响，自然环境因素如气候、地貌、水文、动植物等出现地域分异，从而导致自然旅游资源具有地域性。如赤道雨林景观、温带大陆内部的荒漠景观、南极的冰原景观等分别出现于不同的地表区域。其次，由于人文景观与自然环境具有紧密的联系性，这种联系性在农业社会及其以前的历史时期，甚至表现为强烈的依赖性，自然景观的地域性也导致了人文景观的地域性。如不同民族具有风格各异的文化活动、风俗习惯、村镇民宅等。

地域性是旅游流产生的根本因素。不同地方有不同的自然与文化环境，而旅游者天生有求新、求异的心理需要，这使得旅游者在一定的条件下跨越空间限制前往异地游览。现代旅游开发中，要求充分挖掘资源特色，开发独特的旅游产品，因为在旅游市场竞争越来越激烈的今天，特色就是旅游产品拥有市场的法宝。可见，正确认识和评价区域旅游资源条件，突出自身特色，是资源开发中的重要内容。

科学技术的发展，使得大工业生产中的标准化、规范化受到重视，而地方知识、地方技能、地方价值观被忽视了。从全球范围看，随着经济全球化、一体化浪潮的掀起，旅游资源地域性也受到挑战，人文景观正在经历景观趋同，特色消失的过程，因此，保护现有富含人类历史和地方信息的特色景观资源迫在眉睫。

3. 旅游资源的不可移动性

其他资源经过开发，或以其自身，或以其产品，可以输往其他地方以供利用。但旅游资源一般在地域上是固定的，不可移动的，这样便形成了旅游资源的地域垄断性。旅游资源的不可移动性可以从以下方面来理解：首先，自然旅游资源是大自然的杰作，它们都是在一定自然地理环境下形成的，由于其规模往往巨大或与地理环境的紧密联系性，使其难以发生空间位移。如长江三峡、壶口瀑布、桂林山水等资源产生于特定的地理环境，无法用人工力量来搬迁或异地再现。其次，人文旅游资源是在特定的地域环境和特定的历史条件下的人类社会产物，它们的价值主要体现在包含人类社会、历史信息的丰富性上。由于这类资源与其生成环境紧密联系，人为割裂其环境联系，势必会影响到旅游资源所承载信息的完整性、原生性和真实性，使资源的价值降低。如中国巍巍群山中蜿蜒不断的万里长城，意大利罗马古城中的斗兽场，埃及茫茫沙漠中的金字塔都是与其自然和人文环境紧密联系的。最后，在现代经济和技术条件下，在其他地方仿制有名的旅游资源是可能的，如微缩景观、园林建筑等，但由于脱离了历史和环境，仿制品往往失去了原有的魅力和意义，其生命力非常有限。

旅游资源的不可移动性使得旅游资源的开发一般应在当地进行，对于搬迁、移动资源，建设仿制景观应持审慎的态度。由于旅游者必须离开常住地前往资源地才能完成旅游活动，因此，使得旅游地的一些服务设施、行业纳入到旅游业之中，成为旅游业的重要组成部分。旅游地或旅游产品的质量除受旅游资源质量影响外，还受到交通、住宿、接待等服务行业的影响。

4. 旅游资源可重复开发性

其他资源多数不能重复利用，在人们消费产品的同时，资源也随之消耗掉。而旅游资源相反，在妥善保护的情况下多可长期反复利用。旅游者通常不能带走旅游资源本身（一些旅游商品除外），所带走的只是利用旅游资源开发的旅游产品的意念和印象。因此，旅游资源可重复利用。开发过的旅游资源在新一轮的、或更深层次的开发中，仍可作为资源来对待。如在原有的观光旅游地，原来用于观赏的悬崖，在配套一些相应的设施以后，可用于开展旅游攀岩活动；一些河道，在水深、地形允许的条件下，可开展漂流。

导致旅游资源重复开发主要有以下因素：首先，任何旅游资源开发出的旅游产品都存在生命周期，即存在起步、发展、成熟、衰退的发展规律，因此，当旅游产品处于成熟或衰退期时，应积极开发新的适销对路的产品；其次，由于旅游业的发展，人们的旅游需求发生变化，因此，同一旅游资源或旅游地必须针对市场需求不断地进行深度开发，才能适应市场需要。从为观光旅游而进行的旅游资源的开发，到为特色旅游、专题旅游而进行的旅游资源开发，开发活动不断深化、不断发展。今后一段时间，高科技在旅游资源开发中的作用和地位显得越来越重要。增加科技含量成为深化旅游开发及旅游开发创新的重要内容，高科技的应用可提高旅游产品质量，并能使旅游资源的潜能得到充分发挥。

5. 旅游资源的观赏性

旅游资源同一般资源的最主要区别，就是它的美学特征，具有观赏性。虽然旅游动机因人而异、旅游内容丰富多彩，但观赏活动几乎是一切旅游过程都不可缺少的内容，有时更是全部旅游活动的核心内容。无论是“水光潋滟晴方好，山色崆朦雨亦奇”的西湖美景，还是“大漠孤烟直，长河落日圆”的塞外风光；还有多姿多彩的文物古迹、民族风情以及美食佳肴等，都无不具有观赏价值。观赏性构成旅游资源吸引力的最基本要素。观赏性影响旅游资源的品质，一般来说，旅游资源的观赏性越强，对旅游者的吸引力就越大。如我国的万里长城、秦兵马俑、桂林山水，埃及的金字塔，古罗马的斗兽场，法国的埃菲尔铁塔，日本的富士山，美国的自由女神像等，都因观赏性较强，成为世界著名的旅游资源。

由于观赏性的基础地位，美学价值一般作为重要的开发内容。从一定意义上说，旅游资源的开发就是将资源中蕴涵的美充分体现出来，使游人能够察觉、享受，并在这一过程中发现美，提高美，创造美，从而产生愉悦感。美学效果成为衡量旅游资源开发利用程度及效果的主要标准之一。合理的开发应使旅游者在旅游过程中获得生理、心理两方面美的享受，起到陶冶性情，锻炼意志，树立理想，提高素质，培养情趣的作用。

由于旅游者性格、气质及审美能力、水平的差异以及自然旅游资源和人文旅游资源的美感、丰度、价值、结构和布局因时因地的不同，对旅游资源的欣赏也是多层次和多样性的，旅游开发应注意满足不同类型，不同阶段旅游市场的需求。旅游审美涉及主体与客体两个方面，因此，要取得好的旅游效果，除了要对旅游景观进行美化外，还必须加强美育工作，提高全民的审美能力和鉴赏水平，这样才能使旅游活动更加富有意义。

第二节 旅游资源与旅游业发展

一、旅 游 业

旅游业是指以满足旅游市场需求为目的，为开展各种旅游活动创造条件，向旅游者提供所需产品和服务的综合性产业。旅游业的发展依赖于区域旅游资源的丰度、品位、质量及其对旅游资源的开发程度和开发水平。良好的旅游资源禀赋条件是区域旅游业发展的基础。

二、旅游资源与旅游业

区域旅游业的发展与旅游资源的关系极为密切。

1. 旅游资源是旅游业发展的重要基础

旅游业的产生和发展是以旅游活动的出现为基础的，在旅游活动内容的行、吃、住、游、娱、购这六大要素中，行、吃、住是旅游活动的必备条件；娱、购是旅游活动的主要内容；游则是旅游活动的核心内容。而旅游资源作为旅游活动的对象与客体，是吸引旅游者产生旅游动机的根本原因。旅游业正是利用旅游资源，通过加工、生产、组织、销售旅游产品而获得发展的。因此，没有旅游资源，就不会有旅游活动，更无法谈及旅游业。旅游活动的异地性，使得旅游地的许多行业纳入到旅游业之中，如餐饮、住宿、商业、交通、洗浴、医疗、文化演艺等。随着旅游业的发展，旅游业的范畴将进一步扩大，旅游业的行业界线也将变得更加模糊，影响旅游业发展的因素将会越来越多，但无论如何，旅游资源作为区域旅游业发展的基础的地位是不会动摇的。

2. 旅游资源质量影响旅游业发展水平

旅游资源的赋存情况影响区域旅游业的发展水平。这是因为旅游资源的质量直接影响到旅游需求的形成和增长，影响着旅游客源市场规模的大小。旅游资源质量主要是指旅游资源所具有的旅游价值的高低，包括旅游资源的美学特征、稀有程度、休闲康乐价值、文化价值、历史价值、科学研究价值以及资源丰度、规模、组合性等。一般来说，旅游资源质量越高，对旅游者的吸引力越大，越能刺激旅游需求的增长，对旅游业发展定会起到重要的促进作用。虽然影响旅游业发展的因素很多，但在其他条件相似的情况下，旅游资源本身质量的高低具有重要的意义。北京、西安、杭州、桂林等城市之所以能够成为我国吸引国内外游客的旅游热点城市，就是因为这些地方有知名度高、吸引力大的特色旅游资源。

3. 旅游资源影响旅游业的产业结构

旅游资源条件影响区域旅游产业结构的形成。旅游资源通过行业结构和产品结构而影响区域旅游产业结构的形成。在旅游行业中，各行业间的比例关系可随空间、时间发生变化。随着区域旅游资源的不同，旅游开发方向出现变化，行业结构和产品组成也有所不同。如香港被誉为“购物天堂”，购物消费在其旅游消费结构中占有60%的比重，因此商贸成为香港的主要旅游行业。形成这种局面是与香港自由港、金融中心的地位和众多的免税购物场所、周到的服务设施等条件分不开的。而夏威夷旅游消费结构中，住宿和餐饮占50%以上的比重，这是由其海岛旅游资源所产生的休闲度假旅游性质所决定的。在各行业协调发展的前提下，确定不同地区的龙头行业，可对区域旅游业发展起到积极的带动作用，这也是旅游产业结构战略部署中的重要内容。

三、旅游资源开发与旅游业发展

虽然旅游资源是旅游业发展的重要基础，但在一些情况下，旅游资源并不是区域旅游业发展的关键、决定性因素。

1. 旅游业发展的复杂性

旅游资源的开发涉及旅游资源以外的许多方面，如可进入性、自然环境、区位条件、经济条件、社会条件。而旅游业的发展还受资金投入、管理水平、人才培养、旅游市场营销机制、资源优化配置等多方面因素的影响。因此，一个地区单有旅游资源并不意味着就能发展具有大规模、高水平的旅游业。如我国西北广大地区蕴涵着丰富的、高品质的自然和人文旅游资源，但旅游业发展相对滞后，资源多处于“待在深闺人未识”的状态，这种状况是与区域相对落后的社会、经济条件密切相关的。

2. 市场竞争是旅游业发展的驱动力

在旅游市场竞争加剧，旅游需求多样化的今天，区域旅游业的发展更多地受到资源以外社会、经济条件的影响。随着旅游资源从初级开发向深度开发的转化，资金、技术、人才等因素对旅游业的影响会越来越大。我国的一些传统旅游目的地，在当前的旅游业经营中都存在旅游增长趋缓，市场份额下降的问题。这些旅游地的进一步发展应从资源潜力挖掘、产业结构优化、管理体制创新、现代技术引进等多方面寻找驱动力。理论与实践的创新往往起到决定性作用。

3. 资源禀赋差的地区亦可发展旅游业

对于一些旅游资源质量不佳，或资源结构、规模不理想的地区，即所谓旅游资源条件非优区，只要区位条件好，经济发达，具有充足的旅游市场需求，也可挖掘现有的旅游资源潜力，发展市场带动型的旅游业。如深圳的旅游业就是在禀赋旅游资源状况不良的情况下，依托政策、信息、市场、区位等条件而快速发展起来的，值得其他旅游资源欠缺区发展旅游业借鉴和学习。

第三节 旅游资源与旅游产品开发

旅游产品是指旅游经营者为满足旅游者在旅游活动中的各种需求而向旅游市场提供的各种物品和服务的总和。它一般由旅游吸引物、旅游设施和旅游服务三部分构成。旅游吸引物（景观）是指经开发的自然实体和历史文化实体（包括文化氛围和传统习俗）及其线路所组成的核心吸引物，由于景观体的吸引作用才使旅游者产生旅游动机；旅游设施是指旅游者得以进入和满足其生理、安全、情感需求的交通、食宿等基础设施，它们通常是一些现代建筑物；旅游服务则是旅游者在体验景观和身处设施场所中所接受到的物质或精神上的享受，它们通常是非物质形态的，人为创造出来的。旅游资源是加工、生产旅游产品的原材料，因此，旅游资源对旅游产品的开发有着至关重要的影响。

一、旅游资源转化为旅游产品的条件与模式

特定空间的旅游资源开发转化为旅游产品，一般需要三个基本条件。

第一，应具有一定数量和质量的旅游资源。这是旅游产品形成的基础。如果错误地认为旅游产品开发就是盖饭店、修建设施，不在资源建设上下工夫，发展旅游业将是徒劳的，因为旅游资源是旅游动机产生的根源。由于旅游资源具有多种形态，因此，在区域旅游资源评价中应充分考虑将人文资源与自然资源相结合，资源的物质性与非物质性相结合，资源外表的直观性与内在的文化性相结合，已开发资源与未开发资源相结合。

第二，形成一定规模的设施接待能力。这是开展旅游业的物质保证。设施接待能力通常理解为交通、餐饮、住宿、购物、娱乐等方面的设施。现代旅游不同于古代旅行，它是人们的一种高级享受，设施的质量水平可能会决定人们是否愿意购买某旅游产品。当然，对于一些特种旅游产品来说，如登山，探险旅游，虽然在旅游过程中游客对设施要求不高，但与之相关联的旅游集散地的设施应该具备较高水平。

第三，具有一定的可进入性。这是进行旅游活动的前提。可进入性主要是指交通、管理体制和政策、社会治安以及当地居民对旅游业的态度等。交通的可进入性是指旅游者能否进得来，散得开，出得去。管理体制和政策是指当地行政管理部门对旅游业是否支持，是否能多方面开放。社会安定程度是指能否保证旅游者的人身与财产安全以及有无较为完善的保险业务等。当地居民对旅游业的态度是指当地人能否正确认识旅游这一社会现象，能否理解旅游业对该地区社会经济的好处以及对旅游者的欢迎程度等。

由于区域旅游资源赋存状况不同，开发条件不同及旅游资源开发阶段的不同，旅游资源转化为旅游产品可分为两种模式：一种为所谓的“共生模式”，即在旅游业发展的初期阶段或区域旅游资源品位较高，吸引力较强的情况下，旅游资源到旅游产品的开发侧重于基础设施和接待服务的规划建设，主要解决旅游者的可进入性和食宿、娱乐问题，而不需要过多考虑作为吸引物的景区、景点建设问题。如20世纪80年代，我国以名山大川、文物古迹为主的自然、人文观光旅游产品的开发就属于这种情况。另一种即所谓的“提升模式”，随着旅游开发水平的提高、旅游市场竞争的加剧和旅游需求的转型，或由于区域旅游资源品位较差，旅游产品的开发就不能只停留于旅游设施、服务地建设阶段，而应充分挖掘和发挥旅游资源潜能，开拓新的旅游资源，进行产品的市场整合，注入资金技术。总之，旅游产品结构将顺着对资源的初加工向对资源的深加工方向发展，从

而开发出满足市场需要的、吸引力强的旅游产品。

二、旅游资源与旅游产品特色的塑造

旅游产品的开发应挖掘和发挥旅游资源的独特性，塑造旅游产品的个性与特色。旅游产品的个性与特色关系到产品吸引力的大小，产品可替代性的大小，因此，在面向市场的旅游开发中，产品的独特性往往关系到产品开发的成败。一个独特的产品，能够刺激持续的旅游需求，从而获得好的经济、社会效益。旅游产品特色的确定应以旅游资源为基础。不同地区由于所处位置和自然条件诸因素的不同，赋存了各具特色的自然旅游资源；由于历史和社会经济条件的不同，形成了各不相同的人文旅游资源，这些为区域旅游产品特色的塑造提供了依据。因此，在旅游产品形成过程中，应对区域旅游资源特色进行科学的分析、恰当的评价，判断其在同类资源中的地位和价值，预测其开发为旅游产品后对市场的吸引力和市场需求，以明确其建设方向和重点。如峨眉天下秀，青城天下幽，华山天下险，这一“秀”、一“幽”、一“险”就是资源的特色，它们具有一定的市场垄断性，因而，在旅游产品开发中，应更加突出和强化出这些特色。又如对西安市城市旅游资源及产品特色的把握，应定位于“历史文化古都”，一大批知名的资源点为这一特色塑造提供了基础：保存最完好的古城墙、护城河、钟楼、大雁塔、小雁塔、碑林、大明宫遗址……如果舍弃“古都”这一独特性因素，而将“西部最强市”，“现代化城市”作为城市旅游形象塑造目标的话，则会使真正的旅游资源优势得不到发挥，产品的市场竞争力受到影响。

三、旅游资源与旅游产品的深度开发

旅游产品开发应发挥旅游资源潜力，满足市场需求。旅游产品的开发目的，是实现其价值，而价值的实现是以市场为条件的。因此，旅游产品的开发，必须结合市场来进行。由于旅游资源内涵的广延性、发展性，旅游资源可以顺应旅游市场需求的变化，不断更新和再生其吸引力因素，从而满足旅游产品更新的需要。旅游资源深度开发一般可遵循以下途径。

第一，应充分发挥单一旅游资源的旅游功能，并结合市场需要不断进行再开发。如太湖旅游，既可观览湖光山色，又可登船扬帆，碧波畅游，也可开发出湖岸度假休闲的旅游产品。山地旅游在传统观光项目的基础上，又可开发登山、攀岩、探险等项目。

第二，依据相对优越的资源和区位条件，通过集聚布局效应，适度扩大开发规模，增加规模效益，深化、显化旅游资源的内涵，突出整体优势，强化与其他旅游区的差异，以利于塑造特色鲜明的新的市场形象，增加旅游产品的观赏性和影响力。如西安市大雁塔北广场建设，增加了环境空旷度，使得大雁塔的景观视觉效果更加突出，观赏性大为增强；围绕大慈恩寺仿唐建筑群的修建，使以“大唐风韵”为主题的文化特色突现出来，景区内涵更为丰富。大雁塔新项目的建设，势必使这一传统旅游产品焕发出更强的旅游吸引力。

第三，注重景区多种旅游资源的协调开发，满足旅游需求多样化的需要，增强旅游产品的吸引力。如杭州西湖风景区就是一个山、水、林兼备的旅游地。进一步发展过程中，针对景区旅游功能相对单一这一问题，在观光旅游的基础上，开发了主题公园等旅游项目，增强了项目的参与性，丰富了旅游产品的构成，满足了相应的市场需求。

第四，应注重旅游资源的区域协作开发，结合市场需要，对整个区域或跨区域旅游资源进行整合，开发出具有竞争力的旅游产品。如对于三国文化旅游来说，由于其资源分布于陕西、湖北、四川等多个省区，因此这些资源的深度开发，局限于某一区域显然是不行的。应走跨省、跨地区横向联合的道路，统一开发，协调管理，打造精品。现有的各自为政的开发方式，既造成了资源浪费，又使产品的规模、质量受到影响。

第五，应注重旅游资源和产品创新。深挖传统资源潜力的同时，注重发现和创造新生资源，将已开发、待开发资源相互结合来进行产品创新。一些主题公园就是旅游资源和产品创新结合的结果。如昆明世博园、迪斯尼乐园以及国外正在建设的高科技主题公园，都是结合市场需求进行创新的例证。从国内外旅游资源开发趋势看，围绕旅游资源的这种创新活动对技术和资金的依赖性愈来愈大，并表现出了一定技术垄断性的特征。

案例分析——北京旅游资源与旅游业发展

北京是我国的首都，也是我国重要的旅游目的地。北京以其悠久的历史，丰富的文化遗存，以及其政治、文化中心的地位，吸引着广大国外旅游者，也成为国内各族人民向往之地。

北京旅游业非常发达，是我国最重要的旅游城市之一。北京旅游业的发展，是与其丰富独特的旅游资源分不开的。北京旅游资源的特点表现在以下几个方面：首先，旅游资源具有很高的品位，拥有一批垄断性的资源。北京建城史已有3000多年，建都史也有800多年。故宫、长城、周口店北京猿人遗址、天坛、颐和园被列入世界自然与文化遗产名录。高质量的旅游资源为北京提供了持续的旅游吸引力。第二，北京旅游资源数量丰富，组合较好。北京既有如西山红叶，卢沟晓月，玉泉垂虹等知名的自然景观；又有故宫、颐和园、十三陵、长城、北海、天坛等闻名于海内外的人文景观。北京的胡同、四合院是中国北方传统的民居形式，反映了中国人传统的审美观念和人地协调思想。作为历史名城，北京保留了许多文化传统，以京剧、相声为代表的京派表演艺术更是享誉国内外。北京是我国革命史上众多历史事件发生的舞台，是研究中国革命史的圣地。第三，北京旅游资源特色明显。北京作为旅游地的特色在于其丰富的都城型资源赋存。作为文化古都，北京都城与皇城的建设是世界建筑史上的杰作，至今仍然闪烁着灿烂的光芒。首都的地位为北京提供了特有的旅游资源，同时也是北京旅游吸引力构建的重要背景。

北京旅游资源的开发处在一个不断深化、更新和发展的过程中。近年来，北京市结合市场需求变化，加强旅游资源开发的深度、广度，一批新的旅游资源被认识、被开发，新的旅游产品不断推向市场，使得北京的旅游吸引力得到持续提升。结合城市改造而修建的王府井步行街、大都市商业步行街，为北京休闲购物旅游提供了场所，也为展示现代北京城市形象提供了舞台。而北京郊区出现的观光农业、农家乐、采摘节也已初具规模，一方面成为城市居民周末休闲度假乐于前往的好去处，另一方面给京郊农村经济的发展注入了活力。北京用数字化和虚拟现实等技术制作完成了“紫禁城·天子的宫殿”数字产品。通过大型电子计算机实时描绘高清晰度的虚拟现实图像，观众可以从不同角度，不同距离欣赏美轮美奂的故宫场景。想看全景，可以升至半空俯视整个故宫乃至景山和北海；想看细节，可以近到“零距离”欣赏，赏玩每一个建筑构件、每一件内部陈设、每一处装饰处理……数字旅游产品不仅解决了故宫文物展示与文物保护间存在的矛盾，而且提高了文物古迹的观赏性、可看性。高科技所具有的神奇功效，使传统的旅游资源焕发出了新的生命力。

复习思考题

1. 什么是旅游资源？如何理解旅游资源的内涵？
2. 简析旅游资源的特点。
3. 举例说明旅游资源与旅游业发展的关系。
4. 结合身边实例说明旅游资源深度开发中应注意的问题。
5. 旅游资源贫瘠区可否发展旅游业？为什么？
6. 如何理解旅游资源的有形性和无形性，试举例说明。

第二章　旅游资源的分类

学习提示

一、主要内容

- 旅游资源分类概念、目的、原则、依据等分类基本理论
- 两分法分类方案
- 国家标准分类体系的内容及特点
- 其他分类方案介绍

二、学习重点

- 要求掌握常用的旅游资源的分类方案
- 要求学会用主要分类方案对区域旅游资源进行区别及分类
- 要求了解旅游资源分类的目的、意义、原则、依据及方法
- 要求知道其他分类方案

第一节　概　　述

一、分类及其意义

1. 分类的概念

分类亦称归类，是根据分类对象的同和异把事物集合成类并系统化的过程。分类以比较为基础，通过比较识别出事物之间的共同点和差异点，然后根据其共同点和差异点进行分别归类。通常是利用求同存异的方法归并较大的类，再根据差异将对象划分为较小的类，从而将对象区分为具有一定从属关系的不同等级的系统。

旅游资源的分类同样应遵循分类法的基本要求，是根据旅游资源的共同点和差异点进行归并，划分出具有一定的从属关系的不同等级类别（型）的工作过程。在所划分出的同一种类别（型）中，其属性彼此有相似之处，不同类别（型）之间则存在着一定的差异。例如，两分法分类方案，根据旅游资源的成因将旅游资源分为自然旅游资源和人文旅游资源两大类别（型），其中自然旅游资源全部为天然赋存，自然形成的；而所有的人文旅游资源则都是人为作用下形成的，两者之间的成因存在着明显的差别。根据自然旅游资源和人文旅游资源各自内部的差异又可以进一步划分出次一级的类型，以此类推，形成具有一定从属关

系的不同等级的类别系统。

2. 分类的意义

旅游资源是旅游业发展的基础和前提条件，旅游资源的开发又必须建立在对旅游资源的科学认识和准确把握之上。因此，对旅游资源进行科学分类具有重要意义。

首先，分类是认识复杂对象的一种方法。通过分类可以将对象众多繁杂的内容条理化、系统化。五花八门的旅游资源各有特点，各有奇处，通过比较、认识、归并及划分，形成不同的旅游资源分类系统。这些分类系统事实上组成了一个有关旅游资源资料的存取系统即旅游资源信息系统，为人们整体把握旅游资源或局部认识旅游资源创造了有利的条件。区域性旅游资源分类系统的建立，又可以为区域旅游开发提供一定的科学依据。如果不进行分类，旅游资源就会表现为杂乱无章的个体，很难被人们认识，更不用说发现它们的美，对它们加以利用了。由此可见，旅游资源的分类是研究、认识旅游资源以及对旅游资源进行合理开发利用的重要基础，具有重要的实践意义。

其次，分类是旅游资源研究的重要内容。旅游资源的分类过程，实际上是人们加深对旅游资源属性认识的过程。无论哪种分类都是建立在对旅游资源共性与差异性大量分析的基础上。通过大量的分析，才能区分出不同级别的从属关系及相邻类别间的差异。这种过程需要不断地补充新的资料，需要运用相关学科的知识。通过分类过程，可以加深对旅游资源特征、属性的认识，总结、发现旅游资源生成、发展规律，从而促进相关理论水平的提高。由此可见，旅游资源的分类过程实际是一个研究过程，也是对现有研究成果的总结，具有重要的理论意义。

再次，分类是区域资源调查与评价的基础。当今我国旅游资源的开发已经进入深层次开发阶段，深层次的旅游开发尤其重视对旅游资源的调查评价工作。旅游资源调查必须依据一定的分类系统进行。科学有效的分类可以帮助旅游工作者顺利完成调查任务，进行合理的资源评价。同时，旅游资源的分类系统是一个开放的系统，方便人们在实践中应用，起到真正的指导作用。

综上所述，我们可以看出旅游资源分类的目的在于通过各种分类系统的建立、补充和完善，加深对整体旅游资源或区域旅游资源属性的认识，发现并掌握其特点、规律，为进一步开发利用和保护旅游资源、科学研究旅游资源服务，能够有效地指导人们的实际工作。

二、分类的原则

分类的原则是分类的标准，尽管旅游资源的分类方法很多，但是在分类过程中，它们都遵循一定的分类原则，以保证分类的科学性和实用性。旅游资源分类的原则主要有：

1）相似性与差异性原则。这是进行分类时要依据的首要原则。即所划分出的同一级同一类型的旅游资源必须具有共同的属性，不同的类型之间必须具有一定的差异性。不能把具有共同属性的旅游资源划分为不同的类别，也不能把不具有共同属性的旅游资源划分到同一类型。

2）与概念一致原则。不同的旅游资源基类有各自不同的概念，因此在进行旅游资源的分类过程中，要遵循概念的一致性原则。对一种旅游资源的定义必须恰当的说明这种资源区别于其他资源的地方，在进行下一步分类时，必须以其定义为出发点，并能包容其下属资源的属性。

3）系统性原则。系统是自成体系的组织，是相同或相类似的事物按照一定的秩序和内部联系组合而成的整体。旅游资源是由各种不同的资源个体组成的一个系统。因此，在对旅游资源进行分类时必须遵循系统性原则。包含逻辑对应、逐级划分、相互独立三层含义。逻辑对应也可称为对应性原则，即所划分出的次一级类型的内容必须完全对应于上一级类型的内容。不能出现次一级的内容超出上一级的内容或少于上一级内容的现象，否则就会出现逻辑上的错误。逐级划分即分级与分类相结合。旅游资源是一个庞大的复杂的系统，它可以分出不同级别、不同层次的亚系统。因此，分类时可以把分级与分类结合起来，逐级进行分类，避免出现越级划分的错误。例如，两分法分类系统，先把旅游资源划分为高一级的自然旅游资源和人文旅游资源，然后分别对其进行次一级的类型划分。根据需要，还可以向下划分出更低一级的类型。相互独立即所划分出的类型相互之间必须是独立的，不能出现相互重叠的现象。因此，不同级别或不同类型的划分不能采用相同的标准；对每一类型直接划分次一级类型时必须采用相同的标准，以避免出现分类的重叠。

4）可操作性原则。旅游资源的分类是一项实践性很强的工作，在进行分类的过程中，必须考虑资源的定量评价与资源的实际开发问题，确定的分类指标和体系，必须可以指导旅游资源的调查与开发，否则将会与实际脱节，成为纯理论的专项研究，淡化旅游资源分类的目的和意义。

三、分类的依据

分类还必须要有一定的具体依据，即必须根据旅游资源本身的某些属性或关系进行分类。由于旅游资源的属性、特点及事物之间的关系是多方面的，因而分类的依据也是多方面的，人们可以根据自己的分类目的选取不同的分类依据。常见的分类依据有：

1）成因。是指旅游资源形成的基本原因、过程。例如，人文旅游资源是人为的原因形成的；自然旅游资源是自然界赋存，天然原因形成的。

2）属性。是指旅游资源的性质、特点、存在形式、状态等。例如，人文旅游资源中的历史古迹、古建筑、陵墓、园林、宗教文化、城镇、社会风情、文学艺术等，因为它们的属性不同，因而可以区分为不同的类别。

3）功能。所谓旅游资源的功能是指旅游资源能够满足开展旅游活动需求的作用和效能，如观光功能、休闲功能、度假功能等。有的旅游资源可以满足开展多种旅游活动的需求，因而具有多种旅游功能。根据旅游资源功能的不同可以把旅游资源区分为不同的类别，例如，观光游览型、保健疗养型、购物型、参与型等旅游资源。

4）时间。根据旅游资源形成的时间不同可以把旅游资源区分为不同的类别，例如，建筑类旅游资源依据其形成的时间不同又可以划分为古代建筑与现代建筑。

5）其他。根据分类的目的和要求的不同，还可以有其他不同的分类依据，如开发利用状况、管理级别、旅游资源质量高低等。

第二节　两分法分类方案

所谓两分法分类方案是指把旅游资源首先分为自然旅游资源和人文旅游资源两大系列的一种分类系统。该分类方法以旅游资源的成因及相关属性为分类依据，能够反映旅游资源的本质差异，分类结果具有较强的科学性和客观性，因此是目前最常见、应用最广泛的一种分类方案。但由于旅游资源概念涵盖广泛，加之不同学者认识上的差异，目前还没有一个真正被普遍认同的两分法分类方案。本书在总结现有两分法方案的基础上，提出新的分类方案。

一、分类的依据

两分法分类方案主要分类依据有：

1）旅游资源的基本成因。这是两分法中最重要的依据，也是被普遍接受的依据。据此可以将旅游资源划分为两大类即自然旅游资源和人文旅游资源。自然旅游资源是构成自然环境的主体要素：地貌、气候、水体和生物中具有旅游吸引力的部分，自然旅游资源从根本上说属于大自然的产物。人文旅游资源是指由人类活动所产生，能够吸引旅游者产生旅游动机，并可能被利用来开展旅游活动的一切事物。

2）旅游资源的属性。这是划分次一级旅游资源类型以及三级类型的依据。自然旅游资源的属性主要包括其性质、具体存在形式、状态、形态的异同等。人文旅游资源的属性主要指人文旅游资源具体内涵、用途、作用和表现形式等。

二、新拟分类系统

本分类体系首先依据旅游资源的基本成因将所有旅游资源划分为自然旅游资源和人文旅游资源两大类；然后依据其内部属性的共性和差异性划分出次一级的旅游资源类型。如自然旅游资源根据其成因、存在形式、状态、形态的差异进一步划分出5个主类，再根据每个主类的属性不同进一步细分出22个亚类。该分类系统共包括2个大类、13个主类、53个亚类，详见表2.1。

表2.1　两分法旅游资源分类

大类	主　类	亚　类
自然旅游资源大类	地文景观类旅游资源	地质过程形迹 山体、石体与峡谷 蚀余地貌 自然灾变遗迹 沙石地地貌 岛礁景观 洞穴地貌
	水域风光类旅游资源	河段景观 湖泊与沼泽景观 瀑布景观 泉水景观 海洋景观 冰雪景观
	气象气候类旅游资源	气象与天象景观 旅游气候
	生物景观类旅游资源	植物景观 动物景观
	综合自然景观类旅游资源	自然保护区 自然风景名胜区 森林公园 地质公园 世界自然遗产
人文旅游资源大类	历史遗址类旅游资源	史前人类活动遗址 古代历史文化遗址 近代革命活动遗址 世界文化遗产
	古代建筑类旅游资源	宫殿与坛庙建筑 城防与军事建筑 交通与水利建筑 著名景观建筑
	古典园林类旅游资源	西方园林 东方园林
	宗教文化类旅游资源	佛教文化 道教文化 伊斯兰文化 基督教文化
	古代陵墓类旅游资源	中外帝王陵墓 历史名人陵墓
	旅游商品类旅游资源	菜系与风味小吃 地方土特产品 工艺品 美术作品 纪念制品
	人文活动类旅游资源	民族文化 文学艺术 婚俗与特色食俗 传统节庆活动 现代节庆活动
	城镇与产业观光类旅游资源	历史文化名城 特色小城镇 特色民居 现代都市风光 产业观光

三、关于“综合自然景观类旅游资源”

一些资源类型涵盖面较广，构成上具有较强的综合性（由多种要素共同组成），这类资源往往难以简单归入某一要素类型。比如，自然保护区的内容较多，既有动植物又有典型的非生物的地貌、水体、气象等景观类型，因此，自然保护区不宜简单归入动物景观或植物景观旅游资源。另外，自然保护区、森林公园等旅游地在管理、开发利用及保护上要求具有统一性和整体性，并符合一定的技术规范。将这类旅游资源割裂分解，不能满足资源开发的客观实际需要。基于上述两点，本书专门划分出“综合自然景观类旅游资源”主类。

第三节　国家标准分类体系

一、国家标准分类体系及适用范围

为了适应我国旅游业的快速发展，满足我国旅游资源深入开发的需要，避免由于分类体系不统一对旅游资源调查、评价、开发的影响，国家相关部门针对我国国情制定出了统一的旅游资源分类体系。这些分类体系从满足实践需要的角度出发，不同于一般的学术性或其他目的的旅游资源分类，具有较强的实际指导意义。国家质量监督检验检疫总局于 2003 年颁布了新的中华人民共和国国家标准《旅游资源分类、调查与评价》(GB/T18972—2003)，规定了旅游资源类型体系、旅游资源调查和等级评价的技术与方法，适用于各类型旅游区（点）的旅游资源开发与保护、旅游规划与项目建设、旅游行业管理与旅游法规建设、旅游资源信息管理与开发利用等方面。

二、国家标准分类体系的依据

新的国家标准分类体系的依据主要是旅游资源的性质，即现存状况、形态、特性、特征等。据此，将我国的旅游资源分为 8 个主类、31 个亚类、155 个基本类型 3 个层次。

1）以旅游资源性质上的差异为依据分出 8 个主类。分别是地文景观主类、水域风光主类、生物景观主类、天象与气候景观主类、遗址遗迹主类、建筑与设施主类、旅游商品主类、人文活动主类。

2）以旅游资源的性质、形态、功能特性、文化内涵等为依据进一步划分出 31 个亚类和 155 个基本类型。如地文景观类可分为综合自然旅游地、沉积与构造、地质地貌过程形迹、自然变动遗迹、岛礁等5个亚类。而地质地貌过程形迹亚类又可分为凸峰、独峰、峰丛、石（土）林、奇特与象形山石、岩壁与岩缝、峡谷段落、沟壑地、丹霞、雅丹、堆石洞、岩石洞与岩穴、沙丘地、岸滩等14个基本类型。

三、国家标准分类体系

新的国家标准分类体系如表2.2所示。

表2.2　国家标准旅游资源分类

主　类	亚　类	基本类型
地文景观	综合自然旅游地	山丘型旅游地、谷地型旅游地、砂砾石地型旅游地、滩地型旅游地、奇异自然现象、自然标志地、垂直自然带
	沉积与构造	断层景观、褶曲景观、节理景观、地层剖面、钙华与泉华、矿点矿脉与矿石积聚地、生物化石点
	地质地貌过程形迹	凸峰、独峰、峰丛、石（土）林、奇特与象形山石、岩壁与岩缝、峡谷段落、沟壑地、丹霞、雅丹、堆石洞、岩石洞与岩穴、沙丘地、岸滩
	自然变动遗迹	重力堆积体、泥石流堆积、地震遗迹、陷落地、火山与熔岩、冰川堆积体、冰川侵蚀遗迹
	岛礁	岛区、岩礁
水域风光	河段	观光游憩河段、暗河河段、古河道河段
	天然湖泊与沼泽	观光游憩湖区、沼泽与湿地、潭池
	瀑布	悬瀑、跌水
	泉	冷泉、地热与温泉
	河口与海面	观光游憩海域、涌潮现象、击浪现象
	冰雪地	冰川观光地、常年积雪地
生物景观	树木	林地、丛树、独树
	草原与草地	草地、疏林草地
	花卉地	草场花卉地、林间花卉地
	野生动物栖息地	水生动物栖息地、陆地动物栖息地、鸟类栖息地、蝶类栖息地
天象与气候景观	光现象	日月星辰观察区、光环现象观察地、海市蜃楼现象多发地
	天气与气候现象	云雾多发区、避暑气候地、避寒气候地、极端与特殊气候显示地、物候景观
遗址遗迹	史前人类活动场所	人类活动遗址、文化层、文物散落地、原始聚落
	社会经济文化活动遗址遗迹	历史事件发生地、军事遗迹与古战场、废弃寺庙、废弃生产地、交通遗迹、废城与聚落遗迹、长城遗迹、烽燧

续表

主　类	亚　类	基本类型
建筑与设施	综合人文旅游地	教学科研实验场所、康体游乐休闲度假地、宗教与祭祀活动场所、园林游憩区域、文化活动场所、建设工程与生产地、社会与商贸活动场所、动物与植物展示地、军事观光地、边境口岸、景物观赏点
	单体活动场馆	聚会接待厅堂（室）、祭拜场馆、展示演示场馆、体育健身场馆、歌舞游乐场馆
	景观建筑与附属型建筑	佛塔、塔形建筑物、楼阁、石窟、长城段落、城（堡）、摩崖字画、碑碣（林）、广场、人工洞穴、建筑小品
	居住地与社区	传统与乡土建筑、特色街巷、特色社区、名人故居与历史纪念建筑、书院、会馆、特色店铺、特色市场
	归葬地	陵区陵园、墓（群）、悬棺
	交通建筑	桥、车站、港口渡口与码头、航空港、栈道
	水工建筑	水库观光游憩区段、水井、运河与渠道段落、堤坝段落、灌区、提水设施
旅游商品	地方旅游商品	菜品饮食、农林畜产品与制品、水产品与制品、中草药材及制品、传统手工产品与工艺品、日用工艺品、其他物品
人文活动	人事记录	人物、事件
	艺术	文艺团体、文学艺术作品
	民间习俗	地方风俗与民间礼仪、民间节庆、民间演艺、民间健身活动与赛事、宗教活动、庙会与民间集会、饮食习俗、特色服饰
	现代节庆	旅游节、文化节、商贸农事节、体育节
数量统计		
8 主类	31 亚类	155 基本类型

四、国家标准分类体系的特点

1）旅游资源调查与评价是一地一国进行资源开发、管理和编制旅游发展规划的基础。旅游资源的分类体系应便于旅游资源调查工作的开展，并有利于调查后期的评价工作。国家标准分类体系对基本类型的划分较为详细，调查者根据调查区具体情况可自行增加基本类型，增强了对实际旅游资源调查工作的指导性。

2）国家标准分类体系注重旅游资源的“观赏”属性，强调了现存状况、形态、特征等因素在资源类型划分中的作用与意义，如地质地貌过程形迹亚类按形态差异分为凸峰、独峰、峰丛、石（土）林、奇特与象形山石、岩壁与岩缝、岩石洞与岩穴等基本类型。这种分类方法减弱了自然学科（地学）在分类中的作用，突出了资源的审美意义，但由于形态描述上的随意性，一定程度上增加了基本类型概念界定的难度。

3）国家标准分类体系中分别增加了综合自然旅游地和综合人文旅游地亚类，使得旅游资源单体区分更符合实际情况。如综合自然旅游地包括山岳型旅游地、谷地型旅游地等。这类旅游资源一般具有较大的空间规模，由多种要素和多个景点共同构成，内部联系紧密，并且在旅游资源开发与保护方向上具有相对一致性，因此，将其归入某一要素类型都不能真实反映资源的特征。综合型旅游资源单体的区分对后期的旅游资源开发工作具有直接的指导作用。

第四节　其他分类方案

关于旅游资源的分类，不少专家学者进行了有益的尝试，基于分类的目的、要求以及依据不同，形成了多种分类方案，择其主要的介绍如下。

一、1992版《中国旅游资源普查规范》中的分类系统

1992年，由国家旅游局和中国科学院地理研究所主编的《中国旅游资源普查规范》（试行稿），根据当时普查的要求提出了一种应用性的分类方案。该方案主要以旅游资源的性质和状态、旅游资源特征指标的一致性、类型之间有较明显的排他性为原则进行分类，确定旅游资源由类和基本类型组成，其中基本类型是普查的具体对象，类是若干属性相同或相近的基本类型的归并，不开展实际调查。由此，将全部旅游资源划分为6类74种基本类型。6类包括：地文景观、水域风光、生物景观、古迹与建筑、消闲求知健身类和购物类旅游资源。

二、1997年修订版《中国旅游资源普查规范》中的分类系统

1. 修订原因

以郭来喜、吴必虎为代表的一些学者认为，1992版的旅游资源分类系统，在实际运用过程中，逐渐暴露出以下一些缺点：

1）在20世纪90年代初拟订1992版的规范时，许多旅游资源的形式尚未被人们所确认，抽象旅游资源如神话传说、山水诗词、名胜楹联等特殊形式也没有加以体现。

2）1992版的规范对旅游资源的定义放得很宽，但分类系统中尚有未加体现的。如适宜的气候、便利的交通、舒适的住宿、可口的餐饮、周到的服务项目等，都是“对旅游者产生吸引力的”事物和因素，而未作为旅游资源列入分类。

3）对旅游资源所属等级未及区分，如将古树名木、碑碣、桥、塔这类单体

对象与名山、河段这类复合形式一视同仁的列为调查填表时的基本类型。

4）有些基本类型包容太大，如在“蚀余景观”一类中，将喀斯特地貌、丹霞地貌、土林地貌、黄土地貌、雅丹地貌等笼统归并为一类基本类型，而这些地貌类型每一类都是风景名胜区中最为常见和重要的地貌景观类型。

5）每一基本类型的旅游资源所列特征数据较重视事物的物理特性和地学特性，对其旅游美学特征和实际调查时的可测量性重视不够。

2．1997 版修订方案分类系统

在 1997 版的分类系统中将旅游资源划分为 3 个景系、10 个景类、95 个景型。

1）自然景系。包括地文景观景类、水文景观景类、气候生物景类、其他景类等 4 个景类 37 个景型。

2）人文景系。包括历史遗产景类、现代人文吸引物景类、抽象人文吸引物景类、其他人文景类等 4 个景类 50 个景型。

3）服务景系。包括旅游服务景类、其他服务景类等 2 个景类 8 个景型。

三、按旅游资源的市场特性和开发现状进行分类

旅游资源可按其市场特性和开发现状分类如下：

1）潜在旅游资源。这类资源可以是自然景观、历史遗存，或是独特的吸引物，往往具有较高的旅游价值，但目前尚无力开发的潜在资源。

2）现实旅游资源。这类资源是自然或历史文化赋存的客观存在的现实旅游资源。有的利用历史悠久，旅游设施较为完备；有的利用历史长，但缺乏时代内容，需要加以调整、充实、丰富；有的已列入规划，即将开发，也作为现实的旅游资源。

3）人工旅游资源。这类资源原来并不存在，完全是人工创造出来的新的旅游资源。

四、旅游资源的动态分类系统

为了进一步加深旅游者对旅游资源的认识，使旅游开发者和经营者更能理解旅游者对旅游资源的心理、行为活动要求，以便更好地确定其开发方向，制定发展规划和措施，提出了一个动态分类方案（表 2.3）。

表 2.3　旅游资源的动态分类系统

<table>
<tr><td rowspan="2">稳定类</td><td colspan="2">长久稳定型</td><td>如城市、宗教圣地、会议中心、港口、古建筑、遗址、出土文物；山岳、江海、大型造型地貌、温泉、岩洞、民俗风情等</td></tr>
<tr><td colspan="2">相对稳定型</td><td>如小型造型地貌、古树、野生动物、常年性溪流、瀑布、常绿树木花卉、钟乳石、黄土造型地貌、游乐设施等</td></tr>
<tr><td rowspan="3">可变类</td><td rowspan="2">规律变化型</td><td>稳定规律变化型</td><td>季节性气候条件、季节性河流、瀑布、溪流、泉水等；山花、红叶、落叶树种、海光、鱼群、动物群、候鸟、鸟鸣、沙丘、海潮等；农业土特产品等</td></tr>
<tr><td>不稳定规律变化型</td><td>如云海、云雾、树挂、沙鸣、山鸣等</td></tr>
<tr><td colspan="2">随机型</td><td>如海市蜃楼、极光、佛光等</td></tr>
</table>

动态分类可以为旅游者提供更具体、更详尽、更正确的资源信息。旅游者可以根据动态分类的旅游资源，按照自己的爱好对旅游地和旅游时间进行选择。此外，动态分类把旅游资源与开发者和经营者有机的联系起来。旅游开发者和经营者可以根据旅游资源的自然动态变化和通过人工动态变化及游客容量和游客构成的变化情况，确定加速开发、节制开发、环境保护等一系列具体策略和措施。最后，动态分类可以使人们认识到旅游资源的可改造性与市场的可调节性，这二者的统一协调，可缩短新旅游区的开发期，稳定和延长老旅游区的旺盛期，使旅游事业长期保持繁荣昌盛的局面。

五、按旅游资源的级别和管理进行分类

不同的旅游资源具有不同的吸引力和影响力，其所接待的游客和知名度也有较大差别，因此，可以按照其级别进行分类。

1）国家级旅游资源。这类资源具有重要的观赏、历史和科学价值，吸引的可以是全国乃至国际游客，在国内外享有很高的知名度。如我国公布的国家级重点风景名胜区以及国家级历史文化名城均是我国国家级旅游资源。

2）省级旅游资源。这类资源具有较高的观赏、历史和科学价值，具有地方特色，在省内外有较大的影响，吸引的游客可以是国内、地方或省内的游客。

3）市（县）级旅游资源。这类资源具有一定的观赏、历史和科学价值，主要接待本地游客。

六、按旅游资源的功能分类

根据旅游资源主要功能的不同，把旅游资源分为以下类型：

1）观光游览型旅游资源。以各种优美的自然风光、著名的古建筑、城镇风

貌、园林建筑为主，供旅游者观光游览和鉴赏，使旅游者陶冶性情，并从中获得各种美感享受。

2）参与型旅游资源。也有人称作体验型旅游资源，包括冲浪、漂流、赛马、渔猎、龙舟竞渡、游泳、制作、品味、访问、节庆活动、集市贸易等。旅游者可以亲自参与活动，得到切身的体验，乐在其中，美在其中。

3）购物型旅游资源。包括各种土特产、工艺品、艺术品、文物商品及仿制品等旅游商品，主要供旅游者购买，以纪念他们的旅游经历。

4）保健休疗性旅游资源。包括各种康复保健、度假疗养设施与活动如疗养院、度假村、温泉浴、沙疗、森林浴、健身房等，主要供旅游者度假、疗养、健身之用。旅游者从中可以锻炼身体，得到体质的恢复与提高，还可以治疗某些慢性疾病。

5）文化型旅游资源。包括富有文化科学内涵的各类博物展览、科学技术活动、文化教育设施等。旅游者从中可以获得一定的文化科学知识，开阔眼界，增长阅历。

6）感情型旅游资源。主要包括名人故居、名人古墓、各类纪念地等，可供开展祭祖、探亲、访友、怀古等旅游活动，以表达旅游者的思古、怀念、敬仰、仇恨等感情。

七、按照旅游资源特性和游客体验为标准分类

以资源的特性和游客的体验性质为分类标准的有不少分类系统，其中以1966年克劳森和尼奇（M.Clawson 和 J.L.Knetsch）提出的分类最有影响，其分类系统如下：

1）利用者导向型游憩资源。以利用者需求为导向，靠近利用者集中的人口中心（城镇），通常满足的主要是人们的日常休闲需求，如球场、动物园、一般性公园。一般面积在40～100hm^2，通常由地方政府（市、县）或私人经营管理，海拔一般不超过1000m，距离城市在60km的范围内。

2）资源基础型旅游资源。这类资源可以使游客获得近于自然的体验。资源相对于客源地的距离不确定，主要是旅游者在中长期度假中得以利用，如风景、历史遗迹及远足、露营、垂钓用资源，一般面积在1000hm^2 以上，主要是国家公园、国家森林公园、州立公园以及某些私人领地。

3）中间型游憩资源。特性介于上述二者之间，主要为短期（一日游或周末度假）游憩活动所利用，游客在此的体验比利用者导向型更接近自然，但又比资源基础型地区要次一级。

案例分析——西安市旅游资源的分类

西安市是中国著名的旅游城市，旅游资源丰富，品质极高，表2.4采用国家标准分类体系对西安市旅游资源的类型进行划分。从分类结果可见，西安市旅游资源类型构成丰富，自然与人文旅游资源兼备。

表2.4　西安市旅游资源分类

主　类	亚　类	基本类型	单　体
地文景观	综合自然旅游地	山丘型旅游地	华山、南五台
	沉积与构造	断层景观	骊山断层三角面
	地质地貌过程形迹	凸峰	华山北峰
		奇特与象形山石	南五台
		堆石洞	翠华山风洞
		岩石洞与岩穴	蓝田溶洞
	自然变动遗迹	重力堆积体	翠华山山崩地貌
水域风光	河段	观光游憩河段	灞河、渭河
	天然湖泊与沼泽	观光游憩湖区	惠安湖
	瀑布	瀑布	高冠瀑布
	泉	温泉	汤浴温泉、华清池温泉
生物景观	树木	林地	朱雀国家森林公园 楼观台国家森林公园
		独树	碑林千年古槐
	野生动物栖息地	陆地动物栖息地	周至国家级自然保护区
天象与气候景观	光现象	日月星辰观察区	华山日出、骊山晚照
	天气与气候现象	避暑气候地	终南山避暑
		云雾多发区	草堂烟雾
遗址遗迹	史前人类活动场所	人类活动遗址	蓝田猿人遗址
		原始聚落遗址	半坡遗址、姜寨遗址
	社会经济文化活动遗址遗迹	军事遗迹与古战场	西安事变旧址
		废弃寺庙	华严寺遗址
		交通遗迹	骆谷道
		废城与聚落遗迹	西周丰镐遗址、汉长安城遗址、隋大兴城、唐长安城遗址
		烽燧	骊山烽火台

续表

主　类	亚　类	基本类型	单　体
建筑与设施	综合人文旅游地	教学科研实验场所	西安交通大学、西安卫星测控中心
		宗教与祭祀活动场所	大慈恩寺、荐福寺、兴善寺、青龙寺、兴教寺、华严寺、草堂寺、水陆庵
		园林游憩区域	兴庆公园、革命公园
		社会与商贸活动场所	西安文宝斋旅游购物中心、西安国际展览中心
		建设工程与生产地	西安杨森制药厂、环城高速
		动物与植物展示地	西安动物园、西安植物园
		康体游乐休闲度假地	未央湖公园、西安唐宁宫休闲娱乐中心
		文化活动场所	陕西省图书馆、美术馆
	单体活动场馆	聚会接待厅堂（室）	人民大厦
		展示演示场馆	户县农民画展览馆、陕西历史博物馆、碑林石刻艺术博物馆、秦始皇陵兵马俑博物馆
		体育健身场馆	陕西省体育馆
		歌舞游乐场馆	唐乐宫、古都大剧院、唐华歌舞剧院、陕西歌舞大剧院
	景观建筑与附属型建筑	佛塔	大雁塔、小雁塔
		塔形建筑物	陕西广播电视塔
		楼阁	钟楼、鼓楼
		广场	雁塔北广场、南门广场
		碑碣	西安碑林
		建筑小品	丝绸之路群雕
	居住地与社区	特色街巷	书院门仿古街
		特色店铺	老孙家泡馍馆
		特色市场	康复路小商品批发市场
		名人故居与历史纪念建筑	西安事变旧址、八路军办事处纪念馆
	归葬地	陵区陵园	秦始皇陵、杜陵、西周车马坑
		墓	颜真卿墓
	交通设施	车站	西安火车站
		航空港	西安咸阳国际机场

续表

主　类	亚　类	基本类型	单　体
旅游商品	地方旅游商品	农林畜产品与制品	秦俑奶粉、临潼石榴、火晶柿子、猕猴桃、陕西板栗、水晶饼、黄桂柿子饼、黄桂稠酒、荣氏果汁
		菜品饮食	饺子宴、长安八景宴、羊肉泡馍、春发生葫芦头、老童家腊羊肉、长安葫芦鸡、贾三灌汤包
		传统手工产品与工艺品	蓝田玉雕、西安景泰蓝、陕西刺绣、户县农民画、唐壁画摹本、碑刻拓片、秦兵马俑仿制品、秦陵铜车马复制品
人文活动	人事纪录	人物	秦始皇、玄奘、张学良、杨虎城
		事件	国人暴动、安史之乱、西安事变
	艺术	文艺团体	陕西歌舞团、秦腔戏剧团
		文学艺术作品	《白鹿塬》
	民间习俗	地方风俗与民间礼仪	关中婚俗丧俗、过寿、做满月
		民间演艺	秦腔、社火、皮影戏、木偶戏
		饮食习俗	面花
		民间节庆	春节、元宵节、清明、端午节、中秋节、重阳节、腊八节
		庙会与民间集会	八仙庵庙会（权把会）
	现代活动	旅游节	丝绸之路国际旅游狂欢节
		文化节	西安古文化艺术节、长安国际书法年会、城墙灯会
		商贸农事节	临潼石榴节
		体育节	西安城墙国际马拉松赛

复习思考题

1. 简要回答旅游资源分类的目的和意义?
2. 试述两分法分类方案的主要依据。
3. 试用国家标准分类系统对你所在区域的旅游资源进行分类。

第三章　地文景观类旅游资源

学习提示

一、主要内容

- 地文景观的概念及形成机理
- 地文景观的旅游功能
- 地文景观旅游资源的基本类型与特点

二、学习重点

- 掌握地文景观类旅游资源的旅游功能及其旅游吸引因素
- 学会地文景观旅游资源的基本类型及各自的特点
- 了解地质作用过程的机理及与地貌形成的关系
- 知道一些典型的地文景观旅游资源

第一节　地文景观类旅游资源概述

地文景观是指地球内、外营力综合作用于地球的岩石圈而形成的各种现象与事物的总称。地文景观类旅游资源则是指能对旅游者产生吸引力、可以为旅游业开发利用的地文景观物象。它既可以是地表高低起伏的地势、形态的变化，又可以是地表多姿多彩的组成物质的地区差异与呈现，还可以是地下岩层中保留下来的古生物遗迹和深入地下的岩洞、暗河等。

一、地质作用与地文景观形成

地文景观的形成与地质作用密切相关。地壳自形成以来，就一直处于运动变化之中，没有一种岩石、构造、地貌是固定不变而仍然保持其形成时的面貌。所谓“沧海桑田”正是对这种巨大变化的描述。使地表形态、地质构造和地壳物质组成不断变化的作用就叫地质作用。地质作用按其能量来源可分为两种：内营力作用和外营力作用。

1. 内营力作用

内营力作用也称内力作用，是指地球内部能量如热能、压力等所产生的作用，主要表现为地壳运动、岩浆活动、变质作用和地震。

地壳的运动有两种基本形式，即垂直运动和水平运动，两种运动形式既相互联系，又可相互转化。如雄伟的喜马拉雅山，2500 万年以前还是一片汪洋大海，而今隆起为海拔 8848.13m 的世界第一高峰，现在仍然以每年 18.2mm 的速度在上升。这种巨大的垂直运动与印度地壳（板块）和亚欧地壳（板块）间的相对水平运动和挤压相关联。地壳运动十分缓慢，不为人的感官所能察觉，只是在漫长的地质时期中才显示出极大的变化。

岩浆是地壳深部处于高温高压状态的硅酸岩熔融体，由于温度和压力的变化，岩浆沿着岩石圈破裂带上升而侵入到地壳，称为岩浆侵入活动。岩浆上升到地壳一定位置未达地表就冷凝成岩，称为侵入岩；岩浆喷出地面，称为火山活动或喷出活动，由此冷却凝结而成的岩石称为喷出岩。另一方面，岩浆热为地热资源提供着丰富而巨大的热源，温泉及矿泉水已为人们广泛利用。地壳中已经形成的岩石，由于温度、压力等环境的变化，使其成分、结构、构造发生一系列的变化，这种促使岩石发生变化的作用称为变质作用。由变质作用形成的新岩石称为变质岩。

地震是大地的快速震动，属地壳运动的一种特殊形式。当地球运动变化所产生地应力超过岩层或岩体所能承受的限度时，就会使地壳发生断裂或错动，同时将受力时积累起来的巨大能量骤然释放出来，并以纵波和横波形式的地震波向四周传播，从而引起地表的震动成为地震。

2. 外营力作用

外营力作用也称外力作用，主要由来自地球外部的太阳能所引起。具体表现为风化作用、剥蚀作用、搬运作用、沉积作用和成岩作用。

风化作用是指地壳表层岩石和矿物在太阳辐射、大气、水及生物作用下，使物理性质和化学性质发生变化，并形成新物质的过程。埋藏于地层深处的岩石，一旦出露于地表，由于外界环境的改变，原有的平衡被破坏，随之发生物理性质和化学性质改变，从而由坚硬变得松散，大块变为小块，甚至矿物成分也发生变化，形成与地表环境相适应的相对稳定的矿物。其中由于温度的变化及水的冻结融化使岩石产生机械破碎的过程称为物理风化；由于大气（氧气、二氧化碳）、水等作用通过化学反应而使岩石的化学成分发生变化的过程，称为化学风化；而在生物参与下的机械、化学破坏过程，则称为生物风化。

剥蚀作用也称为侵蚀作用，是指流水、风、冰川运动等外营力，对地表岩石、土壤的破坏作用，使岩石破碎，并使碎屑物质离开原地。其中最常见的是风力侵蚀和流水侵蚀两种作用类型。搬运作用是指岩石经风化、剥蚀后形成的部分碎屑物质在流水、风力、冰川、海浪等外力的作用下离开原地，被移动至其他地方的过程。

沉积作用是指被搬运的物质，随着环境的变化，外营力逐渐减弱，于是发生沉积，称为沉积作用。通常情况是较粗的物质先沉积，愈细的物质后沉积。成岩作用是指泥沙或碎屑物沉积后在上覆沉积物压力和温度作用下，逐渐固结、脱水，并进行重结晶和胶结，从而形成坚硬的新的沉积岩石的过程。

3. 地质作用与地文景观的形成

地貌是指地球表面的各种形态及起伏状况，也称地形。而多种多样的地表形态是在地球内营力和外营力相互作用下共同塑造而成的。如前所述，内营力主要表现为地壳运动、岩浆活动等方面。而其中地壳的垂直、水平运动对地貌形成的影响尤为显著，地壳大规模的抬升和沉降运动常常形成巨大的隆起和凹陷，在地貌形态上表现为高大的山地与高原和深切的谷地与盆地。因此，内营力作用塑造了地球表面大的基本构造形态，增加了地表的高差起伏。而外营力的侵蚀、搬运、堆积等作用过程对高起的地表进行夷平，对凹陷的盆地进行填高，总的趋势是削高填低，减少地表的起伏，使地表趋于和缓。

伴随着地貌起伏形态的形成，其他的地文景观现象也随之出现。如隆起的山脉地区往往出现断裂、节理、褶曲等地质构造形迹，并有岩浆活动和变质作用发生；而相对沉陷地区堆积深厚的地层，富含动植物化石。沉陷作用甚至可以导致海侵现象，使原来的沿海丘陵变为岸外岛屿。风、水流等外营力的侵蚀、堆积作用可形成独特的蚀余地貌（残留下的地貌），沙石堆积地貌，在一定岩石岩性的配合下可形成独特的象形山石地形，具有很强的观赏性。在岩溶作用、重力崩塌以及地面塌陷作用下，可发育成各种洞穴、天坑等自然奇观。

因此，内力的隆起和外力的剥蚀，内力的下沉和外力的堆积，总是彼此相互联系相互制约的，在一定程度上是协调发展的。但是，在不同地区、不同时间和不同的时空结构层次中，各种内力和外力的组合、配合形式各不相同，因而地貌形成发育的过程、方向、规模和表现形式等也不一样。这便导致了地貌类型的多样性和地貌的区域差异性。

二、地文景观对旅游活动的影响

地表形态复杂多样、千差万别，因而直接为人类提供了丰富的地文景观类旅游资源，如奇险的崇山峻岭、深奥莫测的洞穴、连绵起伏的丘陵、沃野千里的平原等。此外，地质地貌条件作为自然环境的重要组成部分，影响到其他自然景观的形成，并且对某些人文景观的形成也有一定影响。地文景观作为地理空间的物质基础，对区域旅游活动的开展有规定和限制作用。

1. 决定旅游活动开展的难易程度

任何旅游活动都是在一定的地理空间中进行的，因此地质、地貌条件构成了旅游活动开展的物质基础。首先，不同的地貌条件影响到旅游活动的类型，决定着旅游项目的选择和兴建。如平坦的平原适于城市和各项旅游基础设施的建设，为开展都市旅游提供了便利的条件；广阔的海域和沙滩为沿海发展海滨旅游提供了先决条件；高峻起伏的山地，由于拥有丰富的动植物资源和特有的气候条件，适于人们开展旅游观光和攀登探险活动。其次，地质、地貌条件影响旅游开发条件和旅游可进入性。崎岖陡峻的山地，建设基底狭窄，基础设施建设难度大。由于坡度大，平坦区域面积小，景区的容量一般也较小。平原地带旅游基础建设受地形约束较小，但土地费用过高，景区的扩建需要高额的资金投入。就一般游客而言，旅游过程往往追求较高的游(览)—旅(途)时间比。山区由于道路崎岖，路况较差，距离相同但旅途时间增长，游—旅时间比较低，这影响了山区旅游目的地旅游吸引力的发挥。我国是多山的国家，旅游交通又主要以公共交通和慢速交通为主，因此，发展我国山区旅游，改善交通条件应是首先要解决的问题。此外，某些现代地质地貌变化过程会对旅游带来不利的影响，甚至可导致灾害的发生，如滑坡、崩塌、泥石流、水土流失等，会给旅游环境、旅游交通及旅游资源等带来破坏，影响旅游活动的开展。因此，必须对灾害性地质地貌过程进行防治。

2. 造就重要的构景要素

自然界许多特殊的地质现象，奇异的地貌形态及过程，由于其对旅游者具有强烈的吸引力，而成为旅游资源的重要组成部分。地质、地貌可以单独构景，甚至有的地文景观还成为旅游景区的主景。如云南路南的石林是2亿多年前的海底石灰岩层，经地壳运动、海水与风雨侵蚀形成的宏大奇特的喀斯特地貌景观。景区内峰林屹立、万峰叠嶂，千姿百态的石峰、石柱、石花、石坪犹如一片黝黑的森林，被誉为“天下第一奇观”，向世人展现了其独特的风采。还有西岳华山、周口店北京猿人遗址、四川自贡的恐龙博物馆、千沟万壑的黄土地貌等均是地文景观类旅游资源，它们都以地质、地貌特征见长。举世闻名的长江三峡和巫山大宁河小三峡都是河流侵蚀形成的河谷类地貌景观，地貌不仅是风景的基础和骨架，而且在一定程度上也起到了主景的作用。

另外，在一些景区内，作为主景的并不是地质地貌的物质形象和造型，但由于有了这些地文景观的合理搭配，却可以起到很好的烘托作用，从而强化了主景的美学特征，使林更秀、水更美、园林更自然和谐。如杭州西湖风景区，虽然吸引游人的内容很多，但主景是西湖水面，并以此形成了闻名遐迩的“西湖十景”。

但西湖周围的山地对整个景区的秀丽之美起到了重要的烘托作用。北面的宝石山、葛岭，南面的吾山、夕照山，西面的丁家山等许多山峰，遥相对峙、群峰凝翠，使得西湖湖山映衬，相得益彰。另外群山中还有许多山涧小溪、泉水、洞穴，使得西湖锦上添花。如果西湖周围没有山，是一片平地，风景则倍显单调。

3. 体现旅游地的总体特征及观赏效果

在自然景观的构成中，地质地貌作为风景的骨架和载体而存在，而植被、水文、气象等要素往往起到附加修饰的作用。地质地貌要素一般体量大，视觉敏感性高，不同的地质地貌类型所形成的旅游空间和景观构图，往往具有很强的视觉感染力。据研究，在海岸型、湖川型、山岳型等自然风景类型中，地质地貌条件对风景质量具有较高的贡献率。独特的地质地貌往往可形成优良的自然景观，并体现风景的总体特征。如西岳华山的“险”，这一特征主要缘于华山的高大、险峻的地貌特征。华山是新生代时期的岩浆侵入形成的花岗岩岩株，经喜马拉雅造山运动抬升，出露地表剥蚀而成。花岗岩的强抗蚀能力、垂直节理发育，加之山体周围的断裂存在，使得华山以 2200m 的海拔高度耸立于关中平原南缘，且壁立千仞，地势险峻，最终成就了华山险境。峨眉山以“巍峨奇秀”著称，“叠叠雄峦，高插云天，奇峰挺拔”的地貌特点加以翠绿植被决定了这一特征的形成。清代学者魏源描述我国五岳的总特征为：“恒山如行，岱山如座，华山如立，嵩山如卧，唯南岳独如飞”，这实际上是从大尺度地貌形态上对五岳特征进行的概括。

如上所述，地貌的高低起伏，平缓陡峻，往往给人以不同的心情感受。游人身临其境，就会自然而然地将情、境、景相互交融，生发出不同的思绪和感慨，从而达到景观欣赏的一种较高境界。一般而言，立足平原、高原可使人体会平静、深远的意境，仰视挺拔的高山给人以雄伟、庄严的感觉，登临群山之巅，宽广、豪迈之情油然而生，而漫步谷底，可使游客生发探奥寻幽的兴致。以“奇”为美的景观，山、石的奇特形象，给人以振奋、惊叹之感。险峻美可以激励人们去探索，去超越。而清纯、柔和的秀丽之美给游人以轻松、舒畅、愉快的感受。

第二节　地文景观的旅游功能

一、审 美 功 能

地文景观以其雄、奇、险、幽、旷等形态美和多样的色彩美而展示其特有的美感，成为旅游中重要的审美对象。

1. 形态美

地文景观的形态美，是指地质地貌的形态与空间形式的综合美，其中也包含主体在审美过程中产生的生理和心理感受。从古至今，人们对于自然景观的形态美有着各种不同的评价，并从中概括出雄、奇、险、幽、旷等形象特征来描述人们对各种各样地文景观美的感受。

（1）雄美（雄伟之姿）

雄是指具有高大形象的山体景观，也是最能激动人心的一种美。高有相对高度和绝对高度之别。如泰山贵为五岳之首，但就其绝对高度而言，五岳之中泰山仅居第3位，海拔1545m，但是泰山却以雄伟之姿、磅礴之势凌驾于齐鲁大地之上，从而“会当凌绝顶，一览众山小”，尽显高峻挺拔，主要是因为其相对高度较高。泰山之雄除了本身的雄姿之外，更有其悠久的历史原因，历代帝王的封禅，从秦皇、汉武登山封禅朝拜开始，泰山便成了天神的化身，受众人敬仰。

（2）奇美（奇妙之态）

奇美是指那些经过地球外力作用和人类开发改造而形成的，具有奇特风格的地文景观形态，而最具有奇妙形象者莫过于黄山。“黄山天下奇”，黄山雄踞皖南，云山千里、森罗万象，黄山有无数奇峰，有名可数的就有72座，或聚或散，或露或藏、或庄或谐、或高耸入云、雄伟挺拔，或状如盆景、小巧玲珑、千姿百态、层出不穷、变化多端。登上黄山如同跨入一座大型石雕展览馆，令人情趣横生、浮想联翩，像“梦笔生花”、“猴子观海”“仙人指路”等奇石造型都格外引人入胜。还有新疆乌尔禾的“魔鬼城”、云南路南石林和张家界石林等，都是规模较大的地质地貌奇特景观。

（3）险美（险峻之势）

自然风景中，险和奇一样能以其特殊的夸张形式打破某种平淡而引起人们强烈的兴趣，带来特殊的美感享受。如前所述的西岳华山，挺拔险峻，“千尺幢”、“白尺峡”、“擦耳崖”、“上天梯”、“苍龙岭”、“鹞子翻身”等险径，几乎要垂直攀登，常常让游人提心吊胆，小心翼翼才能到达峰顶，而登顶后的成功感和愉悦感，以及山顶上的无限风光是游览者平时很难体验到的。四川剑门关也以险著称，这是由于剑门处于蜀道的南口，是一个发育在断层崖下的山垭，大有一夫当关，万夫莫开之势，因此，此处的险实际有“险要”之意，即地势凶险，位置重要。此外，某些不安全的景象，如倾斜的石柱，凌空的“天生桥”等，也能使人感到惊险、刺激。

（4）幽美（幽静之韵）

幽深景色的特点是欣赏空间的范围较小，往往是在一些丛山深谷中，由于道路曲折，视线常常被遮挡，加之植被茂密，透光量较小，使人不能一目了然，从而具有深不可测之感。“幽必曲、必静、必深、必暗”则是对这种景观构成条件的概括。如以植物王国著称的天目山，素有“天目千重秀，林木十里深”之说，大树华盖，林密壑深，以其高、大、古、稀、茂，再配以“千峰涵一刹”的禅源寺，成为寻幽探奇的绝妙之地。四川的青城山以“幽”闻名，这一风景特征的形成是由于谷地内部视线不开阔，加之古木参天，寺观亭阁掩映于浓荫翠绿之间，曲折小径出没于密林幽谷之中，清静幽深，故有“青城天下幽”之称。

(5) 旷美（空旷之逸）

空旷之逸指畅达、空旷之怡情。这类景观的特点是视野开阔、平展而坦荡，极目远眺，一望无际。如绵延四野的平原，空旷无际的大漠，辽阔浩淼的镜湖瀚海等就是实例。最典型的首推“八百里洞庭”。登岳阳楼远眺方知“巴陵胜状，在洞庭一湖。衔远山，吞长江，浩浩荡荡，横无际涯；朝晖夕阴，气象万千。此则岳阳楼之大观也”。

空旷之景能令人神驰飞扬，思潮翻滚，进而有一种心胸开阔的畅快之感。如果能“更上一层楼”而“欲穷千里目”，则会使看到的旷野景更有气派。如“孤帆远影碧空尽，惟见长江天际流”的黄鹤楼，可以使游人欣赏旷野景的效果达到最佳。

2. 色彩美

随着季节变换，昼夜交替，阴晴雨雪，自然风物相映生辉，呈现出丰富奇幻的色彩。地文景观的色彩既可由岩体本身颜色所形成，还可通过植被、气象条件等其他因素的渲染而显现。如以山色叫绝的丹霞山，构成它的红色砂、砾岩呈现出绚丽的色彩，远看似染红霞，近看五彩斑斓，令人称奇。所谓“山色空蒙”是对细雨之中烟雾弥漫，朦胧淡雅山色的描述。还有“太白积雪”则因覆盖其上的皑皑白雪，而展现出沉寂神秘的雪顶之态。植被随着一年四季的更替，为山地换上了各色不同的衣服，使山地更加妩媚动人：春天万木抽芽，翠烟弥漫；夏天枝繁叶茂，碧海无涯；秋天树色骤变，层林尽染；冬天银装素裹，天地一色。色彩美赋予了地文景观以变化和生机，让人们可以领略到不同风格的美景，获得不同的审美感受。

二、科普教育功能

地文景观旅游资源是地球内、外动力地质作用的综合产物，是大自然的杰作，它们的形成、发展都有一定的规律性，并蕴含着一定的科学原理。人们在观赏过程中，既得到美的感受，又能认识一些科学事物，学到新的科学知识，受到教育的启迪。例如，登华山不仅能亲自体验华山之险，挑战自我，而且更能理解华山之险是如何形成的；去广西桂林和云南石林游览，既可欣赏到秀美的山石景观，又可从中懂得喀斯特地貌形成的原理；看了断层、褶皱等地质构造特征，比较容易了解地壳的运动知识；参观生物化石，可以认识地质历史时期生物的演化和环境的变化；访问滑坡、山崩、地震遗迹可增长地质灾害知识，提高公众防灾意识。因此，这些典型地区也就成了科学考察的对象和大众的科普教育基地。

三、探险运动与康体健身运动功能

许多名山大川的主峰，沟壑洞穴的深处，都不乏险峻摄魂之处，因此，常常吸引一些富有冒险和挑战精神的游人特别是年轻人前来进行探险活动。“无限风光在险峰”，人世间许多奇伟瑰丽的美景常在险高之地，若想领略这些以险为美的景观，就必须历尽艰险。因此，很多山地尤其是比较险峻的高山成了人们登山健身，攀岩探险，挑战极限的场所。亚洲的喜马拉雅山、欧洲的阿尔卑斯山、非洲的乞力马扎罗山等世界名山，每年都吸引了许多登山者前往，其中既有专业队员，又有普通的登山爱好者。通过登山，攀登者可以体验遭遇惊险、艰难，而后战胜困难的乐趣。征服高山，攀登者可达到超越自我，升华精神的境界，获得一种独特的自我实现感受和审美感受。另外，不同的地貌条件还可以为一些体育活动的开展提供条件，如陡峭的悬崖，可用于开展野外攀岩比赛；相对复杂的地形可用于野外定向越野运动。

四、文化旅游功能

地文景观不仅是单纯的自然景观，而且还具有深厚的历史文化内涵，这为自然旅游资源的深度开发提供了条件。我国古代文人墨客多有寄情自然，借助书画来抒发自己情怀、志向的传统，因此，凡名山大川，多留有古人诗词题赋。流传下来的许多千古名句和壮美的诗篇，为自然景观平添了几分神韵和意境。如明代大旅行家徐霞客两登黄山，前后著文记之，以“五岳归来不看山，黄山归来不看岳”的溢美之词，盛赞“黄山天下奇”的独特景象。还有描绘华山险峻雄旷景象的有名诗句“西岳峥嵘何壮哉，黄河如丝天际来”。杜甫《望岳》一诗中“会当凌绝顶，一览众山小”两句，更加突出了泰山雄伟壮观的形象。这些脍炙人口的名篇佳句为自然景观注入了灵魂，强化了景区的文化氛围，让自然风景之美更加深沉、持久而熠熠闪光。

此外，我国的山川名胜，往往与宗教文化密切相关，这也使一些山地成为宗教文化的聚集地。如武当山、华山是道教名山，而山西五台山和河南嵩山则是佛教名山。泰山作为自古以来自然崇拜、祭祀的场所，在古代中国山岳文化中占有独特的地位。

第三节　地文景观旅游资源的基本类型

一、地质过程形迹

1. 断层景观旅游资源

断层是指岩层或岩体沿断裂面发生较大位移的一种地质构造类型。断层面两侧发生显著位移的岩块称为断盘，根据断层两盘相对位移的关系，断层可分为正断层、逆断层、平移断层等类型。断层往往可造成独特的自然景观，如河流的流向变化与河流袭夺，断层线两侧显著的地貌变化，陡峻的断层崖，神奇的飞来峰现象等。长江及我国其他一些河流，都存在一些河段“大拐弯”现象，这种奇特的自然现象常常与断层控制作用有关。长江金沙江段在石鼓以上为NNW（北北西）走向，石鼓到三江口段变为NNE（北北东）走向，三江口至金江段又变为SN（南北）走向，这种走向呈锐角变化的“Z”字形河道形态，是受一组交叉断层和一条南北向断层控制发育而成的。断层可以导致其两侧地貌形态的对比与变化。登上举世闻名的万里长城，北眺是连绵起伏的群山，南望则是沃野千里、一望无际的华北大平原，长城内外，地形差异十分悬殊，而形成这一奇观的内在原因就是山麓地带的断层。断层可以直接形成陡峻的地貌形态，华山北麓陡峭的山势，庐山西部的龙首崖绝壁，台湾东部的清水断崖，都是断层构造形成的陡崖，即断层崖。断层崖一般沿断层线分布，规模有大有小。其中台湾清水断层崖南北长21km，海拔700m，属世界第二大海岸断崖。逆断层中的推覆构造，可形成神奇的飞来峰现象。如杭州西子湖畔的飞来峰，河南登封石门村的飞来峰，就是典型的推覆构造。

2. 节理与褶皱景观旅游资源

节理是没有使岩块发生明显位移的断裂构造，表现为岩石上有规律的、纵横交错的裂隙。垂直岩面上的节理有观赏价值，如太行山、贺兰山一些地区悬崖上的节理，斑驳陆离，显示出一种特有的自然纹理与质地，给人浑厚、古朴、沧桑的美学感受。我国传统绘画中有专门的技法来描绘这种景观效果。节理构造还可形成一些奇特的自然景观，如玄武岩冷凝过程中形成六方柱状节理，经过随后的侵蚀作用，便会在地表形成一个个六方形石柱，虽由天成，却宛如人造，让人惊叹不已。在垂直节理的控制和影响下，可侵蚀形成悬崖峭壁或石峰景观，花岗岩经过球形风化作用可形成“石蛋”等岩石形态。

岩层在侧方压应力作用下发生的弯曲叫褶曲。褶曲仅指岩层的单个弯曲，而岩层的连续弯曲则称为褶皱。岩层剖面上出现的褶皱，有奇特的观赏价值。坚硬的岩石被弯曲成不同形态，有的呈波浪形，有的呈锯齿形，让人领略到大自然的鬼斧神工。褶皱构造与许多山脉、盆地的形成密切相关，影响矿产资源的形成，因此，褶皱成为专业人员进行科学研究、对普通游客开展科普教育的内容。如我国嵩山的褶皱构造成为地质旅游的重要景点，吸引着国内外的学者和游客。

3. 地层剖面景观旅游资源

地层是地壳发展过程中形成的各种成层岩石的总称。含有生物化石遗迹的地层，为研究生物演化及地质环境变化、地球发展历史提供重要的科学依据和佐证。

我国地层出露较全，许多地层在国际上还具有代表性。如国家地质公园之一的陕西省洛川黑木沟内，现存有世界闻名的第四纪黄土典型地层剖面，该剖面垂向发育良好，黄土及古土壤系列结构变化清晰，连续性好，剖面上地层完全裸露且富含古生物化石，适于进行磁性地层学研究，是不可多得的第四纪沉积及古气候变迁科普教育旅游资源。云南晋宁梅树村剖面，是反映全球前寒武系—寒武系界限的剖面。这个剖面含有腹足类、腕足类、软舌螺类等动物化石和遗迹化石，已发现5万多件标本，共含100多种、40多个门类的动物化石，为研究5.3亿年以前地球历史和生物演化，提供了重要依据。该剖面已列入省级自然保护区。

除此以外，还有辽宁大连金石滩震旦纪、寒武纪沉积岩剖面，陕西东秦岭岩相剖面，内蒙古东胜区三叠系-中侏罗统剖面，萨拉乌素组河湖相沉积剖面，宁夏六盘山地质剖面，四川江油龙门山泥盆系剖面，河北原阳泥河湾地层剖面等，都是很典型的地层剖面，具有很大的科考价值。

4. 生物化石景观旅游资源

生命的起源，生物的诞生、发展和进化与地球的演化有着密切的关系。地球上生存着种类繁多的生物，这些生物死后被迅速地掩藏，与空气隔绝，经过长时间的炭化，或与碳酸钙、二氧化硅等物质进行交换、充填等石化作用变成岩石，成为今天看到的化石。所谓化石，是指保存在地层中的地质时期的古生物遗体、遗物和遗迹。化石可以分为古植物、古动物和古生物遗迹3个大类。科学家们正是通过化石这一特殊的载体来解读地层的年龄，解读人类生存的地球的历史，解读地球生命诞生、演变、发展的进程和奥秘。由于化石形成的年代久远，通过研究这些化石可以判断当时的生物和环境条件，具有一定的科学研究价值，是进行生物演化、环境变化等科普教育的活教材。如新疆的化石森林景观（硅化木群），它是远古地质时代原始森林或树木被泥沙和火山灰等掩埋后，在还原缺氧条件下被硅化、石化而形成的。

我国有许多典型的化石产地，已经成为了重要的旅游点（地）。比如，四川自贡的恐龙化石点，早已蜚声海内外。“四川恐龙多，自贡是个窝”，该市大山铺北场口的恐龙化石点，是一个以恐龙为主的古脊椎动物群栖息之所。这里含化石层厚达4m，化石富集区面积达17 000m^2，埋藏集中，种属多，保存完好。曾经在不足3000m^2的范围内，发掘出近200具恐龙个体，属世界中侏罗纪时期最具代表性的恐龙化石，有陆生、水生、两栖和空中飞的古脊椎动物，包括大型长颈椎蜥角龙，短颈椎蜥角龙，凶猛的肉食性恐龙以及比较原始的剑龙等。1986年自贡已建立了专门的恐龙博物馆，供游人和科学工作者观赏、研究。

此外，贵州台江县八郎山中寒武纪时期“凯里化石库”、山西榆杜古生物化石群、辽宁朝阳鸟类化石、甘肃合水板桥“黄河剑齿象”化石，新疆吐鲁番藏犀化石、陕西咸阳“披毛犀”化石、北京延庆下德龙湾和四川江安二龙乡等地的木化石（硅化木）等，都具有重要的科学研究价值和旅游观赏价值。

二、山体、石体与峡谷

1. 山地

山地是对许多山的统称，它由山岭和山谷组成。其特点是具有较大的绝对高度和相对高度。地貌学上一般按高度将山地分为以下几类：极高山（一般海拔高度大于5000m）、高山（一般海拔3500～5000m）、中山（一般海拔1000～3500m）、低山（一般海拔500～1000m）。名山是山地旅游活动的集中地，所谓名山不仅是山地中一种独特的地理实体，还应该有其特殊的内涵。卢云亭教授认为名山应该具有以下特点：

1）名山是富有美感的自然景观实体。美有形象美、结构美、色彩美、动态美、听觉美等。形象美是名山秀色的基础和核心，其形象特征可以概括为雄、奇、险、幽、旷、野等，每座名山既是各种基本形象的空间综合体，又具有独特的总体形象特征，如雄泰山、奇黄山、险华山、秀峨眉山、幽青城山等。

2）名山具有一定的科学研究价值。其典型性深刻地反映和渗透于研究与认识地球发展史、地质变迁、自然地理规律等学科领域中，如峨眉山因地层丰富而被称为“天然地质博物馆”，植物种类繁多被誉为“植物王国”。陕西省的太白山高峻挺拔，自然景观的垂直地带性和第四纪冰川活动显著，从而为这方面的科学研究提供了天然的素材和场所。

3）名山拥有悠久的开发历史，丰富的文化遗产。名山大多开发时间较早，反映出一定的历史文化渊源。如我国“五岳”封禅活动，最早起源于战国时代的齐、鲁，至秦汉时已逐步臻于完善，距今已有2000～3000年的历史，同时留下了大量的文化景观和遗址（古建筑、摩崖石刻、历史人物活动遗存物等），并拥有丰富的史料。有的被誉为“历史文化宝库”，具有重要的社会历史价值和学术研究价值。

4）名山是自然和人文景观的和谐统一体。名山的形成多以自然景观为基础，在此基础上不断地建造人文景观，并逐渐完善。因而形成了自然景观与人文景观相融合，主体、客体和谐，浑为一体的完整风景地域。如庐山、华山、九华山、泰山等皆是如此。

2. 凸峰

凸峰是指山地丘陵中高起突出的单个山峰，是伟大、胜利的象征，在登山、探险、科研、旅游活动中具有重要意义。有名的凸峰大多屹立于名山之上，如喜马拉雅山的最高峰珠穆朗玛峰是世界最高峰，秦岭太白山的拔仙台，九华山的天台峰，泰山的玉皇顶，峨眉山的万佛顶，黄山的莲花峰、光明顶、信始峰、天都峰，华山的南峰、西峰、东峰，台湾省阿里山主峰大塔山等都是有名的凸峰，更是人们旅游观光、登高望远的绝佳场所。

3. 造型石体

岩石形成以后，受不同岩性、地质构造以及侵蚀作用的影响，形成了形态各异的造型石体景观。造型石体一般可分两种类型，一种是柱状石体，如青岛的“石老人”；一种是处于较高位置如山顶或山脊之上的块状石体，如黄山的“石猴观海”。山地、丘陵类旅游景区或景点如果有这种造型石体，往往可以起到画龙点睛的作用，提升景区或景点的旅游价值。我国的一些著名风景区，都以造型石体为其特色，如黄山的“鲜桃石”、“天鹅孵蛋石”、“石猴观海”，普陀山的“磐陀石”、“云扶石”，海南岛的“天涯海角”、“南天一柱”等。造型石体往往与一定的传说、典故联系起来，使得自然景观平添几分灵性与生动。如黄山的“仙人晒靴”、海南岛的“鹿回头”都能引出一段美丽的传说。造型石体和其他的造型地貌，由于其形态、纹理在各个侧面都不一样，因此，从不同角度观看，往往造型出现变化，这是这类景观资源又一引人入胜之处。

4. 峡谷

峡谷是指谷地狭窄，谷坡陡峻的景观类型。峡谷的横剖面多呈“V”形，主要分布于河流的上游地区，其形成与一定的构造作用有关，但主要是由流水的侵蚀作用所造成。

峡谷的规模影响游人的观感。大河上游一般发育有较大规模的峡谷，具有高峡阔水的特点，让人感觉气势磅礴，雄伟壮丽，如长江三峡的瞿塘峡两岸悬崖绝壁，群峰对峙，急流澎湃，声如滚雷，其西口“夔门天下雄”之美誉便得于此。

而小规模的峡谷，由于谷深有限，谷底流水潺潺，加以空间狭窄、曲折，视线不畅，因此更多的是给人一种深邃、幽静的体验。如武夷山、黄山的“一线天”就属于这种类型。

我国长江、黄河的上游地区多有峡谷发育，如位于川西和滇西地区的岷江、雅砻江、大渡河、金沙江等河段，都有峡谷分布。多列深邃峡谷与高大山脉相间并列，蔚为壮观。其中作为长江的上源金沙江河段，其峡谷群总长度超过1000km，位于石鼓以下的虎跳峡岭谷高差最大可达5000m，在16km距离内落差170m，而江面最窄处仅有30m，堪称一绝。黄河上游也有峡谷群分布，如位于青海、甘肃两省交界地带的八盘峡、盐锅峡、刘家峡、龙羊峡等，这些峡谷地带现多建设有大、中型水利设施，使高峡变为平湖。

三、蚀余地貌景观

1. 石林

地表水沿可溶性岩石的裂隙进行溶蚀、侵蚀，使岩石表面形成凹下的沟槽称溶沟，沟间突起的部分为石芽。在热带厚层石灰岩地区，可形成个体比较高大的石芽，众多的石芽排列如林，形成了石林，最典型的就是云南的路南石林，分布面积达30 000hm^2，向游人开放面积80hm^2，是形成于古生代、发育典型的成片岩溶地貌。在这里，漫山遍野都是形态各异的石峰、石柱、石笋、石芽，群峰壁立，千嶂叠翠，怪石奇岩，千姿百态，蔚为壮观；还有深邃的溶洞、美丽的石钟乳和神秘的地下河。

2. 丹霞地貌

丹霞地貌是指红色砂、砾岩层在垂直节理控制下，经长期风化剥离和流水侵蚀发育而成的各种奇峰怪石的总称。它主要发育于侏罗纪至第三纪的水平或缓倾的红色地层中，以中国广东省北部丹霞山最为典型，故名丹霞地貌。

丹霞地貌分布区常是奇峰林立、景色瑰丽，同时丹霞区沿垂直节理崩塌的陡崖使巨厚的红色砂、砾岩层暴露无遗，对研究、恢复红色盆地的古地理环境具有重要意义。我国广东丹霞山、金鸡岭，南雄的苍石寨、平远的南台石和五指石，江西瑞金、宁都，福建武夷山、连城、泰宁、永安，浙江永康、新昌，广西桂平的白石山、容县的都峤山，四川都江堰的青城山，陕西凤县的赤龙山以及承德等地，都有典型的丹霞地貌，其中的一些已成为著名的旅游地。

广东丹霞山是最为典型的丹霞地貌，它位于广东省韶关市东北54km处，为国家地质地貌自然保护区。丹霞山海拔408m，并不高峻，但它的山崖，远看似染红霞，近看则色彩斑斓，许多悬崖峭壁，像刀削斧劈，直指蓝天，无数奇岩美洞，隐藏于山中，景色相当奇丽。

3. 雅丹地貌

雅丹地貌是指风蚀垄槽地貌景观，“雅丹”是维吾尔语中“险峻的小土丘”之意，雅丹地貌通常发育在干旱地区的湖积平原上，由于湖水干涸，黏性土因干缩而产生裂隙，经强烈的定向风吹蚀而形成的一系列平行的鳍形的“垄脊”和宽浅不一的“沟槽”，并沿着盛行风向延伸的奇特景观。长数十米到数百米，深可达 10m。雅丹地区尽是些形状奇异、大小不等、排列有序的土阜、土丘。土丘又干又硬、古怪嶙峋、姿态万千。每当云影飘过，或细风撩起轻沙，土阜、土丘似乎缓缓漂移，宛如巨船起航，鲸鱼遨游，扑朔迷离，给人以无限遐想。近几年来，参观雅丹地貌已成为旅游者热衷的一个探险项目。雅丹地貌以新疆塔里木盆地的罗布泊地区、乌尔河与将军崖最为典型。

四、自然灾变遗迹景观

1. 地震遗迹景观

地震是一种灾害性的自然现象，是地壳运动的一种特殊形式。强烈地震的发生一方面可以改变自然面貌，形成堰塞湖、断层崖等地震遗迹风景区。如国家地质公园——西安翠华山中的天池就是由于地震诱发山崩而形成的堰塞湖，景色非常迷人。另一方面，由于地震的破坏性使建筑物倒塌、形变，形成地震遗址这种特殊的灾害景观。如我国河北省唐山市 1976 年发生的 7.8 级大地震，对建筑物造成了巨大的破坏，整个城市变成了一片废墟，在重建唐山的过程中，保留了其中比较典型的 7 处地震现场，开辟为公园，对游人进行科普教育。

此外，在人类历史上，记录地震的碑文、石刻构成了与地震有关的特有文化，也成为人们研究和游览的场所。如四川西昌市泸山光福寺就有大量碑刻，较详细记载了历次地震的情况，成为一份难得的史料。

2. 火山活动遗迹景观

在地球漫长的演变历史进程中，岩浆侵入与火山活动频繁发生。岩浆喷出地表的地方常形成火山。火山爆发是世界上最宏伟壮观的自然现象之一。当今世界尚有大量火山在活动，其中 80% 集中在环太平洋、喜马拉雅至地中海这一地震带上。火山活动常喷出大量高温气体、热水溶液、固体碎屑和熔融岩流，并形成火山熔岩风景。我国东北大小兴安岭、长白山区，台湾、海南岛、雷州半岛、云南腾冲及山西大同等地就有这种景观类型。如黑龙江五大连池就是由 14 座火山锥和呈串珠状排列的 5 个熔岩堰塞湖及大片熔岩台地组成。在火山喷溢而形成的玄武岩台地上，遗留有极其丰富的微地貌景观，造型各异的熔岩流、火山喷气锥、喷气碟，典型的绳状熔岩、翻花状熔岩及各种美学价值极高的象形熔岩、火山弹、浮石、熔岩隧道等，是名副其实的“火山博物馆”。火山喷出的碎屑物质有时是大量的，可以堆积起厚厚的火山沉积层，甚至可掩埋城市和村庄。如意大利维苏威火山爆发，喷出的火山灰掩埋了3座城市——庞贝、郝库兰尼姆和施塔比亚。后来庞贝城被发掘出来，重见天日，成为举世瞩目的火山文化遗迹景观。火山锥是观赏性极强的地貌景观，如山西大同的死火山群遗存的火山锥、火山口等火山地貌，均成为很好的风景旅游资源。

3. 冰川活动遗迹景观

冰川活动遗迹景观主要是指冰川后退或消失后遗留下来的各种地形。主要有围椅状冰斗、平直的“U”形谷、尖峭的角峰、单薄的刃脊、匍匐状的羊背石及波光粼粼的冰斗湖等典型地貌形态。冰川地貌多保存在高山或高纬度地区，如世界最高峰珠穆朗玛峰就是闻名于世的冰蚀角峰。我国山地较多，冰川作用留下来的遗迹也较多，主要分布在中西部的中、高山地区，如青藏高原，滇西北山地，新疆天山、阿尔金山，甘肃祁连山、兴隆山，四川西昌螺髻山、黄龙自然保护区，陇蜀交界的岷山等。近年来，冰川遗迹景观以其形态奇特，稀有少见，引起游客的兴趣，常常用来开展探险旅游。藏卧在甘肃河西走廊西端，嘉峪关西南120km的祁连山深山里的“七一”冰川，是亚洲距城市最近的可游览冰川。冰舌部海拔4302m，冰峰海拔5150m，由峡谷深处，可沿并不险峻的山路攀登，领略“一日四季”的奇妙景色。

五、沙石地地貌景观

1. 沙漠景观

沙漠是干旱地区风力作用下，砂粒连片覆盖地表所形成的地貌形态。浩瀚的沙漠，广袤千里。新月形沙丘、纵向沙垄、方格状沙丘、蜂窝状沙丘、金字塔形沙丘等各种形态的沙丘风姿绰约、气象万千，具有很高的游览价值和独特的景观观赏效果。奇特的沙丘植物，还有埋没其间的古文化遗址，都赋予了荒凉的沙漠以迷人的色彩和无限的魅力。我国沙漠主要分布在新疆、甘肃、宁夏、内蒙古等西北省区，利用沙漠来开展观光、探险、疗养等旅游活动，成为这些区域旅游开发的重点之一。新疆吐鲁番沙山，沙中含有大量磁铁矿粉末，进行沙浴等于“磁疗”，对神经衰弱、风湿性关节炎、高血压病有很好的疗效；宁夏中卫沙坡头还建成沙漠公园，游人在此可滑沙、观沙、听沙，观赏沙生植物，还可乘坐古老的羊皮筏领略黄河岸上美丽的“塞外风光”。此外，甘肃敦煌鸣沙山、酒泉沙漠公园、毛乌素沙漠景观专线旅游等，也颇具吸引力。沙漠旅游在世界上也很受欢迎，世界上许多国家，如阿尔及利亚、印度、巴基斯坦等都建立了沙漠旅游专线。

2. 戈壁景观

戈壁是蒙古语，意为“难生草木的沙石地”，是粗砂和砾石覆盖在硬土层上的荒漠地貌。戈壁是干旱风沙地貌中另一特殊的、具有吸引力的景观类型。这里植被稀少、石砾满布，给人以旷达辽阔、沧桑壮美之感。戈壁中最负盛名的是“蜃楼幻影”，它虽是太阳光强烈照射下形成的一种幻觉，却能带给游人无比美好的遐想和向往之情。

3. 沙滩景观

沙滩是指位于河流、湖泊、海洋沿岸被沙覆盖的水岸区域。沙滩景观在许多海滨城市成为主要的旅游吸引因素，如我国青岛的黄金海岸、秦皇岛北戴河、南戴河等地，由于拥有优质的沙滩和得天独厚的海水，开设的海滨浴场吸引了成千上万的游客接踵而至，在此避暑消夏，旅游观光。游客到此不仅可以投入大海宽广的胸襟畅游一番，还可以体会古诗中所描绘的“落霞与孤鹜齐飞，秋水共长天一色”的绝妙美景。

六、岛　礁

1. 岛屿

岛屿是海洋、江河或湖泊中被水包围的小片陆地。

岛屿按成因通常分 3 种类型：基岩岛、冲积岛和珊瑚岛。台湾岛、海南岛是我国面积处于前两位的两大基岩岛。位于我国长江入海口的崇明岛属于典型的冲积岛，也是我国第 3 大岛。而南沙群岛古代就有“千里长沙、万里石塘”之称，是我国南海诸岛中位置最南、岛礁数目最多、分布面积最广的一组珊瑚岛，由 230 多个岛、礁、滩和沙洲组成，虽然单个岛礁的面积很小（最小的太平岛仅有 0.43km^2），但是分布面积却达 800 000km^2 余。

岛屿往往具有美丽的自然风光，使人向往。位于我国辽东半岛东侧的黄海北部海域的长山群岛，由 112 个岛、坨、礁组成。这里岛礁群集、峦峪广布、林木茂盛。秀丽的岬角、曲折的海湾、奇异的礁石、金子般的沙滩和仪态万千的海蚀地貌，构成了一幅异彩纷呈的海岛风光。此外，岛屿与大陆分离，隔水相望，海岛上生活的渔民们，在长期征服海洋、生息繁衍的过程中形成了自己独特的渔家民俗风情，他们的建筑、服饰、饮食、宗教、礼仪、节庆活动、婚丧嫁娶、文化娱乐、乡土工艺都可以成为吸引游客的旅游资源，因此可以在海岛上开展旅游观光和参与性活动，让游人充分体验海洋民俗风情。目前我国乃至世界上的许多海岛都已成为历史驰名的旅游胜地，例如，我国厦门的鼓浪屿岛、浙江省杭州湾外的普陀山、舟山群岛，海南岛等，夏威夷群岛，斐济群岛，汤加群岛等。

2. 礁

江海中隐现于水面上下的岩石以及由珊瑚虫的遗骸堆积成的岩石状物就称之为礁。在热带和亚热带浅海中，死亡的造礁珊瑚骨骼与一些贝壳和石灰质藻类胶结在一起，形成大块具有孔隙的钙质岩体，如此长年累月地堆积起来，在水面下就形成了像岩石一样坚硬的珊瑚礁。珊瑚礁以其特有的结构、形态、生态而极富旅游价值。澳大利亚东岸的大堡礁是世界上规模最大，最著名的珊瑚礁，沿海岸分布，南北长达1900km，东西宽约2～150km，落潮时露出水面，涨潮时大半被淹没。大堡礁形态独特，物种丰富，水下风光旖旎，已成为澳大利亚重要的自然保护区和旅游胜地。

我国海岸线狭长，在台湾海峡以南的广东、广西、台湾、海南沿海的一些地区以及东沙、西沙、中沙、南沙群岛等地珊瑚礁广泛发育。岛礁四周金沙环绕，不时有海浪拍打着礁盘，飞溅起白色的浪花，自然景色十分迷人。因此，这些岛礁也已成为人们所向往的旅游景点。

七、洞穴地貌

1. 带地下河的溶洞

是指那些常年有地下暗河的溶蚀洞穴。主要发育在我国南方的碳酸盐岩地区，最典型的要数贵州省安顺市的“龙宫”洞，这里发育着非常典型的喀斯特地貌，划着小船进入幽深的溶洞之中，耳边是河水荡漾的声音，眼前是姿态万千、优美独特的石钟乳和石笋等美景，不禁让人产生别有洞天之感慨。

湖南张家界的黄龙洞是我国目前溶洞形态最全，造型极为奇特的著名洞穴。英国皇家地质队评价说：黄龙洞几乎包含了洞穴学的全部内容，是世界上已经发现的溶洞的“全有冠军”。黄龙洞位于索溪峪河口村，总面积达40hm^{2}多，分旱洞和水洞。上下共4层，全长13km。洞内有1700多根彩柱，有令人惊叹的定海神针，金碧辉煌的龙宫，鬼斧神工的迷宫，千奇百怪的雪松柱，神妙无比的石琴山音乐柱（能敲出8个美妙的音阶）。

2. 落水洞与竖井

落水洞是地表水流入地下河的主要通道，是流水沿裂隙溶蚀、侵蚀而成。落水洞进一步发展，形成深度较大的井状管道，称为竖井。落水洞可形成地下暗瀑奇观，具有独特的观赏价值；竖井由于深不见底，如无底洞一般，成为探险旅游的好去处。

3. 天生桥

天生桥是指洞顶岩壁石体由于溶蚀、侵蚀、重力崩塌而形成的桥状地形。如贵阳花溪南明河上的天生桥、河北涞水野三坡海棠峪的“天生桥”，云南九乡溶洞的叠虹桥（多层天生桥上下重叠）等。而贵州黎平县天生桥高 78.8m，宽 112m，拱高 38.8m，跨度 118.9m，为世界上最大的天生桥。

4. 重力堆石洞

重力堆石洞是由于岩石块体塌落堆砌成的石洞。这样形成的石洞由于有的地势较低，地形特殊，再加上巨厚岩石的隔热效应，往往会形成一些奇特的冰洞或风洞景观，带给游人与众不同的感受，成为旅游的佳境。

案例分析——西安翠华山

历史名山翠华山，地处陕西省秦岭北麓长安区境内，面积 32km^2，距西安市 20km，主峰海拔 2604m，是牛背梁国家羚牛自然保护区的缓冲区，也是终南山国家森林公园最具特色的组成部分和一级开发区。1993 年被陕西省人民政府列为省级风景名胜区，1997 年荣列“西安旅游十景”之一。2001 年 3 月翠华山又被国土资源部首批批准为山崩景观国家地质公园。

翠华山是我国山崩地质地貌最为发育的地区之一，有“V”形谷、堰塞湖、堰塞坝、崩塌石海、崩塌洞穴、残峰断崖等地貌形态，形成重要的地质遗迹资源。

翠华山地质公园里随处可见大量的崩塌石块杂乱堆砌、叠置，宛若石头的海洋，造就了很多奇特的石体造型，如卧虎、玉兔醉卧、母子情深、鱼拜太乙、空中花园等栩栩如生的象形山石，给游人留下了深刻的印象，引人无限遐想。

翠华山的堰塞湖有 3 处，它是由山崩的崩塌石块堵塞河流而成。水湫池便是其中之一。水湫池又名天池，长约 600m，宽约 90～300m，平均水深 7m，水域面积 13.8hm^2。水中有鱼、河蚌生存。夏日凉风习习，碧波荡漾，游人可以泛舟其上、悠然自得，尽情领略迷人的湖光山色。

翠华山景区内由崩塌巨石相互堆砌、叠置而形成许多天然的洞穴，蝙蝠洞便是其中之一。该洞长 100m 余，曲折迂回，宽窄不一，空间变换多样，在 30m 深处，千余只蝙蝠附于洞壁，鸣声不绝于耳，从而使翠华山景区成为别具一格、充满旅游情趣和探险味道的景点。此外，有“华夏第八大冰洞”之称的冰洞，洞内地势低陷，形成不规则的外洞和内洞，由于巨厚的岩石隔热性好，冷空气下沉，因而洞内外夏季温差可达23℃以上，洞外炎炎酷暑，挥汗如雨，而洞内却冷风嗖嗖、寒彻肌骨。洞内温度常年保持-4℃，游人到此无不感叹称奇。

“长安好，秀丽翠华山，攀上断崖观石海，荡舟湫池水中天，造化辟奇观”。翠华山山崩国家地质公园不仅有山崩湖光、奇石异洞、气势磅礴的山崩壮景，可以开展科普旅游，更有深厚的历史文化和优美的大自然美景供游人观光游览。在这里，珍贵的地质遗迹景观和自然的湖光山色相交融，地质科学知识和历史文化传说相结合，是典型的地文景观类旅游景区。

复习思考题

1. 谈谈你对地文景观概念含义的理解。
2. 简述地质作用的过程及内容。
3. 地文景观的吸引因素有哪些？试举例说明。
4. 地文景观的旅游功能表现在哪些方面？试举例说明。
5. 地文景观的基本类型有哪些？
6. 常见的地质类旅游资源有哪些？试举例说明。
7. 常见的地貌类旅游资源有哪些？试举例说明。
8. 试用本地的一个地文景观类旅游资源，说明其成功开发的原因。

第四章 水域风光类旅游资源

学习提示

一、主要内容

- 水体的形成与类型概述
- 水域风光旅游资源的吸引因素及功能
- 各种类型的水域风光类旅游资源

二、学习重点

- 掌握水体资源与旅游的关系，水体构景的主要因素及旅游功能
- 学会从不同角度去开发水体类的旅游资源
- 了解水域风光旅游资源的概念及主要的类型
- 知道一些典型水域风光类的旅游资源

第一节 水域风光类旅游资源概述

水是自然资源的重要组成部分，它既是保证人类生活和生产的重要物质条件，又是构成旅游景观的重要的物质基础。

一、水体的类型与分布

1. 水体的类型

水是自然界分布最广、最活跃的因素之一。它无处不在，不仅存在于水圈，而且在大气圈、生物圈、岩石圈均能见到水。因此它的存在形式多样，是地球上以3种聚合态——液态、固态、气态共存于自然界的唯一物质，有液态的海洋水、河流水、湖泊水、水库水、地下水、泉水、瀑布；有固态的冰川水、积雪；有气态的云雾等。

2. 水体的分布

水是地球表面分布最广和最重要的物质，是参与地表物质能量转化的重要因素。地球上除了存在于各种矿物中的化合水、结合水以及为深部岩石所封存的水分以外，海洋、河流、湖泊、地下水、大汽水和冰雪，共同构成了水体资源，其中海洋水占全球总水量的96.5%，淡水资源只占总水量的3.5%。而淡水资源

中，与人类生活密切相关的河水、湖泊水和浅层地下水，仅占淡水资源总量的0.34%，那些深层地下水、极地与高山冰川、永冻层的冰等难以被利用的淡水资源却占了主体。此外，因受海陆位置、水汽来源、地形条件、季节变化等因素影响，水资源的时空分布很不均匀。如我国水资源的地区分布，总趋势是由东南沿海向西北内陆递减；季节变化是以夏季降水最多，冬季最少，春季和秋季居中。

二、水域风光

1. 水域风光的概念

各种形态的水体在地质地貌、气候、生物以及人类活动等因素的配合下，形成不同类型的水体景观，即水域风光。如汹涌澎湃、烟波浩淼的大海，水光粼粼、波涛汹涌的河流，轻柔幽静、清澈透明的湖水，壮观奔放、飞流直下的瀑布，秀美清丽、奇妙无穷的泉水，银装素裹、巍峨挺拔的雪山……在不同时间、不同地点去欣赏这些水体资源，都会给人以不同的体验、不同的感受以及产生不同的意境，构成了自然旅游资源的重要组成部分。因此，凡能吸引旅游者进行观光游览、度假健身、参与体验等活动的各种水体资源，都可视为水域风光类的旅游资源。

2. 水体资源与旅游的关系

水体是自然界中最活跃的因素之一，它与旅游的关系十分密切。

(1) 水体是各类景区的重要构景要素

景区形态组合的差异，就会构成不同的美感与享受，产生不同的意境。水体是各类景区的重要构景要素，是其重要的物质基础。特别是自然风景区，都要以水作为其吸引因素。有了水，景区才变得有生气，有活力。名山不可缺水，溪流瀑布使山地变得“生动活泼”。水滋润着花木，养育了动物，从而使景色秀丽，充满生机。因此郭熙曾说：“山无云则不秀，无水则不媚”。山以水为血脉，以草木为毛发，以烟云为神采，故山得水而活，得草木而华，得烟云而秀。如被人们称为“童话世界”的九寨沟以及“人间天堂”的苏杭一带，都是以水体资源形成了富有魅力的奇丽景观。其次，作为依托水体而建成的人文景观，也正是因为水随景转，景因水活，才有了万千变化。古往今来，无论是皇家园林，还是私家园林，都采取“引水注入”、“引泉凿池”，都十分重视水体的组合。如果说山是园林的“骨架”，那水就是园林传神的“血液”，古人有“名园依绿水”之说，突出了水体在各类景区构景中的作用。

(2) 水体自身可形成多种多样的美景

水体资源在大多数情况下，要与其他因素组合才能形成优美的风景。如水与山、水与生物、水与季节气候、水与建筑物、水与人类活动等，共同组成了景色多变、类型各异的水域风光。但是，这种三态合一的自然物质亦可单独成景，海洋的浩瀚无边，河流的奔腾不息，湖泊的轻柔幽静，瀑布的飞流溅玉，泉水的清澈甘醇，冰雪的奇妙变化，都给人以形、声、色、态的享受。许多的河流、瀑布、湖泊、泉水、海洋，以其自身优美迷人的景色而成为独立的、极有价值的风景名胜区。如贵州的黄果树瀑布，陕西宜川的黄河壶口瀑布，杭州的西湖，我国最大的内陆湖——青海湖等，都是以水体资源而单独成景的。特别是对于固态的水体资源——冰雪，表现更为突出，利用这种固态的水体形成冰雕、雪雕等艺术产品，并举办各种类型的“冰雪艺术节”。

（3）水体可开展各种丰富多彩的旅游活动

随着人们旅游需求个性化和多样化的不断发展，旅游活动不仅仅局限于看、游、赏，旅游者越来越注重体验与参与。水体资源既可以观赏又可体验、参与，因此对于水体类旅游产品的开发颇具优势。旅游者也总是对水给予青睐和厚爱，观水、戏水、漂流总是情趣无限，魅力不减，水总是能给人们刺激和愉悦的感受。如游泳、划船、扬帆、滑冰、滑雪、潜水、冲浪、滑水、垂钓以及疗养、品茗等，都是参与性很强的一些旅游活动，而离开水，这些活动将无法实现。

第二节　水域风光的旅游功能

一、吸引因素

水域风光具有形、声、色、味、影、态等方面的特点，成为其吸引因素。

1. 水形

指水体不同的形状。地球上的水体多以各种不同形状的地理实体表现出来，海洋、河流、涧溪、湖泊、瀑布、泉水等，都有不同的形状，给人不同的美感。如波澜壮阔的海洋，一平如镜的湖泊，蜿蜒曲折的小溪，滔滔奔流、宛如银带的江河，跌宕如飞、喷珠溅玉的瀑布，淙淙外溢、澄碧晶莹的泉水等，都以不同的形态对游人产生强烈的吸引力。

2. 水声

指水体流动或冲击时所发出的各种美妙的声音。各种水体的运动或流动，都能产生一种特有的声音，这种声音通过人的听觉器官，就会形成一种听觉美感。推波助澜的急流，惊涛拍岸的潮流，空山雄浑的飞瀑，以及恬静的涓涓细流，各自弹出了不同声域的乐章，悦耳动听，给人以音乐美的享受。江苏无锡寄畅园的

“八音涧”，引借惠山泉水，促其层层跌落，空谷回响，既徐缓抒情，又抑扬顿挫，恰如一部节奏轻快、韵律生动的乐章；安徽黄山的鸣弦泉，泉水丁冬作响，宛如弹拨琴弦的声音，清脆悦耳，有古诗描述：“山空滴沥如下注，转觉飘洒若风雨，却按宫商仔细听，二十五弦具不住。”

3. 水色

指水体的颜色。水本身是无色的，但是由于水体处在不同的地理环境中，所含矿物质及洁净程度不同，或者透入水中的光线，受水中悬浮物以及水分子的选择吸收与选择散射的作用影响，则可呈现出不同的颜色，如在纯水中，蓝光易被散射，所以纯水多呈浅蓝色或蓝色。我国的黄河因含沙量大，成为世界上特有的黄色巨流，在阳光下宛如一条金色的带子；澳大利亚的南部有一个“三色湖泊”，一年内会出现灰、蓝、黑 3 种颜色，在世界湖泊中是独一无二的。这主要是因为湖泊中含有大量的碳酸钙，冬季温度低，结晶的碳酸钙沉入湖底，呈灰黑色；夏季温度增高，碳酸钙晶体慢慢升起，使湖水呈灰色；秋季碳酸钙全部浮在湖面，因反光，把蔚蓝色的天空映在湖里，湖水由灰色变成蓝色。

4. 水味

指水体的不同味道。纯净水是无色无味的液体，而自然界的水体因为水中所含的成分的不同，会有不同的味道。未被污染的泉水常具有“清冽甘美、爽人可口”的味道，给人以清心、静心、养心的享受。如我国浙江的虎跑、龙井、玉泉 3 大名泉，山东的趵突泉，陕西甘泉县的甘泉，山西的晋祠泉等，水质清澈，甘甜醇香；希腊境内的奥尔马加河，河水甜度相当于蔗糖的 75%，被人们称为“甜河”；非洲安哥拉的勒尼达河，河水能放出扑鼻的香味，被称为“香河”。

5. 水影

指映在水中的倒影。山石树木、蓝天白云、桥梁建筑等，都会在水体中形成倒影。水中的倒影能增加水体的层次、扩大空间，水上水下、岸上岸下、桥上桥下，实物水影相互辉映，使自然风光更加绚丽多姿。如新疆天山上的天池，紧依博格达雪峰，峰湖相映，成为传说中的“瑶池仙境”；西安的华清池景区中，墨绿色的九龙汤与苍翠的骊山相互辉映，使有限的游览空间豁然开朗，美不胜收。对于水影，自古以来就有许多诗人，留下不少名篇佳作，如清代袁枚描写桂林山水有诗云：“江到兴安水最清，青山簇簇水中生，分明看见青山顶，船在青山顶上行。”

6. 水态

指水体的状态。液态的水体从它的表现形式上有动态与静态之分；从它的运行过程上有喷涌、流动、跌落、平静之分。静态的水体常以泉塘湖池等形式出现，给人以安详朴实的感受；动态的水体，常以海洋、河流、涌泉、瀑布等形式出现，滚滚的江河，跌宕的飞瀑，波涛汹涌的海洋，丁冬清脆的清泉，潺潺流淌的小溪，无不给人一种不断运动变化的动态之美。因此，水体旅游资源以其千姿万态、百媚柔情，吸引着游客前往观赏、游玩、嬉戏。

二、旅 游 功 能

水域风光能从不同的方面满足游客的多种旅游需求和旅游动机，主要体现在以下方面。

1. 具有审美功能，开展观赏旅游

水体以它独有的形、声、色、影、态变化的多样性展示着它特有的美感，成为旅游中重要的审美对象。水体给游人的美感是多方面的。

(1) 水的壮阔之美

面对浩瀚无边的大海、飞流直下的瀑布、奔流不止的江河，人们往往会感到心胸豁然开朗，惊叹于大自然的波澜壮阔，产生仰慕或敬畏之情。我国贵州的黄果树大瀑布，陕西的壶口瀑布，都是以雄壮著称，当瀑布直下水流撞击崖壁、深潭时，水雾弥漫，声震四野，似雷鸣、似万马奔腾，惊心动魄；非洲的维多利亚瀑布、南美的安赫尔瀑布及伊瓜苏瀑布，也都以壮美闻名世界。

(2) 水的秀丽之美

清澈的溪流、水山相映的湖泊、舒缓的江面，都会给人清丽柔和的美感，使游人感到轻松活泼，静雅舒适。如浙江富春江，宽阔的江面，平缓明净的流水，两岸清山如黛，间以农田、村舍，一片江南水乡的情调，给人以秀丽美妙之感，又如“如情似梦”的漓江，“淡妆浓抹总相宜”的西湖，都给人以秀美之感。

(3) 水的奇特之美

水的奇特之美，缘自于其形、色、声等方面的变化。有“天下奇”之称的黄山，瀑布景观中的人字瀑、一字瀑、九龙瀑等都具有奇特的形状；世界自然遗产九寨沟，最奇妙的就是它的水景了，共有108个彩色湖泊，高低错落，水中倒映红叶、绿树、雪峰、蓝天，变幻无穷；位于以色列和约旦两国交界处的内陆咸湖——“死海”，堪称世界之奇，湖中含盐量非常高，没有任何生物生存，不会游泳的人在湖中很容易漂浮起来，甚至可以仰卧水中，捧书阅读，奇趣无限，每年都吸引着大量的游人前往体验。

2. 具有疗养功能，开展休闲健体旅游

温泉、矿泉、海水、湖泊等均具有疗养的功能，对于人体的保健和医疗，有着重要的作用。这些水体中含有多种微量元素及其他化学成分，有一定的矿化度，通过对人体的药理和化学生物作用，而具有治病健身的功效。“深知海内长生药，不及崂山一清泉”，是人们对崂山温泉理疗价值的评价。明代医药学家李时珍，在他的医药名著《本草纲目》一书中，对温泉的性质和疗效记载甚详：“温泉主治诸风湿、筋骨挛缩及肌皮顽痹、手足不遂、无眉发、疥、癣诸疾。”古籍中描述温泉的则更多，可见温泉对人体的益处，早为古人所重视。我国大多数的温泉所在地，山川秀丽，风景如画，是人们疗养和旅游的好去处。如北京闻名遐迩的小汤山温泉、辽宁鞍山汤岗子温泉、西安久负盛名的华清池温泉度假区等。

3. 具有品茗功能，开展茶文化旅游

饮茶品茗，以修身养性，陶冶情操，是我国人民生活中一项颇具典型意义并富有特色的生活艺术。茶与水的关系极为重要，我国在几千年的饮茶习惯中，人们既重视茶叶的质量，又重视水的质量，好水冲好茶。杭州西湖的龙井茶，最好的保持了茶的本色，用该区虎跑泉的水沏茶，则茶水清澈无比，叶芽形状美丽而不失真，味亦清淡甜美，确有如饮甘露之感，西湖龙井之所以能保持这种特点，与天下名泉——虎跑泉水有很大的关系，妙就妙在无论茶与水，都不失真味。对茶中色、香、味的体验，不需雕琢粉饰。中国的名泉有北京的玉泉山泉、济南的趵突泉、镇江的金山泉、无锡的惠山泉、杭州的虎跑泉等，其中趵突泉、惠山泉还有“天下第一泉”、“天下第二泉”的雅号，用这些泉水泡茶才能泡出好茶。

4. 具有娱乐功能，开展水上游乐旅游

借助于水体资源，人们可以开展丰富多彩的娱乐活动，游泳、垂钓、潜水、荡船、冲浪、漂流、滑水、海水浴等活动，都要借助于清澈的河水、碧波荡漾的湖泊、水质良好的海域和风光优美的海滨。如我国大连的老虎滩、金石滩海滨游览区、河北的北戴河、山东的青岛、广东的汕头、海南的三亚等旅游胜地，都是借助于一定的水体资源、良好的气候条件、优美迷人的自然风景开展海水浴、驾船扬帆、潜水、观景等体验性的旅游活动，吸引了广大的中外游客。

5. 含有文化内涵，开展水文化旅游

水体资源不仅是旅游资源的重要部分，也是人们吟诗作赋的主要对象，古往今来，不少的文人墨客以秀丽的江河湖泊、雄浑壮丽的瀑布、清澈甘醇的泉水为对象，写下了许多流传至今的优美诗篇。如“一生好入名山游”的大诗人李白，曾写下“飞流直下三千尺，疑是银河落九天”的诗句来赞美瀑布，他笔下的庐山瀑布，气势磅礴，神韵万千；唐代大诗人韩愈曾以“江作青罗带，山如碧玉簪”的诗句来赞美如诗似画的漓江；孟浩然则用“气蒸云梦泽，波撼岳阳城”来描写洞庭湖的壮阔景象。除了这些流传下来的诗文以外，还有许多水体资源旁边的摩崖石刻、传说故事等，形成了丰厚的文化积淀和浓郁的文化氛围，从而提高了水体资源的观赏价值，也为开展水体的文化旅游创造了有利条件。

第三节　水域风光旅游资源类型

水域风光类旅游资源按水体的基本形态、使用价值和潜在功能，可以划分为河段、湖泊与沼泽、瀑布、泉水、海洋、冰雪等类型。

一、河段景观旅游资源

河流是指陆地表面接纳汇集、输送水流的路径和通道，即河槽（河床）及在河槽中流动的水流。我国地域辽阔，山脉众多，河流发育，流域面积超过 $100km^2$ 的河流有 5 万余条，天然河道总长约 43 万 km。

众多的河流不仅可用于灌溉、航运和舟楫，而且有些河流自身就是景观，或与其他景观相结合构成了重要的河段景观旅游资源。如我国长江的大小三峡、桂林的漓江山水、黄河风景区，欧洲的多瑙河，美国的密西西比河，巴西的亚马孙河，埃及的尼罗河，俄罗斯的伏尔加河等，都是以其形、声、色、质以及河岸景色，强烈地吸引着众多的旅游者前去游览参观。

河段景观旅游资源是指风景优美、具有旅游开发价值河流的某个区段，着眼于水流和河流两岸的风景。因此又可以分为以下几类。

1. 风景优美的河流

我国许多河流都具有这种特征，不管是从河流本身的形、声、色等构景要素还是从河流与其他的景观要素相结合，都可以形成优美迷人的风景，吸引游客观赏。不同河流由于所处地理条件的差异，可以表现为不同的景致；同一条河流由于流经地区的地貌、气候的差异，上、中、下各段也表现出不同的特征；同一条河流的同一河段也因季节变换，表现出不同的景致。

长江。长江是我国第一长河，全长 6380km，仅次于非洲的尼罗河和南美洲的亚马孙河，为世界第三长河，流域面积 180.9 万 km^2，流经我国 11 个省市区。

沿岸自然景观奇特，文化内涵极为丰富，旅游景点星罗棋布，是我国著名的“黄金水道”和“黄金旅游线”，最典型的景观资源集中在三峡地区。三峡地段的长江，被称为峡江，三峡指的是瞿塘峡、巫峡、西陵峡。三峡西起四川奉节县白帝城，东到湖北宜昌南津关，全长202km。三峡之美，完全在于雄、险、奇、幽，山、水、林、洞，相映成趣，相得益彰。三峡是河谷地形，时而出现峡谷，峭壁巍峨，幽深险峻；时而出现宽谷，江面扩展，广阔秀丽，是以长江峡谷水道为主的河段风景名胜区，是一幅幅生动的山水画卷。

桂林漓江。漓江又名桂江，是珠江流域的一条支流，发源于桂林市东北兴安的猫儿山，流经桂林、阳朔，至平乐恭城河口，全长437km，清澈透丽的漓江宛如一条长丝带，蜿蜒于桂林的万千奇峰异景之间，几乎走过了桂林山水的全部精华之处。由桂林至阳朔84km的漓江，像一条青绸绿带，盘绕在万点峰峦之间，奇峰夹岸，碧水萦回，削壁垂河，青山浮水，风光旖旎，犹如一幅百里画卷，是中国锦绣河山的一颗明珠，是桂林风光的精华。

2. 人文历史悠久的河流

这类河流开发历史悠久，沿河附近分布着许多的历史文化名城。我国这类河流有长江、黄河、江南运河、钱塘江、湘江、赣江、漓江、松花江等。如长江沿岸分布着110多座大中城市，其中著名古城、工商城和风景名城有上海、南通、扬州、镇江、南京、芜湖、泸州、宜宾、重庆等。

黄河。黄河是我国第二大河，是中华民族的母亲河，它发源于青海省巴颜喀拉山北麓，全长5464km，流域面积75.2万km^2，流经我国9个省市自治区。由于黄河中游流经土质疏松的黄土高原，使得黄河成为世界上含沙量最多的河流，它像一条金黄色的巨龙，横卧在祖国北部辽阔的大地上。黄河从源头的涓涓细流，跨过崇山峻岭，流经水草肥美的天然牧场，进入沃野千里的华北平原，沿途雕塑出千姿百态的峡谷、瀑布、悬河等奇观。黄河流域牧场丰美、矿藏富饶，曾是中国古代文明的发祥地之一，自古以来我们的祖先就劳动生息在这块土地上，黄河两岸遍布着华夏民族活动的踪迹，黄河及其支流沿岸的咸阳、西安、洛阳、开封，都曾是显赫一时的历史古都，兰州、银川、包头、呼和浩特、郑州、济南等城市，既有大量的风光胜迹，又聚集着现代都市风情。黄河流域文化古迹众多，自然风光雄浑，高原风光、塞上江南、黄土风貌、千里沃野等，都对游人有着很强的吸引力。

京杭大运河。京杭大运河隋代开凿，全长1764km。这条古老的运河流经北京、天津、河北、山东、江苏、浙江6个省市，连接了海河、黄河、淮河、长江和钱塘江5大河流。沿河分布的古城、工商业城市和风景名城有杭州、嘉兴、苏州、无锡、常州、镇江、扬州等。大运河不仅具有交通功能，而且将燕赵、楚汉、鲁豫、吴越文化连环成链，成为贯穿南北的重要旅游景观。江苏、浙江和上海都相继开辟运河水上游览线。

3. 适合漂流探险的河段

漂流探险，是一项新兴的旅游产品。它以全程参与、有惊无险、快乐刺激、野趣无穷的魅力，吸引着越来越多的游客。

适合漂流探险的河段，必须要有自己的一些特点和要求。

1）风景优美。与风景河段一样，沿岸自然风光优美，这是漂流探险河段的基本要求。

2）水流速度快。漂流不同于平湖泛舟，需要有一定的水流速度的支撑。许多漂流景点喜欢用“滩多浪急，有惊无险”的宣传口号来吸引游客，可见有了“浪急”，才能“有惊”，从而使游客得到刺激。

3）安全系数大。对于漂流探险型的旅游项目，因为它具有很强的参与体验性，因此必须十分注意参加者的安全，在选择漂流河段时，就要首先考虑以下几个方面：①水不宜深。因为水太深，加上水流速度快，游客一旦落水，就会有生命危险。根据国外有关报道，漂流河段水深以 0.5～1.2m 为宜。②暗礁险滩少。触礁或冲撞险滩，对于漂流者有危险。因此选择漂流河段时尽量避开，或采用人工方式清除暗礁。③水温适宜。漂流探险活动中，游客的衣衫不免会弄湿，所以河段的水温应该适中，不能太凉。有些河段的水源是来自冰雪融水、地下水等，水温偏低，寒气逼人，使游客望而却步，难以参与活动。

目前我国可以进行漂流探险的河流达上百条，如长江上游山高谷幽，水急滩险，是漂流探险旅游的理想地段；九曲黄河上也有许多地段，如宁夏中卫、内蒙古、陕西、河南等河段都开展了漂流活动，特别是乘坐黄河上古老的水运工具——羊皮筏和牛皮筏，更是新颖独特、紧张刺激。有些河段在漂流探险的同时，又能欣赏到两岸的美景，如位于贵州兴义市东 14km 处的马岭河风景区，这里石峰成林，壮阔雄伟；峡谷成河，奇险幽深。据考察，在不到 20km 的马岭河两岸，分布着常流瀑布 60 余条，形成了一片争奇斗艳的瀑布群。游人在马岭渡口乘上橡皮船，然后便开始从上游向下游漂流，依次程序为：“一冲野马滩”、“二过猛虎跳”、“三跳犀牛坎”、“四闯龙腾关”、“五进幸福潭”、“六到宏瀑岸”。途经 18 个滩、20 个湾、30 个潭，步移景变，美不胜收，漂流途中，给人以“巨瀑压顶”、“游龙吞舟”的惊险感，有“神州第一漂”的美誉。

二、湖泊与沼泽景观旅游资源

湖泊是地面上的洼地积水而形成的比较宽广的水域。沼泽或湿地是地表常年湿润或有薄层积水、生长湿生和沼生植物的地域。地球上的湖泊总面积占全球大陆面积的1.8%左右，我国是一个多湖泊和沼泽的国家，据统计，全国有大小天然湖泊24 800多个，其中面积在1km^2以上的有2800多个，主要分布在东部平原、青藏高原和蒙新地区。由于河流携带的泥沙不断堆积，湖泊日益变浅；湖岸植物的生长茂盛，残体堆积，也可导致湖泊面积的逐步缩小。当湖泊面积缩小，植物长满了原来的湖泊时，湖泊就转化成了沼泽。全球沼泽面积约占陆地面积的0.8%，我国的沼泽主要分布于东北的三江平原、大小兴安岭、四川的若尔盖高原及海滨、湖滨、河流沿岸等地，总面积约1197万hm^2，占全国陆地面积的1.15%。

1. 湖泊的类型及特点

1）构造湖。它是陆地因地壳运动而发生的褶皱、断层、下陷等作用形成凹地积水成湖。此类湖泊的特点是：湖岸平直，岸坡陡峻，湖形狭长，湖水较深。如云南省的滇池、洱海，西藏自治区的纳木错、玛旁雍错，青海省的青海湖，俄罗斯的贝加尔湖等。

2）火山口湖。它是由于火山喷发停止，火山通道被阻塞，火山口成为封闭的洼地，水体填充成湖。此类湖泊的特点是：一般面积较小，湖泊外形近圆形或马蹄形，深度较大。如云南省腾冲大龙潭火山口湖、吉林省长白山主峰白头山顶的天池都属此类，后者是一个非常典型的火山口湖。

3）堰塞湖。它是由山崩、滑坡、冰碛物以及火山喷发的熔岩流等阻塞河流而形成的。如位于黑龙江省北部的五大连池，是由于在18世纪初火山几次喷发后的熔岩阻塞了河道，而形成了五个串珠般的湖泊；陕西西安翠华山的聚湫池，是由于山崩断裂的石块阻塞了河道而形成的。

4）岩溶湖。由石灰岩地区的溶蚀凹地积水而形成。此类湖泊的特点是湖形常呈圆形、漏斗状，面积较小。此类湖泊多见于云贵高原地区，如贵州西部乌蒙山区的威宁草海、云南中甸的拉帕海。

5）冰川湖。它是由古冰川的刨蚀或冰碛作用形成凹地，积水而成的湖泊。新疆阿尔泰山的哈纳斯湖，就是一个高山冰川湖。整个湖面呈狭长形，蜿蜒曲折，以其秀丽的自然风光，誉满中外；又如，陕西太白山的大爷海、二爷海和三清池，也属于这一类型。

6）河迹湖。它是由于河流的变迁，蛇曲形河道自行裁弯取直后，遗留下来的旧河道形成的湖泊。此类湖泊的特点是：湖形多呈弯月形或牛轭形，水深度较小。江汉平原地区的洪湖就属于这种类型。

7）海迹湖。也称潟湖，它是由于沿岸沙嘴、沙洲等不断向外伸展，最后封闭海湾而形成的湖泊。如浙江杭州的西湖、宁波的东钱湖、江苏省西北部的洪泽湖、无锡的太湖等。

8）风蚀湖。它是在干旱、半干旱地区，由于风蚀洼地积水形成的湖泊。此类湖泊的面积大小不一，且湖水较浅，湖水可由河流注入，也可由地下水补给。如内蒙古西部的嘎顺诺尔和苏古诺尔两个湖泊、毛乌素沙地的湖泊，都是属于风蚀湖。

9）人工湖。即由人工建造的水库，具有拦洪蓄水和调节径流等特定的功能。我国是世界上水库最多的国家，目前已建大小水库约 86 800 座。如北京十三陵水库，安徽太平湖，浙江淳安的千岛湖，武夷山东侧的泰宁金湖，吉林的松花湖等。

2. 湖泊景观

人们常用“湖光山色”来形容自然风光的优美静谧、妩媚诱人。湖泊不仅通过其自身的形、影、声、色、奇等构景因素，给游客以美感，产生强烈的吸引力，而且许多湖泊与山、林、花、草以及建筑物等人文景观相结合，形成优美的风景名胜区，供人们观赏游览。秀丽幽静的湖面风光使人们悠然自得，心绪平和，有利于修身养性；烟波浩淼，水天相连的旷景，使人心旷神怡；不同的湖影、声、色，无疑也是一种美的享受；同时湖泊还可以开展垂钓、驶船、游泳、品尝水鲜等多种活动。杭州的西湖位于浙江杭州市西面，紧邻市区，又名“西子湖”。这是一个不大的湖泊，但山水之胜，景色之美，自古扬名于海内外，为我国十大风景名胜区之一。西湖湖形略呈椭圆形，南北长约 3.3km，东西宽约 2.8km，风景名胜区面积 50km^2，有断桥残雪、平湖秋月、三潭印月、双峰插云、曲院风荷、苏堤春晓、花港观鱼、柳浪闻莺、南屏晚钟、雷峰夕照十景。全湖由堤、桥分成互相沟通的 5 个部分：外湖、北里湖、西里湖、岳湖和小南湖。苏轼有诗云：“水光潋滟晴方好，山色空蒙雨亦奇。欲把西湖比西子，淡妆浓抹总相宜”。

3. 沼泽湿地景观

沼泽湿地是地球表面最为重要的生态系统类型之一，可以起到调节流量和控制洪水的功能，同时也具有娱乐和开展旅游活动的功能。适合娱乐和旅游的沼泽湿地一般应该具备以下特点：拥有独特的自然景观、生态系统；地域广阔未受干扰；拥有多样的各类生物；具有一定的可进入性。中国香港特区米埔沼泽湿地自然保护区，占地面积 380hm^2，是重要的水禽越冬栖息地，水禽总数达 7.5 万只，其中濒危种有东方白鹳、卷尾鹈鹕、半蹼鹬、黑脸琵鹭、小脚青鹬、黑嘴鸥等。海岸红树林、基围、淡水沼泽，构成一个典型的、半自然的湿地生态系统。该保护区利用这一生态系统向公众，特别是对中小学生开展环境和自然保护教育。如我国黑龙江扎龙国家级湿地自然保护区，溪流蜿蜒迂回，形成广阔的芦苇沼泽、泡沼，构成原始独特的湿地景观。该地区位于东北亚内陆，成为很多在南方及沿海越冬、而在北方及内陆繁殖候鸟的繁殖地与迁徙停歇地。得天独厚的自然条件，使该区的生物资源十分丰富。这些自然资源可用来研究湿地生物群落的发展与演化、进行科学实验，并向公众进行生物学和生态学的普及教育，开展观鸟、赏鸟等旅游活动。

三、瀑布景观旅游资源

瀑布是流水从悬崖或陡坡上倾泻而下形成的水体景观，或从河床跌水处飞泻而下的水流。瀑布景观是水域风光类旅游资源的重要组成部分，具有独特的美学价值。

1. 瀑布的类型

瀑布的类型多种多样，根据不同分类依据，可将其划分为不同的类型。按照瀑布水流量的洪枯以及多寡，可分为常年型瀑布、季节性瀑布、偶发性瀑布；按跌水级数，可分为单级型瀑布和多级型瀑布；按瀑布本身气势的大小、造型的优美等，可分为雄壮型瀑布和秀丽型瀑布；按产生环境条件的差异可分为江河干支流瀑布、山岳涧溪型瀑布和地下飞瀑等。

按照瀑布的成因及本质特征，可以将瀑布分为以下类型：

1）构造型瀑布。是由地壳运动使地层发生断层所形成的瀑布。如庐山三叠瀑布、石门涧瀑布、香炉峰瀑布。当多级断层以地堑或地垒的形式出现时，则可以形成多级瀑布。

2）堰塞瀑布。是由火山喷发出来的熔岩漫溢，阻塞了河道，造成了原来河流在熔岩陡坎上产生跌水，或由山崩、滑坡、泥石流等堆积物阻塞河道，从而形成的瀑布。如黑龙江宁安县镜泊湖的吊水楼瀑布，四川叠溪瀑布。

3）袭夺瀑布。此类瀑布是由于河流的袭夺而造成的。所谓河流袭夺，是指处于分水岭两侧的两条河流，其中侵蚀力量较强、侵蚀较深的河流进行下切侵蚀，切割分水岭后，将另一侧那条河流的一部分袭夺过来，使被袭夺的那条河，最终成为袭夺河的一条支流。被袭夺的河流由于高于袭夺河的谷底，而跌落下来，形成袭夺瀑布。如位于贵州黄果树瀑布西侧、灞陵河西岸的滴水滩瀑布、蜘蛛洞瀑布和绿湄潭瀑布等即属此类瀑布。

4）差异侵蚀瀑布。当两种不同抗冲能力的岩层在一起，并同时受到一条河流的冲蚀，则会产生这种类型的瀑布。可以说，在没有断层、袭夺或堰塞的情况下，大多数瀑布是由于差异侵蚀造成的。如黄河壶口瀑布的后期发育就属于此种类型。

5）喀斯特瀑布。在石灰岩地区，因水流溶蚀作用使石灰岩岩层、落水洞等发生坍塌或钙化层的不断堆积，河道中出现天然的坝坎等因素而形成。这种类型的瀑布，亦可在断层或两种软硬岩层的交接地带形成，只是其形成动力不仅局限于河流的冲蚀作用，还兼有水流对可溶性碳酸盐岩类的溶蚀作用。如众所周知的黄果树瀑布，就是喀斯特瀑布中的佼佼者。当落水洞没有坍塌时，瀑布发育在洞内，则形成喀斯特暗瀑。如贵州安顺龙宫的龙门飞瀑和浙江金华冰壶洞瀑布即属此类。

6）悬谷瀑布。此类瀑布是由于冰川的刨蚀作用而形成的，往往以古冰斗为积水潭，再经由冰斗边缘的陡坎，夺路飞泻跌落而形成。这种古冰斗，现在一般已经没有任何冰川的活动。如广东南海市的西樵山瀑布群；江西庐山的王家坡瀑布，此瀑布发育在庐山王家坡古代冰川谷之中。

2. 瀑布景观

瀑布的旅游景观主要有两部分组成：瀑布自然景观与瀑布人文景观。

（1）瀑布的自然景观

1）瀑布自然景观首先产生于其自身所具有的形、声、色、动等景观特色。一挂瀑布，形若垂帘幕布，或飞泻而下，或遇石后呈散状、片状而落，或受阻后分流呈人字瀑、多节瀑，它千变万化，各有特色，给人以雄、险、奇、壮的美感。声音在水景中也别具一格，瀑布发出的轰鸣之声，似雷鸣声又似万马奔腾，使人惊心动魄。瀑布的颜色一般呈白色，常被人们形容为："白练"、"白绢"、"白纱"、"玉带"等。此外，在阳光的照射下还会形成瀑下霓虹，颜色绚丽，美不胜收。

2）瀑布自然景观还源自于与其他自然要素相结合。一条瀑布所具有的形、声、色以及动态变化，在构景中占有相当重要的地位；而与瀑布相伴的环境要素则起到烘托作用，如若与山石峰洞、林木花草、蓝天白云等自然要素相结合，就更能增添瀑布的美景，形成独具一格、美若仙境的迷人胜景。如南国瀑布之乡——花坪瀑布群，就位于草木深秀的花坪自然保护区内，这里的瀑布小而成群，并没有多大的气势，但这里绿树参天，古木蔽日，奇花异草争妍斗奇，让人们体会到一种诗情画意的美感。此外，峨眉的幽秀、黄山的奇特、匡庐的云雾、九寨的碧海、莫干的翠竹，均为那里的瀑布增添了无限的风采。

（2）瀑布的人文景观

一条瀑布的人文旅游景观，是指与瀑布有关的文化景观，诸如，观瀑诗文、写瀑画卷、吟瀑对联以及有关瀑布的神话传说等。山水画自兴起到鼎盛的五代、宋朝，直至今日，表现瀑布与高山题材的画，多不胜数。瀑布具有丰富的文化内涵，我国的许多瀑布景观，留下了不少文人墨客的诗文、题记、摩崖石刻，这些历史景观本身不仅具有艺术价值，而且具有很强的观赏价值。如大诗人李白，他一生游览过许多的瀑布，留下了不少观瀑诗篇，他笔下的瀑布，气势磅礴，神韵万千。如著名的《望庐山瀑布》诗，早已被世人所熟悉，每一位游览庐山香炉峰的人，都会被“飞流直下三千尺”的开先瀑布所深深吸引。王安石在观赏浙江雪窦山的千丈崖瀑布时，曾作过：“拔地万里青嶂立，悬空千丈素流分；共看玉女机丝挂，映日还成五色文。”瀑布两侧岩壁多有摩崖石刻，构成瀑布的人文风景，如庐山香炉峰的开先瀑布下面的青玉峡和龙潭附近，三面陡崖，崖壁上名人题刻甚多；南岳衡山水帘洞瀑布旁边有唐代大诗人李商隐亲笔所书的“南岳第一泉”、清代李元度手书“夏雪晴雷”以及“天下第一泉”等题刻多处。

此外，作为瀑布人文旅游景观，还包括瀑布附近的建筑艺术景观、瀑布旅游区内居民的风俗习惯、民间艺术以及土特产品等。

四、泉水景观旅游资源

泉是地下水的天然露头，是地下水涌出地表的自然景观。它不仅可以造景、育景、美化了大地，而且还为人们提供了理想的水源。许多泉水具有重要的旅游价值，成为一种独特的水域风光类旅游资源。

1. 泉水的类型

泉水的类型多种多样。按泉水涌出地表的水动力条件可以分为上升泉和下降泉。前者可以向上自喷，即喷泉；后者只能向低处自流。按泉水的成因和地质条件可分为侵蚀泉、接触泉、溢出泉、堤泉、断层泉、喀斯特泉等。按泉水的温度可以分为冷泉（水温低于20℃或低于当地年平均气温）和温泉（水温超过20℃或超过当地年平均气温）。按泉水的奇异特征与功能可分为间歇泉、喊泉、笑泉、鱼泉、甘泉、苦泉、药泉和珍珠泉等。当泉水具有的特种化学成分和气体成分（矿化度）在1g/L以上，并对人类肌体显示良好生物生理作用的泉水，称为矿泉。

2. 泉水的旅游意义

我国幅员辽阔，无论山间、平地，到处都有泉眼，约略估计总数在10万眼以上，是世界上泉水最多的国家之一。其中，水质好、水量大、地质条件优越的泉水名目繁多，举不胜举，目前不少泉水经过开发已成为闻名遐迩的旅游胜地，泉水的旅游意义主要表现在以下4个方面。

（1）独具魅力的涌泉胜景

在泉水出露的地方，由于泉水滋润土地，树木花草茂密，空气新鲜，环境幽雅，自然风光秀丽，往往成为人们观赏游憩之地。特别是泉水清凉和降温去暑的功能吸引了更多的游人。我国以泉水为主体资源的如陕西的华清池、山西太原的晋祠、甘肃酒泉公园和敦煌的月牙泉、云南大理的蝴蝶泉等。以“泉城”而家喻户晓的济南，曾是“家家泉水，户户垂柳”，拥有趵突泉、金线泉、黑虎泉、珍珠泉四大名泉。又如，杭州是世界闻名的游览佳境，除了西湖风景以外，在西湖西南边的山峰之间有 9 溪 18 涧以及许多的清泉出露。

（2）奇特神秘的自然现象

某些奇特的泉水具有特殊的吸引力，能够直接形成引人入胜的景观。

喊泉，位于安徽寿县以北 5km 的地方。当有人站在泉边大声叫喊时，泉水就会大股涌出，如果小声叫喊，泉水则小股涌出。含羞泉，位于四川广元龙门山上。往泉里扔一块小石头，泉水受到回声与震波的影响会倒流。蝴蝶泉，位于云南省西部苍云山下。每年春夏季节，一群群颜色不同的蝴蝶首尾相衔，串串垂挂在蝴蝶树上，倒映在泉水碧波之中。香水泉，河南省睢县城南有条地下流泉，带有槐花香味，春香绵长，人称槐花水。乳泉，广西壮族自治区桂平西南麓有口宽、深各 0.67m 的喷乳泉，每天早、晚 9 点钟左右，泉水如鲜乳一样，莹白夺目，随后又渐渐地清澈透明。火泉，位于台湾省台南县境内，泉水温度高达 75℃，既咸又苦，只要划根火柴放到水面上，会顿时烟火腾空。冰泉，位于陕西西安的蓝田县，此泉深数丈，水落进去，立刻成冰，夏天也是如此。间歇泉，湖南花垣民乐镇苗寨里有一日三潮的奇泉。云南安宁曹溪寺之北的间歇泉，每逢子、卯、午、酉时，准时喷水一次。这些都是由于水在石灰岩洞中所受的虹吸作用，在太阳吸引力和地球自转离心力组成的合力随时段变化影响下，使泉水定时涌出所致。

（3）引人入胜的名泉佳酿

泉水不仅具有很强的观赏价值，而且也给人们提供了理想的水源。矿泉水在地下经过多次的过滤，杂质少，矿化度低，色清味纯，水质甘甜，是一般地面水难以比拟的。

酿造工业用名泉酿酒，大大提高了酒的质量，如驰名中外的贵州茅台酒、四川的五粮液、青岛啤酒、绍兴老窖等都是由各处的佳泉水酿制的。另外，用名泉泡茶，更是许多人所追求的享受。

（4）治病疗养的独特功效

我国是世界温泉、矿泉分布最多的国家，开发温泉、矿泉进行治病疗养的历史已有几千年。明代著名医学家李时珍的《本草纲日》，就对我国当时的 600 多个矿泉作了记载和分类。温泉具有较高的热量，对人体具有舒筋活血、化瘀消肿的功能。温泉中的氡元素，其放射性能，可以调节心脏血管系统和神经系统的功能因而起到降低血压、催眠、镇定、镇痛的作用，对神经炎、关节痛、糖尿病、皮炎等病症有一定的疗效。矿泉水中含有多种化学成分，饮用它，可以帮助消化，增进食欲，对慢性肠胃炎、十二指肠胃溃疡疗效较好，经常饮用含有二氧化碳的矿泉水，可以改善肠胃的消化功能，若用此温泉洗澡，附着在皮肤上的二氧化碳会刺激神经末梢，使血管扩张，有锻炼心肌、保护心脏的作用。

目前，世界各地利用矿泉和温泉治病疗养的国家和地区越来越多，我国利用温泉治病疗养的历史悠久，已形成了一些以温泉为主体的旅游景区，其中著名的有西安市临潼华清池温泉（在距今2800年前的周朝就已经开始利用）、鞍山市汤岗子温泉、福州市汤坑温泉、云南安宁温泉、江苏江蒲温泉、湖北应城汤池温泉、广东从化温泉等。

五、海洋景观旅游资源

地球表面积5.1亿km^2，其中海洋面积为3.61亿km^2，为地球表面积的70.8%，可见海洋水体在地球表面所占面积之大，分布之广，它以浩瀚无际、深邃奥妙的魅力吸引着每一个旅游者，成为水域风光类旅游资源的重要组成部分。据统计，目前全世界已有上千个海上娱乐中心和旅游中心，其中有200多个海洋公园。我国面临世界第一大洋——太平洋，海岸线总长约为1.8万km，蕴藏着极其丰富多彩的旅游资源，所以沿海地区的海洋景观旅游业方兴未艾，占有越来越重要的地位。海洋景观包括以下3种类型。

1. 海面风光

辽阔的海面，水天一色，浩瀚无际，使人心胸开阔。海面时而狂涛滚滚、巨浪如山；时而风平浪静，微波荡漾。海面的这种变化，使人感受到自然界的无穷力量和魅力。海不仅以其优美的风光吸引游客，而且在海面上也可以开展参与活动，如海钓、游泳、驶帆、摩托艇、冲浪、滑水、热气球、划船和水上飞机等。随着我国海上交通的发展和旅游需求的变化，进行长途、短途海面观光旅游将得到更大的发展。

2. 海滨风光

蓝天、白云、碧海、细浪、沙滩、椰林构成了迷人的海滨风光，也成为传统“3S”旅游的主要内容。海滨地带始终是观光旅游的胜地。良好的气候和海水条件，还使海滨成为疗养度假的好去处。气候适宜、阳光充足的地中海沿岸、夏威夷、加勒比海、东南亚、我国的海南等地区，都成为世界著名的避暑、疗养、度假和水上活动胜地。目前盛行的海洋休疗法是利用海水、海藻、海泥来治病健身，可以洗海水澡，用海沙按摩，身裹海藻晒太阳，以此达到治疗健身的目的。海滨也为人们提供了一个广阔的娱乐天地，在那里易于开展海浴、驾船、潜水等多种体育运动。另外，在河流入海的喇叭状河口地区，常可见到涌潮现象。涌潮是指涨潮时，海水从广阔的海域涌进河口，潮水愈前进河口愈窄，致使海潮陡立如壁，推进时轰鸣作响，异常壮观。我国钱塘江口的大潮，潮差最高时达 9m，为世界闻名的涌潮。

3. 海底风光

海水中蕴藏了极为丰富的海洋生物，这些资源对于人类具有很强的观赏价值和科考价值。随着现代科学技术的发展，海底观光探密和建造“人工海底乐园”已成为海洋旅游活动的一个重要组成部分，游客在潜水员的指引下，潜到水下去观赏鱼类（与鱼共舞）、珊瑚等海生动物，游览和考察海底地貌以及在游览的过程中进行水下狩猎、摄影和打捞活动。据统计，世界上已有 30 多个国家建立了海洋旅游中心，每年吸引着众多的中外游客前往观光游览，如美国、澳大利亚、新加坡、泰国、印度尼西亚和我国的海南岛都是潜水旅游者最向往的地方。

六、冰雪景观旅游资源

冰雪作为水体的固态形式，也可以成为吸引游客的一种旅游资源。雪是中纬度地区的冬季和高纬度地区常出现的一种降水现象，可以形成壮观的雪景，如高山、森林等能与之配合，则形成的景观非常诱人。

1. 冰雪景观旅游资源类型

冰雪景观旅游资源包括 3 种类型：冰川、冰盖、积雪地。

冰川是指极地或高山地区沿地面运动的巨大冰体，是降落的积雪在重力和巨大的压力之下形成的，具有一定的运动规律、一定的形态和规模，并能长期存在，可分为大陆冰川和山岳冰川两大类。现代冰川覆盖的总面积约 1600 万 km^2，占陆地总面积的 11%。我国现代冰川主要分布于青藏高原及西部高山地区。

冰盖指覆盖于广大地区的极厚冰层。在极地或高纬度降雪量大的地区，在地表上形成自边缘向中心隆起的盾形冰盖。它分布面积大，冰层厚度往往超过千米。冰盖上常有冰原石山突出于冰上，在海岸地带常伸出巨大的冰舌，断裂入海后成为飘浮的冰山。南极大陆和格陵兰岛分布最为典型。

积雪地指被降雪覆盖的地面。地面积雪时间受降水状况和气温条件控制。一般说，积雪时间随着地势增高和纬度增高而延长。如我国漠河由于纬度高，年平均积雪日数175天，而北京偏南仅为17天。青藏高原大部分地区积雪日数在50～100天，四川盆地约10天左右。积雪时间较长的地区，为开展冰雪旅游提供了条件。

2. 冰雪景观旅游

我国大部分地区处于亚热带、暖温带、温带地区，每年冬季都有一定时段的降雪，纷纷扬扬的雪花把大地装扮成银装素裹的洁白世界，特别是名山高峰在雪的装点下，形成一副壮丽、晶莹、洁白、格外迷人的世界，如西安的“太白积雪”、北京的“西山晴雪”、嵩山的“少室晴雪”、九华山的“平冈积雪”、西湖的“断桥残雪”、太湖东洞庭山的“厘峰积雪”等都是著名的雪景。

冰雪除了观赏以外，还可以开展刺激有趣的体育运动和娱乐等冰雪旅游活动，如滑雪、滑冰、打冰橇、乘冰帆、冰钓、冬捕、观冰灯、赏冰雕等。目前，阿尔卑斯山区是世界上冰雪运动开展最好的地区，加拿大、美国、日本、阿根廷、俄罗斯以及北欧国家等都积极开展了大量丰富有趣的冰雪体育运动，我国东北的黑龙江、吉林都有着发展冰雪运动的良好条件，哈尔滨的冰灯和冰雕活动等都成为独特的冰雪景观旅游资源。

冰川是一种独特的地表水赋存状态，又是一种重要的地貌营力来源。冰川分布地区，常出现冰川、冰缘地貌和植被景观。在冰川分布区，人们可以学习有关水资源的知识，了解冰川的形成与活动情况，欣赏冰川奇观，同时通过对冰川地貌的了解，感受大自然沧桑变化的宏大力量和壮观气势。

案例分析——贵州黄果树瀑布，“泉城”济南

黄果树瀑布。黄果树瀑布发育在世界上最大的喀斯特地区——云贵高原。这里可溶性碳酸岩地层广布，良好的水热条件，形成了清水河、打帮河、灞陵河等诸多河流，这些河流对高原面的溶蚀、侵蚀切割，加剧了高原地势的高低起伏，形成了绚丽多姿的喀斯特地貌，由于河流的袭夺或落水洞的坍塌等原因，形成众多的瀑布景观。黄果树瀑布就是其中最优美壮观的喀斯特瀑布，具有极大的旅游观光价值。

黄果树瀑布位于贵州关岭县与镇宁县交界处的打帮河上游的白水河上，为我国第一大瀑布。瀑布高66.8m，宽81.2m，水流充沛，气势雄壮，环境清幽。黄果树瀑布景区主要由瀑布、水帘洞、犀牛潭3部分组成，水帘洞位于主瀑布之后，它由6个洞窗、5个洞厅、3股洞泉和6个通道线组成，全长134m。犀牛潭深17.7m，瀑布跌入潭中，发出轰天巨响，激起的水柱，似千万银箭冲天飞升，水雾弥漫，气势非凡，在阳光的照射下，半空架起夺目的虹桥。黄果树瀑布突出

了水体景观形、声、色、动态等特点，加之环境清幽、水质良好，已成为国内外著名的旅游景点。

"泉城"济南。济南位于山东半岛的中间地带，南依泰山，北临黄河。济南自然资源丰富，名胜古迹众多，风景秀丽，泰山山脉丰富的地下水沿着石灰岩地层潜流至济南，被北郊的火成岩阻挡，于市区喷涌而出形成众多泉水，素有"泉城"之美称，是一座具有2600多年历史的文化名城。在济南市内的72名泉中，趵突泉、珍珠泉、黑虎泉、五龙潭4大泉群最负盛名，喷涌不息的泉水在市区北部汇流而成的大明湖和位于市区南部的著名佛教圣地——千佛山交相辉映，构成了济南"一城山色半成湖"的独特风景线，清冽甘美的泉水是济南市的血脉，赋予这座城市灵秀的气质和旺盛的生命力。宋代著名文学家曾巩（1019～1083年）任齐州（今济南）知州时赞美道："齐多甘泉，冠于天下"；清代著名小说家刘鹗（1857～1909年）在《老残游记》中详尽描述了济南"家家泉水，户户垂杨"的美丽景色。

复习思考题

1. 何为"水域风光"？简述它与旅游的关系。
2. 简要分析水域风光类旅游资源的吸引因素和旅游功能。
3. 湖泊按其成因可以分为哪几种类型？并举例说明。
4. 泉水作为旅游资源，有什么独特的旅游意义？
5. 以你生活的周围环境的资源为例，简要分析有哪些水域风光类的旅游资源？
6. 冰雪类旅游资源具有什么旅游价值？
7. 峡谷河段如何进行旅游开发？

第五章　气象气候与天象旅游资源

学习提示

一、主要内容

- 气象气候的概念及其与旅游活动的关系
- 气象气候旅游资源的旅游吸引因素和旅游功能
- 气象气候旅游资源的主要类型和康乐型气候环境的评价方法
- 海滨气候、山地高原气候和乡村气候等旅游气候的特点

二、学习重点

- 掌握气象气候与旅游的关系及气象气候和天象旅游资源的主要类型和特点
- 学会对不同的旅游气候类型进行认识与评价
- 了解康乐型气候的评价方法
- 知道世界主要气候类型及其特点

第一节　气象气候与天象旅游资源概述

气象气候条件是旅游活动的环境与背景，又是旅游者的重要观赏对象。气象气候与天象的千变万化使得旅游活动丰富多彩。

一、基 本 概 念

1. 地球与大气

包围在地球外部的一层美丽而又千变万化的气体，总称为大气或大气层。自然状态的大气由气体、固体杂质和液体微粒3部分组成，不含水汽、液体和固体杂质的空气称为干洁空气。其主要成分有氮（78.09%）、氧（20.95%）、氩（0.93%）、二氧化碳（0.03%）等，还有微量臭氧和其他惰性气体。

2. 气候

气候是指一个地区多年的平均天气特征。气候既是人类生活和生产的环境要素之一，又是供给人类生活和生产的重要资源。气温、降水、湿度等气候要素的多年平均值是用来描述一个地区气候状况的主要参数。

3. 天气

天气是指一定的区域内某一瞬间或短时间内，所观测到的各种气象要素所综合的大气状况及其变化的总称。如人们生活中所遇到的阴、晴、冷、暖、干、湿等天气状况，都是温度、气压、湿度、风、云、降水等各种气象要素综合的结果。不同时间和地点各气象要素的组合不同，因而出现各种各样的天气。

4. 气象

人们把大气中的各种物理现象和过程统称为气象。大气层在不停地运动变化着，发生着各种不同的物理变化，冷、热、风、云、干、湿、雨、雪、霜、雾、凇、雷、电、光等，都是大气中各种物理过程的结果。

5. 天象

天象是指天文现象。天文则是日月星辰等天体在宇宙间的分布、运行等变化现象。

二、气候类型与特点

按照气温条件和水分条件的差异，可把世界气候划分出表 5.1 列出的主要类型。

表 5.1　世界气候主要类型及其特点与分布

主要气候类型	特　点	主要分布地区
热带气候	年气温较高，最冷月均温大于 18℃，气温年较差小，一般都小于 12℃，年降水量超过 750mm，植物繁茂、四季常青，3 月和 9 月气温高，湿度较大，天气闷热	非洲刚果河（扎伊尔河）流域、南美亚马孙河流域、委内瑞拉、印度南部和中南半岛大部、澳大利亚北部等地区
干燥气候	主要包含干燥草原气候和干燥沙漠气候。前者气温较差大，降水稀少，年均降水量为 100～300 mm；后者夏季高温，日较差大，降水极少，空气干燥，多风沙，有偶发性阵雨，降水极少，多在 100mm 以下	干燥草原气候分布在撒哈拉南北边缘，阿拉伯半岛西部，中国内蒙古，北美中部，南美部分地区和澳大利亚的沙漠边缘。干燥沙漠气候分布于撒哈拉、北美中部、阿拉伯半岛东部、印度半岛的西北部、中亚、中国西北部、澳大利亚中部

续表

主要气候类型	特　点	主要分布地区
温暖多雨气候	突出特点是夏季气温较高，冬季并不严寒，最冷月均温在 18～－3℃之间，可分为温暖冬干、温暖夏干和温暖常湿 3 种类型。前者夏季多雨，冬季干燥，夏季雨量数倍于冬季雨量；中者冬季多雨，夏季干燥；后者年内降水分配均匀	中国大部、印度北部、非洲东部、巴西南部、澳大利亚东部属温暖冬干型；地中海沿岸、非洲南部、智利中部、美国西南部沿海属温暖夏干型；欧洲东部、日本、朝鲜南部、中国的东南部、美国的东北部、智利南部、新西兰、澳大利亚东南部属温暖常湿型
湿润寒冷气候	主要分布在北半球，北纬 45°～70°之间的温带及寒温带，最热月均温在 10℃以上，最冷月均温－3℃以下，降水量超过干燥气候带的界限，冬季有稳定的雪盖，所以又称为北方雪林气候带	中国东北部、俄罗斯西伯利亚、芬兰、瑞典、加拿大等
冰雪带或极地气候	夏半年气温较低，最热月均温在 10℃以下，冬半年严寒，甚至终年积雪结冰	主要分布在极地及近极地地区，如加拿大北部、格陵兰、南极大陆等

三、气象气候对旅游的影响

构成气象气候的各种要素，如冷、热、干、湿、风、云、雨、雪、雾等，不仅具有直接造景、育景的功能，而且是人类旅游活动的基本条件。其影响主要表现在以下 3 个方面。

1. 影响区域景观形成

首先，气候因素影响一个区域自然景观的形成。如冬季我国北方一片冰天雪地的北国风光，而岭南地区却郁郁葱葱，鲜花盛开，气候条件的不同使我国南北形成了不同的景观。除对自然景观产生影响外，气候还在区域人文景观的形成中发挥重要作用。一般说，经过长期的历史发展和选择，传统的社会生产和生活方式总是与一个地方环境条件适应、协调发展，其中与气候条件的适应关系表现得最为明显。如我国北方传统的“面南背北”的居住方式是与冬季北风盛行，房屋需采暖御寒相关联的。南方竹楼则是适应湿热气候的产物。地球表面的气候是复杂多样的，从寒冷的极地气候到湿热的赤道雨林气候，从大陆内部的干旱气候到海滨、海岛的海洋性气候，气候类型的多样性，使得各地的旅游资源也异彩纷呈，为旅游活动提供了多种多样的选择机会。其次，气象条件是重要的构景要素。如云、雾、雨、霞等总是与山、林、水等要素相结合才形成优美的景观。所谓“山无云则不秀”、“黄山自古云成海”、“山色空蒙雨亦奇”等，就是对这种构景作用的具体写照。

2. 影响旅游流时空分布

旅游活动除了受社会、经济条件影响外，还受自然条件的影响，气候是造成旅游流周期性变化的重要因素。一般来说，旅游流的时间和空间上的分布不平衡，原因是多方面的，但气象和气候因素是最基本的因素。在世界范围内，为什么旅游热点多在地中海沿岸和加勒比海一带，就是因为那里气候温暖，有充足的阳光和适宜的海水，为欧洲寒冷、潮湿、少阳光地区的人们提供了避寒、娱乐的佳境。在我国，夏季，游客客流集中在沿海海滨、湖滨和山区，以及海拔在1000m以上的高山地，如庐山、泰山、黄山、五台山、华山等地，是由于这些地区气候相对凉爽宜人；冬季气候寒冷，我国低纬地区的海南岛、北海、昆明、广州等地成为北方游客所向往的地方。

旅游业淡季、平季和旺季更替变化的节律性，是由于气候的季节性节律变化导致的。游客出行主要集中在春秋两季，而冬夏两季则出行较少，这是由于在春天，草木泛绿、百花盛开、气候温和、阳光明媚，是各地旅游的美好季节，我国的秋天大部分地区都秋高气爽、气候宜人、风沙较少，是旅游的好季节，形成了旅游的旺季。而夏日的炎热和冬日的寒冷，抑制了人们的旅游欲望，形成了旅游的平季和淡季。

3. 影响游客观赏效果和舒适度

气象气候是影响旅游活动的非常重要的因素。主要表现在：第一，气象气候是旅游活动的基本条件，影响其能否顺利进行，适宜的气候，可以为旅游活动提供完美的条件；相反，恶劣的气候条件会给游人活动带来诸多困难。第二，影响游览效果和气氛，如观日出、日落、彩霞、极光、高山宝光、鸟群等特定观赏项目，这些都要靠天气条件来决定是否能如愿以偿。第三，气象气候条件还可影响游人的舒适度，如连续闷热无雨，会使游客烦躁不安，暑热难当，而在闷热之中降雨，不仅可避暑降温，还可造成某些观赏景观，如雨景、云雾景等。又如海滨游泳，需要有好的天气，阳光充足，水温适度，使水浴、光浴、沙浴有效地结合起来。否则阴雨连绵，水沙不暖，则难于激发游者兴趣。

第二节　气象气候与天象旅游资源的旅游功能

一、吸引因素

1. 分布的地域性

地理纬度、海陆分布、地形起伏，对大范围气候的形成起着决定性作用。气候的地带性与非地带性分布，使各地的气象气候旅游资源具有鲜明的地域性，一个地区的气候状况会与另一地区明显不同。求新求异是游客的普遍心理，久居在某一种气候类型区中的人们，基本上都有去其他气候类型区体验的愿望，所以，各种气候类型都能以各自独特的气象气候景象构成旅游资源，激发人们的旅游动机。如居住在温带海洋性气候下的西欧居民，由于长期温暖湿润，光照不充足，因此，他们常常选择去处于地中海气候类型区中的南欧度假；居住在季风湿润区的人们，有到干旱少雨的沙漠、戈壁滩去体验一下“早穿皮袄午披纱，怀抱火炉吃西瓜”的滋味；居住在南亚热带、热带季风气候区的人们，则想去体验一下我国东北地区千里冰封、万里雪飘的景象。

2. 表现的奇特性

气象气候与天文现象常常以奇特的形式与色彩出现，从而可以满足人们的旅游心理需求。如松花江畔的雾凇，受水汽状况与树冠、枝条形态的影响，千姿百态，奇丽而壮观。奇特性还表现在一些气象气候与天文现象可见率较低，一方面一些现象只出现于特定地区，如极光仅仅在极地地区才能见到，观赏日出景观也需要特定的观景点，这使一般游客欣赏到这种现象的难度增大；另一方面一些现象的出现频率非常低，如海市蜃楼、佛光等，这也使得这些景观成为可遇而不可求的事情。但正是这种少见的特性使这类资源的神秘感、奇特性和吸引力大为增强。此外，这些现象往往会给观赏者以特殊的体验与感受，能满足人的特殊心理需求。比如，淡云、薄雾、细雨好似奇妙的轻纱，赋予了大自然一种朦胧美。透过云、雾、细雨观看风景时，景物若隐若现，模模糊糊，虚虚实实，令人捉摸不透，产生仿佛进入仙境的虚幻，神秘的美感，让人思绪绵绵。

3. 状态的变化性

如果说地质地貌类景观以静态为其特点的话，气象气候与天象景观表现出了明显的动态变化属性，这种变化性是其吸引力构成的重要方面。首先，变化可表现为瞬时变化方面，即许多天气、气象、天象景观在短时间内会发生变化。风、云、雾、雨等现象往往具有飘忽不定、变幻莫测的特点。如庐山的云海时而似飞瀑一泻千里，时而又似大海波涛万顷；峨眉的雾时聚时散、时飘时停、时浓时淡、时厚时薄，令人遐想。光现象的瞬时变化也很明显。如随着日月阴晴圆缺，升降运移，光影、色彩、形态始终处在不停地变化之中。佛光、蜃景、日出等光现象从出现到消失往往只有很短时间，可谓是稍纵即逝，这类景观非常难得，观赏活动必须要把握时机。其次，变化性还表现在变化的节律性上。天气的寒来暑往，春秋交替，让人感受到了大自然永不停歇的动态与活力。受冷暖变化的影响，植物“春花、夏荣、秋萧、冬枯”，水面“春水绿而潋滟，夏津涨而弥漫，秋潦尽而澄清，寒泉涸而凝滞”，形成了四时律动节奏，为旅游提供了丰富的资源。

4. 环境的康乐性

气候旅游资源对游客的吸引力还体现在其康乐性方面。所谓气候的康乐性，是指一些地区的气候条件在气温、湿度、日照、风速等方面量度适中，配合较好，从而有利于人的身体保健和户外活动。康乐气候对游客，特别是疗养型的游客而言，是非常重要的吸引因素。在许多沿海地带，如连云港、青岛、秦皇岛等海滨地区有迷人的自然环境和良好的生态环境，夏天景色优美，空气清新，安谧宁静，没有拥挤没有嘈杂没有喧闹。蔚蓝色的大海，金色的沙滩，空气中富含负离子，海滨海水盐度高、水质清洁，水温适中、砂质好，这种康乐性气候吸引了大量的观光和疗养型旅游者，是理想的海滨浴场、避暑胜地和疗养胜地。

二、气象气候与天象旅游资源的旅游功能

1. 观赏与体验功能

独特的气象气候与天象要素构成奇异的自然景观，本身就是旅游资源，对旅游者有着很大的吸引力。闻名世界的旅游风景区黄山吸引着无数中外游客前来观光游览，游客在赞叹黄山的奇松、怪石的同时，更为神奇多彩的气象景观所陶醉。无论是白云滚滚、银浪滔滔的黄山云海，飘忽不定、变幻无穷的黄山雾，美妙绝伦的黄山日出、日落，鲜为人见的黄山奇景宝光，还是冬日里形成的“玉菊怒放”、“梨花盛开”的雾凇奇观，雪后初晴的黄山银白色世界，都会使游人流连忘返。除了观赏功能外，气象气候还有体验功能，这是由于温度、湿度、风、光照等都能给人带来直接的身体体验、感觉。坐在海边的礁石上，感觉海风轻轻拂面，嗅着有淡淡咸味的空气，看远处落日余晖，归帆点点，听身边浪涛拍岸，海鸥啼鸣。这种“亲身体验”的感觉往往能给游客留下深刻的印象，是更高层次的旅游形式，也成为旅游者进一步追寻的主要内容。

2. 休闲度假功能

人们对气候的感觉，最敏感的是气温、湿度和风的状况，所以一般多以气温、湿度和风的配合状况来表示一个地区的气候舒适度。由于下垫面（地面、植被、水体等）结构、性质及周围环境的不同，引起近地面层的热量与水分状况的差异，这种差异就使得一些区域的气候条件具有了相对的优越性，有利于开展避暑消寒等度假活动。如地中海沿岸、加勒比海沿岸、夏威夷、阿尔卑斯山地、我国的庐山和北戴河。这些地方要么夏季凉快清爽，要么冬季温暖湿润，或有充足

的阳光，成为著名的度假胜地。由于地表状况影响而出现的一些局部小气候，也为休闲活动提供了条件，如湖滨地带受湖泊调节，与远离湖面的区域相比具有气温温差小，相对湿度较大的特点，加之有优美的水景和亲水环境，成为人们四季乐于前往的休闲场所。山谷、河谷地带，常形成山谷风，夏夜凉风习习，可供人们消暑、纳凉。乡野、农村由于地表植被覆盖度高，水面较多，空气污染少，形成与城市不同的气候条件，这是近年来我国乡村旅游、郊区度假休闲旅游盛行的原因之一。

3. 疗养健身功能

气候条件是疗养活动所必需的一个重要环境条件，许多“气候宜人”的环境适合开展疗养旅游活动。一般来说，洁净的空气，适宜的温度、湿度状况，充足的阳光及宜人的景色对人的身体保健和病体康复有积极作用，有利于开展疗养活动。森林覆盖好的山区，湖滨、海滨往往成为主要的疗养场所。如滨海区域四季温和，日照充足，空气清新、湿润。柔和的海陆风昼夜交替，十分宜人。滨海风景区由于海浪拍岸，水被分裂为无数雾珠，使空气中负离子的数量增多。生物气象学家研究证实，负离子具有消毒、杀菌和净化空气的作用。富含负离子的空气进入人体，还具有镇痛、止咳、镇静催眠、降低血压和减轻疲劳的功效。我国滨海地区分布着许多著名的气候疗养胜地，如北戴河、烟台、青岛、大连等地。近年来我国北方出现的所谓“候鸟型”老人，夏季时居住于北方城市，凉爽干燥，易于避暑；冬季时则栖身于厦门、海南等海滨地区，温暖湿润，利于防寒。

第三节　气象与天象旅游资源

一、日出与晚霞

观赏日出成为许多风景名胜区的重要景观。游客去北戴河度假，必登鹰角亭观日出，上泰山、黄山观日出，也是多数游客安排的活动项目。由于各地自然环境的差异，日出的形与色也会有变化。如登黄山观赏的是云海日出，人们所看到的是红日从薄雾淡云的“海洋”中喷薄而出的景象。若在海边观日出，能观赏到红日从海平面上冉冉升起，色彩渐渐变幻，金光万道，光彩夺目。

霞是日出日落时光线透过云层，由于散射作用，使天空的云层呈现出黄橙红等色彩的自然现象。霞光就是阳光穿过云雾射出的色彩缤纷的光芒。霞和霞光常与山地及云雾相伴随，更加美丽。其主要形式有朝霞、晚霞、雾霞等。霞景的持续时间较短，瞬息万变，五彩迸发，对游人有很大的吸引力。鸡公山十景之一的“晚霞夕照”，江西彭泽八景中的“观客流霞”，贵州毕节八景中的“东壁朝霞”

等都很有名。观赏落霞余晖是一种极易情景交融的美的享受。当日落西山时，近地平线处的红光照射云层，许多风景名胜区的群峰与烟云都被披上多彩的霞光，形成了霞海奇观。在黄山等地看晚霞，游人能感悟到“夕阳无限好”的美妙享受。

二、日食、月食、彗星奇观

日食是月球遮掩太阳的一种天象；月食是地球遮掩太阳，月球没有可以被反射的阳光，失去了光亮的一种天象。在一个月内，只有朔日的地球才可能位于月球的背日方向；只有望日的月球才可能位于地球的背日方向。因此，日食只发生于朔，月食只发生于望，而不会发生于其他日期。

在太阳系的成员中，有着数量极其众多的彗星和流星体。彗星的特征同它们的轨道有关，有些彗星的轨道呈椭圆，但多数彗星的轨道几乎呈抛物线，远远伸展到 9 大行星轨道以外，它们大部分时间是在极其遥远的地方运行，致使它们很少出现。如著名的哈雷彗星，它的公转周期为 76 年，有的彗星有史以来只出现过一次。

不论是日食、月食，或彗星的出现，都是一种罕见的天象奇观，因此引起人们普遍关注和广泛兴趣。1986 年的哈雷彗星观察，1987 年的日全食观察，1997 年的海尔彗星观察，都吸引着成千上万的天文爱好者。

三、云　雾　景

云雾都是由于空气中的水分凝结形成的。由于空气的流动性强，使得云雾浓淡、形态多变，配以山水林泉，形成优美的景色。我国的许多地方有云雾景，如“双峰插云”为西湖十景之一，“狮洞烟云”是蓬莱十景之一，而“罗峰晴云”构成峨眉山的主要景观。“山无云不秀”，在山地风景区中，云雾常构成绝妙的景观，是山地景物的重要组成部分。“黄山自古云成海”是黄山四绝之一。庐山的云更是堪称一绝，有人形容说：“庐山之奇莫若云，或听之有声，或嗅之欲醉，团团然若絮，蓬蓬然若海。”地表水面由于水分蒸发，多烟雾出现，往往给人轻盈、虚幻的感觉。洞庭湖的雾景极富情趣，初春的凌晨，踏上雄伟的洞庭湖大堤凝视远方，只见朦胧的堤岸上，垂柳依依，雾中的洞庭，犹如面覆青纱、身披蝉翼的仙子，时隐时现，若有若无，广袤无垠的湖面肃穆静谧，了无声息，情景十分迷人。多雾还构成一些独特的地方景观特色，如英国的伦敦和我国的重庆都以多雾出名，是有名的雾都。重庆的雾，具有浓度大、延续时间长和出现次数多的特点。雾淡时，山城犹如青纱罩面；雾浓时，山城则像一座迷宫。“山行本无雨，空翠湿人衣”，千变万化的雾，把山城打扮得更为娇艳。

四、雨　　景

降雨不仅是江河湖泊等水体的主要补给来源、滋养世间万物的重要水源，而且还可形成可欣赏的自然美景。人们观赏的雨景往往指的是小强度降水所形成的景致，每年春季，我国南方地区常常有持续时间较长的阴雨天气，故形成了独特的雨景。雨景除了来自雨本身所具有的扑朔迷离的一种朦胧美以外，其观赏性主要还体现在它与地貌、植被等其他景观要素的相互配合上。所谓“雨中看山也莫嫌，只缘山色雨中添”、“残荷听雨”、“雨打芭蕉”说得就是这种配合产生的视、听觉效果。我国许多地方都有雨景胜迹，如蓬莱十景之一的“漏天银雨”，峨眉十景之一的“洪椿晓雨”，“漓江烟雨”等。

“漓江烟雨”是漓江的主要景观，景色闻名中外，每年 3 月、4 月雨季来临，整个江面雾蒙蒙、雨细细，两岸峡谷峭壁，茂林翠竹，田园农舍，尽在朦胧烟雨中，好似罩上一层轻纱。有时山峰直插入云，时隐时现，有时山影投江，游船在这山影重重、蜿蜒曲折中缓缓行使，更为这里的山水添加上一层神秘奇特的色彩。在春雨暂停之时，漓江又是另一番景致，显得格外明朗秀丽，山上的奇峰怪石，清晰可辨，江畔的树木竹丛，更加翠绿，河底的卵石粒粒可数，给人又是一种清澄新鲜的感受。

一些特有的降雨现象也成为吸引游客的因素，如巴山夜雨，雅安天漏（多雨），台北的冬雨。在我国古代文学作品中，有许多关于巴蜀夜雨的记述，如唐代诗人李商隐的诗句“君问归期未有期，巴山夜雨涨秋池”，对秋季夜雨的描写，形象生动，情景交融。

五、蜃景与宝光

蜃景又叫海市蜃楼，这种自然景象是由大气的折射和反射作用造成的，一般出现在中、高纬度地区的海面、沙漠等地势开阔地方。在一定的下垫面、天气条件下，空气的密度会出现不均匀现象。不同密度空气间可形成界面，这一界面对光线有折射和反射作用，这样就会使远处冰山、岛屿、城郭或船只出现于空中。

在我国山东蓬莱一带，每当春夏之交，或夏末秋初，平静的海面上有时会出现一种奇幻的景象：一座座亭台楼阁，一片片山村村舍，时隐时现，如同仙境一般。这种景象，在我国古代称之为“海市蜃楼”。

蜃景的出现有两个特点：一是在同一地点重复出现，比如，美国的阿拉斯加上空经常会出现蜃景；二是出现的时间相对固定，如我国蓬莱的蜃景大多出现在每年 5 月、6 月，俄罗斯齐姆连斯克蜃景往往在春天出现，而美国阿拉斯加的蜃景是在 6 月 20 日以后的 20 天内出现。

宝光又称为佛光，是山岳中特有的一种美景。它的神奇之处在于观赏者对面的天空，有五彩光环出现，光环中央有人形影像，仿佛佛祖降临人世。宝光实际上是太阳光通过空气中悬浮的细小水滴发生衍射而产生的大气光学现象。我国黄山、庐山、泰山、峨眉山等名山都可观赏到佛光佳景，尤以峨眉山金顶观赏佛光最为著名，也是峨眉十景之一。每当浓雾弥漫，日光灿烂的早上或傍晚，游客站于舍身岩之前，在与太阳位置相反的云雾幕上，可能会出现自己的身影，外面绕以巨大的彩色光环，即为“金顶佛光”。

六、雾凇、雨凇景

雾凇又名“树挂”，是一种聚集在地面物体表面，呈针状、颗粒状的乳白色凝结物。它的形成是因冬季多雾天气时，空气中的雾滴在运动中触及树枝、电线、房顶等，便急速冻结成冰粒，如此层层冻结下去，即形成茸毛状蓬松白色冰粒层。松枝、树丛结满了毛绒状的树挂，像一株一株巨大的白珊瑚。电线成了横空的长蛇玉练，殿宇盖上了“绒罩”，大地铺上了洁白的毛毯。这时被初霁的阳光一照，仿佛龙宫洞府，五光十色，晶莹闪烁，千姿百态，令人惊叹。我国雾凇景观以吉林松花江畔最为有名。

初冬或冬末，有时会出现一种奇怪现象：从空中掉下来的液态雨滴落在树枝、电线或其他物体上时，会突然冻成一层外表光滑晶莹剔透的冰层，这就是“雨凇”。这种滴雨成冰现象的原因是，当靠近地面一层的空气温度较低（稍低于摄氏零度），而其上又有温度高于摄氏零度的空气层或云层存在时，从上层温暖空气中掉下来的雨滴进入靠近地面的冷气层时，雨滴便迅速冷却形成过冷雨滴，由于这些雨滴的直径很小，温度虽然降到摄氏零度以下，但还来不及冻结，便掉落下来，当其接触到地面冷的物体时，就立即冻结，变成了“雨凇”。庐山的“雨凇”很有名，深冬季节，有时满山遍野银装素裹，被称作“玻璃世界”。

第四节　气候旅游资源

一、气候环境评价

旅游是一种高级消费方式，需要舒适的气候环境，所以旅游气候就成为旅游业不可或缺的重要研究内容。气候舒适的程度及持续时间的长短，是旅游地开发的先决条件，又是旅游者出行的重要参考依据，也是旅游季节长短的决定因素。

度量一个景点或区域的旅游环境和最佳旅游季节，常采用计算生物气候指数（如舒适度、风效指数等），来进行气候环境评价。

最常用的是舒适度指数（又称温湿指数）、风效指数、气候宜人度等。各种指数因为计算方法不同存在着一定的差异，但其反映的气候特点却是一致的，这里仅分析舒适度指数和风效指数。这两项指数是综合评价旅游气候以及旅游适宜期，即旅游气候环境的基本依据。

1. 舒适度指数

舒适度指数（comfort index）是描述气温和湿度对人体的综合影响指标之一，它表征人体在某种温、湿度条件下对该空气环境感觉舒服的程度，用气温和相对湿度的不同组合来表示。气温适中时，大气的相对湿度变化对人体影响较小。当气温偏高或偏低时，相对湿度对人体的热平衡和热冷影响很大。高温、高湿环境对人体维持自身热平衡不利。高温时，机体热平衡受到破坏，且随着空气相对湿度的提高，人体体温升高，脉搏加快，极不舒服。温度极低时，如空气湿度大，身体热辐射能量被空气中的蒸汽所吸收，加速了机体的散热，人体则感到寒冷，也极不舒服。根据此原理，国外许多专家提出了舒适度指数的概念，但计算方法不太统一，此处选取其中一种，即

$$\mathrm{DI}=T-(0.55-0.55f)(T-58)$$

表 5.2　人体感觉和舒适度指数对应

舒适度指数（DI）	人体感觉	舒适度指数（DI）	人体感觉
<50	大多数人感觉进入冬季	76～<78	少数人感到偏热，有些不舒适
50～<54	绝大多数人感觉进入深秋季节	=78	50%以上的人感到偏热，有些不舒适
54～<57	大多数人感觉进入深秋季节	=79	少数人感到有点闷热，很不舒适
57～<60	少数的人感觉进入深秋季节	80～<83	大多数人感到闷热，很不舒适
60～<63	绝大多数人感觉非常凉爽和舒适	83～<85	绝大多数人感到闷热，极不舒适
63～<65	50%以上的人感觉非常凉爽和舒适	=85	少数人感到很闷热，难以忍受
65～<68	绝大多数人感觉比较清爽和舒适	=86	大多数人感到很闷热，难以忍受
68～<70	大多数人感觉比较清爽和舒适	=87	绝大多数人感到很闷热，难以忍受
70～<72	小部分人感到有些热，但完全可接受	=88	少部分人感到极其闷热，如不采取降温措施，实在无法忍受
72～<74	大部分人感到有些热，但完全可接受	=89	大部分人感到极其闷热，如不采取降温措施，实在无法忍受
74～<76	几乎所有人都感到有些热，但完全可接受	≥90	所有人感到极其闷热，如不采取降温措施，实在无法忍受

式中，DI为舒适度指数，亦称温湿指数；T为气温（转化为华氏温度，华氏温度=9/5摄氏温度+32°）；f为相对湿度（0～1.0），取百分数值。研究表明，指数越高，不舒服的程度越严重（表5.2）。一般认为，指数在60～65时大部分人感到舒适；在75时有一半人不适；大于80时大部分人不适；小于53时为低温、低湿环境，也令人不舒服。

美国的特吉旺（W.H.Ter jung）根据大多数人的感觉，把气温和相对湿度的不同组合分为11类（表5.3）。使用时，可根据气温和相对湿度，在舒适度指数列线图上（图5.1），可查得舒适度指数。如昼夜温度、湿度变幅不大，或气候资料不详的地区，可通过月均气温和月均相对湿度两个指标，直接从舒适度指数列线图上，分别查取获得各月的舒适度指数。

表5.3 人体舒适度指数分级

代号	−6	−5	−4	−3	−2	−1	0	+1	+2*a*	+2*b*	+3
大多数人的感觉	极冷	非常冷	很冷	冷	稍冷	凉	舒适	暖	热	闷热	极热

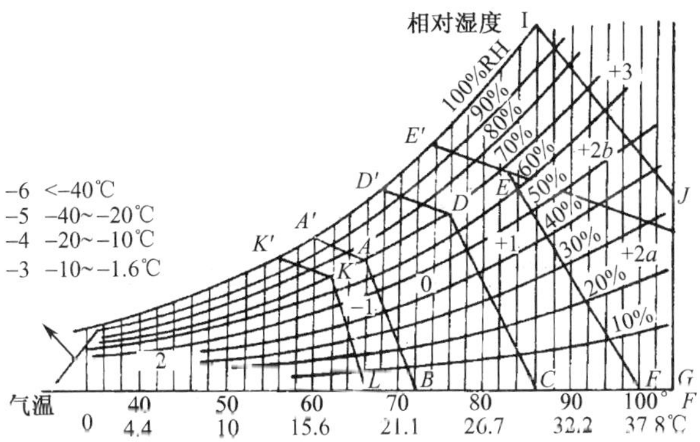

图5.1 舒适度指数列线

如某地的月均最高气温为26.5℃，月均最低气温为21.2℃；月均最小相对湿度为20%，月均最大相对湿度为50%，查图5.1、表5.3得该地该月的舒适度指数为0，即舒适。依此法，可得某地全年各月的舒适度指数，从而确定该地适合旅游的季节长短。

当昼夜温差、湿度变化大，通常则采用月均最高气温和月均最小相对湿度（表示白昼），以及月均最低气温和月均最大相对湿度（表示夜间）4个指标，分别在舒适度指数列线图上查得昼、夜的舒适指数，再从表5.4中查出包含昼夜状况的对应舒适度指数。

表 5.4　月舒适度指数

昼夜	+3	+2b	+2a	+1	0	−1	−2	−3	−4	−5	−6
+2b	EH1	S1	—	—	—	—	—	—	—	—	
+2a	EH2	S2	H1	—	—	—	—	—	—	—	—
+1	EH3	S3	H2	W1	—	—	—	—	—	—	—
0	EH4	S4	H3	W2	M1	—	—	—	—	—	—
−1	EH5	S5	H4	W3	M2	C1	—	—	—	—	—
−2	—	—	H5	W4	M3	C2	K1	—	—	—	—
−3	—	—	—	—	M4	C3	K2	CD1	—	—	—
−4	—	—	—	—	—	—	K3	CD2	VC1	—	—
−5	—	—	—	—	—	—	—	CD3	VC2	EC1	
−6	—	—	—	—	—	—	—	—	VC3	EC2	UC1
符号	EHi	Si	Hi	Wi	Mi	Ci	Ki	CDi	VCi	ECi	Uci
意义	极热	闷热	热	暖	舒适	凉	稍冷	冷	稍冷	非常冷	极冷

适于旅游的舒适度指数在“+1～−1”之间，其中“0”区持续的日期为最佳旅游季节。

2. 风效指数

风效指数（wind effect index）是指人们的裸露皮肤在气温和风速的不同组合作用下感到的冷暖程度。特吉旺根据大多数人的感觉，将气温与风速的组合分为 12 类（表 5.5）。

表 5.5　风效指数分级

符号	4.18kJ/（m²·h）	大多数人的感觉	符号	4.18kJ/（m²·h）	大多数人的感觉
−c	−300～−600	凉　风	c	＞+160③	非常不舒适热风
−d	−600～−800	稍冷风	b	+160～+80②	不舒适热风
−e	−800～−1000	冷　风	a	+160～+80①	热　风
−f	−1000～−1200	很冷风	n	+80～−50	不明显风
−g	−1200～−1400	极冷风	−a	−50～−200	暖　风
−h	＜−1400	外露皮肤冻伤	−b	−200～−300	舒适风

注：①气温 30～32.7℃；②气温≥32.8℃；③气温≥35.6℃

风效指数可根据当地的气温和风速，在风效指数列线图上（图 5.2），对应查得风效指数。如果某地昼夜温差和风速变化不大，或气候资料不祥，可通过月均气温和月均风速两个指标，直接从风效指数列线图和表 5.5 上查得各月风效指数。如某地区月均气温为 21℃，月均风速 5m/s，查图 5.2、表 5.5 而得到该地区此月的综合风效指数为 − c（凉风）。

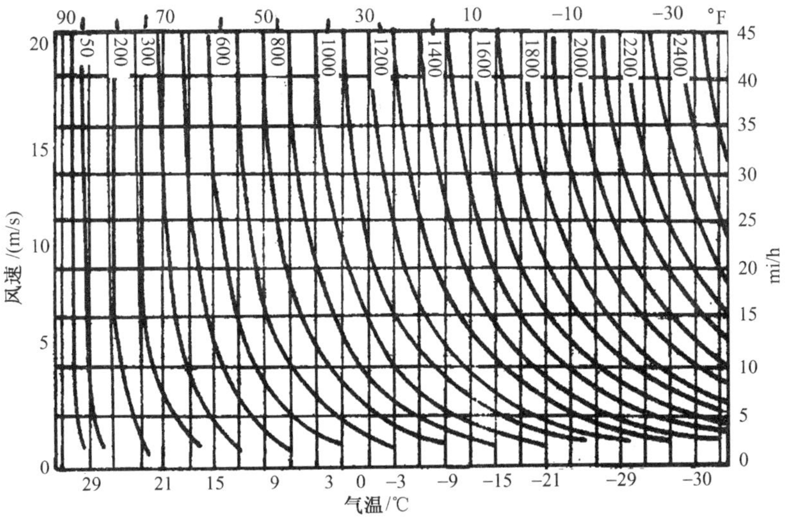

图 5.2　风效指数列线

风效指数也可通过月均最高气温（表示白昼）、最低气温（表示夜间）及月均风速 3 项指标，分别从风效指数列线图上查出风效指数的昼、夜值，再从表 5.6 中得出对应于昼夜的风效指数。如某地月均最高气温 21℃，月均最低气温为 9℃，月均风速 5m/s，查图 5.2、表 5.5、表 5.6 得：该地该月的综合风效指数为 − c2（凉风）。以此类推，可得某地全年各月的风效指数。

表 5.6　风效指数

昼夜	c	b	a	n	− a	− b	− c	− d	− e	− f	− g	− h
− a	c1	b1	a1	n1	− a1	—	—	—	—	—	—	—
− b	c2	b2	a2	n2	− a2	− b1	—	—	—	—	—	—
− c	c3	b3	a3	n3	− a3	− b2	− c1	—	—	—	—	—
− d	—	b4	a4	n4	− a4	− b3	− c2	− d1	—	—	—	—
− e	—	—	—	—	− a5	− b4	− c3	− d2	− e1	—	—	—
− f	—	—	—	—	—	—	− c4	− d3	− e2	− f1	—	—
− g	—	—	—	—	—	—	—	− d4	− e3	− f2	− g1	—
− h	—	—	—	—	—	—	—	—	—	− f3	− g2	− h1
符号	ci	bi	ai	ni	− ai	− bi	− ci	− di	− ei	− fi	− gi	− hi
意义	非常不舒适热风	不舒适热风	热风	不明显风	暖风	舒适风	凉风	稍冷风	冷风	很冷风	极冷风	冻伤

适于旅游的风效指数范围在“－a～－c”之间，而风效指数“－b”为最佳旅游季节。

确定旅游季节的综合指标范围，常以舒适度指数为主，风效指数为辅，若二者分别在“－1～＋1”和“－c～－a”间，则属于旅游旺季，二者分别为“0”和“－b”则是最佳旅游季节。

无需借助消寒、避暑装备和设施，可保证一切行为正常进行的宜人气候，是根据一定气压条件下，皮肤的温度、出汗量、热感和人体热量调节系统所承受的负担来确定的。它主要取决于气温、湿度与风效3个指标：气温是判断气候舒适度的主要指标；湿度和风力是辅助指标，对人体健康最有利的相对湿度在60％～70％之间；而对人体最适宜的风速为2m/s。

二、主要旅游气候类型

1. 海滨气候

滨海气候（又称海洋气候）深受大海的影响，四季温和，日照充足，空气清新，湿润和柔和的海陆风昼夜交替，十分宜人。由于海涛拍岸，水珠分裂成微细雾粒，空气中负离子含量较多，对人体能发挥减轻疲劳、愉悦身心等多种作用。壮阔的海上风光使人心旷神怡，又有心理治疗作用。因此，这种气候开展旅游业的条件得天独厚。

青岛、大连、秦皇岛、烟台是我国著名的滨海城市，它们同处于中纬度地带的渤海、黄海之滨，受海洋的影响较大，加之倚山濒水的地势便形成了夏无闷热，冬无寒冷，春季凉爽，秋季温和的海滨气候。其气候特征主要表现为：四季温和少变；降水集中，大部分降水量都集中在夏季，尤以7月、8月最多；阳光充足，年日照时数达2800h左右，比内陆普遍偏多。

海滨气候的旅游吸引力主要表现在其夏季所提供的避暑条件上。盛夏时节，当内陆地区处于炎热酷暑时，海滨地区却凉风习习。除夏季平均气温较低以外，海滨地区每年的炎热日数也较内陆少得多。日最高气温≥35℃的年平均炎热日数青岛为0.5天，烟台只有1天，而同纬度的内陆地区可达10～20天，因而，海滨地区成为夏季游客集中之地。海滨优良的避暑气候条件与夏季盛行的海陆风有密切的关系。由于海洋和陆地的热力差异，海滨地区白天海风由海洋吹向陆地，夜晚陆风由陆地吹向海洋。白天的海风来自较冷的海洋面，凉爽湿润，给陆地带来降温和降水；夜晚的陆风可带走城市中的污染空气，使旅游地空气清新。

海滨气候与优越的海湾、沙滩地貌条件结合，则可开辟为海滨浴场，成为夏日的旅游胜地。我国的秦皇岛、北戴河、大连、旅顺口、金石滩、兴城、青岛、三亚等海滨风景名胜区就属于这种类型。大连海滨地区日照比较充足，为疗养者进行日光浴提供了优越的气候条件。所以，在海滨的疗养者，特别喜欢在洗过海水浴后，躺在那细软、洁净的沙滩上进行日光浴。海水浴也是大连海滨疗养的一个重要方面，一般在风和日丽的天气情况下进行，水温在25℃左右，这样的水温具有温泉作用。根据医疗气象工作者的研究和一些疗养医院的观察发现，海滨气候适合疗养的疾病有以下几类：皮肤病、心脏病、甲状腺病、呼吸系统疾病等。

2. 山原气候

由于海拔高度的影响，在山地、高原地区具有以下的气候特征：①空气清洁度增高，空气组成中的二氧化碳、水汽、微尘和污染物质等减少；②气压降低，风力增大，日照增强；③气温降低，气温年较差减小，昼夜温差增大；④在一定坡向和一定高度范围内，降水量增大。山原气候的这些特征使其区别于周围谷地、盆地、平原地区，形成旅游吸引因素。

气温的垂直变化是山地、高原地区最显著的特征。从平均状况看，海拔高度每上升100m，气温约下降0.65℃，这称为气温的垂直递减率。所以山上的气温一般都比山麓低，而且山顶、山麓相对高度差越大，气温差异越大。垂直递减率有季节的变化，对于同一山地，一般夏季的垂直递减率高于冬季。所以盛夏时节山上与山下的气温差别更大，山区往往成为区别于河谷、盆地等炎热地带的“凉岛”。气温的这种垂直递减现象，使得山地、高原具有夏季避暑、休闲的旅游功能。如，庐山在气候上，与其附近的平原湖区相比，得天独厚，自成一体。一年之中最暖的6～8月3个月平均气温不足22℃，与周围平原地区同期25～30℃的高温形成显著差异，成为夏季炎热的长江中下游平原之中的“凉岛”。每到夏季，到此避暑纳凉的人纷至沓来。

世界上许多闻名的避暑胜地都分布在山地地区，平均海拔在500～2500m左右，年均气温在10～25℃，具体见表5.7。

表5.7 世界著名旅游城市的年均气温与特点

名称	所属国家	海拔高度/m	年均气温/℃	特　点
亚的斯亚贝巴	埃塞俄比亚	2408	13	四季凉爽，草木常青，气温比同纬度的科纳克里（26.7℃）低一半，非洲海拔最高的城市
内罗毕	肯尼亚	1676	14～18	多花草、园坛，住宅以荆棘灌木为墙。“内罗毕”包含有“凉爽之地”的意思，在非洲国家首都中海拔高度排第2
基加利	卢旺达	1540	20.5	凉风习习，如同春城
哈拉雷	津巴布韦	1472	18	被称为“不安空调设备的热带首都”

续表

名称	所属国家	海拔高度/m	年均气温/℃	特点
万隆	印度尼西亚	610	20	比雅加达气温低7℃，为避暑胜地，建有疗养别墅1810座
碧瑶	菲律宾	1600	20	比马尼拉气温低6.7℃，市街在云海中，总统在此设有夏宫
清迈	泰国	1300	—	四季如春，为泰国花卉、水果生产基地，建有夏宫
库斯科	秘鲁	3399	10～20	古印加帝国首都，四季温暖如春
拉巴斯	玻利维亚	3819	—	气温比平地低20℃左右，世界海拔最高的首都，常年如春
基多	厄瓜多尔	2819	13	为世界距赤道最近的首都，也是世界海拔高度排第2的首都
圣菲波哥大	哥伦比亚	2644	14	冷暖适宜，热带、亚热带植物均能生长，为西半球最大花卉市场
墨西哥城	墨西哥	2300	—	位于热带而不热

我国许多避暑胜地也位于中山以上山区中，年平均气温在10～20℃（表5.8）。

表5.8 我国名山与山底城市气温对照

名山	海拔高度/m	年均气温/℃	山下城市	海拔高度/m	年均气温/℃
泰山顶	1534	5.3	泰安	129	12.8
华山顶	2065	5.9	西安	397	13.3
黄山顶	1840	7.7	屯溪	147	16.3
庐山顶	1543	11.4	九江	32	17.0

由于海拔高度的影响，山地往往春来晚，秋去早，气温偏低的时间较长，形成与河谷、平原不同的季节变化和分配状况，因此山区往往形成不同于平地的物候现象，这种物候的差异也具有观赏价值。“太白积雪六月天”是说当关中盆地炎热难耐之时，秦岭主峰太白山却是一片冰雪世界，这成为秦岭一种奇特的自然现象。

由于气温的垂直变化，可形成山地、高原地区的垂直气候带。如秦岭主峰太白山，海拔3767m，高出北部渭河平原3200m，在其北坡自下向上可分为暖温带、温带、寒温带、亚寒带等气候带。山地气候的垂直变化，同时影响了生物、土壤的变化，从而出现了自然景观的垂直分带现象。自上而下可以看到不同的自然景观，为旅游提供了更多的游览、观光内容。

3. 乡村气候

(1) 概念

局部下垫面（地貌、植被、土壤、水体等）结构、性质及周围环境的不同，会引起近地面层的热量与水分状况的差异。这种差异便形成了小范围的特殊的地方气候或小气候。

乡村气候是与城市气候相对的一种气候类型。稀疏的乡村人口密度，低而少的建筑物，低强度的经济活动，相对城市来讲较高的植被覆盖度和大量的农作物，少量释放的有害气体和粉尘，使得乡村形成了一种特有的区域气候状况。

(2) 乡村气候与城市气候的区别

乡村气温比城市气温低。由于城市下垫面性质特殊，空气中二氧化碳等温室气体较多，又有人为热等原因，使城市气温明显比乡村高，出现城市“热岛效应”或形成城市“热岛”。而乡村的下垫面植被覆盖度高，人为产生的热量很少，地域开阔，所以，气温要比城市低得多，成为人们避暑的好去处。

乡村的空气比城市的质量高。城市是人类活动高度集中的场所，人口密集，利用和消耗大量自然资源和能源，有大量的工厂排放废气，大量的煤和石油等化石燃料的燃烧，使得城市的空气污染严重，能见度低。而在乡村地区，人口比较稀疏，工厂较少，能源的消耗和燃烧也相对要少得多，所以，在乡村地区，空气比较清新，特别是在夏天，蓝天白云，绿树成阴，煞是可爱。

乡村的相对湿度和绝对湿度比城市要大。城市由于地面大部分为不透水的路面和建筑物，人工排水网管发达，绿化面积小，因此，蒸发、蒸腾量都小，使城市空气的绝对湿度和相对湿度都较小，形成“城市干岛”。乡村的大部分是疏松的土壤，绿化面积较大，植被覆盖度大，蒸发、蒸腾量大，气温低，所以，空气的绝对湿度和相对湿度都较大，气候相对舒适，是吸引游客的一大重要因素。

(3) 方兴未艾的乡村旅游

由于乡村气候具有上述特点，加上乡村自然景观丰富、农业景观齐全、聚落景观典型等原因，全国各地都兴起以突出乡村风情为主的旅游，如河北的沧州穆斯林风情、吴桥杂技大世界、井陉拉花——庙会艺术、承德满蒙风情游；山东的青岛琅琊台乡村风情之旅、田横岛度假之旅、潍坊石家庄乡村民俗旅游、泰安埠阳庄民俗旅游、烟台海滨新农村——樗岚村；浙江的杭州富阳新沙岛“农家乐”、兆吉村农家纸乡游、赤松村竹乡游、白鹤村果乡游、新安江上九姓渔民婚礼、绍兴柯桥古镇；甘肃的敦煌绿洲乡村田园风光游、南湖乡葡萄园度假游、张掖马蹄寺牧区裕固族风情游、康宁村塞外农家做客游等，都是乡村旅游的代表。

案例分析——庐山的旅游气候

庐山的气候。庐山地处我国亚热带东部季风区域，气候状况受到大范围气候的制约，具有鲜明的季风气候特点。以牯岭为参照系，年平均气温为11.5℃，比同纬度平原地区年平均气温低5～6℃，与北京年平均气温11.6℃几乎相等，这相当于牯岭纬度向北推移了10°。盛夏时，长江中下游河谷和鄱阳湖盆地一片热浪，而庐山虽处于这片夏热中心，却与“长江火炉”形成鲜明对照。牯岭7月份平均气温为22.6℃，比山下九江、星子低7℃，这与自由大气气温垂直递减规律（0.65℃/100m）基本相符合，在相同天气状况下，夏日午后最热的时刻，牯岭气温比九江低10℃，比星子低7.8℃。牯岭极端最高气温只有32℃，故而有“清凉世界”的美誉。有趣的是，牯岭的英译文kuling便是从英语cooling（清凉）一词演变而来的。

庐山具有山地气候特色，表现出夏短冬长，春迟秋早的四季特色。庐山的春天，冰裹桃红，雾绕青峰，若梦若幻；夏天，千山滴翠，万木浓荫，云舒云卷；秋天，桂子飘香，枫叶流丹，疏峰吐月；冬天，苍松傲雪，寒梅破冰，银装素裹。唐代诗人白居易以“匡庐奇秀甲天下山”八个字道出庐山的精髓和品位。牯岭的四季，同山下九江、星子相比，夏季短85天，7月进初夏，季节滞后一个半月，夏季“走走过场”便悄然而去了；冬季早早“叩响山门”，提前一个月来临，延后一个月迟迟不愿结束，冬季几乎比山下长两个月；春季姗姗来迟，三月桃花四月开，明媚的春光常常伴随着云雾，使春光“犹抱琵琶半遮面”；天高云淡的秋季，云雾偏少，显现庐山真面目的机会增多，和九江、星子相比，秋季的来去都提前一个月左右，而秋季的长短差别不明显。

冬日的庐山，仿佛是耸立在江湖间的一座琼岛。牯岭1月份多年平均气温为－0.1℃，极端最低气温，也曾在水银柱－16.8℃的刻度上停留过。

庐山是一个清凉美丽的世界，如同一个清秀美丽、清高淡雅的少女，欢迎着旅游者。

复习思考题

1. 气象气候与旅游有什么关系？
2. 试述气象气候与天象旅游资源的吸引因素。
3. 海滨气候、山地气候、乡村气候具有什么旅游价值？
4. 举例说明主要的天象、气象旅游资源。
5. 气象气候与天象旅游资源具有哪些旅游功能？
6. 试举身边事例说明如何进行气象气候旅游资源开发。

第六章　生物景观类旅游资源

学习提示

一、主要内容

- 生物景观类旅游资源的概念、类型、特点，生物景观与旅游的关系
- 生物景观类旅游资源的旅游功能
- 植物景观类旅游资源
- 动物景观类旅游资源

二、学习重点

- 掌握生物景观类旅游资源的概念、特点以及生物景观与旅游的关系
- 学会从多角度鉴赏生物景观类旅游资源的“美”
- 了解植物旅游资源的主要分类和特点
- 了解动物旅游资源的主要分类和特点

第一节　概　　述

一、生物景观类旅游资源及其特点

1. 生物景观类旅游资源及其类型

生物是地球表面有生命物体的总称，按其性质可分为动物、植物和微生物。在漫长的生物进化过程中，地球表面的生物衍生出了极其丰富的类群和形态，据统计，现今被发现、记载并定名的生物体约有 20×10^5 种，这使得自然界呈现出多姿多彩的生物景象。作为旅游资源的生物景观，主要是指由动、植物及其相关生存环境所构成的各种过程与现象。

生物是自然生态系统的主体，也是地球表面自然景观的标志物或指示物，生物景观成为人类旅游活动的主要对象之一。生物景观以其复杂的形态和由其自身生命节律所表现出的变化性构成了旅游景观的实体，是自然旅游资源中最具特色的类型。生物景观除了具有观赏价值，还可供人们进行科研、医疗健身、环境美化等多种活动。生物景观与生物多样性保护、生态环境建设密切相关，因此它是生态旅游、专题旅游的主要对象，也成为今后一定时期内旅游开发的热点。

2. 生物景观类旅游资源的特点

(1) 广泛、多样性

指生物景观类旅游资源在空间分布上的广泛性和多样性。地球上任何地方，无论是山地、高原，海洋或湖泊，甚至是沙漠、戈壁，都有生物的存在。地球上自然生态系统的类型和生物的形态、色彩、声韵和种类等也丰富多样，这些都具有很高的旅游价值。我国的生物资源极为丰富，其中包括不少特有、独存和主要分布于我国的珍稀物种。据统计，目前我国有高等植物 30 000 多种；维管束植物约有 27 150 多种；独有的树木 50 多种，其中银杏、水松、水杉、金钱松、银杉被称为“植物的活化石”。

我国的动物资源也很丰富，有陆栖脊椎动物约 2000 多种，其中鸟类约有 1189 种，兽类近 500 多种，爬行类约有 320 多种，两栖类约 210 多种。世界上有不少陆栖脊椎动物为我国特有或主要产于我国，如丹顶鹤、马鸡、金丝猴、羚羊等。还有一些属于第四纪冰川后残留的孑遗种类，如大熊猫、扬子鳄、大鲵、白鳍豚等，都是极为珍贵的物种资源。

(2) 生命有机性

自然旅游资源中的地质、地貌、水文等要素都属于无机物，由它们构成的风景景观，也有动、静的变化，但这种动态变化主要是在内外营力作用下的自然运动过程，是无生命的。而动、植物是具有生命的有机体，它们的存在给自然界增加了生命的活力。在一些以沙漠、草原、山水等景观为主的风景区，生物景观的存在，不仅使原本单调的景区充满生机，也增加了景区的旅游功能，提高了旅游效果。如青海湖鸟岛上的成千上万只禽鸟，使原本孤寂的荒漠景观变得热闹非凡、生机盎然。可见，生物景观不仅丰富了自然旅游资源的内容，还创造了自然景观的生机与活力。

(3) 指示性

由于自然地理各要素都处于紧密的相互联系、相互依赖之中，每个要素的发展都不是独立的，而是共轭进行的，根据各要素之间的这种相互联系，就可用自然环境中的一个环节来确定其余环节。自然地理各成分中，生物，特别是植物受其他要素的影响反应最灵敏，且具有最大的表现力。如，椰子正常开花结果是热带气候的标志；温带草原景观是温带大陆性气候的标志。再如，在未受污染的水体里，藻类以硅藻和甲藻为主，每毫升水中细菌数在 1000 个以下。当水体受污染时，藻类以蓝、绿藻为主，每毫升水中细菌数达 10^5 个以上等。生物景观的指示性特征，不仅有助于进行科研、考察、观赏和生态旅游等活动，也有助于形成所在地的自然景观，突出所在区域的景观特点。

(4) 季节性

季节性是指生物随季节变化而发生的形态和空间位置变换而形成季节性旅游

景观的特点。在不同的季节有不同的植物开花，如冬天的梅花、秋天的菊花等。不少植物的叶色也随季节变化而变化。如银杏的叶子，春夏季为绿色，秋季为黄色。一些动物的毛色也随季节而变化。如雷鸟在冬季为了与雪地的颜色保持一致，它的羽毛会退变为白色，作为防御敌人的保护色。许多动物如候鸟、蝴蝶、驯鹿等，为寻找更好、更舒适的生活环境，会随季节有规律的迁徙，从而出现生物空间位置随季节变化的景象。

（5）再生性

再生性是由生物自身的可繁殖性、可驯化性和空间可移动性决定的。人们在生物的可繁殖性基础上，借助生物的可驯化性和空间可移动性特征，在局部改变生态环境条件，运用人工干预的手段将许多动、植物进行驯化、移植、饲养、培育，形成人工生物景观。这样不仅使许多动、植物的数量得到保持并有所增长，而且拓宽了其生存范围。如我国通过人力作用保护了濒危灭绝动物大熊猫和其生存环境，并将它作为珍贵的礼物赠送给许多国家，让更多人可目睹这一珍贵的“活化石”。生物景观的这一再生性特征，不仅扩大了生物景观的分布范围，也丰富了其移向地区的景观内容。

（6）脆弱性

脆弱性是指生物及自然生态系统受胁迫增大且在抗干扰能力上较为脆弱的特点。灾害性环境变化，使不少生物死亡甚至物种灭绝。如白垩纪时期的灾变环境，使称霸一时的恐龙灭绝。人类过度的干扰、破坏也会导致生态系统的损毁。如随着人口数量的骤增、经济的高速发展、对森林的不合理采伐或盗伐，使天然林面积急剧减少。森林的破坏，造成环境恶化，使野生动物缺少栖息地，许多物种面临灭绝或已经灭绝。由此可见，生物景观类旅游资源极为脆弱，在开发利用时必须坚持保护与利用并重的原则，以建立良好的生态景观。

二、生物景观与旅游

生物以其生命的有机性、广泛性、多样性等特征成为自然旅游资源中不可替代的组成部分，同时，也以其特有的方式影响着现代旅游业的发展。

1. 生物是自然景观的重要构成要素

人们常用“万紫千红”，“鸟语花香”来形容自然美景，而所描述的正是自然景观中生物要素的风貌。自然类旅游地可分为不同类型，如山岳类、河湖类、平原类、海滨类等。不论是哪种类型的旅游地，其自然景观的形成都与生物要素密切相关。生物能成为重要的自然景观要素，主要缘于生物的生命有机性、多样性。首先，生物具有特有的生命特性，这使其区别于其他自然景观要素，并最具特色。动物的奔腾飞跃，植物的花开花落，给自然界增加了活力，赋予静态的自然景观以动感的生机，成为自然景观重要的组成部分。其次，地球上的生物种类丰富、类型多样，动、植物通过生命过程，表现出的外貌、形态、色彩、声韵等审美因素更是异彩纷呈，生命之色——绿色，充满了永恒的魅力，鸟兽虫鱼的欢唱、花卉草木的清香都使旅游者获得美的享受。这也使生物在自然景观中具有不可替代的构景作用。

2. 生物是构建人工景观和优化旅游环境的软质材料

相对于建筑物、构筑物等硬质成分，生物成为构建人工景观的软质材料，广泛用于城市园林、绿地和城市生态环境的建设方面。首先，植物是城市绿化和园林建设的重要材料。城市绿化主要通过林地、草坪、花园、花坛、绿篱等绿地形式实现。花、草、树木的点缀，避免了道路、水泥建筑的单调、灰暗感，在美化环境的同时，也使环境充满了活力。植物还广泛用于造园活动，在局部通过衬景、构景等手法，增强城市园林的艺术效果。其次，生物还是城市中专门性公园建设的主体，如动物园、植物园、海洋公园等。人们运用人工创造各类环境的手段，可通过这个“小天地”看到地球“大世界”的各种生物现象。从保存物种的角度看，动、植物园是自然保护区的缩影。从科研的角度看，动、植物园是活的生物标本馆。从旅游的角度看，它又是科普教育、旅游的场所，是令人向往的游览地。

另外，由于植物的生态功能，植树种草，提高植被覆盖率，成为改善旅游环境质量的重要措施。植物可以净化环境、涵养水源、调节气候、防风固沙，也可以吸收二氧化碳，放出氧气，还可以吸滞烟尘和粉尘，杀灭细菌。植物为旅游者提供了一个空气清新、色彩悦目、气候爽适的空间。

3. 生物使得旅游项目更加丰富多彩

人们利用动、植物的生态、习性、色彩、造型等特征，可进行观赏、狩猎、采集、垂钓、食用、保健、表演、科考、科普等多种旅游活动。一些动、植物可成为某些旅游地的特色，如我国黄山的“奇松”、峨眉山的弹琴蛙、成都望江楼的竹子等，都吸引着旅游者前来观赏猎奇。有些旅游地借助某种植物开展或举办旅游活动。如斐济的“红花节”、荷兰的“科肯豪夫”花节、加拿大的“枫糖节”、我国大连的“槐花节”、广东小揽的“菊花会”、深圳和从化的“荔枝节”等。动、植物可用于开展各种各样的参与性旅游活动，如“农家乐”旅游就包括捕鱼、抓虾、摘果、播种等内容。生活形态各不相同的动物经过训练，可进行惊险有趣的表演，给游人以欢愉。如“大象之国”泰国，不仅有大象节，在一些旅游地还有“象战表演”。动物园一直是人们观赏野生动物的最佳场所。在我国深圳的野生动物园中，游人可同那些温顺的飞禽走兽亲近，还可乘车观赏生活在自由空间中的凶猛野兽。人们因为科研、保护或繁殖某些动、植物，建立了许多规模不等的自然保护区，这些自然保护区可用于开展以动、植物为主题的科学考察和科普、实习等旅游项目。

第二节 生物景观类旅游资源的旅游功能

一、审美功能

生物景观以其形态、色彩、奇异等多种审美因素成为自然旅游资源中最具特色的部分。这些审美因素有：

1. 形色美

形色美是指动、植物的形体、色彩等美学特征。种属繁多的植物，其外形千姿百态，或古朴苍劲，或婆娑多姿。如我国“黄山松”以形态奇美著名，有“迎客松”、“送客松”等，多以姿态得名。植物的色彩也极为丰富，白的玉兰、粉的桃花、紫的丁香等五彩斑斓、夺目绚丽。众多色彩中，绿色为生命之色，是植物的基本色彩，也是绝大多数旅游景区的主色调。

不同的动物因地理位置、气候带的不同以及生活习性的差异，显示出不同的形体特征。美洲的巨嘴鸟，是世界鸟儿中嘴最大的；古巴蜂鸟，其成年公鸟平均翼展长2.82cm，体重仅1g，是世界鸟儿中的“侏儒”；我国的麋鹿，其尾巴似马非马，角似鹿非鹿，蹄似牛非牛，颈似骆驼非骆驼，被称为“四不像”。色彩是产生观赏感的重要因素，也是人们观赏动物的主要内容。如非洲火烈鸟，其羽毛火一般美艳；我国海南岛的坡鹿，其背部的黑褐色条带，从颈部沿背梁一直延伸到臀部，黑褐色条带下，点缀着若干平行排列的白斑，色彩极为美观。

2. 珍稀美

“物以稀为贵”，动、植物越是珍稀，就越有观赏价值。动植物处于两种情况之下可称为珍稀物种，一种情况是这一物种种群数量有限；另一种情况是物种分布范围狭小，或成为某地的特有品种。一些植物由于其种群数量或分布范围有限而被列为珍稀植物，如海椰子、百岁兰、王莲、金茶花、珙桐、水杉、望天树和木沙椤等。这些珍稀植物，除具有科研价值外，也具有极高的旅游观赏价值。如珙桐，又叫鸽子树，是我国特有的被子植物。珙桐每年4月、5月开花，其花生有头状花序，形似鸽子，每当山风吹拂，苞片摇晃，似鸽子点头振翅，跃跃欲飞，别有情趣。珍稀动物也有很多种。如马达加斯加岛上的象狐猴，因为该岛在

1亿年前与非洲大陆相脱离，独立形成珍贵的自然生态环境，处于绝境中的象狐猴成了该岛独有的物种。此外，还有新西兰南北岛上的几维鸟、我国的大熊猫、金丝猴等珍稀物种。这些珍稀动物集保护价值与旅游观赏价值于一身，往往引起旅游者的游览兴趣。

3. 奇特美

一些动、植物往往以独特奇异的特征吸引着旅游者。动、植物的奇特美包括了以下方面：第一，"奇特"是相对于某一自然生态环境下的旅游者而言。如澳洲的袋鼠、树袋熊等有袋类动物，因地壳演化、海洋阻隔、古地理环境变化等影响，只分布在澳洲大陆。对于世界其他地区的旅游者具有吸引力。第二，"奇特"也指地球上绝无仅有的某一特征。如最高、最快、最大等。我国云南的"独叶草"，仅有一片叶子，是世界上最孤单的植物；南极洲的企鹅，每小时滑雪速度达30km，是世界上滑雪最快的鸟等。第三，"奇特"也可指动、植物的一些奇异的生理、生态现象。索马里的太阳鸟——小红鸟，它飞到树枝上展翅或使劲抖动羽毛时，即预示着要下雨了；美洲的角蟾，在遇险时，能从眼里喷出鲜血，射程可达1m以上。这些奇特的动、植物极为珍贵，是宝贵的旅游资源。

4. 嗅味美

许多植物的茎、叶、花、果能发散独特的香味，使旅游者获得新奇的感受。如非洲坦桑尼亚的木菊花，其花瓣味道香甜，摘一瓣品尝，很快能让人醉倒，被称为醉花；埃塞俄比亚有一种多刺植物，叶片可分泌芳香扑鼻的香脑油，人长时间闻它也会被熏醉，是一种醉草。此外，还有许多植物因香味而得名。如七里香、晚香玉、夜来香等。这些具有香味的植物在美化环境的同时，也以其特有的香味带给旅游者以嗅味美的享受。

二、医疗健身功能

植物的医疗功能有二：第一，植物可作为中医的药用材料，其药品的药性、药效丝毫不逊色于其他药品。我国目前已知中草药约有千种以上，其中许多是名贵中草药，如人参、鹿茸、麝香、天麻等，这些药材已成为重要的旅游商品；第二，特殊的植物环境能起到医疗健身的作用。据研究表明，树木和森林能减弱噪声强度，一个90m宽的林带，可降低噪声6dB，这种隔音效果会使旅游者感到特有的宁静。森林中许多树木如樟木、杉木等可散发对人体有益的药素，它可促进支气管和心脏系统活动，还可抑制精神焦躁，调整内脏功能等。此外，森林的空气中含有丰富的负离子，它可促进人体新陈代谢，降低血压，并提高人体免疫力等。为此，许多国家都兴起了森林旅游，其中重要的项目是“森林浴”，包括登山观景、林间野营、林下散步等广泛接触森林环境等活动。森林的自然环境能调节精神、解除疲劳，从而起到防病、抗病、强身健体的作用。

动物资源也可起到医疗健身的作用。部分动物资源，可作为药材，制成各种药品。如羚羊角可平肝熄风、清热去惊等。此外，许多非保护的野生动物可供人们进行狩猎、垂钓等活动，使人们获得休闲娱乐的同时，也达到强身健体的效果。

三、科普教育与文化旅游功能

人类归属于生物界，因此，人类与其他生物休戚相关。人类与其他生物不仅有物质需求方面的联系，而且还存在更深层次的精神上的联系。探索神秘、复杂的生物世界，是人类认识自身的基础。保护生物，保护自然已成为人类保护自身的重要途径。近年来，随着社会生态环境意识的提高，人们认识自然，了解生物知识的需求不断增长。正是由于这一原因，接触动、植物成为近年“回归自然”等生态旅游活动的核心内容。生物界具有纷繁复杂的形态与现象，具有审美功能，同时，在这些现象背后蕴藏着丰富的科学知识，如植物的分类、不同环境条件下植物的生态适应特征，植物的地域分异规律，动物的生活习性，动物的伪装术，动物的迁徙等，这些知识可满足社会大众了解生物世界的需要，成为吸引普通游客，开展科普教育活动的重要资源。

在长期的审美活动中，动、植物被人们赋予了某种寓意，使人们的旅游活动和欣赏行为更具文化色彩和精神意义，从而可开展文化旅游活动。如翠绿挺拔的竹子，给人刚强谦虚的感受；古老苍劲的树木，让人产生一种抗争的心境和百折不挠的精神。有些花草树木所蕴涵的含义在我国得到普遍的认可，代表人们共同的价值取向。如“岁寒三友”的松、竹、梅，其不畏严寒，成为不畏逆境、勇敢向前的精神象征；“花中四雅”的菊、兰、水仙、菖蒲，则象征着圣洁高雅。生物所蕴涵的这些备受人们推崇的精神，能够使人们陶冶情操、启迪心灵，从而获得精神上的鼓励。某些具有典型特征的动、植物，被人们作为某种精神品格或民族追求的象征与吉祥物，成为国花、国树、国鸟、国兽。如加拿大的国树是枫树；智利的国鸟是山鹰；西班牙的国花是石榴；缅甸的国鸟是孔雀等。同时，受宗教文化的影响，一些动、植物被视为圣物、神灵敬奉，成为具有宗教特点的动、植物。如印度将牛视为“神牛”，每年要举行一次敬牛的节日活动。再如，佛教的圣树是娑罗树；菩提树是觉悟之树；莲花象征佛教，它出淤泥而不染、洁身自好的品行正与佛教的超然脱俗相一致。这些动、植物具有独特的旅游观赏价值和寓意性，受到宗教保护的同时，也成为旅游活动，特别是宗教旅游活动的观赏对象。

第三节　植物景观旅游资源

一、树　　木

1. 森林景观

在地球的陆地生态系统中，森林总面积为50亿hm^2，占陆地面积的32.6%。过去和现在，森林都是陆地上最大、最复杂的生态系统。同时，森林具有净化空气、涵养水源、保持水土、调节气候等多种功能，是保护环境、维护陆地生态平衡的关键因素。森林景观以其复杂的生态系统、丰富多样的生物资源、千姿百态的自然景观和浩大繁茂、神秘幽深的特点，吸引着人们进行科学考察、探险揭秘、医疗健身、森林旅游和生态旅游等多种活动。主要的森林景观有以下几种。

(1) 热带雨林景观

热带雨林是由耐阴、喜湿、喜高温的常绿树种组成，并具有丰富的附生植物和木质的藤本植物，种类丰富、结构复杂的植物群落。热带雨林中丰富的植物资源和适宜的生存环境也养育了爬行类、两栖类和昆虫类等动物种群。

热带雨林主要分布在南北纬10°之间的南美洲亚马孙河流域、非洲刚果盆地、亚洲东南亚地区。其中，亚马孙平原的热带雨林，面积达3.73亿hm^2，是世界上规模最大的热带雨林景观。该流域充足的光照、水分和湿热的气候，孕育了雨林中极为丰富的生物资源。类型多样的生物物种使雨林的景色极为美丽：林内常夏无冬，四季常花、常果，巨大的榕树独树成林，攀缘植物沿乔木攀爬向上，蕨类植物寄生在乔木之上形成“空中花园”等，其状千姿百态。

(2) 红树林

红树林是分布于热带和部分亚热带的滨海地区、受周期性海水浸淹淤泥海滩上的一种耐盐的常绿乔灌木植物群落。它能起扩展滩涂、防御风浪潮汐袭击和保护海岸等作用。具有生态保护、经济和科学价值。

红树林主要分布在北纬32°至南纬44°之间。我国的红树林分布在海南、广东、广西、福建、台湾和浙江等地。其中，位于我国广西合浦的山口红树林，于1990年建为生态保护区，是首批国家级海洋类型的自然保护区之一。保护区面积达0.8万hm^2，红树林面积达0.72万hm^2，有红海榄、秋茄、桐花树等12种红树林植物，其中成片的红海榄纯林，在我国极为罕见。

(3) 亚热带常绿阔叶林景观

亚热带常绿阔叶林是发育在亚热带地区大陆东岸，湿润季风气候下的森林植被类型。其树种多为樟科、兰科、山茶科等。丰富的天然食物和良好的气候环境孕育了丰富的动物资源。如昆虫类、鸟类、猿猴类、爬行类等。

我国武夷山自然保护区主要用于保护中亚热带森林生态系统。武夷山有“华东屋脊”的称号，优越的自然条件使这里植被茂密，物种丰富。保护区森林覆盖率达92%，海拔1000m以下为典型的亚热带常绿阔叶林景观，主要树种有甜槠、南岭栲、大叶栲、苦槠等，局部混生有枫香、赤杨、桦木。保护区分布有高等植物191科1852种，保留有许多古老的孑遗种、特有种、珍稀种，如银杏、鹅掌楸、南方铁杉、紫杉、三尖杉、半枫荷、银种树、水松等，有“天然植物园”之称。茂密的森林为动物提供了生存条件，保护区内野生动物达400多种，其中华南虎、猕猴、毛冠鹿、白颈长尾雉、黄腹角雉、穿山甲、苏门羚等为国家保护动物。

(4) 温带落叶阔叶林景观

温带落叶阔叶林是指夏季长叶、冬季落叶的乔木组成的森林植被类型，其树种主要有栎、槭、桦树等，动物有鼠、鹿、狐、狼等。温带落叶阔叶林主要分布在欧亚大陆西部、我国华北、东北及朝鲜、日本、北美五大湖和大西洋沿岸低地等地区；南美南端及大洋洲南部也有小面积出现。

奥地利首都维也纳，不仅音乐闻名世界，森林也给人无尽的美感和乐趣。森林从市区西部向南延伸10km，是“世界上绿化最好的城市之一”。林中幽静的村庄，几个世纪以来，一直是众多艺术家的常住之地，也是旅游者进行游览、休闲、避暑、医疗健身和森林旅游等活动的胜地。

2. 古树名木

古树名木是记录历史、指示环境变迁、展示生态特征的历史文物和科学资料，具有科学研究和旅游欣赏价值。古树名木具有两层涵义：第一，指那些以古老的树龄、珍稀的树种和独特的生理结构特征吸引旅游者观赏的树木。如银杏，远在27 000万年前就开始出现，17 000多万年前与恐龙一起称霸一时，而今恐龙早已灭绝，银杏仍然独存于我国；金钱松又名金松，是我国独有的树木，也是著名的观赏植物。第二，指那些具有历史文化特性，或因名人手植，或因传说故事，或因其形态奇特而闻名的树木。这些古树名木多与庙宇、古建筑、古陵墓、山岳景象结合在一起，具有一定的文化内涵，成为旅游者观赏游览的重要内容。如孟加拉有一棵榕树，其树冠投影面积达1万m^2之多，可容纳几千人在树下乘凉，是世界上树冠最大的树；我国陕西黄帝陵的轩辕柏，相传是轩辕皇帝亲手所植，树高20m，树龄5000多年，至今挺拔苍劲，枝叶繁茂；这里还有一棵“挂甲柏”，满身似有很多钉痕，传说是汉武帝征朔方归来驻军此地时，挂金甲于树上所留的痕迹；山东曲阜的孔林，“因弟子各以四方奇木来植，故多储异树。”孔林现有古树 2 万多株，树龄多在数百年至两千多年，成为我国最大的名贵古树园。

二、草　　原

辽阔的草原既是优良的牧场，也是理想的旅游场地。人们在草原上可以骑马、骑骆驼、乘勒勒车，在观赏草原风光的同时，还可在牧民家中做客，体验少数民族的生活，享受独特的草原风情。

1. 热带稀树草原景观

热带稀树草原是一种以旱生、适高温的多年生草本植物占优势，并散生一些耐旱的乔灌木的植物群落。由于禾草的生长力高以及草原上植被稀疏开阔，有蹄类食草哺乳动物和一些大型食肉动物，如斑马、长颈鹿、非洲狮等多有分布。

非洲的热带稀树草原，在世界同类植物中发育最典型、分布最广。因为草原上的食料丰富，食草哺乳动物如河马、羚羊、犀牛等在这里大量分布，其中不少动物被列为世界级保护动物，极具观赏性。

2. 温带草原景观

温带草原是指由低温、旱生、多年生的草本植物组成的生态系统，其植物种类主要由丛生禾草针茅、羊茅、须芒草等组成，也有散生的小灌木和多种双子叶杂类草，如豆科、菊科植物等。开阔的温带草原适宜善于竞走的大型食草动物生活，如野驴、黄羊、野牛和骆驼等。温带草原主要分布于欧亚大陆温带地区，我国东北和内蒙古地区有温带草原带分布。

内蒙古草原位于我国阴山以北，大兴安岭以西，是我国最典型的温带草原。“天苍苍，野茫茫，风吹草低见牛羊。”这里蓝天白云，绿草如茵，成群的牛羊散布在广阔的草原上，牧民们嘹亮的歌声响彻四方。这里既是优良的牧场，也是理想的草原旅游胜地，人们可以观看草原蜃景，参加赛马、赛牛比赛，还可以围坐在篝火边与牧民朋友聊天、欢唱，尽情品味草原风味食品，享受独特的草原风情。

3. 高寒草甸景观

高寒草甸以温冷生中生草本植物为主，草层低矮，盖度大，根系浅而密集。我国青藏高原上分布的高寒草甸，仲夏时节，百花盛开，水草丰美，还有乌黑的牦牛、矫健的骏马以及野驴、野牛、藏羚羊、旱獭等多种珍稀动物，构成了一幅别致、生动的高原风情。

三、植被垂直带

垂直地带性是指自然地理要素随地势高度增高，按垂直方向发生有规律的分异现象。产生植被垂直带的原因是：从山麓到山顶，气温随高度的增加而降低，而降水在一定高度范围内随高度的增加而增多。气温和降水的变化影响到植被、土壤等环境要素的发育，从而产生山地植被的垂直更替变化。由于植被垂直变化，山地自然景观更加丰富多彩。一般说，山地海拔愈高，纬度位置愈低，山地植被的垂直带谱愈复杂。如我国吉林长白山山地由下而上的植被分布是：落叶阔叶林—针阔混交林—亚高山针叶林—岳桦矮曲林—山地冻原；陕西太白山也具有典型的植被垂直带分布。

山地植被的垂直变化是一些中高山区显著的景观特征。如喜马拉雅山山下丛林郁郁葱葱，山上草甸、灌丛缤纷艳丽，而山顶又是白雪皑皑，冰雪世界。伴随着山地植被景观的变化，出现了奇特的山地气候差异。山下红日高照，山上却阴雨霏霏。山下烈日炎炎，山上凉风习习。“一山有四季，十里不同天”就是对这种气候变化的真实写照。由于山地植被的垂直变化，山区生态环境也趋于复杂，因而为各种生物的生长提供了多种多样的生境，因此，山地常常成为生物多样性最为丰富的地区，成为开展生态旅游的优良场所。伴随自然景观的垂直更替，山区人文景观也发生垂直变化，河谷地带，山麓地带，山区不同高度水平上往往聚落形式、生产方式都会发生相应的变化。许多少数民族都集中分布在山区，一些独特的文化、风俗习惯、生活方式由于山区的相对封闭性至今保存完好，加之山区自然、人文景观与河谷、平原地区的显著差异，从而增强了山区旅游资源的独特性和吸引力。

植被垂直带使同一山地的不同海拔高度的植被因地而异，这不但丰富了山地的自然景色，避免了自然景观的单调感，而且也扩大了旅游活动的范围与内容。

四、花　卉

花以其色、香、韵、姿的4大美学特征成为植物体中最美的部分，也成为人们观赏的主要对象，那些名贵、奇异、独特的花卉更是备受人们的青睐。

1. 名贵花卉景观

世界名贵花卉资源极为丰富，如朝鲜的金达莱花、坦桑尼亚的丁香花、奥地利的白百合花等。其中有些花卉极具有观赏价值，如日本的樱花、荷兰的郁金香和我国的十大名花等。

(1) 我国的十大名花

在悠久的赏花、育花历史中，人们根据花姿、花色、花韵、花香选出我国十大名花，分别为“雪中高士”梅花、“花王”牡丹、“花相”芍药、“花中皇后”月季、“花中隐士”菊花、“空谷佳人”兰花、“花中君子”莲花、“花中仙女”海棠、“花中妃子”山茶、“凌波仙子”水仙。简介其中3种：

1）牡丹。牡丹又称洛阳花、木芍药、百两金和富贵花等，属毛茛科落叶小乔木。牡丹原是我国西北深山中的花草，南北朝时，人们将其引种作为观赏植物。牡丹长期以来被看作是幸福、繁荣的象征，它以其花大形美、雍容华贵、气味芳香而获得“花中之王”的美称。河南洛阳、山东的菏泽是我国著名的牡丹产地。每年“牡丹节”期间，洛阳游人如织，盛况空前。近年来，菏泽建立了“曹州牡丹园”、“百花园”、“古今园”等牡丹种植园，吸引了不少海内外旅游者前来观花赏奇。

2）梅花。梅花又称春梅、红绿梅和干枝梅等，属蔷薇科落叶乔木，原产于我国，分布在长江以南各地。在漫天飞雪、万花凋零时，唯有梅花傲然挺立、淡雅悠然，是寒冬唯一的观赏名花。梅花神、色、韵、姿、香俱佳，自古就是观赏名花，我国栽梅、赏梅已有3000多年的历史，形成了许多赏梅胜地。浙江余杭超山的“十里梅海”，素有“超山梅花天下奇”之誉，梅林中两株古梅，一唐一宋，尤为珍贵；苏州邓尉山素有“梅花甲天下”的美称，被誉为“香雪海”。此外，昆明黑龙潭、广州罗岗、闽西十八洞和歙县多景园等都是闻名遐迩的赏梅胜地。

3）荷花。荷花别名莲花、芙蓉等。2500多年前，荷花就以叶大青翠、花大色丽，出淤泥而不染的特点成为宫廷、园囿和私家花园的珍贵观赏花卉。今天，辽宁金县和新金县沼泽地还有千年古莲花；东北兴凯湖莲花河附近有大片野生荷花，都被列为保护之列。我国荷花分布很广，以武汉东湖、杭州西湖、嘉兴南湖、湖南洞庭湖等赏荷、育荷最为出名。

(2) 日本的樱花

樱花是日本的国花、东京的市花。日本樱花有300多个品种，分为白、黄、绿、粉、淡红等多种颜色，其中有一种五色樱，花瓣有五种色彩，其形美不可言。由于受光照、水分和气候等多种因素的影响，遍布日本各地的樱花，开花时间各不相同，每年，不少游人都不惜财力、精力赏遍各地樱花。

(3) 荷兰的郁金香

荷兰有“欧洲花园”之称，其花卉中郁金香最为出名，也是荷兰的国花之一。郁金香从土耳其引进到荷兰已有400多年的历史。引进之初，品种极为单一，直到17世纪30年代，由于“疯狂的郁金香贸易”，才使其身价倍增。经过数百年的培育，现已有700多个品种，每年有80%的花卉出口远销到世界100

多个国家，让更多的人可以目睹郁金香迷人的风采。

2. 奇异花卉

奇异的花卉，往往以奇特的美吸引着旅游者。奇异的“奇”是指某种独一无二的特征。如花最大、最古老等。印度尼西亚的爪哇和苏门答腊热带森林中的大王花奇大无比，直径约1.4m，最重超过50kg，是世界上最大的花；南美洲亚马孙河流域的王莲，直径2～4m，可负载20～30kg的小孩儿，是世界上最大的莲。奇异的花卉也指那些具有奇特的生态、生理现象的花卉。如云南马县的钟表花，花的最外层是白色的花瓣，像表壳；第2层是排列整齐的无数细须，中间为紫色环，像表盘；第3层有3片翘起的黄色花蕊，中间又伸出3根棕色的“针”，如同于时针、分针和秒针。

3. 国花、市花

某些具有典型特征的花卉，被作为某种性格特征和理想、愿望或民族追求的象征，而成为国花、市花。如英国的国花是玫瑰；泰国的国花是睡莲。我国的国花有“一国二花”、“一国四花”之拟，“二花”指牡丹和梅花，“四花”则是按四季排列的牡丹、荷花、菊花、梅花。我国不少城市也确定了市花，多数城市的市花为一种，也有不少城市为两种，如北京——菊花、月季；上海——白玉兰；南京——梅花；西安——石榴、月季；昆明——茶花等。

第四节 动物旅游资源

一、主要的动物栖息地

动物栖息地是指动物长期或季节性分布的生存环境。栖息地可为动物提供生存所需要的生态条件，如食物、水、温度、保护场地等。由于动物种类多样，数量众多，动物的分布非常广泛，因此，动物栖息地是一个涵盖很广的概念。从旅游资源的角度来看，根据主要观赏物种的类型差异，可分为以下类型：鸟类栖息地、珍稀哺乳动物栖息地、珍稀鱼类栖息地、其他动物栖息地等类型。

1. 鸟类栖息地

鸟类栖息地主要有两种类型：一种是林地类栖息地，如温带森林、热带雨林以及高纬度地区的寒带针叶林都是鸟类重要的分布区域，林地复杂的植被类型和丰富的果实为鸟类提供了生存条件；另一种是湿地类栖息地，湿地的概念包括了河流、湖泊、沼泽、岛屿、沿海滩涂、红树林等类型，这类栖息地具有丰富的水草和鱼类资源供鸟类利用。针对鸟类栖息地的湿地保护问题，国际上签署有《国际湿地保护公约》，并编制了国际湿地保护名录。

福建的武夷山林地茂密，鸟类众多，被誉为“鸟类王国”。据统计，武夷山有鸟类195种，并有40余种是在本地发现的新种，如竹啄木鸟、挂墩鸦雀等。由于众多的新种发现，武夷山成为国际著名的生物模式标本采集地。

我国湖沼、河流面积广大，形成了众多的湿地类鸟类栖息地，许多湿地已被划为国家级保护区，或列入国际湿地保护名录，如以丹顶鹤为主要保护对象的黑龙江扎龙、吉林向海、江苏盐城自然保护区等。双台河口国家级自然保护区坐落在辽东湾北端辽宁省盘锦市西南约30km处，是以保护濒危、珍稀水禽和滨海沼泽湿地生态系统为主的野生动物类型自然保护区。每年经保护区迁飞、停歇的鸟儿数量在千万只以上，其中国家一级保护鸟类有丹顶鹤、白鹤、白鹳、黑鹳、金雕；二级保护鸟类有灰鹤、蓑羽鹤、大天鹅、白额雁、黄嘴白鹭等20余种。这里既是丹顶鹤最南端的繁殖区，也是丹顶鹤最北端的越冬区，更是世界上濒危鸟类——黑嘴鸥最大的繁殖地。

2. 珍稀哺乳动物栖息地

哺乳动物的栖息地类型众多，从高纬地区的冻原地带，到干旱、半干旱的荒漠、草原地带，再到湿润的森林地区，甚至到江河海洋，都分布有哺乳动物的身影。如冻原地带的驯鹿、麝牛、雪兔、北极狐狸；森林中的美洲虎、华南虎、猴类；草地上善于奔跑的斑马、瞪羚、狮、豹；海洋中的抹香鲸、海牛等。

我国拥有一些珍贵的哺乳动物类型，它们的栖息地多数已被划为自然保护区，成为重要的生态旅游资源类型。如以东北虎为主要保护对象的七星砬子自然保护区；以大熊猫为主要保护对象的卧龙、王朗、佛坪、九寨沟等自然保护区；以白鳖豚为主要保护对象的湖北石首天鹅洲自然保护区；以斑海豹为保护对象的大连自然保护区；以猴类为主要保护对象的海南南湾自然保护区等。

大熊猫是国家一类保护动物，也是我国的“国宝”。为了对它进行保护，我国在秦岭西部、岷山、邛崃山和大、小凉山一带，建立了9个以保护大熊猫为主的自然保护区，其中以四川卧龙自然保护区最为著名。卧龙自然保护区位于四川省汶川县，是我国研究大熊猫的中心，并于1980年加入联合国“人与生物圈”自然保护区网络。大熊猫多栖息于海拔1400～3500m的落叶阔叶林、针阔混交林带和亚高山针叶林带的山地竹林区。在卧龙自然保护区人们不仅可以看到大熊猫及其栖息环境，还可以了解其独特的生活习性，从而进行科研、教育普及等活动。

在我国长江中下游的水域中，生长着一种稀有而神奇的鲸类动物——白鳖豚，它是我国特有的珍稀濒危水生哺乳动物。白鳖豚体态优美，游姿矫健，被称为“东方美人鱼”。白鳖豚在生物学、仿生学、声学等方面都具有重要的研究价值。为了保护这一珍贵物种，我国在长江建立了多个白鳖豚自然保护区，如湖北省长江新螺段和长江天鹅洲白鳖豚自然保护区。这些保护区为白鳖豚的生存提供了必要的生境，同时为科学研究、自然科普以及人们一睹“美人鱼”的风采提供了场所。

3. 珍稀鱼类栖息地

鱼类的栖息地可分为两种基本类型，即淡水鱼类栖息地和盐水鱼类栖息地。前者包括陆地上的主要江河湖沼，后者主要有海洋和陆地盐水沼泽、湖泊等类型。

我国江河中的一些珍稀鱼类，具有较高的观赏价值和科研价值，可用于开展旅游活动。如国家级保护物种中华鲟鱼、中华胭脂鱼就生活在长江流域中。中华鲟鱼是世界上现存27种鲟鱼中的珍稀种类，为全球分布最南的鲟种，还是地球上最古老的脊椎动物，距今已有1.4亿年的历史。中华鲟鱼是大型洄游性鱼类。它们像游牧民族，生在江河里，长在海洋中，在那里成长、发育，到成熟期约需9～12年。完全成熟后，再迁移到我国浅海地区并进入河口，在那里育肥、栖息。秋季，顺长江逆流而上，直至长江上游的金沙江一带产卵繁殖。幼鱼孵出后，便跟随着亲鱼远征，向河口、海洋游去。中华鲟鱼的寿命很长，可活一二百年，鱼体长可达2m以上。目前，在湖北宜昌建有中华鲟鱼馆，供游人参观。

热带海洋中的珊瑚礁地区，由于海底地形复杂，海水环境优越，吸引了大批鱼类和其他海洋生物在此栖息，成为海洋生态旅游的主要场所。如澳大利亚的世界自然遗产大堡礁就属于这种类型。大堡礁地处昆士兰州以东，南回归线与巴布亚湾之间的热带海域，包括上千个珊瑚岛礁和沙滩，是世界上规模最大、景色最美的珊瑚礁群。大堡礁的形成靠的是只有几毫米长的珊瑚虫，它们是生活在热带海洋中的腔肠动物，小小珊瑚虫的遗骸最终堆积成这种海洋岛、礁奇观。大堡礁海域生活着1500多种鱼，有泳姿优雅的蝴蝶鱼，有色彩华美的雀鲷，还有鹦嘴鱼等。此外，这里还栖息着242种鸟、约4000种海参和海星等棘皮动物。每年7～9月，珊瑚岛南部可看到濒临灭绝的座头鲸。目前，大堡礁已成为澳大利亚知名的旅游目的地，游客在这里可乘坐透明的观光船置身海中，欣赏五彩斑斓的珊瑚和鱼儿，或亲自潜水至海中，体会与鱼虾共舞的乐趣。

4. 其他动物的栖息地

除以上介绍的栖息地外，还有许多其他的动物栖息地，如爬行类、两栖类、节肢类动物栖息地等。

我国爬行动物中蛇类的栖息地，以大连老铁山保护区的蛇岛、武夷山自然保护区中的“蛇国”最有名。在大连蛇岛面积仅 $1km^2$ 的土地上，却有上万条蝮蛇，有时一棵树上有 20 多条蝮蛇同时出现，奇异无比。

两栖类由于其所具有的独特进化形态而极富观赏价值。如大鲵，体形大而扁，形似壁虎，叫声如小孩啼哭，因而又叫娃娃鱼。它栖息于我国秦岭、淮河以南的亚热带深山幽潭之中，张家界成为我国大鲵的集中分布地区之一。人们在张家界大鲵国家级自然保护区，就可观赏到这种奇特的动物。另外，还有蝴蝶栖息地，如云南大理的蝴蝶泉，福建、香港、台湾的蝴蝶谷等。在云南大理的蝴蝶泉，每年农历 4 月 15 日前后，五彩斑斓的蝴蝶在此汇聚，令人眼花缭乱。

二、动 物 事 件

动物事件主要指具有观赏意义的动物的迁徙与集聚现象。许多动物为捕食、繁殖或寻找更好的生存环境，会随季节变化而迁徙。动物这种在某一时段一定空间内集体迁徙的行为具有旅游观赏价值。

随季节变化在空中长途迁徙的鸟类和昆虫是迁飞动物。鸟类随季节迁飞，在北半球，鸟儿多在凉爽的北方度过夏季，秋天向南迁飞，到温暖的南方越冬，春天又返回北方，这种迁飞的鸟类叫候鸟。对一个地区来讲，来此过夏天的叫夏候鸟，过冬的叫冬候鸟。人们熟悉的春燕是夏候鸟，每年春天它从印度等地飞到我国各地安家筑巢，生儿育女，深秋又带着子女返回印度过冬。鸿雁是我国南方的冬候鸟，每年中秋前后，它从西伯利亚一带迁飞到我国南方越冬，来年春天再返回西伯利亚。昆虫中迁飞最著名的要数蝴蝶了。全球已知的 14 000 余种蝴蝶中有 200 多种会随季节迁飞。如生活在美洲的彩蝶王，每年春天从中美洲迁飞到加拿大过夏，秋天又返回中美洲，全程 45 000km 余，历时几个月。

陆地上动物随季节迁徙的叫迁移动物。生活在北半球寒带及北极圈内的驯鹿，每年春季从苔原南部的针叶林中迁移到苔原带的北部，这是由于冬季驯鹿在森林中不被大风雪所袭击，而且又有充足的食物，有利于冬季的繁殖活动。夏季离开森林地带可以躲避蚊虫侵扰，同时在苔原地带可以找到更好的食物，便于抚育幼鹿。非洲的一些哺乳动物也进行周期性的迁移。在热带非洲，当雨季开始时，一些沙漠和草原地带旱生植物迅速复苏成长起来，地面为鲜艳的花草所覆盖，这时羚羊、斑马等草食动物离开高山和河流洼地，向复苏了的草原和沙漠集中。跟踪在这些有蹄类动物后面的是狮、豹等肉食类猛兽和猎狗、豺狼等。当雨季结束，草原在阳光的照射下干枯死去，动物又开始反向迁移。

水中鱼类的周期性迁移通常称为鱼类洄游。鱼类和其他动物一样，在其生命过程的不同阶段要求不同的环境条件。如产卵期要求的条件和育肥期不同，而越冬又需要一些特殊的条件。这些因素导致鱼类在寻找每一个生活时期所需要的条件时进行迁移。如中华鲟鱼、俄罗斯远东地区的大马哈鱼就属于洄游鱼。大马哈鱼栖息在北太平洋中，每年初秋，成熟的大马哈鱼开始集中，成群到达鄂霍次克海沿岸的河流河口地区，然后逆流而上，到达河的上游产卵。大马哈鱼能以每昼夜 30～35km 的速度沿河上溯，并能克服极大的湍流和瀑布障碍，形成“鲤鱼跳龙门”式的自然奇观。小鱼在第二年的春天开始沿河而下，在夏天到达海中，在海洋中生活 3～5 年成熟后，又开始向它们出生的方向游去。

动物由于生殖、觅食或为了寻找适宜的生存环境，往往群居于一地，形成壮观的动物集聚现象。如青海湖地区由于独特的自然条件，每年夏季吸引大批的鸟类在此集聚，形成奇特的景观。每年 4～6 月间，当青海湖冰雪消融时，各种鸟类便离开南方越冬地，不远万里会聚到这里，生儿育女，繁衍后代。青海湖为群山所环抱，大大小小的河流奔涌汇聚其中，湖畔的湖滨平原、沼泽草甸和湖中的小岛为鸟类提供了良好的栖息地和繁殖场所。丰美的水草、藻类和水中肥美的湟鱼为鸟类提供了充足的食料，因此这里成为了鸟儿的乐园。青海湖观鸟已成为国内知名的旅游品牌。

近年来，由于我国城市生态环境的改善，城市植被的恢复，一些城市也出现了候鸟的集聚现象。如昆明的翠湖公园、济南大明湖公园冬季都吸引来大批的鸟类集聚，为城市构筑了一道亮丽的人与自然和谐相处的风景画。翠湖公园位于人口密集的昆明市区内，自 1985 年冬季开始，这里出现了一大奇观，成千上万的海鸥来这里过冬。白天约有 1.5 万只海鸥汇聚于此，夜间又飞往滇池、抚仙湖等处过夜。这些海鸥体大如鸽、羽毛洁白、嘴红如血，故称红嘴鸥。由于昆明四季温暖如春，适合海鸥过冬，加之昆明人视鸥如友，昆明市政府还做出不准捕捉海鸥、不准放爆竹惊吓海鸥的规定，红嘴鸥与昆明结下了深厚的友情。每年 11 月，它们就飞来昆明过冬，次年 3～4 月，又离开昆明飞往我国东北及西伯利亚等地。

三、动物表演

许多动物经过人工饲养和训练，会模仿人的动作、声音或在人的指挥下做出某些技艺表演，这些特征具有吸引游人的观赏价值。如香港海洋公园的海豹、海狮、海豚等能在驯兽员的指挥下，随音乐跳跃、顶球、钻圈；泰国北部有一所大象学校，每年有 6 头 3～5 岁的幼象接受“教育”。该校的目的是经过 6 年时间，把大象训练成“森林产业工人”，教它驮人，用鼻子和象牙砍树、拖木头等。对于动物的训练和培养不仅凝聚着人类的智慧，也是人类开发和利用动物资源的形式，这种形式对旅游业的发展具有重要的意义。

许多国家自古就有斗兽的娱乐活动，今天，许多斗兽活动已成为特色旅游节目，如西班牙的斗牛、泰国的赛象、阿联酋的骆驼赛等。我国也有多种类似比赛，如斗牛、斗马、斗鸡、斗鱼、斗蟋蟀等。各种比赛的方式和特点也因不同民族、不同地域而多姿多彩、千奇百怪，可就地开发丰富多样的此类活动，丰富旅游活动的内容。

案例分析——太白山国家森林公园

位于我国中西部地区的秦岭山脉是我国南北自然地理及气候的分界线，也是长江流域、黄河流域的分水岭。其主峰太白山，海拔3767.2m，是我国青藏高原以东大陆地区的第一高峰。太白山国家森林公园设立于1992年，位于陕西省眉县境内的太白山北坡，面积2949hm^2。

南北气候的过渡，使秦岭成为华北、华中、华西植物区系的交汇点，因而，森林公园形成植被覆盖面积广、生物种类多样的特点。森林公园植被覆盖率达85%，有种子植物1550多种、苔藓植物300多种。其中，国家重点保护的珍贵树种有太白红杉、连香树、山白树、金钱槭等10多种；珍稀草本植物如星叶草、瓶儿小草等16种。此外，由于太白山植物区系起源古老，保留有不少单属种、特有种和孑遗植物，如独叶草、紫斑牡丹等仅产于我国太白山的珍稀物种。丰富的植物资源为野生动物的生存繁衍提供了物质条件。太白山国家森林公园中有野生动物262种；森林昆虫1400多种；珍稀动物9种，还有国家一类保护动物金丝猴、羚牛等。由于太白山海拔高，又处于我国东部季风湿润地区，导致了太白山明显的植被垂直变化现象。北坡自山麓到山顶一般可分为5带：海拔600～1000m为山前落叶阔叶林和侧柏林带，1000～2300m为华山松林、栎树及落叶阔叶树混交林带，2300～2600m为桦木林带，2600～3500m为高山针叶林带，主要树种为冷杉。3500m以上为高山灌丛和高山草甸带，有大片的杜鹃灌丛林。

由于森林公园相对高差较大，因此，水热条件随山地地势升高而呈现有规律的变化。海拔3300m以上为寒带，从10月到翌年的4月平均气温在零度以下，最低可达－30℃。这里分布有大面积第四纪冰川遗迹和由冰川作用形成的冰斗湖、冰蚀湖和冰碛湖等罕见的高山湖泊。

太白山国家森林公园还具有丰富的温泉资源。其温泉不但品位高，且出水量大。隋、唐以来，眉县汤峪就是关中著名的疗养旅游胜地，先后建有“凤泉宫”、“凤泉汤”和“唐子城”等行宫。近年来，太白山国家森林公园新建的“龙凤泉”高温高压自流矿泉井，水温可达70℃，位居陕西省第一，全国第三。水中含有20多种矿物成分和微量元素，是理想的医疗矿泉水。

太白山国家森林公园中形态各异的森林景观、独特的山川地貌、罕见的高山湖泊、丰富的生物资源和得天独厚的温泉资源皆成为引人入胜的自然旅游资源。

“太白积雪六月天”是著名的关中八景之一。森林公园在为国内外学者提供科研、教学实习的理想场所的同时，也是科普旅游、生态旅游和进行自然保护教育的自然博物馆。

复习思考题

1. 什么是生物景观类旅游资源？简述其特点及旅游意义。
2. 简述怎样鉴赏生物景观类旅游资源的“美”。
3. 简述我国植物旅游资源的主要分类以及各类景观的主要分布区域和特点。
4. 简介我国主要的动物栖息地。
5. 利用生物旅游资源可开展哪些旅游活动？

第七章　综合自然景观类旅游资源

学习提示

一、主要内容

- 综合自然景观类旅游资源概念
- 我国森林公园、风景名胜区、地质公园的定义、管理和分类
- 自然保护区的定义、管理和分类
- 《世界遗产公约》和世界遗产组织、世界自然遗产的概念和评选标准

二、学习重点

- 掌握综合自然景观类旅游资源、森林公园、风景名胜区、地质公园、自然保护区、世界自然遗产的概念
- 领会各类型的设立条件、管理方式、分类体系
- 了解各类型的发展过程
- 知道各类型的代表性景区

第一节　综合自然景观类旅游资源概念

一、概　　念

综合自然景观类旅游资源是指具有一定规模、特殊保护利用价值和显著的整体自然景观特征，在管理目标、开发方式、利用方向方面具有相对一致性的自然景观综合体。其特点为资源类型的综合性，表现形式的多样性，自然特色的突出性，资源形成上的不可再生性（如地质）和可更新性（如森林），对游客的较强吸引性。

二、区分该类型的意义

区分综合自然景观类旅游资源主要出于以下两方面的考虑：第一，自然景观本身具有综合性。自然景观要素复杂多样，包括地质、地貌、气候、水文、土壤、植被、动植物等方面，它们相互依存，相互作用，共同构成具有综合特征和整体结构的自然景观实体。从旅游审美的角度看，景观要素往往是相互联系，共同作用，给游客形成综合印象。自然景观的这种综合性特性为旅游资源综合开发

提供了理论基础。第二，旅游开发实践的需要。旅游资源基本类型可区分为“独立型”和“综合型”旅游资源单体。前者如古树、山峰、建筑单体；后者包括森林公园、地质公园、风景名胜区等。对于森林公园、自然保护区等“综合型”旅游资源单体，如果被割裂开来进行旅游开发，会影响整体景观特色及旅游价值的形成，而且在规划、管理上也缺乏可操作性。

本书所包含的综合自然景观类旅游资源具体指森林公园、风景名胜区、地质公园、自然保护区、世界自然遗产等，其特点如表 7.1 所示。而世界自然遗产是在以上四种类型中，由联合国教科文组织根据遗产公约为保护世界意义的自然和文化而遴选的精品。

表 7.1　综合自然景观类旅游资源的主要类型及其特征

资源类型	主管部门	主要依托资源	设立的主要目的	一般功能分区	突出特性
森林公园	国家林业局和各级林业部门	森林景观、生物多样性	国有林场在市场经济下寻求出路和旅游需求，开发森林的游憩价值，促进保护	游览区、野营区、游乐区、狩猎区、旅游商品生产区、生态经营区、生产经营区、接待服务区、行政管理区、居民住宅区	可更新性
风景名胜区	建设部和各级建设部门	风景名胜资源（包括景观资源和景观环境）	经科学合理的开发管理为国家保留一批珍贵的风景名胜资源（保护景物、景观、环境和意境，应属社会公益事业）	绝对保护区、严格保护区、环境保护区	知名度较高和综合性强
地质公园	国土资源部和各级国土资源管理部门	地质遗迹和相关自然环境、人文景观	保护地质遗迹，促进地方经济、文化和环境的可持续发展	地质遗迹保护区、大众游览区、管理服务区、科研区	不可更新和绝对不可移置性
自然保护区	环保部门林业、农业、海洋等部门	典型性和代表性的生态系统及珍稀动植物	保护自然系统和自然资源	核心区、缓冲区、实验区	自然性突出

第二节　森 林 公 园

一、森林公园概述

1. 森林公园定义

森林公园是以森林自然环境为依托，具有优美的景色和科学教育、游览休息价值的一定规模的地域，经科学保护和适度建设，为人们提供旅游、观光、休闲和科学教育活动的特定场所。

2. 我国森林公园的发展历程

我国森林公园的发展大致经历了以下时期：①早期萌芽阶段。森林公园这一名词最早在我国出现于1937年。当时任陕西国民政府主席的邵子力在德国顾问建议下准备把西安近郊的骊山建为森林公园，并作初步规划，但因战乱而流产。②开创发展阶段。1960年，周恩来总理曾建议在贵阳近郊的图云关林场建立森林公园，同年5月正式挂牌，却因处于困难时期未成气候。直到改革开放后的1980年，我国第一个森林公园——湖南省张家界森林公园经国家计委批准建立，开创了在我国国有林场基础上建立森林公园的先河。此后十年，陆续建立了几十处。③发展健全阶段。1992年在大连召开全国森林公园暨森林旅游工作会议后，森林公园数量剧增。为加强行业指导与管理，同年原林业部成立了森林公园管理办公室，1993年成立中国林学会森林公园与森林旅游分会，1996年发布《森林公园总体设计规范》，1999年由国家技术监督局正式颁布《中国森林公园风景资源等级评定》国家标准，森林公园的建设管理日趋成熟。截止到2001年，全国共建立森林公园1217处（其中国家森林公园380处），经营面积1138万 hm^2，占陆地国土面积的1.19%。

二、森林公园的设立和管理

根据森林公园管理办法，森林公园的设立条件和审批程序如表7.2所示。

表7.2 森林公园的设立条件和审批程序

公园等级	设立条件	审批程序
国家级森林公园	森林景观特别优美，人文景物比较集中，观赏、科学、文化价值高，地理位置特殊，具有一定的区域代表性，旅游服务设施齐全，有较高的知名度	建立国家级森林公园，由省级林业主管部门提出书面申请、可行性研究报告和图表、照片等资料，报国家林业局审批
省级森林公园	森林景观优美，人文景物相对集中，观赏、科学、文化价值较高，在本行政区域内具有代表性，具备必要的旅游服务设施，有一定的知名度	建立省级森林公园由相应的省级林业主管部门审批。经批准成立省级森林公园由省级林业主管部门将有关材料报国家林业局备案
市、县级森林公园	森林景观有特色，景点景物有一定的观赏、科学、文化价值，在当地知名度较高	建立市、县级森林公园由相应的省级林业主管部门审批。经批准成立市、县级森林公园由省级林业主管部门将有关材料报林业部备案

森林公园的主管部门是林业部门。国家林业局主管全国森林公园工作。县级

以上地方人民政府林业主管部门主管本行政区域内的森林公园工作。国家林业局和各省（自治区、直辖市）林业主管部门专门成立森林公园与森林旅游管理机构。一些市、县由地方领导挂帅，林业部门牵头，成立森林公园开发领导建设机构。

三、森林公园分类和典型森林公园

根据森林公园的主体旅游资源可将森林公园分为下列五类：

1）山地森林公园。如山西五台县五台山国家森林公园、吉林集安县五女峰国家森林公园等。

2）风景型森林公园。如湖南大庸市的张家界国家森林公园（黄山松、珙桐）、贵州黔西县的百里杜鹃国家森林公园（杜鹃）等。

3）海滨海岛型森林公园。如辽宁大连市的长岛群岛国家森林公园、山东威海市的刘公岛国家森林公园等。

4）河湖型森林公园。如浙江建德富春江国家森林公园、江西湖口鄱阳湖口国家森林公园等。

5）以人文为特色的森林公园。如陕西周至县的楼观台国家森林公园，是以道教为特色。

四、森林公园旅游资源特征

1）景观丰富性。森林公园旅游资源丰富，包括热带雨林景观、温带落叶阔叶林景观、亚热带季风常绿阔叶林景观、温带针叶林景观及红树林、竹海、松林等。

2）地域性与地带性。一是我国森林公园分布广泛，但是分布极不平衡。二是森林景观具有鲜明地带性，从黑龙江伊春市五营国家森林公园的寒带针叶林到云南腾冲的来凤山国家森林公园的热带雨林，还有山区的垂直森林景观都体现地带性。

3）动态性。由于森林资源具有动态发展的特性，每年的森林景观都发生着不同的变化，森林旅游资源的开发状态、种类和品位也相应发生着变化。一年内的不同时段景观也在变化。

4）和谐性和综合性。各种自然要素在长期相互依存、相互制约的发展过程中形成了森林公园的和谐完整性，使森林公园包含各类自然旅游资源，具有各种自然美和人文美。

5）开发利用的永续性和易损性。森林公园的空间广阔，植被的自我调节和恢复能力较强，旅游项目多，如果开发利用合理，森林公园的旅游资源可长期反复使用下去。但这种永续性是在适度开发和合理保护的前提下，一旦破坏很难恢复。因此森林公园的合理开发和科学管理十分重要。

五、森林公园的旅游开发

1. 森林公园旅游开发的优越之处

森林的保健、调节精神和游憩功能突出；森林公园空间广阔，项目多，适应旅游者的各种需求；森林公园开发可满足人们回归自然、休闲娱乐的旅游需求发展趋势。

2. 森林公园旅游开发的条件

首先，森林环境质量要优，资源丰富，特色突出，对旅游者吸引力强，能满足游客多种需求；其次，在森林环境呈良性化的条件下要能带来较大利润，解决就业等问题，取得理想的经济和社会效益；最后，在充分考察和评价局地小气候、地形、地质和土壤、水等环境因素的基础上确定旅游开发地点。

3. 森林公园的旅游功能分区

森林公园一般可分以下功能区：①游览区。由特色群落、名树古木、自然山水组成，是公园开展各种旅游项目的主体部分。②野营区。开展野营、露宿、野餐等活动用地，多为森林茂密并较平坦处。③游乐区。在距城 50km 的近郊森林公园为弥补景观不足，在条件容许下建立富有当地特色的大型游乐与体育设施，以吸引游客。④狩猎区。选择地形较封闭，远离游览区、野营地、娱乐区，适宜野生动物繁殖生活的地段。⑤旅游商品生产区。在较大型森林公园内用于发展服务于旅游所需的种植业、养殖业、加工业区域。⑥生态保护区。用以保持水土、涵养水源、维护公园环境生态平衡的区域。⑦生产经营区。从事各种非旅游业的林业产业区域。⑧接待服务区。⑨行政管理区。⑩居民住宅区。上述功能区根据实地情况可以合并。

第三节　风景名胜区

一、风景名胜区概述

1. 风景名胜区的定义

风景名胜区指风景名胜资源集中，自然环境优美，具有一定规模和游览条件，经县级以上人民政府审定命名，规划范围，供游人游览、观赏、休息和进行科学文化活动的地域（风景名胜区管理暂行条例实施办法，1987）。

2. 风景名胜区的发展历程

国家公园是人类在对自然征服过程中为保存有价值的自然片段而建立的保护体系。从 1872 年世界上第一个国家公园——美国黄石国家公园设立至今，已有 100 多年的历史。国家公园的发展大体经历了早期的单纯保护、第二次世界大战后的游憩发展和近三四十年的可持续发展阶段。它的定义几易其变，最终达成了为人类提供保护性环境，保存遗传物质，提供国民游憩场所，繁荣地方经济，促进学术研究及增强国民环境意识之共识。

我国风景名胜区从体系建立、资源保护、开发建设、管理经营都受国家公园的启示和影响。我国风景名胜区发展轨迹如下：①萌芽期。约在 20 世纪 20 年代，中国国家政府将庐山、黄山等风景胜地列为重要避暑、游览区域，指定当地政府严加管理，此为当时风景名胜区的雏形。②停滞期。20 世纪 30～70 年代后期，由于战争等各种原因，风景保护事业未能或未得到重视和发展，处于停滞状态。③发展期。1978 年以来，加强对自然生态系统的保护被提上重要的议事日程，国家先后公布了数批国家重点风景名胜区。直到 1994 年，全国已有国家重点风景名胜区 119 处（1982 年第一批 44 个，1988 年第二批 40 个，1994 年第三批 35 个），省级风景名胜区 256 处，县、市级风景名胜区 137 处，共计 512 处，总面积 9.6 万 km^2，占我国陆地国土面积的 1%，建立起以国家重点风景名胜区为骨干，国家重点、省级、县、市级风景名胜区相结合并不断发展的体系。2002 年 5 月 17 日国务院公布第四批 32 处国家重点风景名胜区，国家重点风景名胜区已升至 151 处。

3. 我国风景名胜区标志

标志为圆形图案，正中部万里长城和山水图案象征祖国悠久历史、名胜古迹和自然风景；两侧由银杏树叶和茶树叶组成的环形图案象征风景名胜区优美的自然生态环境和植物景观。图案下半部汉字为中国国家风景名胜区，上半部英文字为 NATIONAL PARK OF CHINA，意译为中国国家公园（图 7.1）。

图 7.1 我国的风景名胜区标志

二、风景名胜区设立和管理

根据风景名胜区相关条例，其设立条件和审批程序如表 7.3 所示。

表 7.3 风景名胜区设立条件和审批程序

风景名胜区等级	设立条件	审批程序
国家级风景名胜区	具有重要的观赏、文化和科学价值，景观独特，国内外著名，规模较大（一般大于 $50km^2$）	由省、自治区、直辖市人民政府提出风景名胜区旅游资源调查评价报告，报国务院审定公布
省级风景名胜区	具有较重要的观赏、文化和科学价值，景观有地方代表性，有一定规模和施工条件，在省内外有影响	由市、县人民政府提出风景名胜区旅游资源调查评价报告，报省、自治区、直辖市人民政府审定公布，并报国务院环境保护行政主管部门备案
市、县级风景名胜区	具有一定的观赏、文化和科学价值，环境优美，规模较小，设施简单，以接待本地区游人为主	由市、县主管部门组织有关部门提出风景名胜区旅游资源调查评价报告，报市、县人民政府审定公布，并报省级主管部门备案

为维护风景名胜区的合理完整性，风景名胜区范围划定不受行政区界限的限制。全国风景名胜区业务工作由国务院的建设部主管，地方风景名胜区业务工作由地方政府的建设部门主管。对各风景名胜的具体管理分两种：凡在风景名胜区范围内建立人民政府的，由该政府全面管理；没有设立人民政府的，应设立相应的管理机构，在所属的人民政府领导下，负责该风景名胜区的全面管理。

三、风景名胜区分类和典型风景名胜区

1. 山岳型

主体是由拔地而起的山地，多由奇峰、怪石、陡壁、峡谷、岩洞、飞瀑、流泉、云雾、花草树木和人文遗迹组成。如黄山国家风景名胜区（安徽南部太平、黟县、休宁、歙县交界处，1982）、庐山国家风景名胜区（江西九江市，1982）。

2. 水体型

多在区内有泉眼潭水或景色怡人的湖泊或水库、江河溪瀑，或者开展各种游憩活动的海滨或风景怡人的岛屿。如杭州西湖国家风景名胜区（浙江杭州市，1994）、黄果树国家风景名胜区（贵州镇宁与关岭两县接壤处，1982）等。

3. 地景奇观型

其主体是较出名的有特殊形态的地貌或地质景观及其上面的相关资源。如丹霞山国家风景名胜区（广东仁化、曲江两县，1988）、腾冲地热火山国家风景名胜区（云南西部边陲，西北与缅甸接壤，1994）等。

4. 特色人文景观型

主体是著名历史遗迹及特色鲜明的民俗风情。如黄帝陵国家风景名胜区（陕西黄陵县，2002）、八达岭—十三陵国家风景名胜区（北京延庆县，1982）等。

5. 宗教型

此类型虽多为山岳，但它的宗教景观和宗教文化异常突出，在大众心中宗教圣地的概念更胜于山岳。如五台山国家风景名胜区（山西五台县东北，1982）、武当山国家风景名胜区（湖北均县西南，1982）等。

四、风景名胜区旅游资源的特征

1）知名度高，历史悠久，资源品位度高。我国风景名胜区大多都知名度极高，如黄山、西湖、五岳等都在全国和世界上非常闻名，八达岭、丽江等在世界上都具有代表性。由于我国地大物博，历史悠久，大多数资源历史积淀深厚，如泰山早在春秋时期就是帝王巡游的名山，黄山在明代就有“黄山归来不看岳”的美誉。

2）综合性强，自然与人文景观交相辉映。风景名胜资源包括河流、湖泊、瀑布、海滨、岛屿、森林、草原、山岳，富有科学价值的冰川、火山、断层、地层、峡谷、溶洞、稀有的动植物，具有历史、科学、艺术价值的文物古迹、考古发掘、古战场、工程、建筑、园林、革命遗址以及风土人情等。他们不仅有地域上的分布与结合，还有时间上的跨越和交错，形成以各要素综合的自然景观为基础，渗透着人文景观美的地域综合体。

3）具有观赏、游憩、科考、审美、探险、娱乐等多重审美功能。风景名胜区旅游资源不仅是人们观赏、娱乐，以调节身心，驱除疲劳的良好场所，而且是人们回归自然、探险猎奇的理想地域，更是研究地球变化、生物演变、生命活动等自然科学的天然实验室，求知学习的生动课堂，还是人类文明、社会进步、风俗文化的珍贵博物馆，旅游功能的综合性十分突出。

4）具有很高的保护价值。风景名胜资源多处于环境敏感性地区，生态环境脆弱，山体、稀有动植物、古建筑等都属不可再生资源，风景名胜区的设立目的也正是通过科学合理的建设和管理，为国家保留一批珍贵的风景名胜资源。

五、风景名胜区的旅游开发利用

风景名胜区在旅游开发前必须编制旅游规划，其旅游规划必须以游憩利用为核心，处理好游憩开发与景观环境保护、自然生态保护、地方文化延续、社会经济发展、市场需求的关系，避免旅游开发不当的破坏。因此，风景名胜区的旅游开发强调以下几项工作：

1）制定全面的风景名胜资源保护措施。首先，从自然景观、人文景观、开发利用方面，选取指标对风景名胜资源现状进行综合评价。其次，研究其开发保护定位。最后，制定风景名胜资源具体保护措施，包括技术措施、规划措施和管理措施。

2）进行科学的游憩利用导向。首先，从旅游形式层面大力倡导生态旅游，并加强生态旅游相应解说系统的编制。其次，从游憩项目层面，导入的项目与景观风貌、市场需求相匹配。

3）规划合理的分区布局模式。首先，合理布局主要游览区和旅游服务接待区。其次，进行科学的功能分区。一般分为绝对保护区（严格保护风景资源及其环境的原始性和完整性，景点的必要建设修饰在总规划指导下严格审定方可）、严格保护区（保持景物、景观长久性，拆除与环境不协调的干扰物，严禁挖掘砂土、开山取石、滥砍乱伐等）、环境保护区（对风景资源保护有意义，成为远景潜在发展区）。

4）建立合理的环境容量。为避免开发过度，风景名胜区必须建立科学的环境容量，并严格将它作为旅游开发强度的控制值。

5）有效解决风景区内的居民问题。风景名胜区面积较大，开发过程中必然涉及在此居住生活的居民问题，应根据景区大小，采用不同办法：一种办法是把居民、农庄、农田融入风景区中，作为旅游资源加以挖掘；一种是通过分层次控制区内人口和村落规模，有计划转移人口，安置就业。

第四节 地质公园

一、地质公园概述

1. 世界教科文组织定义

地质公园是联合国教科文组织（UNESCO）在开发“地质公园计划”可行性研究中创立的新名称。联合国教科文组织支持的地质公园是一个有明确的边界线并且足够大，使其可为当地经济发展服务的地区。它是由一系列具有特殊科学意义、稀有性和美学价值的，能够代表某一地区的地质历史、地质事件和地质作用的地质遗址（不论其规模大小）或者拼合成一体的多个地质遗址所组成，它不只具有地质学意义，还具有考古、生态学、历史或文化价值。

2. 我国地质公园的定义

国土资源厅发（2000）77 号文件中指出：地质公园是以具有特殊的科学意义，稀有的自然属性，优雅的美学观赏价值，具有一定的规模和分布范围的地质遗迹景观为主体；融合自然景观和人文景观并具有生态、历史和文化价值；以地质遗迹保护，支持当地经济、文化教育和环境的可持续发展为宗旨；为人们提供具有较高科学品位的观光游览、度假休闲、保健疗养、科学教育、文化娱乐的场所，同时也是地质遗迹景观和生态环境的重点保护区，地质研究与普及的基地。

3. 地质公园的发展历程

1989 年，国际地质科学联合会（IUGS）成立地质遗产工作组，开始地质遗产登录工作。1992 年，来自 30 多个国家的地质学家在法国召开地质遗迹保护讨论会，发表地质遗产权利宣言。1996 年，联合国教科文组织地学部正式提出建立世界地质公园以有效保护地质遗迹；随后，在北京出席 30 届国际地质大会的欧洲地质学家建议创立欧洲地质公园。2001 年 6 月联合国教科文组织执行局决定（161 Ex/Decisions 3.3.1），支持其成员国提出的创建具独特地质特征的区域或自然公园，决议推进具特别意义的地质遗迹全国全球网络建设。2002 年 1 月，联合国教科文组织地学部再次表示将要组织建设世界地质公园网络，5 月公布了世界地质公园工作指南。

1987 年我国地矿部下发《关于建立地质自然保护区规定（试行）的通知》中，把地质公园作为保护区的一种方式提出。1995 年该部又下发《地质遗迹保护管理规定》。1999 年 11 月，国土资源部通过了 10 年地质遗迹保护规划，同时决定建立国家地质公园，并于 2000 年成立了国家地质公园领导小组和国家地质公园专家评审委员会。2001 年（11 处）和 2002 年（33 处）公布了 44 个国家地质公园。我国从 20 世纪 90 年代中期以来逐步开展各种层次的地质遗迹登录工作，现已有 380 余处命名为国家和省市级地质遗迹保护区。

二、地质公园的设立与管理

地质公园遵循严格的提名和推荐标准。世界地质公园（UNESCO Geopark）：必须由联合国教科文组织批准和颁发证书。提名准则包括 5 条：①须包含多个地质遗迹或合并成一体的多个地质遗迹实体，它们必须具有特殊科学意义、稀有性和优美性，能代表一个地区及该区的地质历史、事件或演化过程；②必须为所在地区的社会经济可持续发展服务；③在国家法律或法规框架内，为保护主要的地质景观作出贡献；④须制订大众化的环境教育和科学研究计划；⑤须提供地质公园本身的全球对比分析、属地特征分析和当地经济发展潜力分析。园内各类机构、团体的协调安排，促进协商，鼓励不同集团间建立合作伙伴关系，鼓励与全球网络中的其他地质公园建立密切联系。

国家地质公园：必须由所在国中央政府（目前中国由国土资源部代表中央政府）批准和颁发证书。我国地质公园评审采用计分制：自然属性（60）、可保护属性（20）、保护管理基础（20）。具体的标准为：①典型性（主要地质遗迹类型，在此类型中的国家典型代表和规模较大）；②稀有性（在国内外罕见和稀有）；③优美性（美学和观赏价值，对游人活动的愉悦舒适度）；④科学价值（一个大区域甚至全球演变过程中，某一重大地质历史事件或演化阶段提供重要地质证据的地质遗迹；具有国际或国内大区域地层（构造）对比意义的典型剖面、化石及产地；具有国际或国内典型地学意义的地质景观或现象）；⑤经济社会价值；⑥保护管理基础。

省级地质公园：由省级政府（目前我国由省级国土资源厅代表）批准和颁发证书。市、县级地质公园：必须由县（市）级政府批准和颁发证书。

目前我国地质公园主要由国土资源部和各级国土资源主管部门进行管理。

三、地质公园的分类和典型的地质公园

1）按园区面积可划分为特大型、大型、中型和小型地质公园 4 类（表 7.4）。

表 7.4　地质公园面积分类

类型	特大型	大型	中型	小型
面积/km^2	＞100	100～50	50～10	＜10

2）按功能的侧重点不同可分为科考主导型地质公园和审美观光主导型地质公园。

3）按园区主要地质地貌景观资源类型划分（表 7.5）。地质地貌景观是一种极重要的自然资源，也是十分重要的旅游资源，更是地质公园的主要景观内容，因此这种划分对地质公园的深入认识、规划和开发意义重大。

表 7.5　地质公园地景分类体系

公园类型			公园名称和批准时间
大类	类	亚类	
地质构造大类	地层类	区域剖面	浙江常山国家地质公园、天津蓟县国家地质公园、河北秦皇岛柳江国家地质公园（2002）
	地层、构造	区域剖面	河南内乡宝天幔国家地质公园（2002）、安徽淮南八公山国家地质公园（2002）
	构造	推覆构造	四川彭州龙门山国家地质公园（2001）
		区域构造	河南嵩山国家地质公园（2001）
古生物大类	古动物	恐龙	四川自贡恐龙国家地质公园（2001）、甘肃刘家峡恐龙国家地质公园、黑龙江嘉荫恐龙国家地质公园（2002）
		古生物群	云南澄江动物化石群国家地质公园（2001）、山东山旺国家地质公园（2002）
		生物礁	四川安县生物礁国家地质公园（2002）
	古植物	古植物（硅化木）	北京延庆硅化木国家地质公园（2002）
环境地质现象大类	火山类	古火山遗迹	福建漳州滨海火山国家地质公园、黑龙江五大连池火山国家地质公园（2001）、广东湛江湖光岩国家地质公园、安徽浮山国家地质公园、浙江临海国家地质公园、云南腾冲火山地热国家地质公园（2002）
	冰川类	古冰川遗迹	江西庐山国家地质公园（2001）
		现代冰川	四川海螺沟国家地质公园（2002）
	地质灾害	滑坡	西藏易贡国家地质公园（2002）
		山崩	陕西长安翠华山山崩国家地质公园（2001）
风景地貌大类	花岗岩	峰林	安徽黄山国家地质公园（2002）
		石林	内蒙古克什克藤国家地质公园（2002）
	砂岩砾岩	峰林	湖南张家界砂岩峰林国家地质公园（2001）
		丹霞地貌	江西龙虎山国家地质公园（2001）、湖南新宁莨山国家地质公园、广东韶关丹霞山国家地质公园、安徽齐云山国家地质公园、湖南郴州飞天山国家地质公园、广西资源国家地质公园、福建大金湖国家地质公园（2002）
		雅丹地貌	甘肃敦煌雅丹国家地质公园（2002）
	石英砂岩	嶂石岩地貌	河南焦作云台山国家地质公园（2002）
	碳酸盐岩	石林地貌	云南石林国家地质公园（2001）
		崮状地貌	山东枣庄熊耳山国家地质公园（2002）
	黄土	峁沟地貌	陕西洛川黄土国家地质公园（2002）
	变质岩	大理岩石林	河北涞源白石山国家地质公园（2002）
		天生桥	河北阜平天生桥国家地质公园（2002）
	洞穴	溶洞	北京石花洞国家地质公园（2002）
	峡谷	石灰岩峡谷	四川乐山大渡河国家地质公园（2002）
	水景	瀑布	黄河壶口瀑布国家地质公园（2002）

四、地质公园旅游资源的特征

1）不可再生性和绝对不可移置性。地质公园的主体旅游资源是大自然在长期演变中赐给人类的珍宝，负载着几亿到几十亿年的地球信息，一旦破坏绝对不可恢复。而且很多资源是偏在性的，它们本身作为当地天然的地理环境的一部分，绝对不可移置。

2）综合性。地质公园旅游资源是以地质景观为骨架，与植被、水文、地貌、气候、人文资源等相互结合成的整体。

3）独特性与稀有性。地质公园不仅在所属类型中比较典型，而且稀有性较高，甚至形成垄断性，不仅有重要的保护价值，而且因此对大众有强烈的吸引力。如四川安县国家地质公园是世界上仅有的晚三叠世深水硅质海绵生物礁，甘肃刘家峡恐龙国家地质公园恐龙化石种类之多，规模之大，类型之丰富，遗存之完整，清晰度之高，均属世界之最。

4）时间性。各种地质遗迹都是在漫长的地质历史时期渐变或突变形成保留至今，年代久远。通过地质遗迹可再现不同地质时期的环境特点，记载着地球的历史，保留着时间的痕迹。

5）科考和教育功能突出。与其他综合自然景观类旅游资源相比，地质公园的科考和教育功能尤为突出，它寓教于学，是良好的科普教育基地和地球历史博物馆，也是科学考察的天然工作室。

五、地质公园的旅游开发利用

1. 地质公园规划中注意的问题

1）保护第一，开发第二，坚持以保护地质遗迹与地方经济紧密结合。

2）以地质遗迹景观为主体，兼顾其他配套旅游景观，不设置人造景观和大型的旅游服务设施，注意保护景观的原汁原味。

3）地质公园旅游区范围要突出旅游资源的精华。

4）在旅游项目开发中，要观光旅游、文化旅游与科普教育相结合，面向大众，服务大众。

5）旅游开发注重环境效益，社会效益和经济效益的协调。

2. 功能分区

地质公园一般面积较大又内部复杂，在统筹兼顾的基本思想指导下进行功能分区，一般分为地质遗迹保护区、大众游览区、管理服务区和科研区。

第五节　自然保护区

一、自然保护区概述

1. 定义

1994年10月国务院发布的《中华人民共和国自然保护区条例》中指出，自然保护区是指对有代表性的自然生态系统，珍稀濒危野生动植物物种的天然集中分布区和有特殊意义的自然遗址等保护对象所在的陆地水体或海域，依法划出一定面积予以特殊保护的管理区域。我国的自然保护区种类分为3个类别9种类型(表7.6)，分别属于国家环保总局、国家林业局、国家农业部、国家海洋局等行业部门。

表7.6　中国自然保护区分类

类　别	类　型
1. 自然生态系统类	1.1 森林；1.2 草原与草甸；1.3 荒漠；1.4 内陆湿地及水域；1.5 海洋和海岸
2. 野生生物类	2.1 野生动物；2.2 野生植物
3. 自然遗迹类	3.1 地质遗迹；3.2 古生物遗迹

2. 自然保护区的发展历程

1872年美国黄石公园的建立标志着近代自然保护区建设事业的开始。1948年，为有效保护自然和自然资源，联合国教科文组织与法国政府创立了世界保护联盟（IUCN），它的保护区体系就包含自然保护区。到1992年，全世界建立国家公园和自然保护区8490个，面积7.74亿hm^2，占全球土地面积的5.2%。1956年，我国林业部制订了第一个关于自然保护区建设的法规性文件——《关于天然森林禁伐区（自然保护区）划定草案》，同年广东肇庆建立我国第一个自然保护区——鼎湖山自然保护区。到1965年我国已有19处自然保护区。1979年中国科学院、国家发展计划委员会等8个单位联合下发《关于加强自然保护区管理、区划和科学考察工作的通知》，我国自然保护区开始全面、规范和科学地发展。1978年我国参与联合国教科文组织的人与生物圈计划，1980年加入世界保护联盟。1994年国务院讨论通过《中华人民共和国自然保护区条例》，于同年10月发布，12月1日起实施，标志着我国对自然保护区的建设管理走上法制化的道路。

我国的自然保护区截止到2003年年底，共建立1999个（不包括香港、澳门特别行政区和台湾省），面积1 439 800km^2，陆地保护区的面积约占陆地国土面积的14.37%，其中国家级自然保护区226个，面积887 130km^2，自然保护区在国际上影响日益扩大。全国已有达赉湖、长白山、五大连池、卧龙、亚丁、鼎湖山、梵净山、神农架、武夷山、博格达峰、锡林郭勒、赛罕乌拉、盐城、西双版纳、天目山、茂兰、丰林、九寨沟、南麂列岛、山口、黄龙、高黎贡山、白水江、宝天幔等24处自然保护区加入了“世界人与生物圈保护区网络”；内蒙古达赉湖、鄂尔多斯遗鸥，辽宁大连斑海豹，吉林向海，黑龙江扎龙、三江、兴凯湖、洪河，江苏盐城、大丰麋鹿，上海崇明东滩，江西鄱阳湖，湖南东洞庭湖、南洞庭湖、西洞庭湖，广东惠东港口海龟、湛江红树林，广西山口红树林，海南东寨港，青海青海湖和香港特别行政区米埔等21处自然保护区被列入“国际重要湿地名录”；张家界、九寨沟、黄龙和高丽贡山等自然保护区进入“世界自然遗产名录”。

二、自然保护区的设立和管理

1. 设立条件

据《中华人民共和国自然保护区条例》规定，凡有下列条件之一的应设立自然保护区：

1）典型的自然地理区域，有代表性的自然生态系统区域以及已经遭受破坏但经保护能够恢复的同类自然生态系统区域。

2）珍稀、濒危野生动植物物种的天然分布区域。

3）具有特殊保护价值的海域、海岸、岛屿、湿地、内陆、水域、森林、草原和荒漠。

4）具有重大科学价值的地质构造、著名溶洞、化石分布区、冰川、火山、温泉等自然遗产。

5）经国务院或省、自治区、直辖市人民政府批准，需要予以特殊保护的其他自然区域。

2. 申请建立的一般程序

1）国家级自然保护区。由所在省、自治区、直辖市人民政府或国务院有关自然保护区行政管理部门提出申请，经国家自然保护区评审委员会评审后，由国务院环境保护行政主管部门进行协调并提出审批建议，报国务院批准。

2）地方级自然保护区。由所在县、市、自治县、自治州人民政府或省、自治区、直辖市有关自然保护区行政管理部门提出申请，经相应的地方级自然保护区评审委员会评审后，由省、自治区、直辖市环境保护行政主管部门进行协调并提出审批建议，经省、自治区、直辖市人民政府批准，报国务院环境保护和自然保护区行政主管部门备案。

3）跨两个以上行政区域的自然保护区的建立，由有关行政区域的人民政府协商一致后提出申请，按前两种规定的程序审批。

4）建立海上保护区，须经国务院批准。自然保护区的范围和界限由批准建立自然保护区的人民政府确定，并标明区界，予以公告。

3. 管理

国家级自然保护区由所在地省级政府有关部门或国务院有关部门管理。地方级自然保护区由所在地县级以上人民政府有关部门管理。并应在区内设立专门管理机构，配备专业技术人员，负责具体管理工作。中国自然保护区实行综合管理和分部门管理相结合的管理体制。国家环境保护部门负责全国自然保护区的综合管理；林业、农业、地矿、水利和海洋等部门在各自的范围内，主管有关的自然保护区。县级以上地方人民政府负责自然保护区管理部门的设置和职责，由省、自治区、直辖市人民政府根据当地具体情况确定。

三、自然保护区的分类和典型的自然保护区

自然保护区的分类比较复杂，本书精选两种。

1. 世界保护联盟的分类（1982）

①科学保护区/严格的自然保护区；②国家公园；③自然纪念物/自然的大地标志/国家自然历史文物；④自然资源保护区；⑤需要保护的陆地和水域景观；⑥资源保护区；⑦自然生物保护区/人类学保护区；⑧多种经营管理区/资源经营管理区。

2. 根据我国自然保护区的对象和保护目的划分

1）综合型自然保护区。主要保护地带性或区域性生态系统和在其间生活的生物、珍稀物种及人文历史遗迹。如云南西双版纳自然保护区保护热带森林生态系统和珍稀动植物。

2）以保护珍稀孑遗植物和有特殊价值的植物原生地为主的自然保护区。主要保护植物，不单是树种。如内蒙古西鄂尔多斯自然保护区保护四合木、半日花及古老残遗濒危植物和荒漠系统，贵州赤水桫椤自然保护区主要保护国家一级保护植物——桫椤。

3）以保护珍稀动物及其生态环境为主的自然保护区。如新疆巴音布鲁克自

然保护区主要保护天鹅等珍稀水禽及其栖息繁殖地，陕西周至自然保护区保护金丝猴等珍稀动物及其生态环境。

4）以保护区域性特有野生生物及其生境为主的自然保护区。如宁夏沙坡头自然保护区主要保护特有野生动植物及其生存繁衍环境、沙漠自然生态系统，青海可可西里自然保护区保护青藏高原特有野生动植物及其生境。

5）以保护自然遗迹为主的自然保护区。主要保护重要地质遗迹、奇特地貌景观。如山东即墨马山自然保护区保护火山岩柱状节理和硅化木，广东丹霞山自然保护区保护丹霞地层、丹霞地貌和自然环境。

四、自然保护区旅游资源的特征

1）典型性和垄断性。具有典型性的生态系统和动植物才能被纳入保护区的范畴，步入其中才能看到真正典型的景观，如内蒙古锡林郭勒草原自然保护区是我国最典型的温带草原系统，是真正的草原旅游地。同时，它还具有很强的珍稀性，甚至形成垄断性。如卧龙大熊猫保护区在国内是最大的大熊猫保护区，世界上也是少有的。

2）自然旅游资源突出，综合性强。自然保护区中各种自然资源综合交错，既包括珍稀动植物品种的集中分布区，候鸟繁殖、越冬和迁徙的停歇地，以及饲养、栽种野生动植物近缘种的集中产地，还包括风光旖旎的天然风景区，具有特殊保护价值的地质剖面、化石产地、冰川遗迹、喀斯特、瀑布、温泉、火山口以及陨石所在地等，类型多样。同时还有优美独特的人文旅游资源，如民族风情、民居建筑等。

3）脆弱性。作为保护生态系统、生物物种、生物多样性的自然保护区，特别把珍稀、濒危野生动植物的天然集中分布区放在设立保护区首条，可见其脆弱性之严重。一旦破坏了一个生态要素就会引起其他要素的连锁反应，一旦破坏超出自我调节限度，生态系统失衡，就会损害整个保护区系统。

五、自然保护区的旅游开发利用

1. 自然保护区旅游开发的必要性和特殊性

自然保护区有大量品位高的旅游资源，并且旅游是其三大功能（科研、教育、旅游）中一大重要功能，同时旅游也是自然保护区自身壮大的促进因素。因此，自然保护区开发旅游是必要的，也是可行的。

自然保护区的旅游活动是在维持生态平衡条件下，利用自然资源和环境进行的。所以自然保护区旅游开发利用中必须贯彻“保护第一”的主导思想，旅游活动只在部分地区开展，其主要旅游产品是生态旅游。

2. 自然保护区的功能分区

核心区，整个保护区绝对保护地段、精华部分，保存着原始自然状态，只供科学观测和科学研究之用，严禁任何人为干扰。

缓冲区，核心区的外围过渡地带，主要保护核心区，起廊道作用。

实验区，综合利用自然资源地段，主要用作发展本地生物资源，建立人们所需要的人工生态系统，用以科考、研究、实验、教学活动，可开发面状旅游活动。

3. 自然保护区旅游开发利用应注意的问题

1）严格执行《中华人民共和国自然保护区条例》，不在核心区和缓冲区进行旅游活动。

2）严格限制游客容量，对游人加强环保教育。

3）以生态学观点进行开发。任何建设必须以保护生态环境，有效利用资源为前提，人工建筑需与自然融合。旅游项目设置贯彻生态旅游理念。

4）实行游住分离。游人住在保护区外或实验区，缓冲区只供游览。

5）提高管理者的素质，注重可持续发展管理理念，加强科学管理。

第六节　世界自然遗产

一、《世界遗产公约》和世界遗产组织

1972 年 11 月，联合国教科文组织第 17 届大会通过了《保护世界文化和自然遗产公约》（即《世界遗产公约》），对世界文化和自然遗产作了明确的规定，其宗旨在于促进世界各国人民之间的合作和相互支持，为保护人类共同的财富做出积极的贡献。它的主要任务就是确定和保护世界范围内的自然和文化遗产，并将那些具有突出意义和普遍价值的文物古迹和自然景观列入《世界遗产名录》。

为更好地落实《世界遗产公约》，1976 年一个政府间的国际合作机构——“世界遗产委员会”成立，由公约缔约国大会选举产生的 21 个国家组成，世界遗产委员会的秘书处为联合国教科文组织世界遗产中心，具体执行《世界遗产公约》的日常事务。

截止到 2003 年，《世界遗产公约》已有 175 个缔约国。1985 年 11 月 22 日我国成为该公约的第 89 个缔约国，1999 年 10 月，在第 21 届《世界遗产公约》缔约国大会上，我国当选为世界遗产委员会成员。

二、世界自然遗产的概念及评选标准

《世界遗产公约》第2条规定“世界自然遗产”的定义为：①从审美或科学角度看，具有突出的、普遍价值的由物质和生物结构或这类结构群组成的自然面貌；②从科学或保护角度看，具有突出的、普遍价值的地质和自然地理结构以及明确划为受威胁的动物和植物生境区；③从科学、保护或自然美角度看，具有突出的、普遍价值的天然名胜或明确划分的自然区域。

《执行世界遗产公约的操作准则》中规定，“世界自然遗产”应至少具有以下一种特质，并同时符合真实性的标准：①构成代表地球演化中重要阶段的突出例证；②代表不同生态系统和动植物群体之重大演变发展过程的重要例证；③具有绝妙的自然现象或罕见的自然美景，在美学上有重要意义的地带；④对就地保护生物多样性具有重大意义的自然栖息地，包括从科学和保护的角度来看具有突出普遍价值的濒危动植物生长地。

世界自然遗产的评定：首先，申请国必须是加入《世界遗产公约》的缔约国，并准备一份遗产所在地详细的提名材料，包括英文申请文本、图纸、图片、幻灯片、录像带等，提交世界遗产委员会。其次，申请国遗产所在地必须经《世界遗产公约》组织所确认的专家进行实地考察。考察主要由世界保护联盟组织专家进行，并提交评价报告。

三、我国的世界自然遗产

1. 世界自然遗产

（1）九寨沟风景名胜区

位于四川省阿坝藏族羌族自治州九寨沟内，1992年12月列入，面积720km^2。由树正、日则、则查洼三条沟组成，主沟呈“丫”字形，长50km余，两侧山峰终年积雪，动植物资源丰富，沟内有114个大小湖泊，其中有17个瀑布群，11段激流，5处钙华流滩，它们相串相连形成以高山湖泊群、瀑布群和钙华滩为特色，集湖、瀑、滩、流、雪峰、森林、民族风情为一体，聚原始美、自然美、野趣美的“童话世界”和“人间仙境”。

（2）武陵源风景名胜区

位于湖南张家界市，1992年12月列入，总面积264km^2。张家界以“奇峰、怪石、幽谷、秀水、溶洞”五绝闻名于世，号称“奇峰八百，秀水三千”。武陵源的主体景观是国内外罕见的石英砂岩峰林峡谷地貌，奇峰造型生动，其间沟谷纵横，植被茂密，动植物繁多，树木花卉奇特，地下溶洞暗河如银练串珠，其中黄龙洞被称做“洞穴学研究的宝库”。它被称为“科学的世界，艺术的世界，童话的世界，神秘的世界”。

(3) 黄龙风景名胜区

位于四川省阿坝藏族羌族自治州松潘县内，1992 年 12 月列入，总面积 700km^2。黄龙以“彩池、雪山、峡谷、森林”闻名遐迩，沟内钙华景观世界罕见，溶岩地貌天下叹奇。人们总结为“钙华繁多，彩池奇；景层高广，雪山雄；地形复杂，峡谷峻；生态良佳，森林野”。这里有典型而完整的高山峡谷江源地貌和垂直植被景观，是大熊猫等野生动物栖息地，是生物资源的绿色宝库。

2. 世界自然与文化遗产

(1) 峨眉山——乐山大佛

位于四川省峨眉山市内，1996 年 12 月列入，集自然风光和佛教文化于一体。其山势起伏，气势磅礴，幽谷深邃，植被茂密，素有“峨眉天下秀”的美誉。主峰万佛顶海拔 3099m。山上生物资源丰富，银杏、红杉、珙桐、枯叶蝶、弹琴蛙、小熊猫、猴群名扬海外，日出、云海、宝光等景奇幻引人。峨眉山还是我国四大佛教名山之一。

乐山大佛位于峨眉山东 36km 的乐山市郊凌云山西壁，临“三江”合流处，始凿于唐开元元年（公元 713 年），历时 90 年完成，是世界上最大的石刻佛像，“山是一尊佛，佛是一座山”就是这尊石佛巨大无比的写照。

(2) 武夷山

位于福建省武夷山市区西南 10km，以丹霞地貌为特色，“三三秀水清如玉，六六奇峰插翠天”，水随山转，丹山碧水，放筏九曲，船移景换，山势亭亭，水姿柔柔，如入“世外桃源”。其中玉女峰、天游峰、天心岩、水帘洞为景中胜景。武夷山地势复杂，生物资源丰富，是世界闻名的“大自然植物园”、“天然动物园”和“蛇的王国”，全国的 32 目昆虫在区内可找到 31 目。武夷山是中国南方民族的发祥地和道教神秘发源地之一，城村汉城遗址、西郊夏商遗址、神秘船棺，魅力独具。

(3) 泰山

泰山位于山东省泰安市，总面积 250km^2，被尊为东岳。泰山拥有丰富的自然遗产。景区内自古命名的山峰 112 座、崖岭 98 座、岩洞 18 处、奇石 58 块、溪谷 102 条、潭池瀑布 56 处、山泉 64 处，共有植物 144 科，989 种，植被覆盖率为 79.9%。泰山风景区拥有连续数千年的历史文化遗存，现有古建筑群 22 处、古遗址 97 处、历代碑碣 819 块、历代刻石 1800 余处，为研究中国古代历史、书法等提供了重要而丰富的实物资料。主要景观包括天贶殿、南天门、碧霞祠、日观峰、经石峪、黑龙潭等。“旭日东升、黄河金带、云海玉盘、晚霞夕照”

为泰山四绝。

（4）黄山

黄山风景区位于安徽省南部太平、黟县、休宁、歙县交界处，1990 年 12 月列入。黄山以峰林状花岗岩为主体，山体雄伟奇特，玲珑巧石，万姿千态，主峰莲花峰海拔 1840m，奇松、怪石、温泉、云海是黄山四绝。黄山松生长在峰石峭壁间，苍劲、刚毅，以迎客松的美姿著名。黄山雨量充沛，林木繁茂，云蒸雾涌，自然景色变幻莫测，主要景点有北海、西海、天都峰、玉屏楼、云谷寺等。

案例分析——鼎湖山自然保护区

鼎湖山位于广东省中部肇庆市境内，地处云开大山北侧横贯广东中部的罗（定、连）平山脉，面积 1200hm²，是我国 1956 年建立的第一个自然保护区。1979 年加入生物圈保护区网。鼎湖山是由几列东北—西南走向的山脉组成，北列为鸡笼山，南列为鼎湖山。山体密集，沟谷发育，“V”形谷明显，一般谷深 100～300m，山坡陡峻，坡度为 30°～40°。地球上北回归线穿过的地方大都是沙漠或干草原，而这里发育了比较完整的亚热带季风常绿阔叶林，所以鼎湖山又被中外学者誉为“北回归线上的绿宝石”。鼎湖山最高处的鸡笼山顶高 1000.3m，从山麓到山顶依次分布着沟谷雨林、常绿阔叶林、季风常绿阔叶林等森林类型。保存较好的南亚热带地带性季风常绿阔叶林有 400 多年历史的原始森林。林中的黑桫椤、苏铁蕨等为珍贵的古老植物。近年，区内还发现了大型可食用与可入药的真菌，其中有些还是世界上首次发现的新种。鼎湖山因其特殊的研究价值闻名海内外，被誉为华南生物种类的“基因储存库”和“活的自然博物馆”。

这里有野生高等植物 1843 种，栽培植物 534 种，其中珍稀濒危的国家重点保护植物 23 种，以鼎湖山命名的植物有 30 种。鼎湖山多样的生态和丰富的植物为动物提供了充足的食源和良好的栖息环境。因此这里的动物种类和数量也很多，有鸟类 178 种，兽类 38 种，其中国家保护动物 15 种，保护区内的野生动物有近百种，其中鬣羚、白鹇、穿山甲等均为国家重点保护的珍贵动物。1998 年 12 月，经中南林学院森林旅游研究中心测定，鼎湖山的空气负离子含量最高达到 10 万个/cm³，为目前国内所测定的最高的负离子含量区。

鼎湖山自唐代以来就是著名的佛教圣地和旅游胜地。莲花峰下的庆云寺，被列为岭南四大名刹之首。宗教文化为自然奇景增添了宝贵的人文内涵。

复习思考题

1. 请问森林公园、自然保护区、地质公园、风景名胜区的定义是什么?
2. 请问世界自然遗产的概念和评选标准是什么?
3. 阐述综合自然景观类旅游资源中各类型的关系。
4. 如何判别区分综合自然景观?
5. 自然保护区、世界自然遗产对于旅游业发展有何意义?

第八章　历史遗址类旅游资源

学习提示

一、主要内容

- 历史遗址类旅游资源的概念和范畴
- 历史遗址类旅游资源的分类和旅游作用
- 主要历史遗址类旅游资源的代表及其文化特征

二、学习重点

- 理解历史遗址和历史遗址类旅游资源概念的联系与区别
- 掌握历史遗址类旅游资源的分类方法和体系
- 掌握历史遗址类旅游资源的旅游作用及其开发原则
- 了解我国主要历史遗址类旅游资源的分布和典型资源

第一节　历史遗址与旅游发展

一、历史遗址概述

1. 历史遗址概念的界定

历史遗址概念的理解，表现为三个解释层面：

1）广义的历史遗址，是指人类社会发展历史中各类社会活动所遗留下来的一切活动痕迹和遗物，包含除现代人类活动产物之外的所有历史时期、所有表现和存在形式的历史产物。

2）一般意义上的历史遗址，是指人类历史时期所形成和利用的，现在已经废弃、或掩埋于地下、或残缺不全的人类活动痕迹和遗物，排除了保存完整的、或仍在使用的、或得以发展的人类历史产物，如古代建筑、古代园林、古陵墓以及与现代社会文化联系密切的历史城市、宗教文化、文学艺术、社会风俗等。

3）狭义的历史遗址，仅指古代人类活动曾经利用的，现在已经废弃、破坏而遗留下来的活动场所，如城市村落遗址、建筑设施遗址、宗教寺庙遗址、军事设施遗址等。不包括人类历史活动遗留下来的可移动遗物（文物）。

本章采用一般意义上的历史遗址概念，因为人类历史活动场所的发掘总是与各种历史文物的出土相关联，对历史遗址的考古学研究在很大程度上依赖于文物的鉴定，遗址与文物是人类历史文化研究不可分割的两个方面。

2. 历史遗址内涵的理解

(1) 历史遗址的社会性

自从人类脱离动物界以来，通过不懈的努力，创造生产工具，利用和改造自然，赢得了自身的生存权利。人类通过生产、文化、政治、建设活动，不断开发利用自然资源，创造出绚丽多彩的社会物质和精神财富。人类的社会活动经历了数百万年的发展历史，在地球表面留下了分布广泛、形式多样的活动痕迹。没有人类的形成，就不可能有历史遗址的出现，历史遗址是人类社会活动的产物。

(2) 历史遗址的阶段性

人类社会活动随着历史进程的延续，规模不断扩大，内容不断丰富，形式不断多样，形成了历史阶段的演替。在不同的历史阶段，人类活动的发展水平、表现形式和主观追求不同，对自然环境的改造利用必然产生不同的结果。从时间的角度讲历史已成为过去，但历史又以物质载体的形式得以延续和保留，历史遗址是人类历史发展阶段性的具体反映，揭示了历史的真实面目。历史遗址考古作为历史研究的基础，越来越引起广泛的重视。

(3) 历史遗址的文化性

人类社会历史是一部文化发展史，是一部人类物质财富和精神财富的创造史。历史遗址自身是以物质形态存在的，是古代人类物质财富的重要组成部分，能够准确反映和体现古代物质文化的状况。但与此同时，历史遗址又能够向现代人传达十分丰富的精神文化信息，如哲学理念、道德规范、科学技术、文学艺术、社会习俗等，是历史意识形态和上层建筑的载体。历史遗址具有物质文化和精神文化的双重性，是历史文化的具体体现。

二、历史遗址类旅游资源的类型划分

1. 历史遗址类旅游资源的涵盖范畴

历史遗址类旅游资源，是指能够对旅游者产生吸引力，满足旅游体验的要求，能够为旅游业所利用并产生效益的历史遗址。但并不是所有的历史遗址都可以成为旅游资源用于旅游开发，只有具备三个条件才可以视为旅游资源：一是历史的知名性，该遗址在社会历史发展中曾发挥重要作用，具有典型性和代表性，享有较高的知名度，能够对旅游者产生吸引力；二是文化的展示性，历史遗址旅游是历史文化的体验之旅，只有物质遗存丰富，文化内涵浓厚的历史遗址，才能让普通游客看有所知，知有所思，感触深刻，难以忘怀；三是开发的可能性，旅游者的大量进入，必然会对历史遗址的遗存环境带来干扰，影响遗址的寿命，旅游开发不会对其造成负面影响的历史遗址才允许进行旅游开发利用。

2. 历史遗址类旅游资源的遗存形式分类

根据历史遗址的遗存形式，可以将历史遗址类旅游资源分为以下类型：

1）遗迹类旅游资源。该类旅游资源具有一定的历史文化依托，空间地点较准确，但地面和地下历史遗存缺乏，无较多痕迹和遗物可寻的古代人类活动场所。如三国时期长江赤壁古战场遗迹，游客只能通过历史故事、事件、人物，面对“赤壁怀古”，抒发“大江东去，浪淘尽，千古风流人物”的情怀。

2）遗址类旅游资源。该类旅游资源是指古代人类遗留下来，地点准确，具有较为丰富的地面和地下文化遗存的活动场所。如郑州二里岗商城遗址，发现有地上城墙残迹、地下城墙基础、大型宫殿建筑遗址及冶铜作坊、制陶作坊、骨器作坊遗址。遗址类旅游资源现在已成为历史遗址旅游开发的重点。

3）遗物类旅游资源。一般指非固定文物，即为人类社会各个时期创造和使用、能够反映古代社会发展、保存至今的历史遗存器物。如原始社会时期的石器、陶器、骨器，奴隶社会时期的铜器、玉器以及古代碑刻、字画、图书、工具、兵器、漆器、丝帛等。遗物类旅游资源的保存多采用博物馆展示的形式开发。

3. 历史遗址类旅游资源的文化内涵分类

如前所述，历史遗址具有综合文化属性，以文化内涵为依据对其进行分类可将历史遗址类旅游资源划分为九大类和28个小类（表8.1）。

表8.1 历史遗址类旅游资源文化内涵分类

大 类	小 类	说 明	举 例
史前人类活动遗址	原始洞穴遗址	史前人类居住使用过的各类洞窟	北京猿人遗址
	原始村落遗址	史前人类栖居的聚落和文化遗址	西安半坡遗址
	原始文化层	史前人类活动痕迹、遗物的堆积层	宁波余姚市河姆渡遗址
古代居住地遗址	城池遗址	废弃的古代城市、城堡、城镇遗址	河南安阳殷墟遗址
	村落遗址	历史时期曾使用的古代村落遗址	海南海底村落遗址
古代生产地遗址	矿山遗址	古代矿藏开采形成的矿洞、矿坑等	湖北大冶铜绿山古矿
	冶炼遗址	古代炼制矿石的场址	河南铁生沟冶铁遗址
	窑场遗址	古代制陶、制瓷、烧砖、制瓦窑址	江西景德镇古瓷窑
	作坊遗址	古代器物制作的手工作坊遗址	铜、玉、漆器作坊
古代军事活动遗址	长城遗址	历代修建的长城所遗存的残迹	湖北楚长城遗址
	烽燧遗址	古代军事报警的烽火台等遗迹	甘肃居延塞烽燧台
	战场遗址	古代著名战事、战役的发生地	辽宁萨尔浒战役遗址
	其他军事遗址	古代其他军事设施的遗迹、遗址	河北冉庄地道遗址

续表

大　类	小　类	说　明	举　例
古代商贸活动遗址	海关遗址	古代关税交纳、报关结关场所遗址	泉州市舶司古海关遗址
	会馆遗址	旅居外地商人设立的馆舍遗址	山东聊城山陕会馆
	古商号遗址	古代票号、商号、店铺遗址	山西平遥古票号店铺
古代科教文化遗址	古书院学堂	古代读书讲学场所遗址	浙江缙云独峰书院
	古科研遗址	古代科学研究实验场所遗址	河南登封元代观星台
古代交通通信遗址	关隘遗址	古代交通关口、关城遗址	函谷关、玉门关等
	古驿道遗址	古代交通干道的遗址	子午岭的秦直道
	古栈道遗址	古代于悬崖绝壁架设的窄路遗迹	秦岭褒斜栈道
	古驿站邮站	古代用于交通通讯的中途住宿、补给、换马的场所遗址	新疆塔什库尔干盖茨河畔古驿舍遗址
古代水利工程遗址	古运河	古代用作航运的人工水道残段	京杭大运河北部残段
	古水渠	古代用作排水、灌溉人工水道残段	新疆坎儿井遗址
	古井	古代开挖取水的井筒	杭州唐宋古井遗址
	废堤坝	古代引水、挡水的构筑物遗址	陕西郑国渠渠道遗址
	废港口	废弃使用的港口、码头、渡口	台湾彰化鹿仔港遗址
革命遗址	近代革命活动所形成的活动场所、事件发生地等		延安革命旧址

三、历史遗址类资源的旅游开发

1. 历史遗址的旅游吸引因素

(1) 满足旅游者了解人类历史演变的需要

漫长而又曲折的人类社会发展历史，对现代人而言，充满陌生、神秘、奇特、有趣之感，了解历史自然环境的演变，探索人类进步的足迹，追寻社会文明的真谛，成为现代旅游的主要动机之一。历史遗址是人类历史活动的真实写照，历史类旅游资源是现代人认识历史、理解历史的可靠媒介之一，能够化解旅游者的思古、忆古、怀古之情，满足增长历史知识的需要。

(2) 满足旅游者体验人类传统文化的需求

现代旅游讲究参与性，强调经历和体验，尤其是文化的体验。由于人类文化发展的继承性和异化性，传统文化是现代文化之源。理解现代文化的差异性和独特性，必须从传统文化入手。历史遗址忠实记录了传统文化的基本特征，是传统文化的具体体现和高度凝聚，是旅游者探讨文化演变脉络的窗口。散布于中华大地的无数历史遗址，构成一部宏大的华夏文化发展演变的史册，为旅游者体验传统文化的博大精深、绚丽灿烂提供了可能。

(3) 满足旅游者了解古代科学技术的需要

历史遗址蕴涵极为丰富的科学技术价值，是古代科学思想、发明创造、技术进步的具体反映，凝聚着古代人民的聪明才智，展示出社会科学技术发展的历史进程。我国古代科学技术发展领先于世界，取得了以四大发明、传统医学、天象历法、建筑工程等为代表的一系列杰出成就，令人叹为观止。历史遗址旅游，为旅游者深刻了解古代科学技术的发展和内容，创造了具体的实证条件。

(4) 满足旅游者了解古代人们生活方式的需要

古代人们的生活方式，如住房、服饰、饮食、器物、习俗等，与现代生活方式已是大相径庭。通过历史遗址旅游，旅游者可以更加具体地了解古代人们的社会生活方式，深刻体会古人的生活风俗和习惯，满足好奇心和神秘感，获得相关的知识和文化。

(5) 满足旅游者景观美学观赏的需要

时代不同美学观念也不同，表现出不同的美学追求趋向和意境效果。历史遗址类旅游资源凝聚着古代浓厚而独特的美学思想，如“天人合一”的环境意境、阴阳互补的哲学理念、对称与变化的空间构想、古朴与华丽的色彩运用、稳重与精巧的结构均衡，是历史上景观美学的形象化展示。历史遗址的美学观赏性，成为吸引旅游者游览的亮点，能够满足旅游者观赏美景、体会美感、陶冶情操的要求。

2. 历史遗址类资源的旅游开发

历史遗址类旅游资源是我国旅游产业开发较早的旅游资源之一，成为国外游客了解中国文化的主要窗口，国内游客初期旅游的主要对象。目前，历史遗址旅游存在的主要问题是：以观光游览方式为主，和旅游参与性时尚不相符合；回归自然和生态旅游的兴起，相对降低了历史遗址类景区景点的吸引力；展示性较差，滞留时间短，重游率低；旅游产品老化，缺乏新奇性和市场竞争力；开发混乱，方式雷同，文化肤浅，内涵挖掘不足。历史遗址类旅游资源的开发，应注意做好以下 4 方面的工作。

(1) 突出重点，做好旅游开发的筛选工作

历史遗址展示的是人类社会演变的进程，同时代同类型遗址的大范围重复开发，既容易导致产品雷同削弱市场竞争力，也不利于遗址的保护。各地应选择具有历史典型性和代表性的遗址，作为旅游开发的对象，以形成形象鲜明、吸引力强、难以替代的特色旅游产品。

(2) 挖掘内涵，做好历史文化的展示工作

遗址是历史的产物，代表相关的文化演变进程，文化内涵的挖掘十分重要。

可根据遗址属性，采用纵向文化展示方式，反映某一方面文化的演替历史。可依托文物遗存类型，采用横向文化展示方式，展示某一时代社会文化的各个方面。

(3) 精心设计，做好旅游方式的策划工作

历史遗址旅游不能局限于传统的观光游览方式。从现代游客追求参与性和体验性的角度出发，可通过复制品制作、场景模拟演示、亲自操作试用、专题内容展示等系列形式，设计开发新颖别致的新型旅游活动方式，达到吸引游客的目的。

(4) 不断创新，做好原有景区的二次开发工作

我国已开发的历史遗址型旅游景区景点，大部分面临产品的老化问题。这类景区景点所利用的往往是知名度高、代表性强的历史遗址，旅游二次开发显得十分重要。开发的关键是树立创新意识，从管理体制、产品设计等方面改革原有模式，适应旅游市场的发展需要。

3. 历史遗址类旅游资源的保护

加强历史遗址的保护，既可满足旅游可持续发展的需要，又适应文物保护的要求，是从根本上解决矛盾的唯一途径。

(1) 历史遗存的保护

历史遗址保护首先是要积极保护这些遗存物、遗存状态。在旅游开发过程中，必须严格评估旅游活动方式的影响后果，杜绝游客触摸、践踏、攀附、拍照等行为可能产生的破坏。

(2) 遗存环境的保护

在历史遗址的周围，应根据保护的要求，划定遗址保护控制区，维护环境的原貌和自然状态，注意历史景观特色和环境氛围的延续。

(3) 出土文物的保护

历史遗址出土的可移动文物，可通过建立专题性博物馆等形式，置于积极的保护之下，避免遗失、损坏、盗窃、风化等现象的发生，也为旅游展示提供了可能。

(4) 历史遗址的修复重建

在旅游开发中，有的地区致力于遗址的人为修复重建，对此应谨慎从事。在缺乏可靠历史或考古学依据，难以做到“修旧如旧”时，切不可盲目修复。对于列入文物保护单位的历史遗址，应以保护性修缮为主，不得全面重建。

第二节　史前人类活动遗址

一、旧石器时代人类活动遗址

旧石器时代指人类社会形成到距今1万年前的人类发展时期，有300万年左右的历史。目前全国发现的旧石器时代的人类活动遗址约300处，遍布29个省、市、自治区，可以划分为三个不同的阶段，表现出逐渐递进的文化进化特征。

1. 直立人阶段遗址

即猿人阶段，是人类进化的最早阶段，大约从人类起源到10万年前，代表性遗址有云南元谋猿人（250万年）、陕西蓝田猿人（115万年）、北京猿人（40万～50万年）。

出土的人类化石表明，该阶段的人类已具备了人的基本生理特征，上下肢分化，直立行走，脑容量达到700～1100ml，能发出分节语言。但头骨低平，眉隆颧高，吻部前突，牙齿粗大，保留较多的原始性。直立人使用粗糙的打制石器，通过采集和狩猎获得食物，利用天然火种取暖和加工食物。其社会结构通过血缘婚制度，形成血缘家族。

2. 早期智人阶段遗址

又称古人阶段，距今10万～4万年前，遗址分布遍及华北、西北、中南、西南、华南地区，代表性遗址有陕西大荔人、山西丁村人、湖北长阳人、广东马坝人等。

早期智人较猿人体征进步，头盖骨变薄，脑容量增大，吻部不太突出，基本具备了现代黄种人的生理体征。早期智人的工具虽仍以打制石器为主，但种类增加，用途分化，效率提高。他们在加工石器的过程中，逐渐掌握了打击、钻孔、摩擦的生火技术，进入人工取火阶段。早期智人仍然实行血缘婚，但血缘家族成员增加，从中分裂出新的社会结构比较稳定的血缘集团。

3. 晚期智人阶段遗址

又称新人阶段，距今4万～1万年前，代表性遗址有北京山顶洞人、内蒙河套人、广西柳江人、云南丽江人等，属于旧石器晚期文化。

晚期智人的体态特征与现代人基本一致，中国的晚期智人化石表现出脸平扁、颧骨凸出、鼻梁阔大、铲形门齿的黄种人特征。生产工具的制造表现为石器趋于细小化，复合工具出现，以弓箭为代表的远射工具增强了人类征服自然的能力，除采集、狩猎外，掌握了捕鱼技术。晚期智人表现出基本的审美观念，磨制骨针，缝制衣服，制作装饰品。社会结构进入氏族公社时期，形成经济联系更加紧密、更加稳定的社会集团。婚姻制度由血缘内婚发展为族外婚，血缘家族成为完全的非性集团，通婚的家族集团转化为氏族，起源于一个女性祖先，以血缘关系为纽带，具有特定的氏族名号、共同的信仰、牢固的经济联系，形成母系氏族公社。

二、母系氏族公社文化遗址

在距今1万年前，人类进入新石器时期，我国发现的新石器文化遗址多达7000多处，遍布黄河长江流域，原始社会进入繁荣阶段。

新石器早期是母系氏族公社的繁荣时期，如黄河中下游的仰韶文化、黄河上游的马家窑文化、长江下游的河姆渡文化和马家浜文化、长江中游的大溪文化等。母系氏族公社文化遗址表现出以下文化特征：①普遍使用磨制石器，提高了社会生产力；②原始种植业和畜牧业出现，但传统的采集、狩猎、渔猎仍是生活的重要来源；③聚族而居形成原始村落，人工建筑出现，形成居住区、制陶窑场、中心活动广场、公共墓地等；④制陶、编制、玉器、骨器等手工业生产发展，彩陶文化成为其典型的标志；⑤同性合葬墓的发掘表明，该阶段仍然实行族外婚，但大量的小型房屋说明婚姻制度已进入较稳定的对偶婚阶段；⑥大型房屋和中心广场的存在，说明氏族部落决策通过公共集会进行，氏族成员过着民主生活，如内部事务的决定、首领的推荐等；⑦储藏窖穴分布于房屋周围或集中于一起，说明实行共同劳动、平均分配的产品分配制度，尚未形成贫富分化。

三、父系氏族公社文化遗址

大约在5000年前，进入新石器时代晚期，社会结构演化为父系氏族公社，如黄河流域的大汶口文化和龙山文化，北方的红山文化，长江流域的屈家岭文化和良渚文化等。

父系氏族公社文化遗址的主要文化特征有：①社会生产力的提高使男女地位发生变化，男子成为社会的主要劳动力；②婚姻制度由对偶婚发展为一夫一妻的从男居婚姻，子女血缘、财产继承等以父系计算；③生产工具在使用石器同时，开始铜器的制造，逐渐发展到金石并用阶段；④石斧、石锄、石镰等农具的出土，大型窖穴和陶瓮的发现，表明农业已进入高效锄耕农业阶段；⑤手工业发展，制陶出现了转轮法工艺，陶器更加规则均匀美观，龙山黑陶成为标志。良渚文化的玉器制作也达到了较高水平；⑥出现异性合葬墓，女子屈肢葬反映了男权的确立；⑦陪葬品的悬殊，活人殉葬的出现，表明社会贫富分化加剧和阶级的形成，原始社会的丧钟已经敲响。

第三节　古代历史文化遗址

本节所讲的古代历史文化遗址，泛指人类社会有文字记载以来至近代以前所形成的历史遗址。在中国有文字记载的历史始于商代，至1840年鸦片战争，已有3000多年的历史，遗址的遗存数量大，类型多，是旅游开发的主要对象。

一、古代城池遗址

当城市依存的环境因素不复存在时，城市必然走向衰退以致消亡，成为古代城池遗址。综观城池遗址的形成过程和影响因素，基本可以划分为四种类型。

1. 政治性城池遗址

该类城池遗址以前多为王朝、国家的都城，或割据政权的首府，或地方政治中心，在历史上发挥过重要的政治作用。其衰落演变为废墟，往往与政治权力的争夺、交替有关。晚商殷都，随商亡周兴，渐趋荒芜，成为殷墟遗址。西周沣镐二京，犬戎作乱，平王东迁，形成沣镐遗址。秦咸阳城、齐国临淄城、洛阳汉魏古城等，也皆属此例。

2. 经济性城池遗址

该类城池遗址的形成往往与经济因素的演变相关连。如依托资源开发而形成的古代矿冶手工业城市，同样会由于资源的枯竭导致城市的衰退。兴起于古道旁、水运港口附近的交通枢纽性城市，也会因为交通道路的改线、废弃、取代而丧失原有价值，引发城市的衰落。我国古代丝绸之路沿线就曾兴起过较多的城市，导致在河西走廊沿线和塔里木盆地的南北，古城遗址众多，如吐鲁番交河故城和高昌故城、和田尼雅故城等。

3. 军事性城池遗址

古代出于军事目的，修建的防御性城池，多分布于边陲、军事重地和沿海地区，形成军事性城池遗址。这些遗址城池规模多不大，但历史地理位置重要，如汉长城的玉门关城、明长城的九边九镇、山东烟台的明备倭水城、黑龙江的清靖边营城等。

4. 自然性城池遗址

城市生命的延续需要一定的自然环境条件，如耕地、供水、气候等。自然环境的演化，也会给城市的发展产生制约甚至是破坏性作用，导致城池遗址的形成。如气候的干化会使河流来水减少、地下水位降低，难以满足城市人口生活用水需要，迫使居民外迁，城镇衰落。我国西北干旱地区相当一批古城遗址的形成与此相关，如有“沙漠之中的庞贝”之称的楼兰古城。

二、古代交通道路遗址

1. 关隘遗址

关隘即关津要隘，是古代设于交通要道、险峻之地、边关要塞、出入路口的防御守卫设施，承担守国卫土、检查行人、征收关税等职能。古语有“一夫当关，万夫莫开；一人守隘，万夫莫向”之说，因此关隘遗址以其地理形势之险要、历史遗存之丰富、文化含量之浓厚而颇具旅游吸引力。我国关隘遗址可分为两大类：①边关要隘，如长城沿线的关城，除保存较为完整的山海关、嘉峪关等关隘外，更有众多如“春风不度玉门关”、“劝君更进一杯酒，西出阳关无故人”，而阅尽人间沧桑的关隘遗址；②要道关隘，如古代关中平原四周地形封闭，各向出入要道关隘罗列，东有函谷关、潼关，东南有蓝关、武关，西南有大散关，东北有临晋关，北有萧关、金锁关，西北有陇关、安戎关等。

2. 驿道和驿站遗址

驿道是指古代社会人们出行往来的交通要道，即供车辆、马匹通行而开辟的大路。驿道是历史发展的脉络，文化传播的桥梁，重大事件的张扬。我国古代有修路利民的传统，历朝历代皆有驿道的修设。如秦始皇统一后，就修建了以咸阳为中心的九条放射状驰道，可谓最早的“国道”。唐代杨贵妃能够“一骑红尘妃子笑，无人知是荔枝来”，也完全得益于穿越秦岭的子午道和巴山的荔枝道。古道遗迹多为历史所湮灭，但在有些山地段尚有遗迹可寻，如绵延于子午岭的秦直道，被称为中国最早的“高速公路”，历经两千多年风雨路基仍依稀可见。古代驿道沿途设有驿站，为传递公文之人或过往官员提供歇宿、换马的场所。古代驿站极多，如汉代 15km 置驿一所，宋代 10km 设有邮铺，清代则进一步细化为“省内为驿、军报为站”。但驿站遗址遗存较少，新疆的盖茨河畔古驿舍遗址，位于塔什库尔干县，当时可容数十人留宿，是丝绸之路葱岭古道的重要驿站。

3. 栈道遗址

栈道又名阁道、复道、栈阁，是古代崎岖山区的独特道路形制。为了通过峭壁陡崖，凿石为穴，立木为柱，架梁铺板，形成一面临壑一面贴崖的狭窄木结构路面。栈道所在山高谷深、岩立石耸，修建耗资巨大且充满危险。古栈道既是人们智慧的结晶也是民族精神的体现，古栈道旅游可给游客带来强烈的视觉冲击和精神震撼。栈道遗址主要分布于秦岭、巴山以及西南地区。如著名的褒斜道，北起秦岭北坡斜谷，南止其南坡的褒河口，栈道段众多。南口附近的石门栈道，为纪念修建栈道的有功之人，或有感于山水风光，形成了被称为“石门十三品”的汉隶石刻摩崖书法作品，被视为古代石刻和书法的精品。

三、古代生产地遗址

1. 矿山和冶炼遗址

早在原始社会末期到奴隶社会初期，人类就开始了对铜矿资源的开采。随着社会的发展，矿产资源的利用范围和种类不断扩大，成书于春秋末期的《山海经·五藏山经》中记载的矿物就有 89 种，矿产地 309 处。我国最迟在春秋时期就能开采地下矿藏，战国时期已有效地采用井巷结合、竖斜共用的方法，解决了井下通风、排水、提升、照明、支护等技术问题。人类十分悠久的矿产资源利用史，形成了种类多样的古代矿山和冶炼遗址，可以满足游客了解古代科技和生产发展的需要。

湖北的铜绿山古矿遗址，开采于春秋到汉代，面积达 $800hm^2$，井巷多达数百条。在附近还有不同时代的竖炉、地炉及炼铜炉渣等冶炼遗迹。河南巩县铁生沟西汉冶铁遗址，附近采矿遗迹众多，冶炼区面积达 $21\ 600m^2$，炼铁炉 18 座，还有铸造坑、配料池及铁制器物，该遗址证明在西汉时期已出现了煤炭炼铁和球墨铸铁技术，在世界冶金史研究中有着十分重要的意义。

2. 陶瓷窑场遗址

新石器时代陶器已得到广泛的使用，相继出现了夹沙陶、彩陶、黑陶、白陶、灰陶、印纹硬陶等品种，古陶窑在原始村落、古代城镇遗址中大量发现，如在西安半坡仰韶文化遗址中发现制陶的竖窑和横窑 6 座。我国在东汉完成了由原始瓷器向真正瓷器的转化，瓷器生产技术工艺的不断创新和文化内涵的积累丰富，使其成为中国文化的象征之一。唐代有“南青北白”的越窑和邢窑，宋代有官窑、定窑、汝窑、钧窑、哥窑五大名窑以及耀州窑、磁州窑和景德镇的影青瓷窑，元明清时代景德镇“瓷都”地位确立瓷窑密布。目前发现并被用于旅游的主要古代瓷窑遗址有江西景德镇的白虎湾、湖田、黄泥头和吉安的吉州窑，浙江上虞的小仙坛，安徽淮南的寿州窑，河南禹县的钧窑，陕西的耀州窑等遗址。

3. 手工作坊遗址

手工作坊遗址类型和数量都较多，相当一部分遗存于一些古代城市文化遗址之中。如郑州商城遗址，在北墙外有骨器作坊遗址，南墙外有铜器作坊遗址，西墙外有陶器作坊遗址，手工业生产已形成社会分工。山东临淄齐国故城也发现多处手工作坊遗址，有冶铜、炼铁、铸钱、骨器等不同类型。

四、古代军事遗址

1. 长城遗址

中国长城早就被列为世界七大奇迹之一，1987 年又被列为世界文化遗产，成为我国的旅游热点。然而长城旅游资源的开发，并不仅仅限于保存相对完整的明长城。从春秋诸侯争霸到明代止，共有 20 多个王朝和诸侯国修过长城，在 16 个省市自治区保留有长城遗址，也是长城旅游资源的主要组成部分。主要长城遗址包括：①春秋战国长城遗址，如楚、齐、魏等用于诸侯国之间防御的长城遗址，秦、赵、燕用于对北方游牧民族防御的长城遗址；②秦长城遗址，西起甘肃临洮，东止朝鲜半岛的大同江北岸；③汉长城遗址，在修缮秦长城中东段的同时，大规模地修筑了河西长城，使长城延伸到了西域；④封建社会中期长城遗址，如北魏长城、北齐长城、隋长城、辽长城、金长城等；⑤明长城遗址，在辽东和西北地区，明长城的某些地段毁坏后有大量遗迹可寻。

2. 烽燧遗址

早在西周时期，人们为了迅速传递军情，就创建了烽燧报警系统。长城出现以后，烽燧系统遂成为长城防御体系的重要组成部分。“烽”指夜间举火，“燧”指白昼放烟，多于高阜山巅、高台之上实施，因此烽燧遗址主要表现为被称为“烽火台”的台式建筑遗迹。在陕西骊山山巅，有周幽王“烽火戏诸侯，褒姒一笑失天下”的西周烽火台。汉代烽燧报警主要用于边塞防御，遗址多分布于新疆南部和甘肃河西走廊地区，如新疆巴里坤县的烽燧群遗址，保存有 20 多座烽燧墩台，夯土板筑，间以块石，再现了“寒驿远如点，边烽互相望”的情境。

3. 战场遗址

历史时期发生的一些重大战役，是影响社会进程发展的重要因素。因此，与这些战役的古战场遗址、遗迹相关联的历史事件、人物、故事、传说，文化内涵丰富，缅怀古人追忆历史，旅游开发价值突出。如三国赤壁之战遗址，位于湖北蒲圻县西北 36km 的长江南岸，公元 208 年孙刘联军在此采用火攻计策，焚毁曹军战船及营寨，以少胜多，为三分天下奠定了基础。此处有赤壁、南屏、金鸾三山，起伏毗连，嶙峋临江，激浪飞溅，气势磅礴，保存有赤壁摩崖、拜风台、凤雏庵、翼江亭等古迹，成为古战场旅游胜地。

第四节 近代革命活动遗址

一、革命活动遗址的旅游作用

革命活动遗址是指鸦片战争以来中国近代史时期，中华民族为了民族独立和解放，反抗外来侵略和封建统治的革命斗争而形成的革命活动遗迹、遗址和纪念地。随着国内旅游活动的发展，革命活动遗址以其独特的文化内涵，越来越成为具有强烈吸引力的旅游热点。

革命活动遗址就是百年苦难史、百年奋斗史的真实写照，通过革命活动遗址旅游，能够满足人们深刻认识、具体了解这一段历史变迁的需要。

通过革命活动遗址旅游，可以缅怀民族先烈的事迹，追忆前辈奋斗的足迹，深刻体会民族精神的内涵，进行活的爱国主义教育，激励人们建设强大祖国的意志和决心。

二、革命活动遗址的时代分类

根据遗址形成和反映的时代背景，可以将革命活动遗址划分为以下类型。

1. 太平天国和早期反抗外来侵略活动遗址

太平天国运动是中国近代史规模最大的农民起义，动摇了满清的封建统治，主要遗址有广西桂平金田起义遗址、南京天王府遗址和太平天国历史博物馆、上海太平天国烈士墓等。与此同时，中国人民面对外来侵略势力奋起反抗，形成了山东蓬莱备倭城、广东三元里抗英遗址、广东虎门要塞遗址等。

2. 辛亥革命遗址

发生在 1911 年的辛亥革命，推翻了清朝的封建统治，取得了旧民主主义革命的胜利。全国保存的辛亥革命遗址和纪念地主要分布于广州、南京、昆明、北京等地。如广州的中山纪念堂、辛亥广州起义指挥部旧址、黄花岗烈士陵园，武汉的武昌起义军政府旧址、三烈士亭、起义门，昆明的云南陆军讲武堂旧址，南京的孙中山临时大总统府旧址、中山陵、粤军阵亡烈士墓，北京的孙中山行馆旧址、中山堂、碧云寺等。

3. 北伐战争遗址

北伐战争是国共两党合作粉碎军阀的革命战争，主要遗址有广东广州的北伐誓师大会会场遗址和黄埔军校旧址、广东肇庆的叶挺独立团团部旧址、湖北咸宁汀泗桥战役遗址、湖北武汉洪山北伐军官兵墓等。

4. 土地革命战争遗址

该类遗址是指1927年蒋介石叛变革命后到抗日战争爆发前的国内革命活动遗址，它遍布江西、福建、湖南、广西等地，如南昌的八一起义总指挥部旧址，井冈山革命根据地旧址，广西百色红七军军部旧址等。

5. 抗日战争遗址

抗日战争是中国近代史上规模最大、持续时间最长的一场反对外来侵略的民族革命战争，主要遗址有平型关战役遗址、南京大屠杀纪念馆、卢沟桥抗日战争纪念馆、延安革命旧址、重庆八路军办事处旧址等。

6. 解放战争遗址

三年解放战争推翻蒋家王朝，建立了中华人民共和国，革命活动遗址遍布全国各地，如河北平山西柏坡革命旧址、辽宁锦州辽沈战役纪念馆、江苏徐州淮海战役纪念塔、重庆中美合作所集中营旧址、南京渡江胜利纪念碑等。

三、革命活动遗址的属性分类

根据遗址的保存现状和属性，可以将革命活动遗址划分为以下类型。

1. 革命遗址

指有准确地点，遗迹、遗物保存较多，建筑物比较完好的革命活动遗址，如江西瑞金中央苏维埃政府遗址。

2. 革命遗迹

有事件发生的准确地点可查，有一定的遗迹可寻，但遗物较少或缺乏，建筑物已遭到破坏的革命活动遗址，如众多的战役遗址。

3. 革命地址

曾经发生重要革命活动事件，但因时间久远，当事人已不在，原物较少，准确性较差，如太平天国起义的金田村。

4. 革命旧址

革命活动的遗存物较丰富，建筑物完好而且仍在使用，如延安的枣园、杨家岭、凤凰山、王家坪革命旧址。

5. 革命人士故居

近代史中革命领导人、活动家、知名人士的居所。

6. 重要会议会址

影响中国近代革命进程的重要会议召开的场所，如中共一大会址、遵义会议会址、中共七大会址等。

7. 革命先烈墓葬陵园

革命烈士的安葬场所，如广州的黄花岗、红花岗，南京的雨花台等。

8. 革命纪念性建筑

为了纪念革命先烈、革命事件等目的而建立的建筑物，如纪念塔、纪念堂、纪念馆、纪念碑等。

9. 革命历史文化名城

在近代时期曾经在重要的革命历史阶段较长时间发挥重要作用的城市，如北伐战争时期的广州、土地革命战争时期的瑞金、抗日战争时期的延安等。

第五节　世界文化遗产

一、世界文化遗产的概念和评选

1. 世界文化遗产的概念

《保护世界文化和自然遗产公约》由联合国教科文组织倡导缔结，目的是使物质文明进步与环境保护相协调，使全人类得以持续发展。世界遗产分为文化遗产、自然遗产、文化和自然双重遗产和文化景观四大类。到 2003 年止，全世界 138 个国家拥有世界遗产 754 处。

公约的第 1 条规定，以下各项为世界文化遗产。

（1）文物

从历史、艺术或科学角度看，具有突出的普遍价值的建筑物、雕刻和绘画，具有考古意义的成分或结构，铭文、洞穴、住区及各类文物的综合体。

（2）建筑群

从历史、艺术或科学角度看，在建筑形式、同一性及其与环境景色结合方面，具有突出的普遍价值的单独或相互联系的建筑群。

（3）遗址

从历史、审美、人种学或人类学角度看，具有突出的普遍价值的人类工程或人与自然的共同杰作以及考古遗址地带。

文化景观这一概念是 1992 年 12 月在美国圣菲召开的联合国教科文组织世界遗产委员会第 16 届会议时提出并纳入《世界遗产名录》中的。文化景观代表公约第一条所表述的“自然与人类的共同作品”。文化景观的选择应基于它们自身的突出、普遍的价值，具有文化区域的代表性及其体现此类区域的基本而具有独特文化因素的能力。文化景观有以下类型：①由人类有意设计和建筑的景观，如园林和公园景观；②有机进化的景观，包括残遗物（或化石）景观、持续性景观；③关联性文化景观，以与自然因素、强烈的宗教、艺术或文化相联系为特征，而不是以文化物证为特征。

2. 世界文化遗产的评选

世界遗产的评定标准主要依据《保护世界文化和自然遗产公约》第一、第二条规定。联合国教科文组织对世界遗产的考核和审批程序相当严格，一般要进行充分论证和研究，并在全球范围内做比较分析，然后经有关专家进行实地考察提出评价报告。每年举行一次的世界遗产委员会会议按上述的程序对申请列入名单的遗产项目进行审批。

凡提名列入《世界遗产名录》的文化遗产项目，必须符合下列一项或几项标准方可获得批准：①代表一种独特的艺术成就，一种创造性的天才杰作；②能在一定时期内或世界某一文化区域内，对建筑艺术、纪念物艺术、城镇规划或景观设计方面的发展产生过大影响；③能为一种已消逝的文明或文化传统提供一种独特的至少是特殊的见证；④可作为一种建筑或建筑群或景观的杰出范例，展示出人类历史上一个（或几个）重要阶段；⑤可作为传统的人类居住地或使用地的杰出范例，代表一种（或几种）文化，尤其在不可逆转之变化的影响下变得易于损坏；⑥与具特殊普遍意义的事件或现行传统或思想或信仰或文学艺术作品有直接或实质的联系。

基本评选程序为：

1）要取得申报世界文化遗产的权力，必须首先签字承认《保护世界文化和自然遗产公约》，成为条约缔约国，承诺遗产的保护责任，制定出具有普通和特殊价值的遗产明细表。

2）世界遗产申报的受理单位为世界遗产中心。缔约国根据公约要求，向世界遗产中心提出申报文件，世界遗产中心在初步审核申报文件后，将申报文件提交给下列两个专业组织：文化遗产申报文件提交给国际古迹遗址理事会（ICOMOS）；自然遗产申报文件提交给世界保护联盟（IUCN）；文化和自然双重遗产的申报文件必须同时呈递给以上两个组织。

3）世界文化遗产的论证和评估，由国际古迹理事会向申报单位派遣专家。世界自然遗产的论证和评估，由世界保护联盟向申报单位派遣专家。专家组对申报对象进行实地考察，根据世界遗产条约进行审核、评估，了解遗产的保护和管理状况，准备评估报告，将评估报告附以推荐材料呈递世界遗产办公署。

4）世界遗产的审批首先由世界遗产办公署审核文件，向申报国索要补充材料，再向世界遗产委员会进行推荐。世界遗产委员会在正式讨论之前，可进一步向申报国索要补充材料。经世界遗产委员会讨论审批，做出将所申报的遗产列入《世界遗产名录》的决定；或拒绝将所申报的遗产列入名录。

二、世界文化遗产的管理和保护

世界遗产申报成功后并非一劳永逸。联合国每六年要对世界遗产进行一次检查，如果遗产原状被破坏或改变，将可能被列入《濒危世界遗产名录》。文化和自然遗产如果受到蜕变加剧、大规模公共或私人工程、城市或旅游业迅速发展计划造成的消失威胁，受到土地的使用变动或易主造成的破坏，受到未知原因造成的重大变化、随意摈弃、武装冲突爆发的威胁，受到严重火灾、地震、山崩、火山爆发、水位变动、洪水和海啸等灾变威胁，则会被世界遗产委员会列入《濒危世界遗产名录》。如不能按期恢复，将从《世界遗产名录》中除名。目前全球730个世界遗产中，已经有31处被列入《濒危世界遗产名录》。

公约的第4条和第5条规定，本国领土内的文化和自然遗产的确定、保护、保存、展出和遗传后代，主要是有关国家的责任。该国将为此目的竭尽全力，最大限度地利用本国资源，必要时利用所能获得的国际援助和合作。为保护、保存和展出本国领土内的文化和自然遗产采取积极有效的措施，各缔约国应视本国具体情况尽力做到以下几点：

1）通过一项旨在使文化和自然遗产在社会生活中起一定作用并把遗产保护纳入全面规划计划的总政策；

2）建立负责文化和自然遗产的保护、保存和展出的机构，配备适当的工作人员和为履行其职能所需的手段；

3）发展科学和技术研究，并制订出能够抵抗威胁本国遗产的危险的实际方法；

4）采取为确定、保护、保存、展出和恢复这类遗产所需的适当的各种措施；

5）促进建立或发展有关保护、保存和展出文化和自然遗产的国家或地区培训中心，并鼓励这方面的科学研究。

在强调国家责任的同时，公约认为这类遗产是世界遗产的一部分，因此整个国际社会有责任合作予以保护。缔约国根据有关国家的要求，帮助该国确定、保护、保存和展出文化和自然遗产。各缔约国不得故意采取任何可能直接或间接损害本公约其他缔约国领土内的文化和自然遗产的措施。世界文化和自然遗产的国际保护，应被理解为建立一个旨在支持各缔约国保存和确定这类遗产的努力的国际合作援助系统。

三、中国的世界遗产

中国1985年才加入《保护世界文化和自然遗产公约》，至今已有30处世界遗产（表8.2），其中世界文化遗产21处，世界自然遗产4处，文化和自然双重

表 8.2　中国的世界遗产名录

遗产性质	名　称	列入时间	遗产性质	名　称	列入时间
文化遗产	长城	1987年	文化遗产	明清皇家陵寝	2000年
	北京故宫	1987年		皖南古村落：西递、宏村	2000年
	敦煌莫高窟	1987年		洛阳龙门石窟	2000年
	秦始皇陵及兵马俑坑	1987年		青城山——都江堰	2000年
	周口店北京猿人遗址	1987年		大同云岗石窟	2001年
	承德避暑山庄及周围寺庙	1994年		高句丽遗迹	2004年
			文化景观	江西庐山	1996年
	曲阜孔庙孔林孔府	1994年	文化和自然遗产	山东泰山	1987年
	拉萨布达拉宫	1994年		安徽黄山	1990年
	武当山古建筑群	1994年		四川峨眉山——乐山大佛	1996年
	苏州古典园林	1997年		福建武夷山	1999年
	丽江古城	1997年	自然遗产	四川九寨沟	1992年
	平遥古城	1997年		四川黄龙	1992年
	北京颐和园	1998年		湖南武陵源	1992年
	北京天坛	1998年		云南三江并流	2003年
	大足石刻	1999年			

遗产 4 处，文化景观 1 处，在世界排名第三，仅次于西班牙（37 处）和意大利（36 处）成为世界遗产大国。另外，我国的“昆曲”和“古琴”还被联合国教科文组织列入人类口头和非物质文化遗产，二者如计算在内，我国的世界遗产总数即达到 31 处之多，成为国际旅游的重要吸引力资源。

案例分析——周口店北京猿人活动遗址的旅游发展

北京猿人活动遗址位于北京市房山县周口店村，是我国列入世界文化遗产的唯一远古人类活动遗址。该处为山地到平原的过渡区，西北群山环绕，东南沃野千里，河流蜿蜒其间，北京猿人的洞穴就位于村西的龙骨山。从 1929 年 12 月发现第一个猿人头盖骨起，经过多次的发掘，出土了大量的人类化石、文化遗物和动物化石，其中人类化石有较完整的头盖骨 5 具，头骨碎片 9 块，面骨 6 块，下颌骨 15 块，牙齿 152 个及断裂的股骨、腕骨等，分属 40 多个男女老幼个体，出土石器 10 万多件，发现烧石、烧骨和灰烬，证明北京猿人生活在距今约 50 万～60 万年前，已能制造工具、控制和使用火。北京猿人活动遗址对于研究人类的起源有着十分重要的意义，享有极高的知名度。但在旅游开发的过程中，普通游客光顾较少，滞留时间较短，旅游产业规模有限。北京猿人活动遗址的旅游主题定位，应为观光基础上的科普、科考旅游，注重远古文化的纵向和横向延展。如利用北京猿人遗址、新洞人遗址和山顶洞人遗址，展示旧石器时代人类进化的历史脉络；利用场景的复原，全面展示北京猿人的采集、狩猎、用火、居住、工具使用等生活方式和生活环境，加深游客的体验和印象。

复习思考题

1. 举例说明历史遗址和历史遗址类旅游资源的区别。
2. 你认为历史遗址类旅游资源的开发应注意哪些方面的问题？
3. 历史遗址类旅游资源的旅游功能主要表现在哪些方面？
4. 举例说明古城遗址和古战场遗址的旅游开发策略。
5. 革命历史遗址的旅游开发应如何突出其教育功能？
6. 为什么世界各国对申报世界遗产的积极性一直很高？
7. 我国有哪些省区市、哪些旅游资源被列为世界遗产名录？
8. 世界遗产的评选程序是什么？遗产怎样进行保护？
9. 历史遗址类旅游资源的主要吸引因素有哪些？

第九章　古代建筑类旅游资源

学习提示

一、主要内容

- 中国古代建筑的发展演变、设计思想和主要特点
- 中国古代建筑基本构成与等级
- 现存古代建筑的主要类型

二、学习重点

- 了解中国古代建筑的发展史略
- 熟悉中国古代建筑的特点
- 理解古代建筑的设计思想
- 掌握古代建筑的构成和等级制度
- 掌握中国古代建筑的主要类型及艺术精髓

第一节　中国古代建筑概述

建筑是人类文化的一个组成部分。我国的建筑艺术在原始社会时期开始萌芽，在封建社会时期取得辉煌的成就，民族众多、幅员辽阔和5000年的中国文化，使中国古代建筑艺术形式多样，内涵深厚多彩，逐步形成了独特的建筑文化体系。在世界建筑史上占有重要地位，作为中国人文景观中最重要的组成部分，成为现代旅游业开发的重要旅游资源。

一、中国古代建筑的发展与演变

1. 原始社会建筑（距今6000年前至公元前21世纪）

早在距今约50万年前的旧石器时代初期，我国境内的原始人群就利用天然岩洞作为居住处所，如周口店北京猿人遗址。另据我国古代文献记载，巢居也是被采用过的另一种原始居住方式。旧石器时代人类的居住只限于对天然环境的直接利用，真正的人工建筑尚未出现。

大约6000～7000年前，我国广大地区进入原始氏族社会，房屋建筑也大量出现，由于各地气候、地理、材料等条件的不同，营建方式也多种多样，其中具有代表性的房屋主要有两种，黄河流域的木骨泥墙房屋和长江流域多水地区所见

的干阑式建筑。黄河中游地区仰韶文化开始了定居生活，其典型代表是陕西临潼姜寨遗址和西安半坡遗址。其房屋的平面有长方形和圆形两种，立面有半地下和地面两种。房屋墙体多采用埋置木排再涂抹草泥而成，屋顶往往使用藤枝扎结的木骨架上涂抹草泥而成，为承托屋顶中部的重量常在室内用木柱作支撑。室内地面和墙面往往用细泥抹面或烧烤表面使之陶化，以避潮湿。此时的原始聚落的布局一般包括居住区、制陶窑场和公共墓地等部分。长江流域的干阑式建筑，以浙江余姚的河姆渡遗址为代表，采用榫卯连接技术，形成架离地面的木构房屋建筑。

4000年前进入原始社会晚期的龙山文化时期，出现了双室相连的套间式居所，平面作“吕”字形，住房遗址已显露出家庭私有的痕迹，反映了以家庭为单位的生活方式和私有制萌芽的出现。龙山时期在建筑技术方面的发展，是广泛地在室内地面上涂抹光洁坚硬的白灰面层，使地面防潮、清洁和明亮。

从巢穴居住发展到地面建筑，经历了几十万年的漫长岁月，简陋的原始房屋在建筑发展史上具有开创性和革命性的贡献。中国原始社会的建筑以木材为基本材料，形成了“人”字形的基本架构，但尚无人工建材的加工和使用，仅限于对自然建材的直接利用。

2. 奴隶社会建筑（公元前21世纪至公元前5世纪）

随着社会生产力的发展，奴隶社会建筑技术不断提高，建筑的种类和形式愈加复杂多样。奴隶主阶级集中大量的社会财富，为自己营造城垣和宫殿。这一时期盛行高台宫室，在建筑下用夯土筑起巨大的高台，使建筑物更显高大雄伟。同时，在建筑材料方面出现了大型的砖、瓦等人工建材，配合土木材料使用，使建筑物更加壮观耐久。在建筑物上还使用了金、玉等贵重材料作为装饰，墙壁、柱子上使用锦绣装饰，并绘有彩画，建筑物逐渐变得壮美华丽。社会分工出现专业匠人，创制出规、矩、罗盘、水平等仪器，增强了建筑的精确性。

奴隶社会时期在建筑上突出的成就是城市和宫殿建筑，如河南偃师二里头夏代宫殿遗址、河南安阳殷墟遗址、陕西岐山凤雏村西周遗址等。在这一时期，基本上形成了中国建筑的独特建筑体系和艺术风格。

3. 封建社会建筑（公元前5世纪至公元19世纪）

漫长的封建社会我国经历了十几个主要封建王朝，历时2000多年。中国建筑得到进一步的发展和完善，出现了大量的都城、宫殿、坛庙、衙署、寺观、宅第、园囿、陵寝、桥梁、堰坝等建筑和工程。这一时期是我国古代建筑发展中最重要的阶段。

首先是古代工匠根据不同的功能需要创造出一些新的建筑类型，如书院、考场、文庙等儒家建筑，佛寺、石窟、塔、天主教堂等宗教建筑，城防建筑工程有了许多创新，长城便是突出的例子。其他各种建筑物如住宅、园林、宫殿、陵寝等，其形式结构也随着时代的前进而不断演化和发展。

建筑材料进一步多样化，主要是处理木材和土质建筑材料。随着建筑类型的丰富和建筑用途的需要，出现了砖、瓦、石料以及铜、铁、石灰等建筑材料，进而使建筑结构有了较大的发展。出土的秦砖汉瓦，反映了当时制作技术已经达到相当高的水平。

木结构技术的发展，是这一时期建筑技术的最显著成就。当时的高楼飞阁，不计其数。在长期的实践中，古代建筑匠师们不断总结经验，创造出以“材、栔”、“斗口”为标准的木结构“模数”，为预制材料构件、现场安装开辟了道路。同时，砖石结构技术也有很大发展。这一时期出现了许多建筑理论和技术专著，如成书于战国的《考工记》、宋代的《营造法式》和《工部工程做法则例》，对建筑的发展起了很大的推动作用。

随着封建社会各方面的发展，不仅帝王们的宫殿、园林、王府雕梁画栋，大加装饰美化，就是地方官府、地主乡绅们也大兴土木，装饰宅第，美化园囿。建筑物的艺术造型从早期简单的外轮廓发展成为各式各样的亭台楼阁，形制多样的屋顶和平面，优美的轮廓和曲折的变化成为东方建筑形象的特色。此外，建筑色彩、彩画装饰和雕刻装饰的发展也随着时代的要求崇尚而不断变化，从简单质朴向繁复精细发展演化，并确立了严格的做法和等级制度。

二、中国古代建筑设计思想

中国古代建筑设计有着很高的造诣，有许多精辟的理论与成功的经验。古建筑本身不仅反映了古代建筑设计和建造技术成就，同时也蕴含着当时推行的礼制制度，以及当时人们的思想意识、审美观念、社会风俗和道德规范等内容。

讲究阴阳五行的“堪舆”即“风水”学说。古人不仅考虑建筑物内部空间组织，而且也很注重建筑与周围自然环境的协调。因天时，就地利，因地制宜，巧借周围环境设计建筑，对山川形势、地理特点、气候因素、采光条件、林木植被等因素加以考虑，务使建筑的布局、形式、色调、体量等与周围的环境相适应。

严格遵循九五七三数，奇偶阴阳尊卑等礼制思想，崇古尊祖，等级分明。建筑物的规格、方位、顺序、大小、造型、装饰等各个方面的设计都要反映一定的等级差别，以强调统治阶级的特权思想。“象天法地”、“天人合一”的设计思想，即地面建筑与宇宙图景相对应，师法自然，古人对天、地、万物同形同构宇宙法则的把握，追求“天人合一”的理想境界。此外，古人对单体建筑、建筑群之间的配合协调也极为重视，巧借自然环境修建庞大的建筑群，并通过楼阁、回廊、亭台，将它们联成一个有机整体，高低错落、疏密有致、层次分明，象征帝王至高无上的皇权，使建筑物的实际效用和整体美观达到了和谐、庄重、雄伟、神圣的完美统一。

三、中国古代建筑的主要特点

1. 富于弹性的结构体系

古代建筑以木材为主，由柱、梁、檩等主要构件组成，各构件之间以榫卯相接，共同构成富有弹性的木框架结构体系。创造了“斗拱”这种中国独特的结构形式，并成为中国古代建筑最重要的特征之一。“墙倒屋不塌”充分说明了古建筑的木构架结构体系的特色，即梁柱承载重量，墙壁仅为空间分隔之用，同时该结构体系还具有良好的抗震性能。

2. 美妙优雅的艺术造型

中国古代建筑以它优美柔和的轮廓和变化多样的形式，令世人赞叹不已，如建筑平面在方形基础上的折角、曲线变化，建筑立面上的飞檐翘角，屋顶的各种形式。别致的外形不但适应和满足建筑功能的实际需要，而且塑造出了古建筑优美的曲线形式，将实用与美观恰当地结合起来，是形式与内容完美统一的典范。

3. 整齐划一的平面布局

我国的宫殿、庙宇、民居等建筑物基本上是采取群体组合的布局。它在平面布局上，以“间”为单位组成单体建筑，再以“院”为单元进行建筑群的组合。中国众多建筑群遵循的是沿中轴线展开两翼对称的布局原则，使建筑群形成左右对称，前后均衡，整体联系而为一个统一有机体。中国古代建筑的这种群体格局，反映了中国古代讲究和谐与对称的审美观念。

4. 绚丽华美的装饰风格

中国古代建筑从整体到局部都十分注意建筑的装饰。主要是建筑色彩的运用、彩画的粘贴，有的色调鲜艳，对比强烈；有的色调和谐，朴素淡雅。工匠们根据不同的需要和当时风俗习尚而灵活运用。除了重视色彩的装饰效果外，古建筑还十分讲究内部的装饰、陈设和外部空间的点缀。内部常用雕梁画栋、图案花纹、匾额楹联及壁画等进行装饰，以增加绚丽华美的风格。外部空间常用石狮、照壁、华表以及花卉等加以点缀装饰。

第二节 中国古代建筑构成与等级制度

一、古代建筑结构类型

中国古代建筑以木构架结构为主要的建筑结构，创造了与这种结构相适应的各种平面和外观，其历史悠久，一脉相承，形成了一种独特的风格和结构体系。我国古代木构架大致有抬梁、穿斗、井干三种不同的结构方式，其中抬梁式应用最为广泛和普遍。

1. 抬梁式建筑

这种木构架形成于春秋时期，是沿房屋进深方向在屋基上立柱，柱上架梁，梁上重叠数层短柱（瓜柱）和梁，梁的两端承檩，在最上层梁中央立脊瓜柱以承脊檩，构成一组人字形木构架。平行的木构架之间利用柱头之间的枋木和梁之间的檩木，构建起整个屋架。这种木构架可以建造三角、正方、五角、六角、八角、圆形、扇面、卍字、田字及其他特殊平面的建筑和多层楼阁，这在我国古代建筑中应用最为广泛，特别在北方更是普遍。

2. 穿斗式建筑

穿斗式建筑构架，是由柱距较密、柱径较细的落地柱直接承檩，柱间不施梁，而用数层穿枋贯通连接各柱，并以挑檐枋承托出檐。该方法形成于汉代，为我国南方诸省建筑所普遍采用。其特点是可以用较小的木材构建出较大的构架，缺点是内部立柱较多，不便于空间的使用。因此往往形成山墙面用穿斗式，中央诸架用抬梁式的混合木构架。

3. 井干式建筑

井干式建筑是将天然圆木、半圆木或方木两端开卯榫，组合成为矩形木框，层层相叠，构成房屋的木承重结构墙。井干式木构架出现于商代后期墓葬的木椁，汉代宫苑之中有井干楼，现在除少数森林地区外很少使用。

二、古代建筑构成要素及等级

1. 建筑台基

古建筑的台基用于承托建筑的荷载，防水隔潮，同时抬高建筑的高度，给人以雄伟庄严之感。台基可分为普通台基和须弥座两类。一般房屋用单层，隆重的殿堂用两层或三层。普通台基多用素土、灰土、三合土夯筑而成，外包砖石，高度较低，常用于普通或小型建筑。须弥座又叫金刚座，是由佛座演变而来，形体比较复杂，一般用在高级的建筑，如宫殿、坛庙的主殿，及塔、幢的基座。其造型座角折收，座腰束收，下有线脚，出现莲瓣、卷草纹饰、力神、角柱等，上有围栏环绕，华丽无比，复杂重叠，具有很强的装饰性。

2. 柱

柱是建筑的承重构件，按结构所处的部位可以分为檐柱、金柱、中柱、山柱、童柱等。同时柱的断面、高度与建筑尺度的关系以及柱的拼和方面，在古代建筑规范《营造法式》中都有明确规定。

3. 枋

包括额枋、平板枋、随梁枋、檐枋、金枋、脊枋以及雀替、角背等形式，主要用于柱与柱之间上端联络、柱与梁之间承重连接和柱与枋之间的连接的构件，在增大木构件接触面的同时，也具有一定的装饰作用。

4. 斗拱

斗拱是我国木构架建筑特有的构件，处于梁柱结合部、屋檐下、腰栏下等部位，其主要作用有三：一是增大建筑构件的接触面，加强结合部的牢固性；二是向外挑檐，增大屋檐出深；三是装饰檐下、栏下部位，纵横交错，彩绘雕刻，增加了建筑物的美观度。斗拱也是中国古代建筑最复杂的构件，方形的木块为斗，上刻十字形凹槽，凹槽上架嵌的弓形的木块为拱，斜伸向前的构件为昂，拱上可以再加斗、拱，形成多层结构的斗拱组合，称之为铺作，可分为柱头铺作、柱间铺作和转角铺作。建筑物出挑斗拱的层次越多，等级越高。

5. 开间

我国木构建筑中将四柱合围的空间称为开间，是古代建筑的基本单位，构成不同规模和尺度、也反映不同等级的建筑单体。所以建筑物的体量可以用开间来反映，开间越多，建筑体量越大，等级越高。正面开间的多少称为“面阔”，侧面开间宽度的总和称为“进深”。建筑的开间在汉以前有奇数也有偶数，汉以后用十一以下的奇数间。民间建筑面阔常用三开间、五开间，宫殿、庙宇、官署多用五开间、七开间，十分宏伟的用九开间，至于十一开间的建筑，除西安唐大明宫含元殿、麟德殿遗址和北京明清故宫太和殿以外，还没有见到。

6. 屋顶和屋檐

屋顶是中国古代建筑最具特色的部分，具有排水、保温和遮阳的功能。它包括建筑的檐口、屋脊和屋面三部分。中国古建筑屋顶形式按等级依次为庑殿顶、歇山顶、悬山顶、硬山顶，其他屋顶形式有攒尖顶、卷棚顶、穹隆顶、盝顶。此外还有单坡和平顶两种，前者多为辅助建筑，常附于围墙或建筑的侧面，后者常用于气候干旱雨量很少的地区。结合单檐、双重檐、三重檐的屋檐形制，中国古代建筑的屋顶形式按等级高低形成九种主要形制：重檐庑殿、重檐歇山、单檐庑殿、单檐尖山式歇山、单檐卷棚式歇山、尖山式悬山、卷棚式悬山、尖山式硬山、卷棚式硬山。这九种屋顶形制主要用于宫殿、坛庙、衙署、寺庙等正式建筑，而攒尖顶多用于游乐休闲的杂式建筑，如亭、榭、塔等。

三、古代建筑装饰

我国古代建筑装饰可分为外檐、内檐装饰。前者装饰部位在室外，如走廊的栏杆、檐下的挂落和对外的门窗等。后者在室内，如各种隔断、罩、天花、藻井、卷棚等。装饰手段包括粉刷、油漆、彩画、壁画、雕刻、泥塑以及利用建筑材料和构件本身色彩和状态的变化等。

1. 屋脊装饰

在古代建筑的屋脊上有许多动物雕塑装饰，以增加建筑的威严和神秘，统称脊兽。正脊上的压脊兽分为两种：高档的脊端用吻兽，又叫鸱吻、螭龙，主要用于宫殿、坛庙等高规格殿堂；次级的脊端用望兽，主要用在城门等级别较低的建筑。垂脊的仙人走兽为垂兽，斜脊的为走兽。自清代走兽多取奇数，数量越多，等级越高。北京故宫的太和殿为 11 个走兽，依次为傧伽、龙、凤、狮、天马、海马、狻猊、狎鱼、獬豸、斗牛、行什。

2. 材料装饰

民间建筑常用茅草、泥土、石板、陶小瓦等简陋的建筑材料，而官式建筑多使用筒瓦、板瓦、琉璃瓦等高级材料。琉璃瓦的颜色分黄、绿、黑等不同等次，以黄色为最高贵，绿色次之。只有皇家建筑和重要庙宇才能用黄色琉璃瓦；亲王、世子、郡主府第用绿色琉璃瓦；离宫别馆和皇家园林用黑、蓝、紫、翡翠等色琉璃；职位较低的官员和平民宅舍只能用青色的布瓦。

3. 色彩装饰

中国古代建筑色彩的发展也是随着时代的要求崇尚而不断变化的。各种色彩在建筑中的使用有着严格的等级区分。中国古代建筑整体色彩由高到低为黄、赤、绿、青、蓝、黑、灰。宫殿用金、黄、赤色，民舍只可用黑、白色。

4. 彩画装饰

古建筑木构表面施以油漆彩画，既保护了木材，又起到了很好的装饰作用。彩画使用的部位，除墙壁、梁、枋外，柱头、斗拱、檩身、垫板、天花、椽头等处都可使用。常见的彩画有和玺、旋子、苏式三种形式。和玺彩画是最高等级的彩画，仅用于宫殿和坛庙的主殿、堂、门。画面用双曲线框定，主要图案为龙凤纹彩饰，在箍头处用有坐龙的盒子，藻头用齿形衍眼及降龙，枋心用行龙。主要线条及龙、宝珠等用沥粉贴金，金碧辉煌，以蓝绿底色相间形成对比并衬托金色图案。旋子彩画仅次于和玺彩画，应用的范围很广，一般的官衙、庙宇主殿、宫殿和坛庙的次要殿堂使用。主要的特点是在藻头内使用了带卷涡纹的花瓣，即所谓旋子。箍头、枋心大多不绘画龙图案，而以西番莲、牡丹、锦纹、花卉、几何图案为主。根据用金多少、图案内容和颜色层次，旋子彩画还可分为不同种类。苏式彩画一般用于住宅、园林。箍头多用联珠、万字、回纹等。藻头画由如意头演变来的卡子。枋心常绘历史人物故事、山水风景、博古器物等，基本不用金。

第三节　现存古代建筑主要类型

中国现存古代建筑的主要类型有宫殿、坛庙、陵墓、园林、府第、衙署、民居、寺观、石窟、塔、城垣、桥梁、楼台亭阁等。以下对重要的代表类型分别介绍。

一、宫殿与坛庙建筑

1. 宫殿建筑

我国远在公元前20世纪，奴隶主便开始为自己修筑宫殿，当时的生产力还很低下，宫殿建筑较为质朴原始。但到了封建社会时期，尤其秦、汉以后，宫殿建筑的建造规模和建筑技艺大为提高。帝王宫殿乃王朝政权的象征，因此各代帝王更是不惜大兴土木，建造更加奢华壮丽的宫殿建筑群，以壮王朝天威。

中国大地上各朝各代留下的众多宫殿遗址，现在所知最早的宫殿，是河南偃师二里头宫室遗址，其他早期的宫殿还有：河南安阳殷墟商代宫殿遗址、陕西扶风、岐山早周宫殿遗址、陕西西安西周都城丰镐遗址以及春秋战国时期的齐临淄、赵邯郸、燕下都等宫殿遗址。秦统一六国后，大修宫殿，建造了历史上规模宏大的阿房宫，此后，汉代在秦咸阳兴乐宫的基础上建设长安城，包括长乐宫、未央宫、建章宫、甘泉宫，洛阳之北宫、南宫，殿阁楼台，离宫别馆，组成规模庞大的帝王宫苑。汉以后，隋之仁寿宫，唐之大明宫、兴庆宫，宋建都东京以及辽、金、元之燕都宫殿，无不日益奢华壮丽。现在比较完整保存下来的帝王宫殿，只有北京的明清故宫和沈阳的清故宫两处。

宫原为多套房屋的总称，殿则是指“堂之高大者”。高大之屋唯有统治者可为，因此自秦汉时起宫殿连称成为帝王住所的专用名称。体量之大，气势之弘，规格之高，就成为宫殿建筑的首要特点。帝王宫殿通过中轴突出、左右对称、严谨规整、多重递进的布局方式，展示出受命于天、皇权至上的统治思想。宫殿建筑群配置十分讲究阴阳五行，外朝为阳，形成“五门三朝”之制，内廷为阴，遵循“两宫六寝”之制。

2. 坛庙建筑

在古代，由于对自然现象的不理解，产生对大自然日月星辰、风雨雷电以及山川草木的神秘崇拜。在崇拜自然和祭祀祖先的信仰下，人们要进行多种多样的祭祀上天、土地和祖先的活动，修建与此相关的礼制性建筑来供奉和参拜这些神灵，以求保佑和赐福。在民间，有诸如土地庙、龙王庙、城隍庙之类的建筑，在官方则有天坛、地坛、日坛、月坛、先农坛、社稷坛、太庙之类的建筑。这些坛庙建筑规模宏大精美，尤其是帝王祭祀的建筑，其规模之大、形制之高，与宫殿、陵寝不相上下。

古代帝王亲自参与的最重要的祭祀有三项：天地、社稷、宗庙。所谓坛庙，主要指的就是天坛、社稷坛和太庙。最隆重的祭祀活动是祭天，皇帝例行于每年冬至祭天，皇帝登基也须祭告天地，表示“受命于天”。祭天的起源很早，但真正采取周制祭天则是魏晋以后的事。现存北京的天坛是明清时期的祭天建筑，建于明永乐十八年（公元 1420 年），天坛共有两道坛墙，分内坛和外坛，平面北圆南方，象征天圆地方。占地面积约 270 万 m^2，是我国现存最大的古代祭祀性建筑群。祭祀大殿祈年殿是天坛最突出的主体建筑，优雅的体型、高超的艺术处理和丰富的文化内涵，成为中国古代建筑艺术最成功的优秀典范之一。祈年殿立于三层汉白玉须弥座台基上，底面为圆形，直径约 90m，殿身高 38m。三重檐伞形攒尖顶，在明代，上檐青色表示天，中檐黄色表示地，下檐绿色表示万物；清乾隆十六年（公元 1751 年）修缮时，将三层檐都改为蓝瓦，顶尖以鎏金宝顶结束，檐下彩绘金碧灿烂。整个建筑色调纯净，造型庄重典雅。祈年殿前庭地面比院外地面提高 4m 余，加上三层台基，使祈年殿台基面高出垣外地平 10m 以上，这使得人们在穿越茂密的参天古柏林丛后，至此顿然超出苍翠的林海之上，有超凡出尘、与天接近的感觉，形成祈天时所需的静谧肃穆气氛，也体现了天坛崇高无上的地位。

在中国古代还有一类历史悠久的祭祀活动，即从汉代起逐渐形成的五岳、五镇、四海、四渎的祭祀活动，形成了大量的祭祀建筑，其中以岱庙为代表。岱庙正殿是国内现存最宏伟木构建筑之一。

二、城防与军事建筑

1. 城防工程

城市是人类文明史的重要组成部分，出现在从原始社会向奴隶社会的过渡时期。城市一方面集中表现了当代经济、文化、科学、技术等多方面的成就，另一方面它还是各类建筑物荟萃之地，成为建筑综合体。中国城市的发展有着悠久的历史，大约在4000多年前的夏代，就已经有了城市的雏形，而且历史上曾出现过许多名扬世界的伟大城市。

古代都城为了保护统治者的安全，有城与郭的设置。从春秋一直到明清，除了秦咸阳是个特例外，其他各朝的都城都有城郭之制。所谓“筑城以卫君，造郭以守民”。城市的出现产生城防问题，中国古代城市无论大小级别，从京都到郡、州、府、县甚至一些乡镇都设有城墙和护城河。城墙上有城门、箭楼、闸楼、城楼、角楼、敌台、敌楼、堞墙、垛口、吊桥等防御工事，构成了一整套坚固的城防体系。我国古代的城垣建筑，不仅工程坚固，而且具有高超的建筑艺术水平。险固的城墙，高耸的城楼，宽广的护城河显示出雄伟森严的气势。

现在保存较为完整的城墙有辽宁兴城、湖北江陵、山西平遥、福建诏安、广西永福等处，尤其以陕西西安城墙规模最大而又完整。它是明王朝初期封藩秦王的城郭，距今已有600多年的历史。

2. 万里长城

我国还有一项特殊的军事防御工程，即闻名中外的万里长城。它自成一套完整的防御体系，修筑时间之久，规模之宏大，世界罕有，因此很早就已被列为世界古七大奇迹之一。

长城始建于公元前7世纪前后的春秋战国时代。当时诸侯争霸，为了互相防御，便在各自的领地上，根据防御的需要筑起了高大的城墙。由于这种城防与京城、州郡等的城墙不同，它的周圈不封闭，而且动辄上百里、上千里，所以称为长城、长墙或长垣。长城修筑到17世纪才基本停止，延续了2000多年，总共有20多个朝代和诸侯国家修筑过长城。若把每次修筑的长城长度相加起来，大约有 50 000km 以上。其中秦、汉、明三个朝代的长城都超过了万里，所以被称之为万里长城。

长城不仅是一道万里长墙，而且是由千百座雄关隘口、城堡墩台所组成的严密防御体系。它凭借着上万座烽火台，以白天燃烟、夜间放火的方式，把万里防线的军情迅速地传递到附近的郡、县、州城和关防卫所，直到王朝的首都。

长城不仅是坚固的工程，而且在建筑技术与艺术上也有着巨大的成就。远在两千多年前秦始皇修筑长城的时候，军事学家、建筑工匠们就总结出了“因地形、用制险塞”的规划建筑原则，使之既能控制险要，便于防守，又能达到节约人力物力的目的。在建筑材料和施工上创造了“因地制宜、就地取材”的经验。凡在山岭多石地区就开山取石修筑，若当黄土地带就利用黄土夯筑，就是砖瓦木料也都尽量就近烧制伐取。最令人惊叹的是，在无土无石的戈壁沙滩上，古代建筑工匠和士兵们巧妙地利用了沙漠中所产的红柳枝条和芦苇与砂砾石子相间层层铺筑的方法，建造起高大城墙和烽隧高台。在今甘肃玉门关、阳关附近还保存了这种两千多年前西汉长城、烽隧结构的遗迹。

三、交通与水利建筑

1. 桥梁工程

最早的桥梁是山间峡谷中自然的石拱、石梁或倒塌在溪流上的树木枝干而形成的天然桥。原始人类曾借此涉水过河，跨山越谷，也启发了修建人工桥梁的思路。我国造桥的历史悠久，据历史文献记载，在距今四五千年的黄帝时期就已经有了造桥的活动。考古发掘中更证明了在原始社会时期人们就已开始造桥。在西安半坡原始社会村落遗址中，发现了原始的木梁桥。其后随着科学技术的进步，3000 多年来，各个朝代、各个地区相继建造了许许多多不同结构、不同形式的桥梁。虽然岁月沧桑，但仍有大量的古桥保存下来。

我国建造古桥的工程技术，在世界造桥史上也居于前列。现存河北赵县安济桥所采用的空腔式（也称敞肩式）拱券做法，已有 1300 多年的历史，是世界现存这种结构方法建造的古桥中最早的实物。福建泉州洛阳桥所采用的“筏形基础”，也是世界造桥史上的首创实例。

我国古桥不仅历史悠久，工程技术高超，而且造型优美，艺术精湛。赵州桥大拱两背上的四个所谓“两涯嵌四穴”小拱，不仅有增加排洪泄水、减轻桥身重量的作用，而且使桥身显得轻巧玲珑。桥上的雕龙栏版若静若动，艺术精绝。卢沟桥上的华表、碑亭、仰天石等的雕刻精美绝伦，栏杆望柱上的石狮子，大小抱负，嬉戏逗玩，千姿百态，栩栩如生。

我国古桥从结构分类上讲，主要有梁式、拱式、悬索式、漂浮式、跳跃式等种类。在艺术形象上分踏步桥、独木桥、独石桥、长梁桥、单拱桥、联拱桥、敞肩拱桥、重拱桥、溜索桥、竹索桥、铁索桥、藤网桥、浮桥、复道飞廊、凌空栈道，以及在梁桥、拱桥之上修建长廊、殿阁、亭榭的廊屋桥、亭桥等。它们不仅以雄健的桥身飞跨横渡，而且以它们优美的形象和丰富多彩的艺术造型成为著名的旅游景点。我国遗存古桥甚多，不胜枚举。北京永定河的卢沟桥、广东潮州韩江的广济桥、福建泉州的洛阳桥、河北赵县的赵州桥并称为中国四大古桥。

2. 水利工程

中国的季风气候造成降水变率大、旱涝灾害多，所以自古以来就特别重视水利工程的修建。现存的古代水利工程，不仅可以继续发挥作用，同时具有很强的旅游吸引力。首先这些水利工程具有悠久的历史，成为中华文明发展的重要组成部分；其次水利工程反映了古代人民的聪明才智和科学技术的发展，具有显著的科学价值；另外它们与自然山水融为一体，并创造出更加优美的环境景观，颇具独特的观赏价值。

位于四川的都江堰水利工程，修建于公元前250年，是我国现存最早的古代水利工程，由秦国蜀郡守李冰父子率众所建，引岷江之水浇灌成都平原，造就“天府之国”的富庶。都江堰工程由分水鱼嘴、飞沙堰溢洪坝、宝瓶口引水渠三个主要部分构成，相互配合形成设计科学、调度有序的水利系统。该工程一直使用至今，经过修整后，其灌溉能力已扩大到530 000hm^2。此外，广西的灵渠、福建的木兰陂、京杭大运河、坎儿井等，也都是我国古代著名的水利工程。

四、著名景观建筑

1. 楼阁建筑

楼阁为两层或两层以上的古代木构建筑。二者在建筑形制上无多大差别，但使用功能不同，楼的用途极为广泛，而阁的用途主要为珍藏图书、佛经、佛像和形成景观。

我国古楼分布广泛，形制多样，现存多为明清建筑。如承德避暑山庄烟雨楼、浙江嘉兴烟雨楼、广州镇海楼、武汉黄鹤楼、湖南岳阳岳阳楼、成都望江楼、昆明大观楼、贵阳甲秀楼、台湾台南赤嵌楼等。其中黄鹤楼、岳阳楼、蓬莱阁与滕王阁并称为四大楼阁。

黄鹤楼位于武汉蛇山之黄鹄矶头，始建于三国，屡毁屡建，虽历朝格调不同，但耸构巍峨、重檐飞翼、势动欲飞之风格贯穿始终。主楼高51.4 m，五层重檐叠升，五顶攒尖并立，出檐深远，翼角高翘。岳阳楼屹立在洞庭湖畔，是我国古建筑中的瑰宝，自古有“洞庭天下水，岳阳天下楼”之誉。现存楼高

19.72m，三层三重檐盔顶长方形结构。全楼梁、柱、檩、椽全靠榫头衔接，相互咬合，稳如磐石。其建筑的另一特色，是楼顶的形状酷似一顶将军头盔，既雄伟又不同于一般。滕王阁巍然耸立于赣江之滨，是一座声贯古今、誉满海内外的千古名阁，素有“江西第一楼”之称。始建于唐永徽四年（公元 853 年），1983 年重建。阁高 57.5m，加上两层底座一共九层，琉璃绿瓦，鎏金重檐，雕花屏阁，朱漆廊柱，古朴高雅，可览“落霞与孤鹜齐飞，秋水共长天一色”，蔚为壮观。蓬莱阁位于天后宫西北丹崖绝顶，为双层木结构楼阁建筑，建于宋嘉祐六年（1061 年）。蓬莱阁底层长 14.8m，进深 9.65m，四面回廊，明柱 16 根。蓬莱阁二层上木栅格扶栏，北、东、西侧木屏风，北侧开窗，供游人凭栏观海。

供佛阁多分布在寺庙，规模宏大，气势庄严。北京颐和园佛香阁为我国形制最高阁，三层四重檐，高 41m，平面八角，内供佛像。建于明代的浙江宁波天一阁为我国古代藏书楼的典范，二层硬山式，上为天层一通间，下为地层分为六间，取“天一生水，地六成水”之意。清乾隆时编纂缮写七部《四库全书》，仿天一阁建藏书楼收藏，形成“北四阁”：北京故宫文渊阁、沈阳故宫文溯阁、圆明园文源阁和承德避暑山庄文津阁；“南三阁”：扬州大观堂文汇阁、镇江金山文宗阁、杭州文澜阁。其中文源、文汇、文宗已毁，现仅存四阁。

2. 亭台建筑

亭为我国分布最为广泛的古建类型，尤以园林中多见。柱间多不设门窗而设半墙或平栏，用于休憩、观景等。亭可赏景——提供最佳观景角度，亭可佐景——为自然山水添色增辉，因此是最为典型的景观建筑类型。除景观亭外，还有纪念历史事件和人物的纪念亭，收存碑石的碑亭，文人雅士行曲水流觞之俗的流杯亭，宗教祭祀亭等。

亭之造型最为丰富，平面、立面、亭顶、亭檐皆有多样变化，或简单或繁复，或高大或小巧，或古朴或堂皇，本身就是内涵丰富的游览对象。平面有半亭、圆亭、扇亭、方亭、六角亭、八角亭以及复合亭，立面有单檐、重檐、攒尖顶、歇山顶、卷棚顶等，精致小巧，空灵通透，灵活多样，堪为中国古建之绝。

台始于奴隶社会，如商纣的鹿台、西周的灵台。春秋战国盛行筑台之风，一直流行于秦汉，绵延到魏晋。曹魏在邺城筑铜雀三台，遗址至今尚存。后来单独的筑台虽不再流行，但以台为基抬高建筑气势的传统却得以延续，称之为高台建筑。台的修建，可通神求仙、登高远望、观赏乐舞，亦可烽火御敌、观测天象等。中国历代皆有观象台的兴建，但现遗存不多。如河南洛阳汉魏故城南郊的灵台，是已确认的最早的观象台遗址，建于东汉，使用长达 250 多年。河南登封的元代观象台，砖石砌成，台顶有测量日影的景表、石圭。北京古观象台为明代建筑，是世界保存原完整天文仪器（如经纬仪、天体仪等）的最古老天文台。

3. 塔式建筑

塔起源于印度，梵文称作 Stupa，中文译作窣堵波、塔婆、浮图。印度最初建塔是为埋葬释迦牟尼舍利。后来佛教高僧、法师死后，亦造塔埋葬灵骨，或收藏经卷、佛像等。我国的塔，早期受印度和犍陀罗艺术的影响较大，后来在长期的发展中不断与中国楼阁建筑技术相结合，逐步形成了自己的形式和特点，使塔成为中国古建筑的奇葩。塔的结构主要可分地宫、基座、塔身、塔刹四部分，塔身是塔的主体，一般佛塔塔身的层数以奇数居多，因为佛教以奇数表示清白。在魏晋南北朝时，塔式多以方形木结构楼阁式为主，唐代出现了方形多层砖塔，宋以后进一步发展为六角形、八角形的石塔、铜塔、铁塔、琉璃宝塔等。据统计，我国现存的塔有近万座，其中有一百多座塔的历史都在 700～800 年以上。

塔的主要类型有：

（1）楼阁式塔

楼阁式塔是我国最具传统建筑特色的塔式建筑，出现时间最早，遗存数量最多，是我国塔中的主流。南北朝至唐、宋，是我国楼阁式塔的盛期，分布遍及全国，并影响到朝鲜、日本和越南。塔的平面形态唐以前都是方形，五代起八角形渐多，六边形为数较少。早期多为木塔，隋唐起砖石结构的仿木塔逐渐为主。其特点是：层距较大，高如楼阁；用砖石做出柱、枋、梁、斗拱、门、窗等仿木构件；檐下有椽头、瓦垄、飞角甚至平座勾栏；内部中空分层，可以攀登。最著名的有山西应县木塔、西安大雁塔、开封铁塔、定州料敌塔、福建泉州开元寺双石塔等。

（2）密檐式塔

其兴起于南北朝，盛于辽金，元以后衰落。密檐式塔一层高大，以上各层层高很小，塔檐密叠，故称密檐式塔。密檐式塔檐多而密，多高大、美观、秀丽，立面曲线柔和。塔多为实心，无仿木构件，不开门窗，改为佛龛或通风采光券孔，不能登高望远。但也有一种外部属密檐式内部为楼阁式的塔，既秀丽美观又能登高远眺。但因檐密窗小，又没有平座栏杆，观览效果远不如楼阁式塔。密檐式塔一般使用砖石作为建筑材料。这类塔最早的实例是北魏的登封嵩岳寺塔。隋、唐塔平面多为正方形，辽、金多为八角形。较为著名的密檐式塔有洛阳白马寺塔、北京天宁寺塔、西安小雁塔等。

（3）覆钵式塔

覆钵式塔是最接近原印度窣堵波的塔，主要分布于藏传佛教地区，以西藏、内蒙古一带为多，华北地区也不少。在造型上我国有所创新。以北京妙应寺白塔、北海白塔、五台山舍利塔最著名，塔基为方形台座，塔身像一个巨大覆钵体，塔刹高耸，上饰相轮、华盖宝珠顶，塔体均涂白色，洁白高雅，宏伟壮丽。

（4）亭阁式塔

亭阁式塔是印度窣堵波与我国传统建筑亭阁相结合的产物，其特点是塔身为单层的方形、六角形、八角形或圆形的亭子，亭顶为塔形。以山东历城隋代四门塔最著名，它是我国现存最早的亭阁式塔。山西佛光寺祖师塔、河南登封会善寺净藏禅师塔、安阳修定寺塔，也是较有名的古亭阁式塔。

（5）金刚宝座塔

金刚宝座塔是在一个高台（宝座）上建有五个小塔，供奉“金刚界五部五佛”。仅见于明、清两代，为数很少。著名的有北京真觉寺金刚宝座塔、北京碧云寺金刚宝座塔、北京西黄寺清净化域金刚宝座塔、呼和浩特慈灯寺金刚宝座舍利塔和湖北襄阳的“多宝佛塔”等。

（6）花塔

上半部建成莲花瓣式或密布着佛龛、佛像、菩萨、动物等雕刻，看上去如一个巨大的花束，大多为辽、金时期所建，现存不多，有北京房山万佛堂花塔、河北正定花塔、井陉花塔、曲阳修德花塔等。

（7）过街塔

塔座下有塔门，建于街道或大路上，塔门能通过行人、车马，塔身建于塔门之上正中位置。主要为元、清两代建筑。现存的有江苏镇江过街塔、北京法海寺过街塔、河北承德普陀宗乘之庙塔门。

明清以后，还出现了文峰、文昌等名称的塔，这些塔的建造已没有宗教意义，而是作为山川名胜和园林景物的点缀，或用它来象征本地人杰地灵等。建国后也建造有许多纪念性的塔，如河南郑州“二七”纪念塔、湖南长沙的烈士纪念塔、江西南昌的八一起义纪念塔等。

案例分析——北京故宫鉴赏

北京故宫始建于明永乐四年（公元1406年），是世界上现存最大、最完整的古代木结构建筑群。故宫的平面布局是依封建礼制来建造的，中轴对称布置各组建筑物，形成统一而有主次的整体，通过建筑形式的空间布局和形体，体现了皇权至高无上的意识形态。故宫呈矩形平面，宫城四周为高大砖砌城垣，四隅矗立有角楼，城开四门（东华门、神武门、西华门、午门）。宫城前有千步廊，廊东（左）为太庙，廊西（右）为社稷坛，即“左祖右社”的布局。千步廊南向引申至端门止，门南为皇城正门天安门。

紫禁城之内，大致分为前朝和后庭两区。前朝是皇帝举行大典和召见群臣、行使权力的场所。后庭是皇帝处理日常政务以及皇妃居住、游玩和奉神的地方。整个紫禁城的建筑金碧辉煌、灿烂绚丽。前朝富丽雄伟的三大殿位于高大洁白的汉白玉石雕琢的三重须弥座台基之上，四周廊庑环绕，是故宫中最为壮观的建筑群。以太和殿为主体的三大殿是整个宫城建筑的核心，分布在它四周的附属建筑，前后左右的环境及种种安排，都是为了体现三大殿的庄严神圣和至高无上的效果。

故宫的建筑是在一条由南而北的中轴线上展开的。中轴线上排列着天安门、午门、太和门、太和殿、中和殿、保和殿、乾清门、乾清宫、坤宁宫、神武门和景山等建筑物。中轴线两侧是东、西六宫，排列上保持着严格的均衡、对称，在整体上重点突出太和殿。建筑群由南而北伸展，随着空间和形体的变化，到太和殿达到高潮。从布局上看，深、宽、高都集中到太和殿。深：从正阳门到太和殿全长1700m，经过一座又一座桥，一重又一重门，一层又一层台阶，最后才能到达金碧辉煌的太和殿。当我们站在天安门外向北遥望，门洞越来越小，最后视线消失在太和门的台阶上，太和门成为隐蔽太和殿的屏障。由于这种笔直纵深的空间变化，造成一种神秘而严肃的气氛。宽：太和殿的位置不仅体现了空间的深度而且也体现了空间的宽度。从正阳门，经过狭窄的千步廊，又经过几个紧束门洞，把人的情绪箍得紧紧的。一过了午门，空间放宽，再过太和门更加开朗，展现出一个非常宽阔而明亮的空间，这一广场约30 000m^2，太和殿位于广场的北侧。建筑深度给人以神秘、严肃的感觉，宽阔空间则赋予建筑物的宏大气势，使人在精神上感到威慑和震惊。高：建筑的高大，直接表现皇帝的至尊。从正阳门到太和殿，在建筑上有三个高峰，即天安门、午门、太和殿。从正阳门到太和殿地平标高逐渐上升，建筑物的形体逐步加大，庭院面积逐渐加宽，建筑对人所产生的精神影响愈来愈强烈。建筑空间的组合和变化，造成的宏大气势象征着帝王的威严和权势，感染和震撼着每一个游人。

故宫建筑群如音乐一样有一种和谐的美。正阳门是序曲，太和殿是高潮，景山是尾声，沿着中轴线这一主旋律展开和宣泄。建筑形体高低错落，空间组合纵横变化，屋顶造型跌宕起伏，造就了一曲壮丽的、凝固的“建筑交响乐”，无处不散发着中华民族独特的建筑艺术魅力。

复习思考题

1. 简述中国古代建筑的发展演变和设计思想。
2. 我国古代建筑的主要特点是什么？
3. 中国古代建筑的基本构成可分为哪几部分？
4. 试述我国古代建筑的主要构成要素。
5. 我国现存著名的景观建筑：楼阁、亭台和塔式建筑主要有哪些？
6. 我国古代建筑的等级制度是什么？
7. 中国古代建筑的主要类型有哪些？
8. 中国古代建筑的装饰特色是什么？

第十章　古典园林类旅游资源

学习提示

一、主要内容

- 中国古典园林发展、分类及艺术特色
- 中国古典园林的构景要素
- 中国古典园林的常见构景手段
- 中国园林意境的创造
- 中国现存著名古典园林欣赏

二、学习重点

- 了解中国古典园林的发展简史
- 掌握中国古典园林的特色以及分类
- 掌握园林的构景要素以及常见构景手段
- 领会园林意境的创造及表现手法

第一节　中国古典园林概述

中国是世界园林艺术起源最早的国家之一，在世界园林史上占有极高的地位。在中国古代文献中，根据不同的性质和功能，将园林称为园、囿、苑、园亭、庄园、园池、山池、池馆、别业、山庄等，无论这些园林所处的历史时段、性质、规模有何不同，但都有一个共同特点，即在一定的地域范围内，利用并改造天然山水地貌，或者人为地开辟、塑造山水地貌，结合植物的栽植和建筑的布置，形成优美的景观，构成一个供人们观赏、游憩、居住的环境。

一、中国古典园林的起源与发展

1. 形成期

形成期是中国古典园林从萌芽产生而逐渐成长的时期，经历了奴隶社会末期和封建社会初期的漫长岁月，相当于殷、周、秦、汉四个朝代。最早的园林是《诗经》记载的殷末周初的“囿”，用于放养和繁殖禽兽，专供帝王和奴隶主狩猎游乐。《孟子》中记载周文王在沣京以西修建“灵囿”，方圆 35km 余。秦始皇统一中国后，大兴土木，“离宫别馆，弥山跨谷”，以上林苑最为著名。汉武帝继承了秦始皇好为苑囿的传统，修复了秦时的上林苑，依方士神仙之说在苑中建造了太液池，池中堆蓬莱、方丈、瀛洲三座神山以模拟东海的神仙境界。

该时期园林以直接利用自然山水为主，造园活动虽然规模宏大，但园林造景处于萌芽阶段。园林建筑以大型的宫殿为主，还缺乏因地制宜、随势造景艺术手法的应用，园林类型较单一，处于比较原始、粗放的状态。

2. 发展期

魏晋南北朝时期，社会动荡战乱不断，文人雅士治国平天下愿望的破灭，导致归隐山林、寄情山水、风雅自居，行乐思想流行，在城郊、居舍周围营建山水园林，享受林泉山石之乐。私家园林的兴起，使园林艺术由写实发展到写意，受山水诗文、山水绘画意境的影响，“竖画三寸，当千仞之高；横墨数尺，体万里之回”。私家园林规模虽小，但艺术造诣高超，开创和奠定了中国古典园林的艺术风格。

南北朝时是我国佛教兴盛时期，寺院建筑大为发展，寺观园林应运而生，成为新的园林类型，“南朝四百八十寺，多少楼台烟雨中”，可见营建寺观园林之风是何等兴盛。皇家园林虽然仍受制于传统礼教和皇家气派的制约，但逐渐接受了私家园林的建园思想，通神、求仙功能减弱，游览观赏功能强化，艺术开始升华。

魏晋南北朝是中国园林史上重要的过渡阶段，以自然美为核心的美学思想直接影响造园活动，由模仿自然山水发展到艺术地再现自然山水之美。园林功能基本转向游赏目的，注重追求景观美的视觉享受。在此阶段，基本奠定了中国古典园林三大类型并列发展的基础。

3. 成熟期

隋唐时期的国家统一、国力强盛，为造园活动提供了雄厚的物质基础，而且山水诗、山水画的盛行给造园构思和技巧以有益启迪，写意性山水园林的发展进入了成熟时期。“外师造化，中得心源”，是盛唐画家张燥在《绘画》中提出思想，强调对大自然进行深入细致观察才能领悟到自然山水的本性和真谛。运用到造园艺术上，强调“心悟”、“顿悟”，成为唐代园林艺术的构景原则。

皇家园林表现出宫苑与宫殿、宫城紧密结合，层次严整，在统一中求变化的特点，展现恢弘气魄和灿烂光彩。华清宫是唐代皇家园林的代表，借骊山之势和温泉之名，相机配置，创造出“长安回望绣成堆，山顶千门次第开”的皇家气势。唐代私家名园别墅很多，其造园艺术技巧达到新的意境。如王维建于蓝田的“辋川别业”，白居易的“庐山草堂”等，都是在自然风景中选地而建、借四周景色稍作加工而成，是既富自然之趣、又有诗情画意的自然园林。唐长安东南隅的曲江芙蓉园，利用低洼地进行疏凿，开辟出山水相依，亭、榭、楼、阁相映其间，供人们休息观赏的游憩区，是我国最早出现的城市公用园林。

在儒、释、道三教并行的文化背景下，寺观园林获得长足发展，形成了各自的特色。道观园林“山河扶绣户，日月近雕梁”，寺庙园林“疏钟清月殿，幽梵静花台”，园林艺术境界空灵、淡远，但又具有明净、流动和静谧的气韵。

4. 高潮期

宋代经济不如唐代强盛，然而文化艺术颇为繁荣，在园林艺术追求上，不求形似，而着眼于写意传神，园林艺术完全进入写意山水境界，全面表现出中国园林艺术的风格特征，成为后世的典范，在叠山、理水、植物配置等方面取得很大成就，预示着鼎盛期的到来。

北宋时期的皇家园林首推汴京的“寿山艮岳”，设计者就是擅长书画的宋徽宗赵佶。“艮岳”是写意山水集大成者，构景设计以情立意，以山水画为蓝本，以诗词题联为景观主题，园中有诗有画，创造了一种趋向自然情致的意态和情趣，是一个典型的山水宫苑，标志着中国古典园林进入了写意造园发展的高潮阶段。北宋的私家园林主要集中于京都和洛阳，在布局方面各有独特景致和风格。南宋在临安的西湖及近郊一带，园林数以百计，在绿阴丛中到处隐现着数不清的楼、台、亭、榭，展示出“古今难画亦难诗”的园林艺术佳景，最富诗情画意的“西湖十景”从南宋流传至今。

5. 鼎盛期

明清时代的皇家园林在总体布局、园林建筑选址等方面，吸取历代之精华，兼收南北之所长，多与离宫相结合，规模巨大，景点丰富，建筑宏伟，色彩丰富，把中国园林艺术发展到一个登峰造极的阶段。北京西北郊的圆明园、静宜园、清漪园、畅春园、静明园等构成皇家园林区，承德避暑山庄等行宫园林众多。

明清时代，城市开始大量营造富有山林趣味的私家宅园，形成“城市山林”。士大夫们在城市建造以山水为骨干，饶有山林之趣的宅园，在有限的范围内，追求空间艺术的变化，风格素雅精巧，达到了平中求趣、拙间取华的意境。江南苏州、杭州、南京以及岭南等地，私家园林数以千计，艺术造诣最高。

明清时期造园理论有了很大的发展，其中最系统的造园著作是明末计成所写的《园冶》一书，该书系统地论述了空间处理、叠山理水、园林建筑设计、树木花卉合理配置等许多具体的艺术处理手法和制作技术。许多书画家也直接参与造园，山水诗词、山水绘画、山水建筑以及书法在园林中的融会贯通，把中国古典园林的艺术水平推向了高峰。

二、中国古典园林的分类

1. 园林的艺术风格分类

（1）西方园林

亦称几何式、规则式、对称式、建筑式、图案式园林，是西方古典园林的经典形式，其特点是一切园林题材的配合讲求几何图案的组织，在明确的轴线引导下作对称布置，甚至花草树木都修剪成各种各样的规整的几何形状，形式整齐一律。这种园林往往表现了人对自然的控制与改造，显示出人文的力量。西方园林以法国古典主义的花园为代表，具有中轴线的对称格局，地毯式的花圃，笔直的林阴路，整齐高大的建筑，华丽的雕像和喷泉，修剪整齐排列成行的树木或有一定造型的绿雕等，如法国的凡尔赛宫。

西方园林之所以规整，追根溯源，其最初大都出于农耕的需要。农业开发时，种上灌木绿篱，以保护农作物，使其形成朴素简单的花园。西方传统文化源于希腊和罗马文化，扩展到欧洲的中世纪文化，进而进入资本主义殖民文化，形成一条征服性的文化发展脉络。西方园林根植于这一文化沃土，其特点表现为人对自然的征服、改造和人化环境的创造。

（2）东方园林

亦称自然式、风景式、山水式、非规则式园林，我国的绝大部分园林属于这一类型，以中国的苏式园林和北方的皇家园林为代表。苏式园林顺应自然方式，水体曲折，山势错落，曲径迂回，建筑淡雅，无中轴线、几何布局、规则式排列，湖或山成为园林中心，环状多变的游路构建园林整体。北方皇家园林则吸取苏式园林之所长，又适应皇家的要求而设计，在正门处常有宫殿区布局，并保持一定的轴线，但园林的绝大部分仍呈现自然化的艺术风格。中国古典园林是中国文化艺术长期积淀的结晶，它充分反映了中华民族对于自然美的巨大而深刻的理解力和鉴赏力，以自由、变化、曲折为特点，本于自然，高于自然，天人合一，从而达到“虽由人做，宛自天开”的意境。

中国园林始祖的“囿”，是将一定的天然地域加以圈围，放养动物，以供帝王狩猎游乐。由此可见，中国园林一开始就洋溢着纯粹的草莽丛林气氛。中国园林思想最早可溯源至老庄哲学，崇尚自然的社会风尚，促使艺术家产生情感动力，反映在山水诗、山水画乃至山林文学之中，园林吸取传统文化营养，极力表现人与自然的融合，进而达到情感升华和精神超脱。

（3）中西混合式园林

亦称混合式园林，指上述两种风格都有，表现比例相当的园林，如北京中山公园、广州烈士陵园等。

2. 园林的功能分类

（1）皇家园林

皇家园林又名苑囿、宫苑，为皇家所建，是供帝王居住、活动和享乐的园林。如北京的北海、中南海、景山、故宫御花园、颐和园、承德避暑山庄等。它们占地规模浩大，空间布局复杂，园中建宫，园中设园，构成庞大的综合性园林体系。皇家园林建筑形式多样，宏伟高大，功能齐全，富丽堂皇。皇家园林纳历代艺术之精华，收天下南北之美景于一体，成为时代造园的顶级之作。

（2）府宅园林

这主要是指一些王公贵族、官吏富商、文人学士，在府宅附近辟地建造供自家居住和享用的园林，是私家园林的主要类型。府宅园林分布以江南之地为多，尤其苏州、扬州、无锡一带更为集中。北方地区如北京的王府花园、山东曲阜孔府的后花园等。府宅园林地域范围较小，且大多建于城市，环境的限制使其在环境气氛的创造和处理上，更注重对自然风光的追求，注重构图，突出主题，建筑点缀，山水为主，意境淡雅，诗情画意浓厚，对造园者的艺术造诣和技巧相对要求更高。

（3）寺观园林

在佛教寺庙、道教宫观等宗教场所附设的园林，是宗教建筑与园林相结合的产物，如北京碧云寺的水泉院、扬州大明寺东院等。寺观园林服务于宗教活动需要，其目的是创造修身养性的氛围，因此表现出幽静肃穆、超凡脱俗的意境，在都市之中人化出景色优美的自然情趣，将人间喧嚣置之度外，以张扬“跳出三界外，不在五行中”的宗教文化内涵。

（4）祭祀园林

在封建社会祭天祀地的坛庙、祭拜祖先的祠堂以及历史名人的祭祀场所，也往往附设有小型园林。如北京社稷坛（现改为中山公园）、天坛、地坛、日坛、月坛、孔庙等都有这种园林。成都的杜甫草堂和眉山三苏祠本身就是把祠堂与园林融合在一起的祠堂园林。

（5）庭院园林

庭院园林是指在衙署、府宅等建筑物之间，庭院空地或天井之内，置少量假山、水池、花木之景，以美化庭院而形成的微型园林。如北京恭王府西路天香庭院中的翠竹、假山等。该园林形成于主体建筑之间，规模小，结构简单，具有依附性。

（6）公共园林

这种园林是指在城市内部或城郊地区，兴建亭、台、楼、阁、桥、堤等建筑，塑造山、水、林、草等景观，面向社会民众的园林。如唐长安的曲江池、南宋临安的西湖，现在城市普遍建设的各类公园，皆属于此类。

(7) 名山园林

历史上在一些名山胜境之处，文人墨客相聚或众人游览观景，由此而形成距城市较远、范围较大的自然园林。如浙江兰亭位于距绍兴 12.5km 的兰渚山下，因王羲之《兰亭集序》而闻名，现存的园林于明嘉靖年间重建。

3. 园林的区域分类

(1) 北方园林

北方园林主要指分布于我国秦岭淮河以北地区的园林。北方园林以皇家园林为主，规模宏大，雄伟豪放，风格粗犷，人工建筑偏于厚重，艺术风格可概括为“北方之雄”。北方园林一般在西安、洛阳、开封、北京等北方古都较为集中。

(2) 江南园林

江南园林泛指淮河以南、南岭以北地区的园林。长江三角洲地区园林建设和遗存最为集中。江南自东晋、南北朝之后，经济发展很快，故有钱有势者以建宅园为高雅，不出院门，可陶冶性情于山水之野。江南山清水秀，河道密布，湖塘众多，草木繁茂，为园林建造提供了条件。江南园林，玲珑纤巧，清雅淡泊，轻盈秀丽，富有真山真水之情趣，可概括为“南方之秀”，故有“江南园林甲天下”之说。如苏州园林的特色就是“妙在小，精在景，贵在变，长在情”，园中处处有画境、诗意。

(3) 岭南园林

岭南地区处于南岭山脉以南，为南亚热带气候，降水丰沛，植物常绿，造园条件十分优越。园林多为景观欣赏与避暑纳凉相结合，布局往往以大池为中心，绕以楼阁，高树深池，阴翳生凉。岭南园林的花木种植颇广，从青竹幽兰到热带的榕树木棉，与建筑小品相映衬，更显得园林色彩浓丽。岭南园林发展历史较晚，吸取了江南园林之“秀”，也师道于北方园林风格，近代又受西欧造园技法的影响，结构简洁，轻盈秀雅，室内造景，室外呼应，具有综合型园林的特征。

(4) 少数民族园林

我国的一些少数民族地区，在宫殿、寺庙、庭院也附建具有浓厚民族色彩和宗教气氛的园林。如西藏拉萨的罗布林卡，藏语意为“宝贝园林”，建于 18 世纪 40 年代，是历代达赖的夏宫，园内宫殿耸立庄严，林木葱郁，花卉繁茂，曲折幽静。

三、中国古典园林的艺术特色

1. 布局师法自然

在造园艺术上“师法自然”包含两层内容。一是总体布局组合要合乎自然规律，园林中山水相依的关系，以及假山中峰、洞、坡、涧各景观要素组合，要符合自然界山水生成的客观实际。二是每个山水景观要素的形象要合乎自然形态。如假山峰峦的石料叠砌应模仿天然岩石纹脉，尽量减少人工的痕迹。水池岸线常作自然曲折，高低起伏。花木布置应是疏密相间，形态天然。

2. 构景融于自然

中国古代园林主要是用建筑、山体、植物来围蔽和分隔空间，小中见大，大中有小，虚中有实，实中有虚，力求从视角上突破园林有限空间的局限性，构景无限，融于自然。为此，必须处理好：形与神、景与情、意与境、虚与实、动与静、因与借、真与假、有限与无限、有法与无法等种种关系。如漏窗的运用，使景观视觉通透，在空间上隔而不绝、互相渗透。

3. 建筑顺应自然

中国古代园林中，除山、水、植物外，有堂、廊、亭、榭、台、阁、馆、斋、舫、墙等建筑。所有建筑，其形与神都与天空、地面自然环境吻合，同时又使园内各部分自然相接，以使园林体现自然淡泊、恬静、含蓄的艺术特色，并收到移步换景、渐入佳境等观赏效果。

4. 花木表现自然

与西方园林不同，中国古典园林对树木花卉的处理与安设，讲究顺从自然生长之势。松柏高耸入云，柳枝婀娜多姿，桃花竞相开放，其形与神、意与境都十分重视表现自然。师法自然、融于自然、顺应自然、表现自然，这是中国古典园林体现“天人合一”民族文化观念之所在，是中国园林的最大特色，也是中国园林永具艺术生命力的根本原因。

第二节　中国古典园林的构景要素

中国园林是在山水创作的基础上，根据园景立意的构思和生活内容的要求，因山就水来布置亭榭堂屋、树木花草，使之互相协调地构成切合自然的生活境域，并达到“妙极自然”的艺术境界。因此，园林的构景要素有山石、水体、植物、建筑和园林小品。

一、堆山叠石

堆山叠石是对园林地形的塑造，以构建园林的骨架。园林中的山石（假山），是对自然山石的艺术摹写，是经过概括提炼，典型化了的艺术形象。要求得山林的趣味，师法于自然，神形兼备，传情达意。

园林假山可分为土山、土石山和石山三大类，单纯土质假山已不多见，大部分采用土石结合。土多石少之山，多于山脚累石以固土，或土石相间成台状。石多土少之山，或于山之四周和洞窟用石；或基部用石，山脊山顶的土层转厚；或外表全部用石。单纯石山体形较小，多塑造绝壁、峰峦、谷涧，山重路绕，轮廓变化丰富。

堆山叠石，首先应根据园林布景规划山形。“山贵有脉”，叠山要求达到脉向贯通，高低起伏，大小协调，远近呼应，具备真山的气势和活力。其次布石，要了解真山石形、纹理与色彩，有目的的取材，以便更好地表现设计意境。如扬州个园的“秋山”，用的是石英石，夕阳西照，英石红枫，倍增秋色；而“冬景”则大胆选用色度洁白、体态浑圆的宣石（雪石），将假山叠至厅南墙之下，给人以积雪末化的感觉，成功地表现了“冬意”。叠石讲究空间布局配合艺术。狭小庭园，以水池为中心，山石衬托，依墙构壁，辅以石峰；较大园林，可设山峦沟壑，危崖峭壁，表达山林的野趣。

二、理　　水

水是园林景观的灵魂和血脉。在园林中水体的变化颇多，可以分为“静水”和“动水”两种类型，静水包括湖、池、沼、潭、塘等，动水包括河、溪、湾、渠、涧、瀑、泉等，风格各异，它和山一样构成园林的骨干。

园林的理水之法，源于对自然水体的提炼和再现。对于小型水面，应以聚为主，桥堤贴临，以显其大其阔，利用堤岸曲折造就空间变化，使人领略到深邃幽静、空间无限的感觉。湖泊、池沼等大型水体，大都是因天然水面略加人工或依地势“就低凿水”而成。在这类开阔的水面上，往往聚分结合，主从有序，使用岛屿安排、建筑布置的手法，增进曲折深远的意境，形成一种离心和扩散的格局。《园冶》所谓“纳千顷之汪洋，收四时之烂漫”的情景，在大园大型水面中可以领略到。对于开阔水面的所谓悠悠淼水，应借远景或在周围添加背景加以衬托。

动水的处理“贵在有源”，讲究“疏源之去由，察水之来历”，曲折有致。在水池旁的假山上可以做成各种形式的瀑布、涌泉，利用山势造就溪流与涧水，创建一种流动的水景。“水本无形，堤岸束之”，理水讲究池岸的设计。岸线自然曲折，注意土、石、草、沙结合，交替变化，大小错落，凹凸相间，起伏自然，纹理协调，切忌人工痕迹过重。

三、景观建筑

园林建筑作为构景要素，在反映建筑文化内涵的同时，与其他构景要素相配合，营造天人合一的景观意境。不论是在范围较小的古典园林还是在大型园林或风景名胜区，中国文化都力求把建筑与自然融为一体。

从功能上讲，建筑是园林艺术的一种组织手段，是游人活动的结点，兼具实用、观景、导景、点景、衬景和构景等多种功能于一体。因此，在进行园林建筑的规划、设计时，必须选址合适，要注意依山水之形，就山水之势，顺其自然地使其依附于山水之间，居于恰如其分的地位。园林建筑不必追求体量之庞大、装饰之富丽、材料之华贵，与自然山水去争高低，只有“精在体宜”，有机地与自然景物相结合，才能起到锦上添花、画龙点睛的作用，建筑与山水相得益彰。为此，风景建筑常采用均衡的不对称构图，以求得几何形建筑表象与天然的山水风景之间的和谐和统一。建筑还常用来分割园林空间，起到障景、对景、借景的作用，使有限的空间得到延伸，获得小中见大的效果。

就形式而言，园林建筑有门、厅、堂、斋、轩、室、馆、楼、阁、亭、台、榭、舫、桥、廊、架等多种类型，不同建筑形式在园林中的作用不同，布局要求各异。厅堂建筑体量较大，为会客、议事的场所，多置于园林与住宅的结合部，兼顾生活起居和观景。楼阁建筑具有凌空高耸之势，园林中常置于显要部位，成为景观构图中心。榭、舫为园林中的傍水建筑，前者依水挑台，后者仿舟楫之形，用于山水景的观赏和社交休息。廊是园林中虚实结合的建筑形式，在具有遮风避雨功能的同时，可发挥导景、观景以及连接、划分空间的作用，布设“随形而弯，依势而曲”，宜曲宜长，常见的有曲廊、波形廊、回廊、阶梯廊、沿墙廊、临水廊、爬山廊、桥廊等。亭为园林之中使用数量最多、形式变化最丰富、空间选址最灵活的小型建筑，用于游人止步、休息、眺望、纳凉等，可设于山巅、林阴、花丛、水际、岛上、路旁等，有半亭、三角亭、四方亭、六角亭、八角亭、伞亭以及双亭、扇亭等形式，就立面而言有攒尖、歇山、庑殿、卷棚、圆顶、盝顶及单檐、重檐之分。

四、花木配置

植物是园林设计中富有生命力的素材，可以创造出一个充满生机的绿色自然环境，繁花似锦的植物景观可提供焕发精神的自然审美享受对象。

中国古典园林花木配置的方式有：①仿效自然，以不整形、不对称的自然式布置为基本方式，提倡“多变和不对称的均衡”；②强调植物品种的多样性，乔木、灌木、攀缘、水生、花卉、草地兼用，注重物种的配合和群落的构建；③种植方法多样，有孤植、丛植、片植、带植等方式，形成大小高低配合、明暗疏密相间的布局之巧；④追求植物与山石、水面、建筑的有机结合，点化主题，互为组景，如景窗配置以一叶芭蕉、几杆修竹营造出绿意满窗，建筑附近种植花木满足遮阴、构景的需要但又不宜影响采光、通风；⑤根据植物自然成长所具有的疏密、明暗、大小、花果等生态变化，构建不同的四季景观；⑥充分发挥植物的生态景观特性，将观形、观色、闻香、赏花、品果、观叶集于一体；⑦注意古树名木保护，看重植物拟人文化和精神美学价值，以物抒情，以物谕志；⑧物种选择具有地域特色，适应区域生态条件，生长旺盛且景观独特，如北方园林的松柏雄伟苍劲，江南园林的梅竹婀娜多姿。

五、园林小品

园林小品是指园林之中体量小巧、造型别致、富有情趣、功能明确的构筑物。小品可以点缀环境，活跃景色，烘托气氛，加深意境，使园林景观更加富于表现力，虽小而不贱，虽从而不卑，是园林构成必不可少的要素。

园林小品类型多样。园门多用曲线、象形形体，如圆门、月门、梅瓶门等。景墙为引景、装饰、遮蔽，常用波形云墙、梯形墙、漏窗墙。景窗似隔非隔，多为六角、八角、圆形、扇形及不规则造型。雕塑在园林中既是景观的点缀，又是供欣赏的艺术品。花坛和铺地，利用色彩的变化，可美化背景效果并营造出景观意境。园路形式多样，铺砌的漫道，起伏的蹬道，台阶状踏步，跨水的汀步，都可以大大增强园林的趣味性。园林中的桌凳，在满足实用功能的同时，通过造型、色彩、质地、布设的追求，也可成为造景的点睛之笔。

第三节　中国古典园林构景与意境创造

为了更集中、具体地表现出园林意境，传统造园积累了丰富而多样的布局手法。人工构景要根据园林性质、规模，因地制宜、因时制宜地选择构景手法。

一、主要构景手法

1. 主景与配景

主景是园林的重点和核心，体现园林的景观主题，是观赏视线的焦点。配景烘托主景，发挥陪衬作用。主景与配景的处理，关键是建立合理有序的主从关系。

在园林主题思想确定的前提下，突出主景常采用的做法有：①主景主体升高，降低视点，取蓝天、远山为背景，通过仰视营造突出鲜明、伟岸高大的景观形象；②运用轴线聚焦，将主体置于主轴线上或几条轴线的交点，引导视线聚焦；③利用环拱四合空间（水面、庭院、盆地、广场等）具有视觉集中向心的动势，在水平视线的交汇点布设主景；④利用规则园林的几何中心，或自然园林的构图重心，作为处理主景的位置，可获得最佳的位能效应；⑤采用渐变节律之法，从低到高，逐级递进，由序幕达到高潮，引出主景。相对而言，配景则多采取序幕、侧置、降低、小化等的方式配置，纳入统一构图之中，形成主从有序的对比与和谐，烘托出主景。

2. 借景

借景就是在园林设计中，将视力所及的范围内各种在形、声、色、香等方面能增添艺术情趣、丰富画面构图的外界因素，引入到园林构图空间中。明计成提出“园林巧于因借，精在体宜，借者园虽别内外，得景则无拘远近，晴峦耸秀，绀宇凌空，极目所至，俗则屏之，嘉则收之”。借景能扩大园林空间，增加景观层次。

借景因距离、视角、时间、地点等不同而有所不同：①远借是指借园林外的远处景物。如颐和园借玉泉山和玉泉塔，实际距离达千米之遥，但犹如园林组成部分。承德避暑山庄借东侧磬锤峰，形成“锤峰落日”景观。②邻借亦称近借，如苏州沧浪亭，园内缺乏水面，而园外却有河浜，因此在沿水面河浜处设假山驳岸，其上建复廊以及面水轩，透过复廊上面的漏窗，使园内外景色融为一体。③仰借为借高处景物，如北京北海公园借景山，南京玄武湖公园借钟山，陕西华清池借骊山等。④俯借为借低处景物，如登杭州六和塔展望钱塘江上景色，登西湖孤山观湖上湖心亭、三潭印月等。⑤因时而借、因地而借，包括朝借旭日，晚借夕阳，春借桃柳，夏借塘荷，秋借丹枫，冬借飞雪，乃至山泉流水，燕语莺歌皆可借之。

3. 对景

对景是指观景点在透景线条件下所面对的风景视线端点的景色。一般透景线穿过水面、草坪或仰视、俯视空间，构成对景，这一处理手法在江南园林中应用甚广。园林中的主要建筑方位确定后，在其视线所及处设计透景线，布置对景。对景也可沿游路、走廊的前进方向，在进门、转弯等变换处构设对景。如苏州拙政园通过“晚翠”月门遥望池北的雪香云蔚亭以及周围山石树木构成的对景。对景处理可对称严整，形成互对，表现出对景互补；也可自由活泼，形成飞对。为了欣赏对景，宜选择最佳位置，安排亭、树、草地等，使游人休息逗留的场所作为欣赏对景视点。

4. 分景

园林宜含蓄有致，忌一览无余。所谓“景愈藏，意境愈大；景越露，意境愈小”。分景就是通过一定的视线障碍，分隔空间，创造“园中有园，景中有景，岛中有岛，湖中有湖，虚实结合，空间多变”的意境。

抑景又称障景，在园林中凡是能抑制视线、引导视线方向转变的屏障性景物，均构成抑景。抑景可达到所谓“欲扬先抑，欲露先藏”的效果，丰富观赏层次，调节观赏节奏。园林抑景的形成，经常使用假山、树丛、建筑、廊墙来遮挡视线，被称之为山抑、树抑、曲抑等。抑景使用最多的是园林的入口空间，如苏州留园入口为多进小院和狭长曲廊，明暗交替，方向多变，曲折封闭，进入主空间豁然开朗，顿觉主水池之阔之大。

隔景具有两种含义。一为园内之隔，利用景物将园林分隔为不同空间、不同的景区，突出景区、景点特色，避免相互干扰，丰富游览内容。二为园周之隔，与借景相反，“嘉则借之，俗则屏之”，不隔其俗，难引其雅，不掩其丑，何逞其能。身处闹市的园林，周遭必隔，如上海豫园萃秀堂为尽端建筑，后为市街，然假山耸起，堂隐北麓，人留期间，不知市嚣，判若仙境，隔景之妙可见一斑。

5. 框景

框景是选择特定视点，利用门框、窗框、树干框、洞口框等围合景色，似一幅嵌于镜框中的立体画面，称之为框景。框景讲究构图和谐，取其精华，“仿古人笔意，收之园窗，宛然镜游也”。扬州瘦西湖钓鱼台的月亮门亭，从亭中外望，一门镶五亭桥，一门嵌白塔，将瘦西湖的标志性景观尽收其中，被视为框景的佳作。

6. 夹景

为了突出和强化主要景物，常将视线两侧的平俗景观利用树丛、行树、山石、建筑等加以隐蔽，形成了封闭狭长的视觉空间，置主要景物于空间端部，这种左右两侧起隐蔽作用的前景称为夹景。夹景是运用透视线、轴线突出对景的手法之一，能起遮丑显美的作用，增加景观的深远感和神秘感。

7. 漏景

漏景是指通过花墙漏窗等形式，构建若隐若现，似见非见，含蓄雅致，模糊深远的意境。漏景一般在框景效果不甚明显时采用，不仅可从漏窗、花墙取景，还可通过漏屏风、漏隔扇、树枝、疏林、飘拂的柳丝中取景。

8. 添景

添景用于近景缺乏、前景简单的情况下，为求得主景或对景的丰富层次感，通过园林小品、树木绿化等来补充点缀构图，使画面更加完美和谐。如北海公园隔水面取白塔，近景过于单调，以湖边垂柳添之。

9. 藏景

藏景用于较大园林，即在园林之中构建园中园，达到富于变化、别有洞天、大中见小的艺术对比效果的构景手法。藏景多置于园中一隅僻静之处，以小巧精致、构思细腻取胜。如颐和园的谐趣园，位于万寿山东麓，仿无锡寄畅园而建，荷池居中，堂榭环绕，花木扶疏，竹影参差，山泉急湍，“以物外之静趣，谐寸田之中和”。

10. 点景

点景是根据园林景观的特点及造园意境，利用中国丰富的语言艺术，对景观进行高度概括，点出主题，点出精华，点出境界的构景手法。点景可以引导游人观览，加深感受，升华意境，即“辞因景生，景因辞胜”。点景之笔实为点睛之笔，包括景观命名、楹联匾额、题诗咏词、摩崖石刻、导游讲解等方式。范仲淹的“先天下之忧而忧，后天下之乐而乐”，造就了“洞庭天下水，岳阳天下楼”的美景。

二、园林意境的创造

1. 园林意境的概念

中国古代造园，讲究“三境”层次，即师法自然的物质层次“生境”、高于自然的美学层次“美境”和天人感应的精神层次“意境”。中国古典园林的独特魅力，就在于通过具体、有限的园林形象，传达出深远微妙、耐人品味的情调氛围，使游赏者睹物会意、触景生情，在有限空间环境中感受到无限丰富的意趣。这种融情入景、情景交融的美妙境界，就是中国园林在欣赏者心中造成的意境。意境概念可追溯到东晋至唐宋年间崇尚自然的文艺思潮，出现了山水诗、山水画、山水游记，因而产生了造园中的意境创造问题。中国古典园林的特殊美感，很大程度上取于这种意境的创造，这就是让人流连忘返、余味无穷的奥妙所在。

2. 诗画在园林意境创造中的作用

诗文在园林艺术中的作用，首先在于可以借景抒怀、托物言志，参与园林景观的构成，起着烘托园景主题的作用。古典园林是“标题园”，或记事，或点景，或言志，或抒情，皆以诗文标注之。如苏州耦园，取夫妻双隐归田之意，园中有枕波双隐、双照楼、听橹堂、织帘老屋等，突显了诚笃爱情和理想生活追求的主题思想。诗文在园林艺术中的主导作用，还在于促使景象升华，熔铸意境。如苏州狮子林的暗香疏影楼，源自林逋的咏梅绝句“疏影横斜水清浅，暗香浮动月黄昏”。园中景象，只缘有了诗文题名、题咏的启示，才能引导游者联想，产生形外之象、观外之景、弦外之音。诗文对于园林景色命名作用突出，景名交融，相得益彰。苏州拙政园的湖山上植有梅树，建有题名为“雪香云蔚”的观景亭，使人顿觉踏雪寻梅的诗意。这里的对联摘唐人名句，“蝉噪林愈静，鸟鸣山更幽”，也开拓了山林野趣的意境。

中国艺术历来就有“诗画同源”之说，中国园林追求诗意的同时，同样讲求画的境界。中国画在魏晋时即进入了“畅神”的审美阶段，出现了自然山水画，其宗旨是师法自然而不模仿自然，重在写意。绘画乃造园之母，许多古典园林都是直接由画家设计和参与建造的。因此，造园之理自然贯通绘画之理，名家画谱往往成为造园的依据。

3. 园林意境的表现手法

（1）空间组织手法的运用

运用延伸空间和虚变空间的特殊手法，组织空间，扩大空间，强化园林的景深、景阔，丰富美的感受。严羽在《沧浪诗话》中指出，园林“如空中之音，林中之色，水中之月，镜中之像，言有尽而意无穷”。园林艺术在有限的空间里，以现实自然界的砂、石、水、土、植物、动物等为材料，创造出幻觉无穷的艺术景象，在“城市山林，壶中天地，人世之外，别开幻境”中“仰观宇宙之大，俯察品类之盛”，使人们在有限的园林中领略无限的空间。

（2）写意、比拟和联想手法的应用

造园不强求逼真地重现自然山水形象，而是把最能引起思想情感活动的因素摄取到园林之中，以象征性的题材和写意的手法反映高尚、深邃的意境。扬州个园“四季假山”的叠筑就是最好的实例。造园者借助湖石、黄石、笋石、雪石石料色泽、叠砌形体、配置花木以及光影效果差别，使寻踏者联想到春夏秋冬四时之景，产生游园一周如度一年之感，表达了“春山淡怡而如笑，夏山苍翠而如滴，秋山明净而如妆，冬山惨淡而如睡”的诗情画意。我国历代文人赋予花木以哲理、性格和情感，构成花木拟人化品格，造园运用花木可以增强园林艺术的表现力，拓宽园林意境。

（3）点景手法的应用

如前所述，中国园林艺术常运用匾额、楹联、诗文、碑刻等形式，来点景、立意，表现园林的艺术境界，引导人们获得园林意境美的享受。如同样是表现竹景，沧浪亭的“翠玲珑”展示的是日光穿竹、丛篁摇曳、翠碧诱人、玲珑剔透的白昼之景，而个园的“招风漏月厅”弘扬的是月华如水、摇影弄姿、斑驳入室、幽邃静谧的夜晚之趣。

第四节　中国著名古典园林鉴赏

一、皇家园林的代表——颐和园和避暑山庄

1. 颐和园

颐和园原为1750年乾隆所建的清漪园，总面积290hm^2，分为宫廷区、生活区和苑林区。东宫门为主入口，仁寿殿、玉澜堂的四合院以及随后的曲折“山道”，起到了园林入门的抑景作用。苑林区以万寿山脊为界，分为前山前湖与后山后湖两大部分。前湖昆明湖，220hm^{2}水面，以堤分割为东、南、北三个部分，分筑南湖岛、藻鉴堂和治镜阁三岛，创造性地再现了传统的“一池三山”模式。后湖以溪河形象对应于前湖的“汪洋”水面，形成长千米的后溪河，环境宁静清雅。万寿山前山建筑群体现皇家园林的风格，安排了从排云殿到山顶智慧海逐层攀升的轴线，以高38m的佛香阁为构图中心，东有介寿堂、对鸥舫等建筑，西侧有清华轩、鱼藻轩等建筑群，构成轴线对称布局。后山建筑则更多地呈现自然灵活布局，有四大部洲的寺庙群、多宝琉璃塔、苏州街等。长廊循山南湖北延伸，犹如一条彩带把山水建筑连成一体。西堤六桥以及十七孔桥也成为园林景桥的典范。颐和园集中国历代造园艺术之精粹，是中国园林艺术史上的里程碑。

2. 避暑山庄

避暑山庄坐落在河北承德市，建于1703～1792年，为清代皇帝避暑和处理政务的离宫。避暑山庄占地564hm^2，是现存规模最大的皇家园林，由宫殿区、湖区、平原区、山区四部分组成，借山水之野趣，应四时之变化，集南北之雄秀，聚各家之风格，以自然朴实、雅致幽静、错落曲折而取胜。宫殿区位于南端，占地面积小，建筑舍去飞檐斗拱彩绘，尽显材料本色，与古松参天的野趣相融合。湖区由堤岛分割为澄湖、镜湖、银湖、上湖、下湖、长湖和如意湖水面，堤岛形如如意、灵芝，三岛共同构成“如意灵芝树”，为“一池三山”传统模式再添新意。平原区在河谷北部，仅建有文津阁、永佑寺等少量建筑，坦荡平阔、绿草如茵的草原上散布蒙古包数座。永佑寺塔以65m高的立体造型，突破了景观构图横野平空的单调感。山区占山庄3/4面积，保持了重峦叠嶂、峡谷幽深、林木茂密的自然景象。

二、苏州四大名园

1. 沧浪亭

沧浪亭为苏州所存最古老的园林，全园的面积约 1.1hm^2，始建于五代别墅，北宋苏舜钦临水建亭。园中无水，借园南葑溪之水景，未入园先成景，隔河相望，水令人远，廊阁起伏，波光倒影。过渡桥入园，山丘隆起，建筑环置，小径曲折，林木蓊郁，石令人幽，感觉焕然一新。周遭建漏窗复廊，园内园外，似隔非隔，山崖水际，欲断还连。山南明道堂为主厅，峰峦为屏，修竹万竿，滴翠洒碧，雅致高洁。看山楼位于园之西南隅，可远眺楞伽诸峰，为远借妙笔。沧浪亭耸然山巅，景色自然。

2. 狮子林

元代 1342 年为纪念中峰禅师，建菩提正宗寺，因其曾结茅于天目山狮子岩，并取佛经中狮子座，园中又有怪石如狮，后易名为狮林寺，狮子林为寺后花园。狮子林开放面积约 1hm^2，拥有国内尚存最大、最曲折、最复杂的古代假山群，被誉为“假山王国”。建园时搜集了大量北宋“花石纲”的遗物，经过叠石名家的精妙构思，形成气势磅礴、洞壑婉转、曲折盘绕、玲珑俊秀的假山名作。沿着曲径磴道上下于岭、峰、谷、坳之间，时而穿洞，时而过桥，高高低低，左绕右拐，来回往复，奥妙无穷。全园布局，东南多山，西北多水，堂阁依山傍水，楼台隐现错落。四周廊壁嵌《听雨楼帖》石刻 60 余方，汇集了名家书法精品。

3. 拙政园

拙政园原为唐代陆龟蒙宅地和元代大弘寺旧址，1509 年明代御史王献臣弃官回乡，买下寺产建成宅院，取晋代文学家潘岳《闲居赋》中“筑室种树，逍遥自得，……此亦拙者之为政也”句意，将此园命名为拙政园。王献臣在建园之期，曾请吴门画派名家文征明为其设计蓝图，形成以水为主，疏朗平淡，近乎自然风景的园林。现面积约 4hm^2，分为三区：东区景观空阔，建有兰雪堂、芙蓉榭、天泉亭等；中区水池居中，远香堂居中南，北面池水假山，构成主景，池水环绕分割，使假山如岛，上建雪香云蔚、待霜、荷风四面三亭，形成多条对景视线；西区以鸳鸯馆居中，池水呈狭长带状，布局紧凑。拙政园水面较大，聚分结合，空间分割和对景手法应用十分成功。

4. 留园

留园初建于 1798 年，原名寒碧山庄，因园主姓刘，又称刘园，后叫留园，是清代园林的代表。留园的建筑综合运用了江南造园艺术，以建筑结构见长，善于运用大小、曲直、明暗、高低、收放等变化，组合景观，高下布置恰到好处，营造了一组组层次丰富、错落有致、有节奏、有色彩、有对比的空间体系。全园用建筑来划分空间，形成中、东、西、北四个景区。中部以山水见长，池水明洁清幽，峰峦环抱，古木参天。东部以建筑为主，厅堂华丽，庭院精美，奇峰秀石，引人入胜。西部以假山为奇，环境僻静，山溪曲流，树木葱茏，富含山林野趣。北部竹林、桃杏、葡萄、紫藤，颇有田园之意。

三、岭南四大园林

1. 可园

可园位于广东东莞城西，始建于1858年，面积仅2204m^2。该园有19厅、15房，分为西南、东北两组，中隔庭院，布局高低错落，相互沟通，曲折回环，扑朔迷离。它虽是木石、青砖结构，但建筑十分讲究，窗雕、栏杆、美人靠，甚至地板亦各具风格。基调是空处有景，疏处不虚，小中见大，密而不逼，静中有趣，幽而有芳。加上摆设清新文雅，占水栽花，极富南方特色，是广东园林的珍品。

2. 梁园

梁园位于广东佛山，是清代岭南文人园林的典型代表之一，其布局精妙，宅第、祠堂与园林浑然一体，岭南式的“庭园”空间变化迭出，格调高雅。造园组景不拘一格，追求雅淡自然，如诗如画的田园风韵。富于地方特色的园林建筑式式俱全，轻盈通透。园内果木成阴、繁花似锦，加上曲水回环、松堤柳岸，形成特有的岭南水乡韵味。尤以大小奇石之千姿百态、设置组合之巧妙脱俗而独树一帜。

3. 余荫山房

又名余荫园，位于广东番禺市南村镇，清代同治六年兴建，距今130多年，全园建筑面积约2000m^2，以小巧玲珑的独特建筑风格赢得岭南园林艺术精品的著称。游廊式拱桥把这座古庭园分为东、西两部。西有石砌河池，池北为深柳堂，池南为别馆。东部为八角池、水榭、孔雀亭、来熏亭。它将亭、台、堂、馆等建筑，借游廊、石山、花径、碧水、高树穿插配置，虚实呼应，构成起伏曲折、回环幽深、隐小见大的庭院结构，使得“余地三弓红雨足，荫天一角绿云深”。

4. 清晖园

清晖园位于广东顺德大良镇，建于1800年。园内桥、廊、院、路都结合地形安排，是顺应自然布局的代表作。由入口经笔生花馆前小院，沿路直行，穿过月洞，转经主庭、书楼，直到水榭，精巧建筑，池山衬托，花木多彩，别有情趣。主庭为方塘水庭，临塘筑廊，布置虽较平直，但运用了建筑物大小高低错落和虚实隐露多变的手法，取得了良好的景观效果。主要造型构筑均别具匠心，如船厅，平面似舫，立面像楼，走道侧设栏杆，下临碧波，如行船上。建筑物之雕镂绘饰，多以岭南佳果花鸟为题材，古今名人的楹联匾额比比皆是，富于欣赏价值。

案例分析——扬州瘦西湖

瘦西湖风景区位于扬州市西郊，原为自然河流，自六朝以来，经历代营造，“两堤花柳全依水，一路楼台直到山”，形成园林环绕、有分有合、互相因借的园林型风景区。清代诗人汪沆有诗曰：“垂柳不断接残芜，雁齿虹桥俨画图，也是销金一锅子，故应唤作瘦西湖。”瘦西湖之名遂著。瘦西湖现有面积46hm^2，游程长4.3km，从乾隆御码头始，沿湖经冶春、绿杨村、红园、西园曲水，过大虹桥，有长堤春柳、徐园、小金山、钓鱼台、莲性寺、白塔、五亭桥，北上蜀岗平山堂、观音山止，犹如一幅十里山水画卷。瘦西湖以水见长，以水取胜，其水体继承自然基础，呈狭长曲折状，水既是景又串连岸景于一体，“瘦”字为景观特色的点睛之笔。湖周无凌云高山，园林布置皆取平面曲折处理，与低平水面呼应，岸水交融，空间开阔。建筑兼收南北之长，形成“一字栏杆九曲红”的大虹桥、“面面清波含月镜，头头空洞过云桡”的五亭桥，以及凭栏远眺“六代青山都到眼”的平山堂等一批特色园林建筑。瘦西湖构景手法十分多样，如钓鱼台的框景、小金山的点景、平山堂的借景等，别具特色。

复习思考题

1. 简述中国古典园林的发展史。
2. 园林常见的分类方式有哪些?
3. 何谓园林意境? 谈谈园林意境的表现手法。
4. 中国古典园林的构景要素有哪些?
5. 中国古典园林的特色是什么?
6. 简述我国皇家园林的特色。
7. 简述我国苏州四大名园的特色。
8. 简述我国岭南四大园林的特色。

第十一章　宗教文化类旅游资源

学习提示

一、主要内容

- 宗教文化的形成、发展及其旅游功能
- 佛教文化旅游资源的主要表现形式
- 道教文化旅游资源的主要表现形式
- 伊斯兰教文化旅游资源简介
- 基督教文化旅游资源简介

二、学习重点

- 掌握宗教文化旅游资源的概念和范畴
- 了解宗教文化的基本知识
- 掌握佛教文化旅游资源的主要表现形式
- 了解其他宗教文化旅游资源的基本情况

第一节　宗教文化概述

一、宗教的起源

宗教作为一种社会历史现象，产生于史前社会后期。当时生产力水平低下，人们对于束缚自身的自然现象、社会现象以及生理上的做梦等现象无法解释，于是把自然力人格化，产生了“万物有灵、灵辖万物”和“人类有魂、魂管自身”的观念，幻想以祈祷、祭献和巫术来感化神灵，以达到避祸就福、消灾免难的目的，从而形成最初的宗教意识。宗教产生后，逐渐向人类生活的各方面拓展，包括哲学、科学、艺术、社会伦理道德以及社会政治制度等，在不同社会形态和不同历史时期，宗教的内容、性质和形式都有不同程度的变化。经过千百年的积累发展，形成了独特、灿烂的宗教文化。

二、宗教的发展

早期人们的宗教信仰和崇拜对象主要是各种自然物和自然力，把自然神化为超人的神灵给予祭祀，如原始社会的动植物崇拜、天体崇拜、祖先崇拜、图腾崇拜、偶像崇拜等，奴隶社会时期保留原始残余又具有拟人化倾向的古代宗教祭祀。这一时期被称为自然宗教时期。

进入封建社会，社会力量被作为异己的外部力量给予神化，形成系统的神学理论，出现专职神学人员僧侣集团，形成固定的宗教仪式，宗教进入神学宗教阶段。如得到官方支持的正统宗教：佛教、基督教、伊斯兰教等皆形成于这个时期。与此同时，还出现了异端宗教、秘传宗教和民间宗教等形式。

20 世纪 60 年代以后，现代科技的发展对传统的神学理论产生很大冲击，商品经济动摇了上帝万能观念，宗教演变进入世俗宗教阶段。

三、宗教的分类

1. 按崇拜对象分类

根据宗教的崇拜对象，可以将宗教划分为以下类型。

1）多神教。属于原始宗教，认为一切同人类生存有关的自然物皆为神，神有大小之别，但无隶从所属关系，神灵之间是平等的。

2）主神教。该类宗教虽然崇拜多个神灵，但其中有一位主神，位于其他神灵之上，神之间出现不平等，存在等级差别，是阶级社会社会关系的反映。主要有单一主神教（道教）、单拜一神教和交替主神教（佛教）。

3）二神教。相信存在善恶两个相互对立之神，而只以善神作为崇拜对象的宗教，如摩尼教等。

4）一神教。只承认有一个神灵存在，并对其进行崇拜的宗教，典型的代表为犹太教、基督教、伊斯兰教。

2. 按影响区域分类

根据宗教影响的区域范围，可将其分为 4 类。

1）民族宗教。一个民族成员所共同信奉的宗教，信仰内容与民族意识密切相关，不争取外族人参加，会随着民族的消亡而消亡，随民族之间交流而削弱，如印度教、日本的神道教、犹太教。

2）国家宗教。产生于民族宗教之上，由国家统治集团把某一宗教以法律形式宣布为国教，为全国人民所信仰，具有一定的强制性。

3）地区宗教。不同的民族居住于相类似的宗教区域，具有共同信仰的宗教。这些宗教或崇拜对象相同，或历史渊源相同，或活动方式相近，如东非宗教、西非宗教等。

4）世界宗教。所信奉的神灵被认为是整个世界的主宰，教义着眼于全人类的问题，传播不只限于个别民族而是面向全世界，礼仪戒规也适合不同民族的风俗习惯。被称为“世界三大宗教”的是佛教、伊斯兰教和基督教。

四、宗教文化的旅游功能

宗教文化，属于一种高层次的文化范畴。随着人类历史的发展和人们对文化需求的提高，宗教文化的旅游价值越来越受到世人瞩目。

1. 知识性

透过大量宗教文化遗产，旅游者不仅能获得广博的宗教知识，同时可以了解到一个国家或地区不同时期的社会、经济、科技、文学艺术等方面的发展情况，从而满足旅游者求知的欲望。

2. 美学性

宗教文化遗产，是人类历史上各种艺术形式的荟萃，包含和散发着强烈的艺术感染力，能为旅游者提供多种美感享受。

3. 猎奇性

各种宗教仪式、宗教活动通过特有的设施、独特的音乐渲染，营造出神与人同在的神秘氛围，能够满足旅游者的猎奇心理，因而对旅游者具有独特的吸引力。

4. 参与性

宗教旅游资源往往能为旅游者提供大量参与活动的机会，如观摩各种盛大的法事活动、体验别具一格的宗教祭祀仪式及特殊氛围等，以满足游客求异、求奇的情感需求。

5. 针对性

与其他类型旅游资源不同，宗教类旅游资源的宗教气息浓郁，文化内容特殊，因此所面对的客源市场极具针对性。它不仅能够满足普通旅游者的需求，更是联系宗教信徒的纽带，帮助其追求宗教意识的超脱，实现灵魂净化，满足其精神需求。

第二节 佛教文化旅游资源

一、佛教概况

1. 佛教的创立与传播

在世界三大宗教中，佛教创立时间最早，约在公元前6世纪到公元前5世纪。创始人为古印度迦毗罗卫国的太子乔达摩·悉达多，佛徒尊称其为“释迦牟尼”，意为释迦族的圣人，也有称其为“佛”、“佛陀”，意思是觉悟者。相传释迦牟尼诞生于蓝毗尼花园，29岁出家，35岁在菩提伽耶的一棵菩提树下成道，在鹿野苑初转法轮，弘扬佛法，80岁于拘尸那迦城涅槃。蓝毗尼花园、菩提伽耶、鹿野苑、拘尸那迦为佛教的四大圣迹。

佛教在古印度的发展中，由于僧团的传承和见解不同，而分为大乘佛教和小乘佛教两大派别。大乘佛教认为世界十方都有佛，修行目的在于成佛，弘扬自我解脱并救苦救难、普度众生，修行的最高果位是佛。小乘佛教则认为世界只有一个佛，即释迦牟尼佛祖，修行重自我解脱，修行的最高果位是罗汉。公元前2世纪，佛教开始向外传播，逐渐进入南亚、东南亚、东亚地区，根据传播路线的不同，佛教又分为北传佛教、南传佛教和藏传佛教。

2. 佛教在中国的发展

佛教于西汉哀帝元寿元年（公元前2年）传入中国，在汉、藏、蒙古和傣族等地区的传播过程中，逐渐形成了汉地佛教、藏传佛教和云南上座部佛教三大系统。

（1）汉地佛教

汉地佛教主要以大乘佛教为主，又称汉语系佛教。公元前2年，大月氏使臣伊存向中国博士弟子景卢口授《浮屠经》，佛教开始传入中国。东汉明帝10年（公元67年）在洛阳建造中国历史上第一座寺院——白马寺，佛经被大量翻译成汉语。魏晋南北朝时期，名僧辈出，佛教势力扩展到全国。隋唐以来，统治者弘扬佛道，加之高僧玄奘、义净等译经传法，佛教逐步与中国传统文化融合，从而形成了三论宗、天台宗、华严宗、法相宗、律宗、净土宗、禅宗、密宗等八大宗派，泽芳后世。

（2）云南上座部佛教

上座部佛教以小乘佛教为主，又称巴利语系佛教。它主要分布在云南的西双版纳、德宏、保山等地，为傣、布朗、阿昌等族信仰，信教群众达70万人。主要崇拜佛牙、佛塔、菩提树等释迦牟尼的纪念物。

（3）藏传佛教

印度密宗佛教与藏区本教融合形成了具有西藏地方色彩的佛教。主要流传于中国的青藏高原和内蒙古地区，现分为宁玛派、噶举派、格鲁派、萨迦派等四大教派，其中，以宗喀巴创立的格鲁派势力最大。崇尚咒术、尊崇喇嘛、活佛转世思想和政教合一制度，是藏传佛教的四个特色。

3. 基本教义与标记

佛教的基本教义包括“四谛”（苦、集、灭、道），“八正道”（正见、正思维、正语、正业、正命、正精进、正念、正定），“十二因缘说”，“业报轮回说”，“三法印”（诸法无我、诸行无常、涅槃寂静）等。总的思想是宣扬世界虚幻不实，人生充满苦难。要摆脱痛苦，只有依经、律、论三藏，修戒、定、慧三学，改变世俗欲望和认识，超脱生死轮回，达到涅槃境界。佛教的标志通常以“卍”（万）表示，意为太阳光芒四射，表示吉祥万德；也有用法轮表示，象征佛之法论如车轮辗转，可摧破众生烦恼。

4. 供奉的对象

（1）佛

佛为自觉、觉他、觉行圆满者。寺院通常供奉的佛有：①三身佛，指释迦牟尼的三种不同佛身。正中的法身佛名“毗卢遮那佛”，象征佛的本源。左侧报身佛名“卢舍那佛”，表示通过修行而求得佛果之身。右侧应身佛名“释迦牟尼佛”，表示教化众生之身。②横三世佛，是按照空间来划分，释迦牟尼佛居中，代表当今娑婆世界；药师佛居左，代表东方净琉璃世界；阿弥陀佛居右，代表西方极乐世界。③竖三世佛，是按照时间划分，正中的释迦牟尼佛为现在世佛，左侧的燃灯佛为过去世佛，右侧的弥勒佛为未来世佛。④五方佛，属密宗系统，意为五方五佛五智五身，即中央毗卢遮那佛、东方阿閦佛、南方宝生佛、西方阿弥陀佛、北方不空成就佛。

（2）菩萨

菩萨指的是自觉、觉他者。佛教中常见的菩萨有：释迦牟尼佛的左右胁侍文殊菩萨和普贤菩萨（合称华严三圣），阿弥陀佛的左右胁侍观音菩萨和大势至菩萨（合称西方三圣），药师佛的左右胁侍日光菩萨和月光菩萨（合称东方三圣）。另外中国多供奉地藏菩萨。

（3）罗汉与护法天神

罗汉指自觉者。他们灭尽一切烦恼，永远进入涅槃，不再生死轮回。我们通常见到的有十六罗汉、十八罗汉、五百罗汉和八百罗汉之说。著名的护法天神有四大天王、韦驮、哼哈二将和伽蓝神关羽等。

5. 我国的佛教名山

“天下名山僧占多”，山西五台山、四川峨眉山、浙江普陀山和安徽九华山合称为中国的四大佛教名山。佛教名山游一直是旅游的黄金线。五台山有“清凉佛国”之称，为文殊菩萨的道场，五台环峙耸立，寺塔星罗棋布。峨眉山有“蛾眉天下秀”之誉，为普贤菩萨的道场，拥有报国寺、万年寺及金顶佛光景观。普陀山位于东海舟山群岛，有“海天佛国”之名，风光旖旎，梵刹遍布，海天一色，为观音菩萨的道场。九华山有“仙城佛国”之称，“妙有分二气，灵山开九华”，为地藏菩萨的道场，寺庙因山就势，遍布全山。

二、佛教建筑文化

1. 佛教寺院建筑文化

(1) 汉地佛教寺院建筑的布局

早期汉地佛寺的布局以塔为中心，塔收藏舍利和佛经，是整个寺院的主体建筑和祭拜的中心，周围建以殿堂、僧舍。唐代以后，中国传统庭院式建筑融入佛教，开始形成了以大雄宝殿为中心的建筑布局。宋代时，禅宗兴盛，形成“伽蓝七堂”（即佛殿、法堂、僧堂、库房、山门、西净、浴室）制度。明清以来，佛寺格局逐成定式，坐北朝南，数进院落，轴线对称，主从有序。

山门为寺院大门，分为空门、无相门、无作门，象征三解脱，所以又称三门。空门两侧所立“哼哈二将”是佛教护法神将——密迹金刚。天王殿为寺内第一重殿，正中多供奉弥勒佛，两侧分立四大天王，背后塑护法神韦驮。有的寺院山门与天王殿合而为一。大雄宝殿为寺院主殿，多高大雄伟，正中供奉主佛，供一佛的为“西方三圣”或“华严三圣”。三佛同殿的为“三方佛”、“三世佛”或“三身佛”。主佛背面为海岛观音壁塑。大殿东西两侧为十六或十八罗汉，或二十诸天。钟鼓楼，位于山门后大雄宝殿前的东西两侧。佛寺的其他建筑有：东西配殿有“三圣殿”、“祖师殿”、“伽蓝殿”等。伽蓝殿内部通常供奉护法神将——伽蓝神关羽。法堂也称讲经堂，是演说佛法皈戒集会之处，建筑规模仅次于大雄宝殿，堂中设法座，也称“狮子座”，供大德名僧宣讲佛法。方丈室为佛寺住持居住、说法与待客之处，有的叫华林丈室，有的叫般若丈室。藏经楼又称藏经阁，为珍藏佛像经籍之所，多置于最后一进，下为千佛龛，上储经书。

(2) 藏传佛教寺院的布局

藏传佛教寺院的特点表现在：①规模宏大，建筑雄伟，既是重大宗教活动的场所，又是政治权利的标志；②建筑风格以藏式的碉房为主，同时吸收汉式、印式建筑风格，民族特色更加浓厚；③寺院由措钦（全寺管理中心）、札仓（为下属分寺，自成院落）、拉让（活佛府）、辩经坛等组成，具有综合性；④注重装饰，殿堂挂满幢幡、帷幔、经布，有的还有堆绣、壁画、鲜花，广点酥油灯，屋顶竖有法轮、金鹿，气氛浓烈，富丽堂皇；⑤寺院布局多依山而建，形成独特的“屋包山”景观。

（3）云南上座部佛教寺院的布局

云南上座部佛教寺庙布局简单，主要有佛殿、藏经室、僧舍及佛塔四部分组成。佛殿是佛寺的主要建筑，内部由佛座、经书台、僧座三部分组成，是僧侣日常念经、从事佛事活动的场所。藏经室用于收藏各种佛教经典。

2．佛塔

佛塔起源于印度，形式为方座圆冢，是佛门弟子为藏置佛祖的舍利和遗物而建造的“埋葬佛骨的坟冢”。随着佛教的传入，印度式佛塔与中国的高台建筑、楼阁建筑相结合，形成了极具中国特色的塔式建筑。佛塔不仅成为佛教的主体建筑之一，而且具有多种社会功能。就其佛教功能而言，塔一般分为三种：一是“真身舍利塔”，以埋藏舍利子而得名，如陕西扶风的法门寺塔。二是“法身舍利塔”，法即佛法，也是佛经，将象征佛教精神和佛陀智慧的佛经卷本藏于塔中，如西安的大雁塔、小雁塔。三是墓塔，它是为修行高深、功德圆满的历代高僧修建的坟墓，如活佛灵塔。塔的形制详见第九章。

我国保留的著名佛塔有山西应县释伽木塔、河南开封祐国寺铁塔、河南登封嵩岳寺塔、云南大理千寻塔、北京真觉寺金刚宝座塔、云南昆明妙湛寺金刚宝座塔、北京妙应寺白塔、云南西双版纳景洪的曼飞龙白塔、河南登封少林寺塔林、宁夏青铜峡的一百零八塔等。

3．石窟寺

石窟源于古印度，原来是佛祖释迦牟尼及其弟子坐禅苦修的石室，在印度称之为“僧伽蓝”。随着佛教的发展和传播，石窟逐渐由单一性洞窟发展成为集建筑、雕塑和壁画于一体的佛教文化综合体。中国佛教石窟寺大约始于公元 3 世纪，公元 5～8 世纪达到鼎盛时期。中国石窟在分布上表现出明显的地域差异，分化形成新疆、中原和南方三大艺术风格。中国是世界上佛教石窟文化最为发达的国家，石窟开凿时间之长、分布之广、数量之众、规模之大、保留之多，是任何国家都不能比拟的。

敦煌莫高窟俗称“千佛洞”，是一处由建筑、绘画、雕塑组成的博大精深的艺术殿堂，保存有自北魏至元朝各代的壁画 45 000m^2、彩塑 2000 多尊，是世界上现存规模最大、内容最丰富的佛教艺术宝库。大同云冈石窟，依山开凿，东西绵延 1000m，保存北魏时期造像 5.1 万尊，以气势雄伟而著称，特别是昙耀五窟最为著名，佛像多瘦骨嶙峋，形态各异，向世人展现了异域风情浓郁的印度犍陀罗艺术手法。洛阳龙门石窟，始凿于北魏，历时千余年，存有北魏至两宋造像9.7万余尊，造像以端庄丰满著称，再现了佛教造像艺术风格民族化、世俗化的转变过程，其中奉先寺卢舍那大佛是中国石窟史上空前绝后的杰出代表作。上述石窟先后被列入《世界文化遗产名录》。

三、佛教艺术

1. 佛教雕塑艺术

佛教雕塑主要是指寺院和石窟中雕刻、塑造的佛像，以及各种金、石、玉、木、陶等雕刻成的器皿等艺术品，它是佛教艺术的集中体现。在佛教各类雕塑品中，佛像占了最主要的部分，是最有艺术表现力、最吸引人的景观。

(1) 摩崖石刻艺术

所谓摩崖石刻，是指利用崖面的自然形态而布局凿刻而成像成文。它与石窟的区别，主要在于前者没有与崖壁相连的窟顶和窟门。在我国南方地区，摩崖石刻相对较多，如重庆大足石刻、江苏孔望山摩崖石刻、浙江飞来峰造像等。大足石刻，位于重庆大足境内，存有晚唐到两宋摩崖造像5万多个，造像典雅精致，尤以北山的转轮经藏窟为宋代石刻精华。最大的石刻佛像为乐山大佛，又称凌云大佛，位于四川省乐山市凌云山临江的绝壁上。

(2) 其他佛像艺术

我国佛像雕塑始于2世纪中叶以后，历史悠久，保存珍品较多。最大的木雕弥勒佛像为北京雍和宫万福阁供奉的一尊檀木大佛，全高26m，由一棵完整的白檀香木雕制而成，是我国最大的独木雕佛，被誉为“雍和宫三绝”之一。香港大屿山木鱼峰上耸立的释迦牟尼坐像，大佛通高33.95m，总重250t，列为世界最高的青铜坐佛。无锡灵山大佛净高88m，加上基座104m，是世界上最高的露天青铜立佛。北京寿安山卧佛寺内的铜铸释迦牟尼涅槃像，侧身作睡卧状，长达5m，是我国最大的铜铸卧佛。上海净安寺大雄宝殿内的玉佛像，高3.6m，宽2.7m，为整块翡翠精刻而成，是我国迄今为止最大的玉佛。

(3) 酥油花

酥油花是藏传佛教雕塑艺术中的精品。相传公元641年文成公主与吐蕃赞普松赞干布联姻时，当地佛教徒在佛像前供奉一束酥油花，以表示对其尊敬，后成习俗。酥油花由纯净的白酥油制成，揉以各色矿物染料，塑造成各种佛像、人物、花卉、树木、飞禽、走兽，有的还组成宗教故事及神话传说等。其中最为著名的就是青海塔尔寺“三绝”之一的酥油花雕塑。

2. 佛教绘画艺术

（1）壁画

佛教壁画是指在佛教石窟的石壁或寺庙的墙壁上作的画，是人们在游览佛教名胜时经常鉴赏的一种佛教艺术表现形式。壁画的内容一般有下列几种：一是佛本生故事和佛传故事画，讲述释迦牟尼的生平事迹；二是因缘故事画，渲染佛教信徒对佛布施供养以及佛度化众生时的各种神通；三是经变画，即将佛教经文图像化，帮助人们理解佛理；四是佛教感通故事画，宣扬信仰奇迹；五是佛教史迹故事画，反映佛教的发展历史；六是尊像图，包括佛、菩萨、罗汉、诸天以及供养人图。

（2）唐卡

佛教绘画兴起后，大量佛教题材形象出现在布匹或丝织品上，即佛教帛画。这种艺术形式在中原地区并不多见，它主要流行于藏传佛教地区，称之为“唐卡”。唐卡可分为卷轴唐卡、刺绣唐卡、提花唐卡、贴花唐卡和宝石唐卡几种。其表现题材广泛，包括肖像画、偶像画、史画、宗教活动画和民俗画等。被誉为青海塔尔寺“三绝”之一的堆绣，即贴花唐卡，其图案立体真实，将佛殿装潢得绚丽多彩，给人们一种身临佛境的神秘感。

四、佛事活动与节日庆典

1. 主要佛事活动

佛寺中主要宗教活动有僧尼的日常行事、忏法以及法会等。按传统规矩，僧人每日要做“五堂功课”，上“两遍殿”。一般早殿在凌晨，做两堂功课；晚殿约在下午三时开始，做三堂功课。忏法，是佛教徒为改恶从善精进修行的一种法事，为死者祈福超度，或为己忏悔罪恶，或为结缘建功德。

水陆法会，是寺院内重要的佛事活动，即“法界圣凡水陆普度大斋胜会”，也称“水陆道场”、“水陆大会”，因其超度水陆一切鬼魂、普济六道众生。时间少者 7 天，多者 49 天，参加法事的僧人可达到几百人，诵经设斋、礼佛拜忏、追荐亡灵等，规模盛大，隆重非凡。水陆法会一般信徒经济上难以承受，于是开设众姓道场（为追荐亡灵的道场）和增福延寿道场（为活着的人做道场）。焰口施食，或称施食会，用以祭饿鬼王，一般在重大法会圆满之日，或丧事期中举行。

2. 节日庆典

我国佛教的主要节日有：四月初八的佛诞日，二月初八的出家日，腊月初八的成道日，二月十五的涅槃日。在这四个节日中，佛教徒都要在寺院内举行大型的纪念仪式。佛诞日，又叫“佛诞节”、“浴佛节”，是佛教最重要的节日。届时，寺院要举行“浴佛法会”，佛教徒要用五色香汤沐浴太子像以纪念佛的诞生，并且贡献花卉、茶果和灯烛等，举行拜佛祭祖、布施等仪式。佛教中另一个重要的节日为盂兰盆会，亦称“盂兰盆节”、“中元节”、“鬼节”。盂兰是梵文 uilambana 的音译，意为“救倒悬”，是佛教徒为追念祖先所举行的庆典。每逢夏历 7 月 15 日僧尼集结盂兰盆会，诵经施食，追荐先人。7 月 15 日又称自恣日，这一天，僧侣们集聚一处，任凭他人检举自己在日常表现出的种种过失进行检讨忏悔，这种仪式称为“自恣”。

第三节 道教旅游资源

一、道教概况

1. 道教的创立与发展

道教是我国唯一土生土长的传统宗教，保留着汉民族古代宗教文化意识的传统基因。殷周一代的鬼神崇拜，先秦的道家学派，战国后的神仙方术信仰，西汉初期的黄老学说等都是道教形成的思想渊源。东汉年间，张陵（亦称张道陵、张天师）倡导五斗米道，奉先秦道家学派创始人老子为教主，以《老子五千文》为主要经典，创立了最早的道教。稍后张角创立太平道，道教大规模发展，至隋唐，道教达到鼎盛。金代王重阳在山东创立全真派，并在金、元盛极一时。此后，全国道教形成全真道和正一道两大教派。

全真教主张道、佛、儒三教合一，重内丹修行，以修身养性为正道。全真道士必须出家住宫观，遵守严格的清规戒律，并建立了丛林制度。正一道则以行符箓为主要特征，画符念咒、驱鬼降妖、祈福，道士可以有家室，可不出家，不住宫观。目前全国道教宫观大部分属于全真派，正一道主要流行在江南和台湾省。

2. 基本教义、经典和标记

道教宣扬“道”是“万物之母”，是宇宙万物的核心；讲究天道承负，善恶报应；强调以生为乐，重生恶死；注重修炼气功，服食丹药；追求长生不老、肉身成仙。《道藏》是道教经籍的总集，是中国古代文化遗产的重要组成部分。我国现存最早的《道藏》是明代的《正统道藏》。道教的标记是八卦太极图。

3. 供奉的主要对象

道教供奉的神灵庞大而复杂，主要分为尊神和俗神等。“三清”为道教的最高尊神，即居玉清天的元始天尊、居上清天的灵宝天尊、居太清天的道德天尊(太上老君)。“四御”是道教尊奉的主宰万物的天帝，即玉皇大帝、中央紫薇北极大帝、勾陈上宫南极大帝、后土皇地祇。“三官”是指天、地、水三官，主管赐福、解厄、赦罪。俗神供奉十方庞杂，包括门神、灶君、妈祖、魁星、财神、药王、城隍以及八仙等。

二、道教建筑——宫观

1. 宫观的由来

早在东汉道教产生时起，修道者就开始在深山筑造茅舍和洞穴作为活动场所，当时称“治”。晋朝时期称“庐”、“静室”，为信徒省过之所。南北朝时规模扩大，布局定型，将其称为“仙馆”。北周武帝时又改称为“观”，取观星望气之意。唐代因李唐王室与道教教主老子同姓，道教被视为国教，老子被奉为宗祖，道教建筑便顺理成章地改“观”为“宫”。道观、道宫之名由此得来。

2. 宫观的布局特色

道教以返璞归真、羽化成仙为宗旨，故宫观多位于白云缭绕、幽深僻静之地。道教宫观的布局吸收了我国古代的阴阳五行学说，以子午线为中轴，坐南朝北，日东月西，取“离、坎”对称之意。其选址重视风水，以便于“聚气迎神”。其建筑超凡脱俗，利用自然地貌的跌宕起伏或藏或露，将道教的清修成仙思想潜移默化地体现出来。宫观殿堂采用中国传统庭院式布局，古朴秀丽，色调淡雅。宫观园林则脱胎于古代神话中的蓬莱、瀛洲、方丈三座神山，在构景上寄情于山水，崇尚自然，在布局上讲究蜿蜒连绵，幽深曲折，尽量表现出传说之中的神仙境界。

3. 宫观的主要建筑

我国现存道教宫观多为土木结构，一般由神殿、膳堂、宿舍和园林四部分组成，整体格局采用了传统宫殿和民用住宅相结合的方式。沿南北中轴线坐落着主要建筑，山门殿（供奉道教青龙神和白虎神）、灵官殿（内设道教护法神将王灵官）在前，三清殿、玉皇殿、三官殿等主体建筑居中，藏经楼在后，宫观前面多有影壁、幡杆，用来表示藏风聚气或避邪之意。正殿两侧的东西配殿供奉尊神，并设置由客堂、斋堂、云厨、仓房等生活用房。道士的宿舍区和园林区则散建于宫观的僻静处和左右跨院。基于道教思想，我国不少宫观建筑置于名山风景区内，随山水布局，建有亭台楼阁，使得道教宫观既有宗教的庄严神圣，又有园林的清净优雅。

楼观台，位于陕西周至县终南山中，是我国道教最早的宫观，相传为老子传讲《道德五千言》之所在，素有“仙都”和道教“第一福地”之美誉。罗浮山冲虚古观，位于广东博罗县，是岭南道教的重要宫观，在道教有“第七洞天、第三十四福地”之誉。北京白云观，为全真道天下第一丛林，龙门派祖师邱处机遗骨埋葬地，是我国北方的道教中心。

三、道教艺术

道教建筑多以壁画、雕塑、书画、联额、题词、诗文、碑刻等装饰，具有较高的文化水平和多彩的艺术形象。道教雕塑艺术以殿堂塑像为主，诸如玉皇大帝、王母娘娘、道教三尊、老子、八仙、张天师、王重阳、邱处机等。一般雕塑主像与侍者错落排列，场面开阔，构图严谨，左顾右盼，栩栩如生，毫无杂乱堆积之感。道教壁画艺术亦独具特色，画法“重彩勾填”，设色多以石青、石绿为主，淳朴浑厚。线条流畅而刚健，人形丰润，衣带飘扬，突出了浓重的“仙境”气息。山西芮城永乐宫的元代壁画，保留总面积达 1000m^2，题材丰富，如诸神朝拜元始天尊的《朝元图》、吕洞宾故事的《纯阳帝君仙游显化图》，笔法高超，连贯适中，为我国绘画史上的杰作。

四、道教活动及节日庆典

1. 斋醮

斋醮即供斋醮神，是道教常见的一种法事，包括日常的持诵和忏法。所谓持诵，即受持而咏读之，俗称念经。宫观内，每天五更开清，道士齐集七真殿拈香行礼，念诵早坛功课经，晚上也要上坛做晚课。每月的初一、十五为斋日，早晚功课要诵《玉皇经》、《三官经》、《真武经》等。所谓忏法，即拜忏的方法与仪式，用以忏悔。斋醮常配有烛灯和音乐吹打，颇具民族特色。

2. 节日庆典

道教节日主要是纪念道教神仙的诞辰，如农历正月初九为玉皇大帝圣诞，农历正月十五为上元节，正月十九为邱长春真人圣诞，农历二月十五为太上老君圣诞，农历三月初三为王母娘娘圣诞等。每逢节日，宫观内都举行斋醮或盛大的庙会活动。

五、道教旅游胜地

1. 五岳

中国名山，五岳为尊，今指东岳泰山、西岳华山、南岳衡山、北岳恒山和中岳嵩山。五岳是远古山神崇拜、五行观念和帝王巡猎封禅相结合的产物，为道教所继承，被视为道教名山。泰山为五岳之长，有“五岳独尊”的美誉，为东方青帝之治所，自古为帝王封禅之处，山势磅礴，峰峦峻拔，景色壮丽，古迹众多。华山为西方白帝之治所，在五岳之中山势最高、山路最险，分布有玉泉院、镇岳宫等国家级著名道观。嵩山位于河南登封，拥有72峰，号“峻极于天”，宗教胜迹、文化遗存广布。恒山位于山西浑源，翠屏、天峰两山对峙，浑水中出，怪石争奇，古树参天，供奉真武大帝，庙宇众多。衡山位于湖南中部，山势如飞，祝融峰之高、方广寺之深、藏经殿之秀、水帘洞之奇，号称南岳四绝。

2. 道教发祥地

青城山，位于四川都江堰市，相传道教创始人张道陵曾在此传五斗米道，故被誉为道教发祥地之一，茂林修竹，终年常绿，自古有“青城天下幽”之美名，道教传说中的第五洞天和第五十福地均在此处。武当山（太和山），位于湖北丹江口市，山势雄险奇秀，兼“一柱擎天”之美誉，为历代道教仙人隐显之地。龙虎山位于江西贵溪，道教第32福地，是道教创始人张道陵修道炼丹肇基之所，为正一道祖庭，昔有“南国第一家”之称。茅山位于江苏句容，为茅山派的祖庭、传说中的第八洞天。

第四节　伊斯兰教旅游资源

一、伊斯兰教概况

1. 伊斯兰教的起源

伊斯兰为阿拉伯语的音译，本意为“顺服”，即顺服唯一的安拉。中国称之为“清真教”、“天方教”、“回教”等，其教徒称穆斯林，意为顺服者，即顺服安拉意志的人。伊斯兰教创建于7世纪初的阿拉伯半岛，创始人为穆罕默德。伊斯兰教主要分布在西亚、北非、中亚、南亚和东南亚等地区，唐永徽二年（公元651年）通过丝绸之路（陆路）和香料之路（海路）两条路线传入中国。我国目前有回族、维吾尔族、哈萨克族、东乡族等10多个少数民族信仰伊斯兰教。伊斯兰教主要分为两大宗派：逊尼派和什叶派。

2. 伊斯兰教基本教义、经典及标志

伊斯兰教的基本教义由六大信仰（信安拉、信使者、信天使、信经典、信前定、信后世）、五功（念功、礼功、斋功、课功、朝功）和善行（穆斯林遵循的道德规范）三部分组成。其经典为《古兰经》和《圣训》。伊斯兰教的标记为新月。

3. 信奉的对象

安拉（即真主）是伊斯兰教信奉的独一无二的世界主宰，创造宇宙万物，无所不在，无形无象，永恒唯一。穆罕默德等圣者为安拉的使者。

二、伊斯兰教建筑——清真寺

1. 清真寺的由来

清真寺，阿拉伯语称“麦斯吉德”，即叩头处，是穆斯林举行宗教仪式、传播宗教知识的寺院的通称。“清”指安拉的超然无染，不拘方位；“真”表示安拉无可比拟、永存常在。中国历史上对伊斯兰教寺院的称呼有清真寺、清净寺、礼拜寺等多种。只有清真最能体现伊斯兰教的“至清至真，独得其正”，因而被广泛采用。

2. 清真寺的建筑特色

由于历史年代和地理环境的影响，中国清真寺建筑主要表现出两种不同的建筑风格：中国传统院落式和阿拉伯式风格。中国传统式清真寺以木结构为主，沿中轴线按主次循序渐进，强调整体布局与左右对称。主要建筑有大殿（礼拜正殿）、经堂、浴堂（作大、小净用）等。少数大型清真寺有望月楼（斋月观察新月用）和宣礼塔（召唤穆斯林礼拜的地方）。依照伊斯兰教规定，礼拜正殿和殿内圣龛必须背向麦加，穆斯林做礼拜时要面向圣地麦加，中国在麦加的东方，因此礼拜大殿一律坐西朝东，内部不得设偶像，也不以动物形象作装饰，多以阿拉伯文经文和花草为饰。阿拉伯式建筑清真寺多以砖石结构为主，没有明显的中轴线，左右也不对称，寺内布局严紧，建置阿拉伯穹隆顶式正殿和尖顶式宣礼塔，并饰以穆斯林的标志——新月，异域情调极为浓厚，在中国建筑群中独树一帜。

3. 中国著名清真寺

北京牛街清真寺，始建于辽代（公元 996 年），是北京地区规模最大、历史最悠久的清真大寺，也是中国北方最古老的清真寺之一，为典型的传统院落式建筑。广州怀圣寺，又名“狮子寺”，俗称“光塔寺”，相传为南宋时代建筑，以其阿拉伯式邦克塔“光塔”著称于世。西安化觉巷清真寺，原名“清修寺”，俗称“东大寺”，为中国传统式建筑，是我国现存规模最大、保存最完整的清真寺。新疆喀什艾提尕尔清真寺，阿拉伯式建筑，也是新疆伊斯兰教最高学府所在地。泉州清净寺，又名“圣友寺”，是我国现存最古老的阿拉伯式清真寺，与广州怀圣寺、杭州真教寺、扬州仙鹤寺合称中国沿海伊斯兰教四大清真寺。

三、伊斯兰教的礼仪与节日

1. 麦加朝圣活动

麦加朝圣是伊斯兰教一项重要的宗教礼仪活动。伊斯兰教规定，凡是身体健康、经济条件允许的穆斯林，不分男女，一生至少应到麦加朝圣一次，进行绕天房、喝圣水、宰牲等活动。到过麦加的穆斯林名字前方才能加上“哈吉”的荣誉称号。

2. 主要节日庆典

伊斯兰教有开斋节、宰牲节和圣纪节三大节日。开斋节（新疆称为肉孜节），定为伊斯兰教历 10 月 1 日，穆斯林在教历 9 月内斋戒，即每日从拂晓至日落，禁止饮食和房事等，斋月最后一天寻看新月，见月的次日即行开斋。开斋时，教徒们沐浴盛装，集体礼拜，大家走亲访友，互赠礼品，热烈庆祝，大约持续三四天。宰牲节，又名古尔邦节，是中国穆斯林最大的节日，在教历 12 月 10 日。据传，易卜拉辛受安拉“启示”，命他杀儿献祭，以考验他对安拉的忠诚。当易卜拉辛遵命执行时，安拉又命以羊代替，遂产生宰牲节。穆斯林每逢此日举行会礼，互相拜会，并宰杀牛羊、骆驼，互相馈赠以示纪念。圣纪节，又称圣忌日，在教历 3 月 12 日。相传该日是穆罕默德诞生和归真（逝世）的日子。当天在清真寺举行盛会，诵读《古兰经》，讲述穆罕默德生平事迹等。

第五节　基督教旅游资源

一、基督教概况

1. 基督教的创立与发展

基督是“基利斯督”的简称，意指上帝所差遣的救世主，为基督教对耶稣的专称。基督教即信奉耶稣基督为救世主的各教派的统称，公元 1 世纪由巴勒斯坦拿撒勒人耶稣创立。相传耶稣是上帝的独生子，掌握许多神术，能使瞎子复明、跛子行走、死人复活，因而得罪当权者而被钉死在十字架上。死后第三天神奇复活，第 40 日升天。据称将来耶稣会再度降临人间，按上帝的意志拯救人类。因耶稣受难日为星期五，最后的晚餐共 13 人，故西方人忌讳数字 13，视星期五为凶日。

基督教主要包括罗马公教（又称天主教）、东正教和新教三大派别，是世界上拥有信徒最多、影响最为广泛的世界性宗教。分布的国家和地区超过 150 多个，教徒超过 16 亿，约占全世界人口的 1/3。基督教在唐贞观年间传入中国，基督教聂斯脱利派从波斯来华传教，获得“景教”之名；元代罗马天主教来华，被称为“也里可温”；明清之际以利玛窦为首的西方传教士来华传教；鸦片战争后，西方基督教才大规模进入中国，并逐渐发展。

2. 基督教的基本教义、经典和标记

基督教信奉上帝创世说、原罪旧赎说和天堂地狱说。上帝创世说认为上帝创造一切，故上帝是全能的，是真善美的最高体现者，人们必须无条件地敬奉和顺从上帝，否则要受到上帝的惩罚。原罪旧赎说认为人生来就有原始罪，人类无法自救，只有忏悔，基督即可为之赎罪。天堂地狱说认为天堂是极乐世界，信仰上帝就能升入天堂，否则死后灵魂受罚下地狱。基督教经典为《圣经》，其标志为十字架。

3. 基督教信奉的对象

基督教宣称，上帝（天主）只有一个，但包括圣父、圣子、圣灵（圣神）三个位格。三者虽各有特定位份，却完全同具一个本体，同为一个独一真神，不是三个神，而是三位一体。

二、基督教建筑——教堂

“教堂”一词源于希腊，原意为上帝的居所，是基督教进行宗教活动的主要场所。在基督教发展过程中，教堂的建筑造型各具特色。主要形式有：罗马式，采用古罗马式券、拱；哥特式，以墩柱、薄围护墙、尖形肋骨交叉拱顶、飞扶壁、花窗楞、高耸尖塔为其特征；文艺复兴式，古典柱式、半圆形拱券、以穹隆为中心的建筑形体为特征。教堂高大的空间，加上独特的造型，充分展现宗教超凡脱俗的精神，增添飞往天国的神秘感。

我国著名的教堂有：北京西什库教堂（北堂），原名“救世堂”，是一座典型的西欧哥特式建筑，系仿巴黎圣母院的样式建成。上海徐家汇天主堂，即“圣依那爵堂”，是上海地区最大的教堂，教堂内圣音缭绕，教堂外白鸽飞舞，向人们展示了宏伟壮观的罗马式建筑风格。广州圣心大教堂，是国内最大的一座以高直尖顶为特色的哥特式建筑群，因整座建筑用花岗岩砌成，故又被称为“石室”。哈尔滨圣索菲亚教堂，属俄罗斯拜占庭式建筑，是哈尔滨现存最大的教堂。

三、基督教的礼仪与节日庆典

基督教的重要礼仪称为圣事或圣礼。其中洗礼圣事为各教派所重视。洗礼圣事，亦称圣洗或受浸，是信徒加入基督教必经的一种宗教仪式。基督教认为通过外在的水洗，赋予人圣化、圣宠，可使人获得灵性的重生。

主日礼拜是基督教最普遍的崇拜仪式，多在教堂举行，由牧师主礼。一般包括祈祷、诵经、唱诗、讲道等内容。天主教、东正教还有斋戒的规定，分为小斋、大斋。小斋一般规定每星期五不吃肉，意为“节制己身”；大斋亦称“禁食”，即在规定日期内一天只吃一顿饱饭，现在只在受难节和圣诞节前一天守大斋。

基督教的主要节日有圣诞节、生灵降临节和复活节。圣诞节，每年 12 月 25 日，纪念耶稣诞生。圣诞节的活动通常从 12 月 24 日便开始了，即平安夜。基督教信徒们组成唱诗班，到各个信徒家中去唱圣诞节祝圣歌曲，相互问候、祝贺，称为报佳音。圣诞节当日，隆重举行两次弥撒，并演出耶稣诞生戏剧，等待耶稣降临。复活节，是纪念耶稣受难后复活的节日，在每年的春分月圆后第一个星期日举行，教堂在这一天举行圣烛游行，象征基督的降临。生灵降临节，在复活节后 50 天庆祝，以纪念生灵降临，也称五旬节。节日前一天，信徒身穿白色长袍，排队等候洗礼。当天到教堂聚餐，演出取材于《圣经》故事的节目，集体长途步行，为慈善事业募捐等。

案例分析——集建筑、雕塑、壁画、壁藏于一体的辽代寺院华严寺

华严寺位于山西大同市市区西部，是辽金时期我国华严宗重要寺庙之一。寺院分上下二寺，各开山门，自成格局。上寺以金建大雄宝殿为主，分为两院，殿堂廊庑，高低错落，井然有序。下寺以辽建薄伽教藏殿为中心，主要殿宇皆面向东方，与契丹族信鬼拜日、以东为上的宗教信仰有关。上寺大雄宝殿面阔 9 间，进深 5 间，矗立在 4m 高的台基上，是现存辽金时期最大的佛殿之一。殿内塑金身五如来，端坐莲台之上。正中 3 尊系木雕，其余两佛与众服侍菩萨皆为泥塑。两侧侍立二十诸天，神情不一，姿态各异，身躯前倾 15°，别具一格，国内稀有。殿内壁画高达 6.4m，面积 887.25m^2，一座殿内有如此鸿篇巨制，为全国少

见。内容为释迦牟尼传记、说法图、千手千眼观音等。采用山石、云树、楼阁隔联的传统手法，以石青、石绿为主，附以沥粉贴金，色彩艳丽。下寺薄伽教藏殿，单檐歇山顶，殿身东向，出檐深远，整个建筑结构严紧，比例适当，犹存辽代遗风。宽阔的佛坛上布列辽代泥塑 31 尊，中央竖三世佛并列，其余塑像坐立相间，井然有序。中央一佛神情庄严静穆，端坐于莲花宝座之上。莲瓣 4 层，上有沥粉贴金佛像，构图秀逸。四大菩萨结跏趺坐，神态娴静端庄。四角各立护法金刚一尊，气宇轩昂，威武雄壮。其中尤以合掌露齿菩萨最为生动，面形丰满，体态秀美，合掌微笑，婉丽动人，是辽代彩塑艺术珍品。殿内壁藏 1700 余函，记 18 000 多册。斗拱共 17 种，形制繁复，柱头斗拱为双下昂七铺作，是目前所知辽代斗拱中最复杂的一种。

复习思考题

1. 举例说明宗教文化的旅游功能。
2. 汉地佛教寺庙的布局特色是什么？
3. 佛教艺术主要有哪些表现形式？
4. 根据我国道教文化旅游资源的分布，试设计出几条专题旅游线路。
5. 宗教文化旅游资源开发应注意哪些问题？
6. 佛教建筑的主要特色是什么？
7. 伊斯兰教建筑的主要特色是什么？
8. 道教建筑的主要特色是什么？

第十二章　古代陵墓类旅游资源

学习提示

一、主要内容

- 中国古代丧葬文化的基本知识
- 古代墓葬的旅游吸引力
- 帝王陵墓旅游资源
- 特殊墓葬旅游资源

二、学习重点

- 掌握和了解古代丧葬文化的基本知识
- 掌握中国历代帝陵及国外著名王陵的基本情况
- 了解墓葬旅游资源的旅游开发方式

第一节　中国古代丧葬文化

一、古代墓葬的起源和演化

“葬”是指处理死者遗体的方式，“墓”则指埋棺之处。原始社会初期，人类并不掩埋同类的尸体，而是弃之于荒野。大约从旧石器时代中期开始，人类开始对死者遗体进行埋葬，一方面是出于对集体成员的关怀和对死去亲人的眷恋；另一方面是由于灵魂不死观念的产生和原始宗教的出现。在对灵魂的敬畏和对阴间生活幻想的基础上，人们渐渐形成了对死人的崇拜。于是对死者遗体进行处理，以讨好死者灵魂，由此产生了各种葬法。据考古挖掘证明，距今约 18 000 多年前的旧石器时代晚期，原始人就已经按一定方式埋葬死者了。

到了新石器时代，人们的宗教观念进一步深化，对死者的安葬日趋重视，墓葬开始有了明确的制度，即从旧石器时代的洞穴墓地发展为户外氏族公共墓地。此时人们开始深掘土坑，把尸体埋在地下。这种能更好地保护尸体的土葬，开始成为普遍的葬法。位于黄河流域的 2000 多座仰韶文化墓葬遗址多数是土坑葬，其布局类似于当时人们居住的村落。而且许多公共墓地的尸骨头部都朝着一个方向。

最早进入阶级社会的中原地区，以土坑竖穴墓为主要的墓葬形制，但一直到西周初年，墓地地面上还没有明显的坟丘。“文、武之兆，与地平齐”，兆指的是墓地的地域，西周王陵与地面平齐，上面无任何标志，也就是《易·系辞》提到的“不封不树”方式，即墓地不起坟、不种树。

春秋时期，中原地区开始出现坟丘式墓葬。孔子曾说：“吾见封之若堂者矣，见若坊者矣，见若覆夏屋者矣，见若斧者矣”。意为见过土丘坟：坟头有的呈四方形高高隆起，就像堂基；有的狭长陡峭而上平，就像堤坝；有的宽广低矮，中间稍高，像门檐；有的薄削而长，像斧刀。土丘坟出现后，很快流行起来，墓地由“不封不树”变为“又封又树”、“大封大树”，坟头的高低大小、坟地树木多少，成为表明死者身份的一种标志。坟丘出现后，相应有了坟和墓的字义区别：“墓（茔）”是地下埋棺之处，“坟”则是墓上的封土。

二、墓葬的地面建筑

1. 陵墓封土

自春秋出现墓上封土以后，坟不仅是墓的标志，而且成为地位和身份的象征。帝王陵墓的封土规模宏大，称为“陵”或“山陵”，主要经历了三个阶段。

（1）方上封土形

战国时陵墓封土以方形为贵为上，所以至秦汉时帝王陵墓封土多采用“方上”形，即帝陵封土位于地宫之上，用黄土层夯筑到一定高度，顶端成正方形或长方形的平顶，称为“方上”。整个坟丘像被截去顶部的方锥体，犹如倒置的斗，所以又称“覆斗形”。

（2）因山为陵形

汉文帝霸陵是历史上第一座因山为陵的帝王陵墓，但形成定制始于唐代。利用山的峰峦作为帝王陵墓的坟头，与“方上”封土陵丘相比，更加高大壮观，更加坚固持久，从而更充分地体现了皇权的至高无上和威严尊贵。自唐太宗李世民以九嵕山为陵建造昭陵开始，因山为陵成为唐代帝陵的既定制度，也是我国重要的帝陵形制。

（3）宝城宝顶形

五代开始，南方的一些偏远小国统治者陵墓封土为圆丘形，如前蜀王建的永陵。这主要是因为南方潮湿多雨，方上形较难保持封土原形，为防止坟丘被雨水冲蚀，人们修建圆丘状坟并以石块围护。明代开国皇帝朱元璋在修建孝陵时，正式采用这一模式，陵墓封土演变为“宝城宝顶”形。在地宫上修筑圆形砖城，称为“宝城”，砖城内填土，形成高出城墙的圆顶称为“宝顶”。宝城前设突出的方形城台，上面建明楼，就是“方城明楼”。明清两代帝陵基本都是如此形制。

2. 陵园布局和祭祀建筑

“陵”是帝王的坟墓，“寝”是帝王灵魂的起居场所，“庙”是祭祀和朝拜的地方，三位一体共同形成了陵寝。后代的陵寝变迁及发展，主要在封建社会最高统治者帝王陵墓的陵园布局和以“寝”为主体的祭祀建筑群上体现了出来。

（1）先秦时期

陵园可能出现于东周。初期的陵园，有的利用天然沟崖作为屏障，多数则在陵的四周挖掘壕沟或夯筑围墙。陵园一侧有门，园内除陵丘外，没有其他附属建筑，祭祀主要在宗庙进行。至殷商时，王室已有自己的陵墓区，墓前有台基式建筑，可能属于“寝”的性质，另外还有祭祀祖先的庙坛建筑。说明作为陵寝组成要素的“陵”、“寝”、“庙”，在殷商时就开始孕育了。但是真正意义上的“陵寝”出现在战国中期，河北平山县的中山王墓出土的《兆域图》显示，陵园布局为长方形，四周有内外两道墙，王陵位于陵园中部，在坟丘顶以及外两侧和后翼分别建五座享堂，也就是寝。

（2）秦汉时期

秦始皇统一六国，进一步完善了陵寝制度。陵园布局继承秦国陵寝制度的同时，还吸收了其他六国的陵寝做法。陵园总体上是模仿都城宫殿规划布局，充分体现皇权的至高无上。陵园坐西朝东。内外两重墙垣，高大的方上形封土位于内城中部。封土北是寝殿和便殿。

西汉继承了秦代的陵寝制度并有所发展。陵园都坐西朝东，平面为方形，只有一道园墙。陵墓居于陵园中央。陪葬墓区在陵园以东，司马神道两侧。东汉开始，陵园不建围墙，并且陵寝改为坐北朝南，不在陵内设庙，而是在陵墓前建“石殿”，专供定时朝拜和祭祀用。同时在陵墓前建神道，神道两旁列成对的石像、石马。东汉开创的陵墓前建祭殿和神道两侧置石像的做法，为后代历朝陵寝沿用并发展。

（3）唐宋时期

唐代陵寝规模不仅超过前代，而且布局更加周密。陵园布局模仿长安城规制，均坐北朝南，分三重城垣。整个陵园从前到后分为三部分：第一部分为陵墓和祭祀性建筑，北为封土，前为献殿（又称上宫），是朝拜、祭祀的地方。供灵魂起居的寝殿和宫人、官吏居住的下宫在陵园外。第二部分为阙和神道，神道两侧有石人和石马等石刻。第三部分为陵园前方两侧的陪葬墓。整个陵园布局以南门为正门，以南北为中轴线，东西对称，体现了面南而立、面北而朝的设计思想。

北宋帝王陵墓恢复方上形封土，陵园布局基本沿用唐代的制度。但与历代截然不同的是陵园都面山背水。因为北宋当时风水堪舆思想盛行，“赵”姓在五音属角缺水，“吉方则要山高水来”，所以陵址要选在“东南地穹，西北地重”的地方，一改历代帝陵居高临下、倚山面河、置陵于高阜的制度，而是置陵台于地势最低处，面山背水，诸陵均面向嵩山的主峰少室。南宋诸帝死后希望能归葬中原，所有陵墓就没有陵台和石刻群，称其为攒宫。到了元代，沿用蒙古族潜埋的葬俗，不起坟冢，葬后乱马踏平，不布设陵园。位于内蒙伊金霍洛旗的成吉思汗陵，是在供奉成吉思汗灵寝“八白室”的基础上形成的纪念性陵墓。

（4）明清时期

明清陵园布局受到当时宫殿建筑的影响，虽然继承唐宋形制，但废弃了上、下宫分离的格局，将各类建筑集结在南北向的一条中轴线上。陵园由方形改为长方形平面。陵墓和献殿用墙分隔。前部由碑亭、神厨、神库组成一进院落，以献殿为主体组成二进院落。并取消了下宫建筑，废止了前面各朝宫人居留、侍奉的旧制，以突出陵寝朝拜和祭祀的功能。陵园的后部为陵墓，封土为宝城宝顶形。整个陵园充分体现了前朝后寝的宫殿建筑模式。

三、墓室与葬具

1. 墓室

（1）竖穴墓和横穴墓

墓穴也叫墓圹，按照挖掘的方式可以分为竖穴墓与横穴墓。竖穴墓是从地面一直往下挖掘而成的土坑，横穴墓是先挖掘到一定的深度然后再横向掏挖而成的土质洞室。根据考古挖掘，龙山文化时期的墓室大都以长方形竖穴墓为代表，这和当时人们居住的房屋为长方形有关。商周时期厚葬的风气盛行，墓室结构复杂化，虽然是竖穴墓，但墓道多少反映等级高低，形成“亚”字形、“中”字形、“甲”字形等多种构造。西汉中晚期的凿山为陵的墓室大多为横穴墓，主要分前室、后室、耳室。汉文帝的霸陵就是典型代表。

（2）砖石墓

战国时期，出现了空心砖砌筑的墓室，在西汉晚期十分盛行，其中以卷顶砖室墓最为常见。在西汉时也出现了石结构的墓室，以砖石混合构造而成。石室墓在历代帝王陵中普遍使用。西汉的砖石墓一般由画像砖和画像石堆砌而成。汉画像砖与画像石上雕刻与彩绘的内容主要以表现墓主生前生活为主，充分反映了当时的社会生活方式。

（3）庭院式墓

唐代统治阶级更加追求“墓如真宅”，地下墓穴成轴线延伸，依次为斜坡墓道、过洞和天井、前后甬道和前后墓室及小龛。多重过洞、天井的布局，犹如现实生活中的多进庭院。前后墓室则表现前为堂、后为室的思想，也反映死者的等级地位（表 12.1）。该类墓葬在墓道、天井等处，均彩绘有大量的壁画。

表 12.1　唐乾陵陪葬墓墓穴结构比较

墓名	全长/m	过洞数	天井数	小龛数	主要壁画
懿德太子墓	100.8	6	7	8	阙楼仪仗图、架鹰田猎图、侍女图
永泰公主墓	87.5	5	6	8	仪仗图、侍女图
章怀太子墓	71	4	4	6	打马球图、狩猎图、客使图、观鸟图

（4）仿木结构墓

宋代在继承前朝砖石墓以及庭院式墓的基础上，开始朝仿木结构墓室发展，利用砖石材料，在墓室的四壁、顶部，仿木构建筑形式，做出倚柱、阑额、斗拱、柱头枋、藻井等构件，门窗逼真，斗拱齐全，雕梁画栋，纹饰彩绘，把宋代《营造法式》思想表现的淋漓尽致。

2. 棺椁制度

棺椁是盛放死者遗体的葬具。“棺”是敛尸用具；“椁”是套在棺外面或绕棺四周的匣子。《说文》段注：“木椁者，以木为之，周于棺，如地之有郭也”。棺椁的发展体现了森严的封建等级制度。

（1）棺

目前所发现的时代最早的棺多是瓦制或石制，距今 5000～6000 多年前西安半坡文化遗址的瓮棺葬就是用陶罐做儿童的葬具，在辽宁红山文化墓葬中则多发现石棺。新石器时期已经出现木棺，但在商以后才普遍使用。《丧大记》中记载的周代制度规定：天子之棺五重、诸公四重、诸侯三重、大夫再重、士不重。这里指的是天子所用棺总共五重。最外的一重叫大棺，第二层叫属棺，这两层用梓木制作，又统称梓棺或梓宫。第三层用椴木制造，称为杝棺。第四、五层用水牛皮或犀牛皮制造，称为革棺和内棺。另外棺木的厚薄大小、内外装饰的花样，也有严格的等级规定。

（2）椁

椁是在棺或套棺之外，隔较大空间再加的一层，用于在土穴之中保护棺木，棺椁之间形成的空间用来放置随葬品。战国秦汉时期所用的木椁，规模巨大形如墓室，又叫椁室，又因为形状象方井，又叫井椁。椁室被分割成若干部分放置棺木和随葬品。曾侯乙墓的椁室高为 3.1～3.5 m，用了 3171 根长木条，380m^3 的木料。椁室的制作考究，最典型的就是“黄肠题凑”，所谓“黄肠”就是制椁的木料全部采用柏木的姜黄木心，“题凑”则是指将柏木层层平铺垒筑在四周，而且木头都朝内与同侧椁室壁板呈垂直方向。这种椁室制度在西汉中期以前为帝王广泛采用。汉以后用空心砖垒筑的墓室，起到了保护棺木的作用，从而取代了以前椁的作用，原来的棺椁制度迅速消亡。因此后代通常把套棺的最外一层叫做椁。

3. 随葬品

古人在“事死如事生”的观念支配下，厚葬之风一直是丧葬文化的主流，随葬品品种丰富、数量巨大，几乎活人所用者皆为死者所用，是盗墓之风的诱因，但也为我们保留了十分丰富的历史文物，成为旅游鉴赏的对象。

（1）陶器

新石器时代晚期，陶器生产的普及，使随葬品以陶器为主，包括各种生活用品、生产用具、武器以及装饰品等，多为死者生前所用。在夏商周时期，随葬品中还出现了陶制礼器。

（2）青铜器

商周时代，青铜器生产技术发达，为社会上层广泛采用。并且青铜礼器成为贵族身份和地位的象征，所以贵族墓葬多采用青铜礼器随葬。青铜礼器主要包括酒器、饮食器、乐器、兵器、车马器、工具等，并且成套配备。在安阳殷墟的妇好墓中出土的青铜礼器就有 210 多件。曾侯乙墓的全套青铜礼器重达 10t。秦铜车马制作精致，结构复杂，技艺精湛，比例准确，被称为“青铜器之冠”。

（3）丝织品

我国是丝织业发达的大国，随葬品中丝织品占重要地位，但因其保存困难所以很少能保存至今。考古发现的商周时期已经有丝麻织品随葬。汉代墓出土丝织品中包括绢、纱、绮、罗、锦等。马王堆西汉墓出土的一件素纱禅衣重不足 50g。

（4）玉器

古人认为“君子比德于玉”，“君子无故玉不离身”，因此葬玉成为重要的礼器用玉，早在新石器时期的墓葬中就已出现，“金玉在九窍，则死人为不朽”，认为玉器施覆于尸体可防止腐朽。新石器时代早期玉玦就成为死者佩带的精美耳饰，晚期的良渚文化几乎每个墓葬都出土大量玉器，玉琮环绕，玉璧、玉璇玑居中，形成“玉殓葬”。殷商的妇好墓出土玉器达 755 件，有琮、璧、环、璜、琥等礼器以及玉制兵器、用具、饰品等。战国时期是玉器发展的最辉煌时期，曾侯乙墓、中山王陵等皆出土大量随葬玉器。

（5）明器

所谓明器，又称冥器、鬼器，就是专门为随葬死者而制作的各种器物。所用原料多为陶、瓷、竹、木、石，所模仿的有礼器、兵器、工具以及车、船、仓、井、房屋、庭院、栏圈等模型以及人、兽等，大凡世之所见皆做之。俑就是明器的一种，最具代表性的就是秦始皇兵马俑了，它们大小和真人真马相同，排列成军阵，规模庞大，制作达到了已发现的历代陶俑中的顶峰。唐代墓葬陪葬大量使用低温釉陶器“唐三彩”，出现了分工齐全的各类三彩俑，包括镇墓兽俑、仪仗俑、乐舞俑等，成为盛唐文化的典型代表。北宋以后逐渐流行纸扎明器，但不随死者下葬而是在下葬之时或之后焚烧。

四、墓葬石刻

1. 石像生

古代陵墓，特别是帝王、诸侯、官僚的墓前，排列整齐的石刻人、走兽以及传说中的怪兽，称为“石像生”。功能是陵墓标记和驱邪，昭示墓主身份等级、墓前仪卫和表彰墓主功勋。以西汉武帝大将霍去病墓前石像生为最早的陵墓石刻，共有石像生 44 件，用巨石雕成，造型浑厚生动，最具代表性的是马踏匈奴。整组石像生一方面表现了霍去病的身份和地位，另一方面突出了他抗击匈奴的赫赫战功。帝王陵墓石像生从唐乾陵形成定制，由南向北在司马道两侧陈列有华表 1 对，翼马 1 对，鸵鸟 1 对，仗马及控马者各 5 对，石人像 10 对，石碑 2 通，番臣石像 61 尊，石狮 1 对等。这组石像除了显示皇权的至高无上和封建帝国的强大外，还主要起陵墓标志（华表）、守卫祛邪（石狮、石人）、仪仗（武将、仪马和控马者）、升仙（翼马）和中外文化交流（鸵鸟和番臣像）的作用。

2. 墓碑

“碑”的称谓先秦时就已出现，但当时碑的作用与后世墓碑不同。它为一块上端中间穿圆孔的大石板，圆孔叫作“穿”，立在墓穴旁，用来穿系绳索，把棺木缓缓放入墓穴中；或者立在公卿大夫门口，用来拴系牲畜；或立在宫庙里，用以测看日影作记时之用，石板上没有文字。

大约在西汉晚期，人们开始在原先立于墓旁用以引棺的石板上刻写文字，记述墓主的姓氏、家世、生卒年月、生平事迹，还有颂扬和悼念的诗铭。形状从一般的石头渐渐规整，形成碑首、碑身、碑座 3 部分组成的定制，成为真正意义的墓碑。早期墓碑仍有穿，顶端作方尖形称圭首，作圆弧形刻上云气图案称晕首。由此，墓碑成为丧葬文化的组成部分，既是死者身份等级的象征，又体现了浓厚的伦理道德色彩，成为研究历史的重要史料。汉以后墓碑在此基础上趋向完美。唐乾陵前的《述圣记碑》是墓碑的杰出代表，它俗称“七节碑”，高 7.5m，宽 1.86m，重 89.6t，由 7 块大石垒砌，庑殿式碑顶，正方形碑座，碑檐四角各雕 1 个石人，头顶斗拱，古朴雄伟。

3. 墓志

墓志同样是记载和歌颂死者的石刻，不同之处墓志埋藏在墓中。它起源于东汉，魏晋以后普遍流行。早期为碑形，南北朝后期墓志形成方形定制，由志盖和志石组成，称为一合墓志。志盖多为盝顶形，也有个别是龟形，刻有篆体标题。志石刻志文、志铭。志文以散文体，追述死者姓名、籍贯、生卒年月、官职履历、谱系，叙述和称颂死者的生平事迹、才能、品行。志铭则用韵文体，用来表达对死者的哀悼和称颂。唐代以后还署有撰者、书者的姓名。历代出土的墓志中不少是书法珍品，又是重要的历史资料。

第二节　古代墓葬的旅游开发

一、古代墓葬的旅游吸引因素

1. 规模宏大的双重建筑

古代墓葬，由地上、地下两重建筑组成，相对古代地面建筑具有一定的独特性。特别是历代帝陵，地面陵寝和地下玄宫的布局都是模仿当时的宫廷建筑所建，金碧辉煌，宏大雄伟，充分反映了当时的建筑风格。

2. 丰富多样的墓葬文物

随着时代的推移，古代墓葬的随葬品由简单到多样，由最初的陶器、骨器、木器、石器，到后来的金银器、玉器、青铜器、漆器、丝织品以及各种瓷器，质地齐全，数量众多，品种丰富。随着历史的演变，地面文物损坏十分严重，但墓葬文物相对保存较好，成为历史文物的主要来源。墓葬文物的历史悠久性、数量巨大性、保存完整性和文化丰富性，不仅为考古提供了翔实的资料，而且也是旅游者了解古代社会生活、科学技术、文化艺术等的重要途径。

3. 优越秀美的自然环境

在传统风水学说的影响下，古人对“阴宅”的选择甚至胜于阳宅的选择，墓葬多处于风景秀丽、山水俱佳、林木茂密、聚气纳势的“风水宝地”。后人为追记先祖、供奉祭祀、荫福子孙，对墓葬之地精心营育，使墓葬环境更加幽静雅致，气候怡人。因此，墓葬旅游在欣赏古文化的同时，也可接受大自然的熏陶，有助于怡情养性。如武则天和唐高宗的乾陵，山势兀起，巍峨耸立，登高远望，关中平原景色美不胜收。

4. 墓主的名人效应

用于旅游的著名墓葬，墓主多为历史名人，都代表着一段历史，与社会历史的演变密切相关，或是影响历史进程的关键人物，或是为民请命的清官廉吏，或是反抗外敌的民族英雄，或是颇有造诣的文人学士。墓主的名人效应，既可引发旅游者的仰慕之情，满足其缅怀之念，也可通过墓葬旅游了解历史发展，体会民族精神。如名扬天下的岳飞墓早已是杭州西湖畔的著名游览处。

5. 综合多样的文化价值

古代墓葬不仅可吸引旅游者参观游览以满足其对古远历史的好奇心，而且对历史研究具有重要意义。对民俗学者而言可以通过墓中随葬品以及墓室内部构造布局了解当时人们的日常生活，对历史学家而言可以通过地下的文物验证古籍所载是否符合事实等。西汉的砖室墓中的画像砖，是当时民俗风情的充分再现。

二、墓葬旅游资源的开发

1. 墓葬旅游资源的开发方式

墓葬旅游资源开发的主要方式是，利用墓葬地面遗存物和地下建筑、文物，吸引游客，开展游览观光活动。在一些地面遗存比较丰富、进行了一定考古挖掘、历史文物数量较大的墓葬区，由于能够向游客展示较为丰富的文化内涵，在旅游市场竞争中具有较强的竞争力。如北京明十三陵的定陵，进行了考古挖掘，展示了从地上到地下明代皇陵的完整结构和形制，文物数量和种类都十分丰富，成为游客北京之旅的必选景区。陕西的秦始皇陵虽没有被开挖，但发掘了大型陪葬俑坑——兵马俑坑，出土了规模庞大、数量众多的文物，其中，铜车马号称“青铜器之冠”，陶俑陶马规格之大前无古人后无来者，赢得“世界第八奇迹”的美誉，自从开放以来旅游吸引力经久不衰。但绝大部分墓葬型景区，近年来旅游吸引力都有所下降，原因在于文物遗存有限，文化内涵不足，开发展示方式单一。

2. 墓葬旅游资源开发的原则

(1) 择优开发的原则

中国传统墓葬以土葬为主，全国保存的古代墓葬数量众多，如陕西省仅历代帝王陵墓就有 72 座，相当一批墓葬被列为各级文物保护单位。择优开发是墓葬资源旅游开发的首要原则。即以一定的省区为单位，全面审视墓葬资源的遗存状况，将墓葬特色突出、墓主知名度较高、地面建筑保存较完整、文物遗存丰富、墓区环境优美的墓葬，列为旅游开发的对象，建设成为具有较强吸引力和竞争力的旅游景区。

（2）文化展示的原则

墓葬旅游资源的开发应从文化入手，依托墓葬遗存，发展文化旅游，丰富文化展示内容。不同时代的墓葬，可以折射出该时代社会文化的各个方面，如人生理念、建筑水平、饮食服饰、生产生活、各类用具、艺术表现形式、社会关系及等级地位等诸多方面，在墓葬中均得到体现和反映。把墓葬旅游景区开发成具有一定时代文化品味的旅游吸引物，满足游客怀古、忆古、思古、知古之要求，必然有利于增强其旅游吸引力和竞争力。

（3）活动设计的原则

墓葬型景区的旅游活动，应突破传统的导游讲解、游客游览、文物观赏、以线串点、“走马观花”式的模式，对景区的游客活动方式进行精心设计，充分调动游客的各种感受器官作用，增强游客的参与性。

（4）适当修复、文物保护的原则

由于相当一部分墓葬旅游资源破坏较为严重，地面建筑荡然无存，旅游活动设计的依托基础较差，环境氛围已与墓葬文化不相协调。对此，在有利于文物保护的前提下，可对部分陵墓进行适当的修复，包括建筑的修复、环境的复原等。但必须“修旧如旧”，不能破坏文物资源。修复必须有可靠的历史依据，切不可随意进行，出现时代错位、文化错位，违背发展旅游的初衷。

第三节　中外帝王陵墓

一、中国帝陵的设计理念

1．“生死如一”的基本思想

从原始社会人们产生了灵魂不死的认识后，对待死者都采取了敬畏的态度，希望死者能在阴间享受到不异于现实的生活，从而能够保佑后世子孙。所以封建社会的统治阶级为了使自己的基业万世昌隆，也为了使自己在幽冥世界能养尊处优，把自己墓地设计和建筑的如同真实世界一样。所以帝陵有前堂后寝，有灵魂游乐的便殿，有庞大的兵马俑军阵。

2．“仿照国都”的建筑理念

陵墓建筑规划仿照国都，是我国帝陵的共同特色，这也是为了能更真实地再现人间生活。以唐代帝陵为例，乾陵几乎是完全按照当时唐长安城的布局建设的，陵冢的位置相当于长安城的宫城，而神道两侧的石像生则是六省、九寺、一台、四监和十八卫等官署所在的皇城再现。

3. "帝王独尊"的指导思想

自从秦始皇统一六国建立了封建集权的国家，帝王独尊的思想成为千百年历代封建君主的重要信念，即使在帝陵的建筑中也要体现出来，以显示自己的至高无上。所以许多帝王建筑了规模宏大、等级最高的独立陵园，并且有众多陪葬墓众星捧月般地围绕在帝陵周围，从属帝陵，以显示"主尊臣贵，帝陵独尊于天下"的思想。并且在帝陵的建筑形制上也有严格的等级区分，任何人不得僭越，如石象生中的麒麟只有帝陵才能使用。

二、中国主要帝陵

1. 秦始皇陵

秦始皇姓嬴名政，是我国封建社会著名的政治家和军事家，公元221年统一六国，建立了第一个中央集权的封建国家，也开创了我国封建社会帝王陵寝制度。秦始皇陵位于今陕西省临潼城东5km，南依骊山，北临渭水。其陵之所以选址骊山，是因为骊山是"风水宝地"，"其阴多金，其阳多美玉"。秦始皇陵自继位起始修，至死时结束，共达37年。陵园按照当时咸阳都城布局，总面积56.25km^2，坐东向西，分内、外两城，平面呈"回"字形。内城城垣周长3870m；外城城垣周长6210m。城垣夯筑而成，墙宽8m左右。外城四面各一座门，内城北面二座门，东、西、南各一座门。九座门都有门阙建筑。内城四周筑有角楼，分为南北两个部分，南半部主要是陵与地宫，北半部为便殿和寝殿建筑。外城之内有百戏俑坑、跽坐俑坑、马厩坑、珍禽异兽坑、石铠甲坑，外城之外有兵马俑坑、铜车马坑、马厩坑、陪葬墓、修陵人墓以及陶窑、石料加工场、防洪堤、鱼池建筑遗址。据载始皇陵封土时高50丈，即115m，现存76m，周长1250m。封土下是富丽堂皇的地宫。《史记·秦始皇本纪》中描述地宫结构为"穿三泉，下铜而致椁，宫观百官奇器珍怪徙藏满之，令匠作机弩矢，有所穿近者辄射之，以水银为百川江河大海，机相灌输，上具天文，下具地理，以人鱼膏为烛，度不灭者久之"。在陵园外以东1.5km处有象征皇城宿卫军的兵马俑坑，总面积20 780m^2，出土有如真人真马大小的陶俑7000余件，陶马约500匹，木制战车130多辆，各种青铜器40 000余件，组成了一个庞大的地下军阵。

2. 西汉帝陵

西汉11座帝陵中除汉文帝的霸陵和汉宣帝的杜陵外，其余9座都分布在陕西咸阳原上，一字排列，形成"音尘绝，西风残照，汉家陵阙"的恢弘景象。西汉帝陵的建筑布局仿都城建制，坐东朝西，帝陵在西，后陵在东。陵墓居陵园中央，帝陵陵园一般边长 410～430m，墙基宽 8～10m，后陵陵园一般边长为 330m，墙基宽 4m 左右。每面垣墙的中央各辟一门，门前立双阙，陵园之旁建寝殿和祭庙。除汉文帝霸陵“凿山为陵”外，皆“穿土为圹”，地面夯筑高大的“方上”形坟丘，底部长宽约为 150～170m，高约为 20～30m。西汉帝陵有很多陪葬墓，分布在帝陵以东司马门外神道两侧，少数在帝陵以北，布局类似诸侯和大臣朝谒天子的布置。汉代盛行厚葬，墓中随葬品极其丰富，葬具是“黄肠题凑”，葬服是“金缕玉衣”，华丽无比。西汉帝陵多设置陵邑，一方面为了供奉陵园，另一方面是迁徙关东大族、达官巨宦，以便强本抑末，巩固中央集权统治。

汉武帝茂陵是规模最大的西汉帝陵，陵园周长 1688m，封土高 46.5m，远超过西汉帝陵 30m 的定制。陵园东侧有大面积的建筑遗迹和陪葬墓群。依汉代之法，每年天下贡赋的 1/3 陪葬入陵，汉武帝在位 54 年，茂陵的陪葬品数量十分巨大。

3. 唐代帝陵

唐自公元 618 年建朝至 907 年灭亡，共历 21 帝，其中 19 帝陵墓在陕西关中平原，又因为武则天和唐高宗合葬于乾陵，所以又称关中唐十八陵。唐帝陵区西起高宗乾陵，东至玄宗泰陵，沿关中北山分布于 6 县境内，绵延长达 100km。陵园建制坐北朝南，背山面河，南北轴线，东西对称布局。陵园以山陵为中心，设三重墙垣，四面各开一门，门外均有阙一对，这种布局自乾陵开始形成定制，其设计明显是仿唐长安城布局。唐代十八陵中多数采取“因山为陵”，玄宫开凿于山南半腰，帝后同穴。内城南门内建有献殿，门外为神道，陈设在神道两侧规模宏大的石雕群成为唐代艺术的重要再现。唐代实行皇戚功臣陪葬皇陵制度，其中以唐太宗昭陵最多，为 167 座。

乾陵位于陕西乾县以北的梁山，是中国历史上唯一的女皇武则天的陵墓，也是唯一的两位皇帝（武则天和唐高宗）的合葬墓，立有第一块帝王功德碑和唯一的无字碑，同时又开创了帝陵石刻的定制，具有极为丰厚的文化内涵。乾陵的无字碑高 7.53m，宽 2.1m，厚 1.49m，重 98.8t，碑首雕刻八条缠绕的螭龙，碑侧各有飞龙一条，花纹精细生动，是历代皇陵碑刻之冠。乾陵有陪葬墓 17 座，已发掘的有懿德太子墓、章怀太子墓、永泰公主墓等。

4. 宋代帝陵

北宋帝陵分布在河南省巩县嵩山北麓与洛河之间，陵区范围东西约 10km，南北约 15km。陵区旁有皇后陵 21 座，陪葬宗室子孙和名将勋臣数百人，形成庞大的陵墓群。陵区南对嵩山少室，北据黄河天险，东边群山绵亘，西为伊洛平原，水深土厚，被认为是“山高水来”的吉祥之地。北宋帝陵陵园占地远小于汉唐陵园，布局一致，尺寸划一，由南向北依次为鹊台、乳门、华表、石像生、陵台、后陵、下宫。陵台为方上形，但规模较小，底部边长约 50～60m，高度大部为 15m 以下。陵台前有献殿，周以宫墙，称为上宫。后陵位于帝陵西北，形制仅为帝陵 1/2。下宫则在帝陵西北，为奉飨之所。神道两侧置石刻，有华表、象及驯象人、瑞禽、獬豸、仗马及控马官、虎、羊、客使、武将、文臣等。宋陵石刻总数达千件以上，保存完好，造型浑厚，手法细腻，为雕刻艺术珍品。

5. 西夏王陵

西夏王陵位于宁夏的贺兰山麓，东西 5km，南北 10km，有帝陵 9 座，陪葬墓 193 座，营建于 11 世纪初至 13 世纪初，陵园的地面建筑早在蒙古人亡国时全部被毁。根据遗址考证，陵园坐北朝南，内城为长方形，四角建角楼，南门内建献殿，地宫在内城西北，上有塔式灵台，地宫后为穹隆顶陵台，正南立双阙辟神道，列石像生。西夏王陵的营建受中原文化影响较大，但自身特点仍十分明显，如出土石像屈膝而坐似负重状，造型奇特。

6. 明代帝陵

明代帝陵共 15 座，除分布于南京的明太祖孝陵和北京金山的景泰帝陵外，其中 13 座集中在北京昌平县的天寿山南麓，通称“明十三陵”。基本布局是以明成祖长陵为中心，各陵分列左右，共用一条神道和陵墓石刻，是中国皇陵史上的创新。总神道以 5 间 6 柱的汉白玉牌坊为起点，依次布设有大红门、神功圣德碑亭、石望柱、石像生、棂星门，长 14.6km。陵园建筑平面呈前方后圆。前方形院落三进：第一进建有石碑亭、神厨、神库等；进入祾恩门为第二院落，建有仿金銮殿的祭祀大殿祾恩殿和配殿；进内红门为第三进院落，院内设棂星门和石供案，建方城明楼。方城之后为宝城宝顶式封土。

7. 清代帝陵

清代先后共 12 个皇帝，除了溥仪没有帝陵外，其他 11 个皇帝的帝陵分布在 3 个陵区，即沈阳的“盛京陵”、河北的遵化县的“清东陵”和河北易县的“清西陵”。清代皇帝一般即位之后就开始修陵，陵寝制度承袭前明，但规模宏大。从前面的下马碑、石牌坊、大红门开始，在通往墓地的神道两侧排列华表、大牌楼、对仗石像生、龙凤门、小牌楼及多孔石桥等。神道的终点为方城的正门隆恩门，门内有隆恩殿及配殿，隆恩殿后建有 3 座门、2 柱门、5 石供、明楼。最后为宝城宝顶和地宫。

三、国外著名王陵

1. 埃及金字塔

“金字塔”是我国对古埃及方锥形法老陵墓的称呼。埃及金字塔分布在尼罗河西岸，从开罗附近的吉萨至上埃及的希拉康坡里斯一带，有近100座。其中最具有代表性的是胡夫金字塔，又称大金字塔，是世界七大奇迹之一，约建于公元前27世纪。它由230万块石材砌成。在大金字塔周围分布着其他王室成员金字塔，构成胡夫金字塔群。其中有著名的斯芬克斯像，即狮身人面像，它用一整块巨石雕塑而成，再加上匍伏在前的两条前腿，总共73.5m长，象征人的智慧和狮子勇猛力量的结合。

2. 印度泰姬陵

泰姬陵位于印度首都新德里以东195km的古都亚格拉城的西边，亚穆尔河南岸。泰姬陵是莫卧儿帝国第5代皇帝沙吉汗为其爱妃泰姬·玛哈尔所修的陵墓，号称世界七大奇迹之一。泰姬陵园呈长方形，周围红沙石围墙。整个陵墓用白色大理石修筑，其底层是7m高、95m长的正方形坛座，寝宫居中，高74m，下为八角形，上为穹顶，内分5间，中央宫室内大理石围栏中置放大理石棺。坛座四角有4座高40m的白色大理石3层圆形尖塔，在塔顶可以俯瞰全城。整个陵墓呈现典型伊斯兰教建筑风格。

第四节　历史名人陵墓和独特墓葬形式

一、历史名人陵墓

1. 孔林

孔林又称“至圣林”，在山东曲阜城北1.5km处，是孔子的家庭墓地。据史书记载，孔子殁后葬在此处，经历代帝王不断赐田，至清代已达200hm^2，孔林墙周长7km，古木参天，墓冢累累，碑碣林立，石仪成群。经万古长春坊，即至孔林大门至圣林坊，在洙水河北建有享殿、楷亭、驻跸亭等主要建筑，享殿后为孔子墓，东为孔鲤墓，南为孔伋墓，成携子抱孙布局。孔墓墙外为孔氏后裔墓地。

2. 岳飞墓

岳飞墓位于浙江杭州市西湖畔栖霞岭下，岳飞庙的西侧，墓前建有墓门，前有“尽忠报国”照壁，墓周古柏森森，石栏围护，正面望柱刻“正邪自古同冰碳，毁誉于今判伪真”一联。在墓门下跪着铁铸的秦桧、秦王氏、张俊、万俟卨4人像，墓门刻有“青山有幸埋忠骨，白铁无辜铸佞臣”的警世楹联。南北两厢为历代碑石长廊。

3．中山陵

坐落在南京东郊的紫金山南麓中山陵，1926～1929年修建。整个陵园平面呈警钟形，建筑群依山坡而建，层层递升，依次为牌坊、墓道、陵门、碑亭、祭堂、墓室。祭堂中为孙中山坐像，周围刻有《建国大纲》和事迹浮雕。墓室球形结构，中为大理石墓圹，置放镌有孙中山卧像的石棺。陵园总面积3000hm^2，林木面积2133hm^2，蓝天白云之下，苍松翠柏之中，白色的大理石和蔚蓝色的琉璃顶建筑，构成十分和谐典雅、庄严雄伟的画面。附属建筑还有音乐台、光华亭、水榭等。

二、独特的墓葬形式

1．天葬

天葬也称鸟葬、露天葬等，盛行于藏族、门巴族等少数民族中，藏语称之“吐垂杰哇”。通常在人死后将四肢捆成一团，用白氆氇蒙起来，停尸数日，置于空房祭奠。由死者后代背到家门口，再请天葬师将尸体背到天葬场。家人和亲友随天葬师送至十字路口后，一两位亲友跟随天葬师去天葬场照看。到了天葬场后，喇嘛诵经击鼓、煨桑供神，吸引鹰鹫，天葬师在天葬台上肢解尸体，切肉砸骨，掺上糌粑供鹰鹫啄食，以吃光为吉利。

2．悬棺葬

悬棺葬又称崖葬、崖洞葬，是一种将尸体置入棺内，凌空悬挂或放置于悬崖峭壁之上的葬法。这种葬俗大约始于新石器时代晚期，夏商周时已经流行，历代都有。在我国主要分布在福建、江西、四川、重庆等地区，其中四川珙县、广西左右江、福建武夷山最为集中。福建武夷山的悬棺葬一号、二号船棺葬，距今约3400～3800年。悬棺葬大都选择在临江面海的悬崖峭壁上，棺木距水面十几米到几十米不等，有的甚至高达几百米。悬棺葬神秘而奇特，有些悬棺是如何放置悬崖之上的，至今还是个谜，因而吸引了众多游人的关注。

3．塔葬

塔葬是指佛门高僧圆寂后，将遗骨放入佛塔中的一种佛教独有的墓葬形式。

知名的佛教寺院均有墓塔，但以河南嵩山少林寺塔林最为有名。塔林位于寺西少溪河北岸，现存自唐以来的砖石墓塔 230 多座，式样繁多，造型各异，是佛教文化和古代砖石建筑、雕刻艺术的具体表现。山东长清县的灵岩寺塔林，安葬有唐代至清代的高僧，也是我国保存完好的大型塔林之一。

案例分析——明代定陵

定陵位于昌平区大峪山下，是明代第 13 代皇帝朱翊钧（号万历）和孝端、孝靖两个皇后的坟墓。其主要建筑有陵门、祾恩门、祾恩殿、明楼、宝城、宝顶和地下宫殿。目前尚存明楼、宝顶。定陵封土为宝城宝顶形，封土下为地宫，通体为纯石结构，不用梁柱，全用券拱。地宫总面积 1195m^2，由前、中、后、左、右 5 个殿堂组成。前殿、中殿全用“金砖”铺就地面。“金砖”又叫澄浆砖，是明代宫廷专门在江南烧制的一种方砖。这种砖光润耐磨，越磨越亮。中殿为陈设祭器的殿堂，设有汉白玉宝座 3 个，前面摆有“五供”(香炉、花瓶、烛台)。左右配殿各有一汉白玉棺床。棺床表面用“金砖”铺就，中央有一个长方形孔穴，内填黄土，俗称“金井”，再配上死者口含的玉物，就叫“金井玉葬”了。后殿又叫玄堂，是放置棺材的墓室。正中摆放万历皇帝棺椁，两个皇后棺椁分置左右。整个定陵地宫随葬品 2000 多件。定陵地宫的开启揭开了明代皇陵之谜，有助于旅游者认识有关明代帝陵的构造及建筑风格，了解中国帝王的墓葬之谜，更好地把握中国文化中的重要组成部分——丧葬文化。同时，游览过程也是一个和历史接触、认知的过程，有助于了解明代的社会、政治、生活、艺术的历史概况。

复习思考题

1. 简述中国古代墓葬的形成过程。
2. 中国帝王陵墓封土有哪几种形制？
3. 墓穴按历史发展过程可分为哪几种？
4. 根据墓碑和墓志的形成演变查证其典型代表和特性。
5. 试举例评价一个中国著名帝陵的旅游资源，并探讨旅游开发的措施。

第十三章　旅游商品类旅游资源

学习提示

一、主要内容

- 旅游商品类旅游资源的概念、特点及作用
- 旅游商品类旅游资源的分类及种类、特点介绍
- 旅游商品类旅游资源的开发、设计及经营管理

二、学习重点

- 理解旅游商品类资源的概念、特点以及作用
- 掌握各类旅游商品的基本知识和特色
- 了解旅游商品开发设计以及经营管理等方面的相关知识
- 认识我国主要的名特旅游商品

第一节　概　　述

一、旅游商品类资源的概念及特点

1. 旅游商品的概念

旅游商品的概念有广义和狭义之分。广义的旅游商品是指旅游者因旅游，或在旅游过程中购买的具有旅游文化内涵的有形商品和无形商品的总称。它几乎涵盖了旅游者在旅游之前、旅游活动之中所购买的所有商品，包括旅游日常消费品、旅游纪念品、旅游线路以及各种服务等。因此，广义的旅游商品是指能对旅游者产生吸引力的所有旅游产品。狭义的旅游商品则是指旅游者在旅游过程中购买的，具有纪念意义的，能反映旅游地特色的特殊物品。本章内容主要讨论狭义的旅游商品类旅游资源。

2. 旅游商品的特点

旅游商品也是商品，因此具有一般商品的属性。同时，旅游商品也具有自己的特点。

(1) 文化性

旅游商品作为一种文化的载体，它记录着旅游者的一次旅游经历，反映出旅游目的地的文化渊源和背景。这是旅游商品区别于一般商品最本质的特点之一。

如到中国的旅游者喜欢购买中国茶叶、丝绸、印章、瓷器、国画、工艺品等，是因为其具有中国文化的特色。

(2) 旅游愉悦性

旅游商品的愉悦性是指人们购买它，会带来旅游活动的愉悦。普通商品一般不具有旅游愉悦性。如旅游过程中的饮食与在家用餐是有区别的，在家吃饭是满足基本的生活、生理需要，而在旅游目的地用餐就不仅仅是满足吃饱的生理需求，可能更多的是希望品尝当地有特色的饮食，感受异地的饮食文化习俗等。

(3) 宣传性

旅游商品的宣传性是指其具有宣传旅游目的地和产品品牌的功效。旅游商品能使旅游者了解当地的历史文化、生活习俗甚至是地理气候等，从而对目的地的知名度、形象等起到作用。如刻有云冈石窟佛像的煤雕艺术品就具有较强的宣传作用，它不但使人们了解到云冈石窟的魅力，还传递这样一个信息：山西大同是一座具有丰富煤炭资源的历史文化名城。

(4) 代表性

旅游商品的代表性是指旅游商品能代表和反映旅游目的地的资源特色。那些能反映目的地资源特色和文化底蕴的旅游商品往往与众不同，特色明显，异地不易买到，具有一定的垄断性。如海南省拥有热带岛屿以及丰富的海洋自然资源，并具有鲜明的地域文化特征，通过贝和沙的艺术组合而制作的贝沙工艺品，赢得了首届中国旅游纪念品设计大赛金奖、银奖和优秀奖。

(5) 纪念性

人们外出旅游总是希望带回一些具有地方特色的商品来留作纪念。一件具有纪念意义的旅游商品能有效地加深人们对旅游经历的回顾和感受，因此，纪念性也是旅游商品的基本特性。如去四川峨眉山的旅游者，会带回刻有“峨眉山纪念”字样的竹手杖；到西藏旅游的人们，喜爱购买藏文化饰品（如藏刀)、工艺品。

(6) 易携带性

旅游商品由于是在旅游前或旅游过程中购买，因而往往由旅游者自己携带，易携带性就成为对旅游商品的基本要求。如一件旅游商品虽然很美，但体积、重量、包装都不利于携带，旅游者一般也不会购买。

二、旅游商品在旅游业中的重要地位

1. 旅游目的地吸引力的组成部分

旅游商品类旅游资源，是目的地旅游资源的一部分，是吸引旅游者前来旅游的吸引力之一。如美国夏威夷的 Ala Moana 购物中心和加拿大的 West Edmonton 中心，每年吸引上万名旅游者前来购物。中国北京的王府井、上海南京路、广州北京路的步行街，也都成为都市旅游不可缺少的购物街区。尤其对于一些具有质高、物美、价廉的购物特色的旅游目的地来说（如香港和新加坡等），旅游商品就成为其旅游吸引力系统中相当重要的组成部分。

2. 旅游活动中的重要内容

旅游购物是旅游活动中的重要环节，是旅游六大要素中不可或缺的重要内容。大多数旅游者在旅游过程中都会购买旅游商品，一方面来铭记自己的旅游经历，另一方面用来馈赠亲朋好友。缺少了购物环节，旅游将成为一个不完整的活动。另外，合理、有效地安排旅游购物活动（而不是频繁的），还可提高旅游活动的参与性和趣味性。在购物过程中，旅游者通过和服务人员的交流沟通，可了解当地的民风民俗、旅游商品制作过程以及鉴别真伪的技巧等，这样既增长了见识，又增加了活动的乐趣。购物活动与观光活动相间安排，舒适的购物环境也给游客以休憩、放松的机会。

3. 旅游收入的重要组成部分

据国际旅游统计资料分析，欧美等旅游业发达国家中的旅游购物收入一般均占这些国家旅游业总收入的40%以上，新加坡和香港地区的旅游购物收入则占旅游业总收入的50%～55%，并且增长很快。旅游购物所占比重的多少，已成为衡量一个国家（或地区）旅游业发展程度的重要标志。从国内主要旅游城市来看，旅游购物发展水平较高的北京、上海两地，旅游购物消费已占游客旅游总支出的40%左右。

4. 促进地区经济文化的交流

大力开发旅游商品，可促进地区的经济文化交流。通过组织旅游商品设计大赛、开展各类旅游商品展销会等活动，可不断提高旅游商品的文化内涵和品质，促进各地之间的文化交流，繁荣地区经济。如2001年昆明国际旅游暨旅游商品展销会，签订合同104份，总成交额8.3亿元，零售总额2492.3万元。2002年沈阳旅游商品展销会上，展示了79类近7000余种旅游商品，成交额达1174万元。这既促进了区域经济的发展，也对外宣传了地方旅游产品。

三、旅游商品的分类

旅游商品类资源丰富多彩、种类繁多，不同学者提出了不同的分类方法。如顾维周将旅游商品分为实用品、工艺品、艺术品、文物和仿制品；陶汉军和林南枝将其分为旅游纪念品、文物古玩及复制品、实用工艺品及土特产品、特种工美术品、旅游日用品、免税商品；王大悟、魏小安将其分为文化艺术品、工艺美术品、风味土特产、名贵饰品、特色服装、旅游纪念品和其他商品。旅游资源分类国标中，将旅游商品分为：菜品饮食、农林畜产品及制品、水产品及制品、中草药材及制品、传统手工业品与工艺品、日用工业品和其他物品等共7个基本类型。下面重点介绍一些中国主要的旅游商品。

第二节　中国主要旅游商品

一、菜系与风味小吃

中国烹饪、法国烹饪和土耳其烹饪被公认为是世界上东方、西方和阿拉伯三大烹饪流派的代表。中国烹饪以其讲究色、香、味及造型艺术而著称于世。

1. 中国菜系的形成和划分

中国菜肴十分丰富，菜系种类繁多。最常见的是按地域来划分，如“四大菜系”（鲁、扬、川、粤等菜系）；“八大菜系”（浙、徽、湘、闽等菜系再加上“四大菜系”）；“十大菜系”（“八大菜系”再加上京、沪两个菜系）以及“十二大菜系”（“十大菜系”再加上豫、陕两个菜系）之说。从原料性质划分，则分为素菜和荤菜两个流派。素菜在南朝梁代时开始形成流派，到清代形成宫廷、寺院、民间三大派别。从功用角度划分，有保健医疗菜和普通菜之分。从时代划分又有仿古菜和现代菜。前者有仿宫廷菜、仿官府菜、仿唐菜、仿“红楼”菜等；后者则是在传统菜的基础上加上了营养成分构成。

2. 中国的八大菜系

（1）鲁菜

鲁菜在我国北方流传广，影响大，是北方菜的基础和代表。鲁菜可分为济南菜和胶东菜两种。曲阜的孔府菜也自成体系，是我国最精湛的官府菜。鲁菜的特点是以当地特产为原料，精于制汤和以汤调味，烹调方法以爆、炒、烧、炸见长，味道以咸、鲜为主，并善于用葱香调料。名菜有糖醋黄河鲤鱼、葱油海参、九转大肠、干蒸加吉鱼、炸蛎黄等。传统名店有聚丰德饭店、燕喜堂饭店、春和楼饭店等。

（2）淮扬菜

淮扬菜是我国长江下游地区的著名菜系，春秋战国时在吴地已初显端倪，在唐宋时已成为“南食”中的重要组成部分，明清时已完全形成流派。它包括苏州、南京、扬州、镇江4个支系。其特点是：调味趋甜，配色和谐，清新多姿，尤以湖蚧、时令菜肴著称。代表菜有三套鸭、清炖狮子头、香松银鱼、生炒蝴蝶片、霸王别姬、羊方藏鱼等。

(3) 川菜

川菜在两汉两晋时初具规模，在明清辣椒传入我国后进一步形成稳定的风味特色。现在很多国家都有川菜馆，其影响遍及全世界。川菜主要由成都（上河帮）、重庆（下河帮）、自贡（小河帮）3 个部分组成，烹调方法多达几十种，以小煎小炒、干烧干煸最具特色。味道中家常、鱼香、怪味、椒麻、麻辣等均为川菜所独有。名菜有鱼香肉丝、宫保鸡丁、怪味鸡、干煸牛肉丝等。

(4) 粤菜

粤菜由广东菜、潮州菜和东江菜三方风味为主组成，其特点是：选料广博，奇杂并重，“生猛海鲜”，烹调吸收西菜工艺，擅长炒、煎、炖、焗等。其中，广州菜的口味重清淡、滑嫩，突出原味；潮州菜讲究香、浓、鲜、甜，喜用鱼露、沙茶酱、梅羔酱等调料；东江菜又称客家菜，多用肉类，少用水产，口味油重偏咸。粤菜的代表菜有：龙虎斗、脆皮鸡、烤乳猪、鲜醉基围虾、盐焗鸡等。

(5) 浙菜

浙菜是宋朝以后逐步发展起来的一个菜系，主要由杭州菜、宁波菜、绍兴菜三种地方风味组成。口味特点是清润、淡雅、鲜醇。名菜有东坡肉、西湖醋鱼、生爆鳝片、龙井虾仁、冰糖甲鱼、梅干菜焖肉、绍式虾仁等。

(6) 徽菜

徽菜由皖南、沿江和沿淮三地风味菜构成。皖南菜以烹制山珍野味而著称，特点是擅长烧、炖，讲究火功，保持原汁原味。沿江菜善于用烟熏技法，熏料以特产茶叶和木屑为主，菜肴色泽黄亮，茶香清磬。名菜有黄山炖鸽、红烧划水、毛峰熏鱼、奶汁肥黄鱼、李鸿章杂烩（李鸿章款待美国公使宴席上的杂烩）等。

(7) 湘菜

湘菜是我国中南地区的一个地方菜系。由于潮湿多雨的气候，偏重辣味是湘菜的显著特色。湘菜以湘江流域（以长沙、衡阳、湘潭为中心）、洞庭湖区（以常德、岳阳、益阳为中心）和湘西山区（以吉首、怀化、大庸为中心）三种地方风味为主构成。口味重辣、酸、软、嫩等。代表菜有红煨鱼翅、麻辣仔鸡、松鼠桂鱼、洞庭肥鱼、吉首酸肉、板栗烧菜心等。

(8) 闽菜

闽菜以善烹山珍海味而著称，由福州、闽南、闽西三种地方风味菜组成。福州菜重刀功，偏甜酸；闽南菜多香辣，善用辣椒酱、芥末酱等；闽西菜偏咸辣，多用山区奇珍异品作原料。名菜有佛跳墙（18 种原料用多种方法加工，最后在坛中煨制而成，因“坛启荤香飘四邻，佛闻弃禅跳墙来”而得名）、酸甜竹节肉、炒西施舌（海蚌肉）、荔枝肉（猪肉、荸荠炸炒，色形味均似荔枝而得名）、沙茶焖鸭块、爆炒地猴等。传统名店：聚春园菜馆、满堂饭店等。

3. 风味小吃

品尝风味小吃，是人们在旅游活动中一项必不可少的内容，一方面可大饱口福，另一方面也是了解当地特产、风俗民情的主要途径。我国土地广袤、物产丰富、民族众多，风味小吃不胜枚举。如我国的“五大名面”（北京炸酱面、四川担担面、山西刀削面、广东伊府面、湖北热干面）、陕西的牛羊肉泡馍、天津的“狗不理包子”、成都的“龙抄手”、保定的“白云章包子”、昆明的“过桥米线”等。

二、地方土特产品

1. 名酒

酿酒在我国有着悠久的历史，早在5000多年前的龙山文化时期，我国人民就已学会酿造美酒，并创造了多种精美的酒具酒器，形成历史悠久、内容丰富的酒文化。

（1）白酒

按其不同风格，从香型上可分为5类：清香型，以山西杏花村汾酒为代表；浓香型，以四川泸州老窖特曲为代表；酱香型，以贵州茅台酒为代表；米香型，以桂林三花酒为代表；其他香型又称兼香型，如贵州的董酒、陕西的西凤酒等。

（2）黄酒

黄酒是我国最古老的发酵酒。4000年以前我们的祖先酿造的就是原始的发酵黄酒。它以糯米、粳米、黍米和玉米等为原料，经过酒药、曲中多种有益微生物糖化发酵，酿制而成的一种低度原汁酒。1982～1984年，四届全国评酒会上评为国家名酒的黄酒有绍兴加饭酒和福建龙岩所产黄酒。

（3）啤酒

在我国各类酒中啤酒是最年轻的品种，在1963～1984年国家评酒会上被评为国家名酒的啤酒有青岛啤酒、北京特制啤酒和13°特制上海啤酒。

（4）葡萄酒

在中国古代，人们就已经开始利用野生葡萄酿造野生葡萄酒，中国近代葡萄酒酿造企业是1892年张弼士先生创建的山东烟台张裕葡萄酒厂。该厂生产的红葡萄酒味美思、雷司令和白兰地，在1915年美国旧金山举行的巴拿马万国博览会上一举拿到4块金质奖章。

2. 茗茶

茶叶自古以来就是我国的三大特产（丝绸、瓷器和茶叶）之一，也是世界著名三大饮料之一。茶叶可分为绿茶、红茶、白茶、乌龙茶、花茶和紧压茶等。

1）绿茶的特点是绿叶绿汤、色泽光润、清香芬芳、味爽鲜醇。绿茶当中最为有名的是西湖龙井、太湖碧螺春、黄山毛峰茶。

2）红茶的具有水果香气和醇厚的味道，其特点是红汤红叶且耐泡。安徽的祁门功夫茶和云南滇红最为出众。

3）白茶的以白茸毛多、色白如针而得名。其特点是汤色碧青、香味清淡。名品有产于福建等地的白毫银针以及白牡丹等。

4）乌龙茶的也称青茶，介于红茶和绿茶之间。特点是叶青边红、汤色金黄、香气芬芳浓醇。主要产地有福建、广东以及台湾一带。名品有福建的武夷岩茶(大红袍)、铁观音，广东的凤凰单枞，台湾的冻顶乌龙等。

5）花茶是用香花窨茶的方法制成的，其方法始于宋朝，经明代发展，流传至今。茶引花香，花益茶味，两者相得益彰，形成特殊的韵味。花茶多取茉莉、玉兰、桂花、栀子等香花和茶叶一起窨制，形成不同的香味。花茶中的名品有福州茉莉花茶、苏州茉莉花茶等。

6）紧压茶是西北、西南民间流行的日常饮料，是各种团茶、块茶的统称。较著名的有产于云南西双版纳一带的普洱茶以及南部的沱茶等。

3. 地方特产

地方特产是旅游商品的重要组成部分，我国各地地方特产种类非常丰富。如吉林的人参、鹿茸和貂皮，被称为东北三宝；宁夏的“红”、“黄”、“蓝”、“白”、“黑”，即枸杞、甘草、贺蓝石、滩羊皮、发菜；陕西商洛核桃以及临潼石榴；广西的八角、蛤蚧；山西的老陈醋；浙江的金华火腿；上海的五香豆；北京的京白梨；兰州大片黑瓜子；新疆的无核葡萄干等。

4. 药材补品

中医中药是我三大国粹（国画、京剧和中医中药）之一。中药按加工工艺，分为中药材（即经加工炮制可直接供药房配剂及药厂制剂使用的半成品）、中成药（指经精加工可直接使用的成品药，分丸、散、膏、丹、片、口服液和药酒等）两种类型。人参又被称为神草或地精，由于似人形而得名，药用历史约有2000 年，栽培史也有 400 多年，性温，味甘微苦，可补五脏、安神、止惊悸、明目开心益智，主要产于东北三省，而吉林被称为人参之乡，其中吉林抚松、集安产量多，质量好。鹿茸是与人参齐名的珍贵药材，它是雄鹿密生茸毛尚未骨化的幼角制成品，味干、咸，性温，可强筋壮骨，补肾壮阳，生精益气。三七又名田七，是云南的名贵药材，为多年生的宿根草本植物，根茎的上端生长着三个分枝，每个分枝上长着七片叶子，所以称“三七”，味干苦微温，具有散淤止血、消肿止痛的功效。

三、工　艺　品

1. 雕塑制品

雕塑制品包括雕、塑、刻3种制作方法制成的工艺品，中国古代雕塑艺术是我们一笔巨大而丰富的艺术财富，也是珍贵的旅游资源。

雕塑制品的种类繁多，根据艺术的表现手法，一般可分为圆雕、高浮雕、浅浮雕、线刻、镂空雕等。圆雕是指独立地存在于一定的空间环境中，不附着在任何背景上的雕塑作品，可从任何角度欣赏。如著名的秦陵兵马俑、希腊的“米洛斯的维纳斯”、美国纽约的“自由女神像”等。而浮雕是在平面上雕出凸凹形象的雕塑。如唐代的“昭陵六骏”、北京天安门广场人民英雄纪念碑须弥座上的装饰雕刻等。按制作材料的不同又分为石雕、玉雕、陶塑、牙雕、骨雕、竹雕、木雕、泥雕、铜雕、煤雕、贝雕等。

(1) *石雕*

石雕是以石为材料的雕刻。在我国古代雕刻中，这种艺术形式最为普遍。陵墓雕刻和石窟造像艺术大多都属于石雕。我国的名石雕刻有寿山石雕、青田石雕、浙江昌化的鸡血石雕、湖南浏阳的菊花石雕等。寿山石雕：产于福州市北郊寿山。以“田黄石”最为名贵，有“石帝”之称。青田石雕：青田石雕为叶蜡石，产于浙江青田古城。这里的青田石嫩绿细润，宛如翠玉，便于多层次的镂雕，被广泛用于雕刻艺术和镌刻图章。

(2) *玉雕*

玉雕是以玉为材料的雕刻艺术，在我国已有数千年的历史。我国是世界上3个著名的玉雕产地（中国、墨西哥、新西兰）之一，被誉为“东方艺术的瑰宝”。玉材质地坚硬，晶莹细腻，色彩绚丽，并且不会变质，可永恒保存。但“玉不琢不成器”，高超精湛的雕琢技术才能使玉成为珍贵的工艺品。现代玉雕的主要产地有北京、江苏、上海、广东、甘肃、新疆、辽宁、黑龙江等地。

(3) *牙雕*

我国历史上很早就有牙雕制品，可追溯到大汶口文化的新石器时代。商代中原地区产象较多，为牙雕提供了原材料。春秋至秦汉时期，象牙镶嵌装饰品已随处可见。我国牙雕的主要产地有北京、广州、上海、天津和南京等地。

(4) 木雕

我国木雕艺术源于图腾、祭祀、宗教活动的需要，逐渐发展为建筑装饰、家具陈设、工艺美术的一个重要门类。著名的木雕有：浙江东阳木雕、乐清的黄杨木雕、福建的龙眼木雕、江苏苏州的红木雕、广东潮州的金漆木雕、湖北木雕船以及山东曲阜的楷木雕等。

2. 陶器与瓷器

(1) 陶瓷简介

陶器是用黏土成型，经 700～800℃ 的炉温烧制而成的日用品和陈列品。陶器至少有八九千年的历史，早在新石器时代，我国就已经有了最早的陶器。陶器一般无釉或施低温铅釉，主要品种有红陶、彩陶、黑陶、灰陶、白陶等。

瓷器是在陶器的基础上产生的，它是以高岭土为主要原料制成器物，经上釉后在窑内烧制而成。高岭土原产于江西省浮梁县东乡高岭村，色浅黄或白中带灰。瓷器烧制的温度一般在 1200℃ 以上，胎质致密，呈现玻璃质断面，比重大，硬度大，吸水性极低，敲击时声音清脆悦耳。釉是制瓷必用的材料，釉在高温下可与胚体紧结为一体，形成瓷器表面的玻璃质层，釉一般由石灰石、黏土、草木灰等调配而成。瓷器可分为青瓷、白瓷、黑瓷、彩瓷等。明以前以青瓷器的制作为主，到明代以后则主要烧制白瓷和彩瓷。

(2) 中国著名陶瓷

中国素有“瓷器之国”的称呼。我国当代瓷器主要产于江西景德镇、湖南醴陵、福建德化、浙江龙泉、山东淄博和河北唐山等地。①宜兴紫砂陶：宜兴紫砂壶胎壁无釉，呈多孔状，耐热性能好，传热慢，不烫手，即使寒冬用沸水泡茶也不会炸裂。②淄博瓷器：瓷器质地细腻，造型新颖，工艺精湛，釉色鲜艳。最为著名的是雨点釉和茶叶末釉。③唐三彩与仿唐三彩：唐三彩制作工艺起源于隋，盛行于唐、宋，距今已有 1000 多年的历史。它是一种低温釉陶，釉色呈深绿、浅绿、蓝、黄、白、褐等多种色彩，其中以黄、绿、白三色或黄、绿、蓝色为主，所以人们称为唐三彩。仿唐三彩以洛阳和西安最为著名。④景德镇瓷器：享有“白如玉、薄如纸、明如镜、声如罄”的美誉。其造型优美，色彩绚丽，装饰精美。⑤醴陵釉下彩瓷：釉下彩日用瓷是醴陵日用瓷中具有独特艺术风格的传统产品。瓷面洁白如玉、晶莹润泽，长期存放花纹仍保持原来的色泽。⑥德化白瓷：福建德化是我国白瓷著名产地，与江西景德镇、湖南醴陵并列为中国三大瓷都。德化瓷器质地优良，洁白如玉，釉面晶莹，光亮如镜。

(3) 中国古代名窑

①越窑：以所在地命名瓷窑的习惯始于唐代，这时主要以越窑、瓯窑为中心，其中越窑系青瓷器的制作代表了最高水平，被称为“诸窑之冠”。越窑位于

浙江上虞、余姚、宁波一带，烧制的瓷器不但胎骨较薄、施釉均匀，而且釉色透明青翠莹润。唐诗“九秋风露越窑开，夺得千峰翠色来”，反映了其釉色的秀美及制作技术的高超。②邢窑：其古窑址在河北省丘县境内，以烧制白瓷而著名，与南方的越窑合称“南青北白”，代表中国唐代制瓷工艺的最高水平。唐代陆羽在《茶经》中曾说“邢瓷类银”、“邢瓷类雪”。其胎质洁白细腻，结构紧密，造型精巧，釉质洁白莹润。③定窑：窑址在河北省曲阳县，它是继承唐代邢窑白瓷的基础上发展起来的。胎薄而轻，不透明，釉为玻璃质，光泽明净。④汝窑：位于河南省临汝县，与定窑、官窑、钧窑、哥窑等为宋代著名的五大名窑。特点是釉色呈天青、灰蓝、豆绿、蟹青诸色，通体施釉，清洁莹亮。⑤官窑：是宋代专为宫廷烧制瓷器的瓷窑。⑥钧窑：窑址在河南禹县（禹县简称钧）。钧瓷胎骨为羊肝色，釉厚不透明。其釉色以玫瑰紫、海棠红、天青、月白等色闻名于世。⑦龙泉窑：位于浙江省龙泉县。龙泉青瓷里外披釉，均匀光洁，晶莹润澈，敲之其声清亮悦耳，有“青如玉、明如镜、声如磬”之美誉。⑧耀州窑：窑址在陕西省铜川市黄堡镇，宋代为耀州境。素产青瓷，简称“耀瓷”，史称“巧如范金，精比琢玉”，与宋代五大名窑齐名。

3. 漆器

漆器制作始于六七千年以前，1976年在浙江余姚河姆渡原始社会文化遗址中，发现了木胎漆碗，这是我国现已发现的最早漆器。漆器按工艺可划分为：脱胎漆器、雕刻漆器、镶嵌漆器、描金彩绘漆器、堆塑漆器等。

①脱胎漆器：主要产于福州。特点是不易变形、落漆或褪色，并有极大的耐腐性。被誉为“真正的中国民族艺术”。②雕刻漆器：又叫“剔红”，始于唐代，盛于明清，北京漆雕早在15世纪的明初就名扬四海。北京漆雕与江西景德镇瓷器、湖南长沙湘绣，合称为“中国工艺美术三长”。③扬州镶嵌漆器：早在战国时代就已产生，唐代创“剔红雕漆”，明朝兴“镶嵌”之法，至清代将两者相结合，且增加了特色。其产品以镶嵌螺钿最具特色，造型古朴典雅，做工精巧细致，纹样优美多姿。

4. 编织刺绣

按照材料，可将编织品分为：竹编（名品有东阳竹编、湖北竹编、成都瓷胎竹编、泉州竹编等），草编（名品有：浙江宁波草席草帽、湖南益阳凉席、安徽舒城的龙舒贡席等），藤编（广州市郊的沙贝素有“藤乡”的美誉），柳编（天津柳编），棕编（四川新都县新繁镇是我国最著名的棕编之乡），麻编（浙江麻编享有“细货”之盛誉）。

刺绣在我国已有3000年以上的历史，品种繁多，最为著名的有：苏绣、湘绣、粤绣、蜀绣，合称为四大名绣。另外，有“顾绣”、“京绣”、“瓯绣”，以及用各种专门材料和手法织成的“容绣”、“机绣”。由于针法的不同，还有“挑花”、“抽纱”等。中国少数民族的刺绣品也以其独特的民族风格和地方特色引人注目。

织锦是我国古代传统的用彩色经纬丝提花织成的各种图案花纹的熟丝织品。云锦（产于江苏南京，因锦纹如云，故名）、蜀锦（产于四川成都）、宋锦（又名重锦，产于江苏苏州，始于北宋，故名）被誉为当代三大名锦。

5. 文房四宝

文房四宝指笔、墨、纸、砚。湖笔、徽墨、宣纸、端砚被称为文房四宝之首。湖笔：产于浙江湖州市善琏镇。具有笔之四德“尖、齐、圆、健”，被誉为“毛硕之冠”。种类有狼毫、羊毫、兼毫、紫毫等四大类。徽墨：产于安徽歙县、休宁和祁门等县，享有“落纸如漆，万载存真”的美誉。宣纸：产于安徽泾县，古属宣州府，故而得名。宣纸具有千年之寿的耐久性以及不易变形的稳定性，其最大特点是具有润墨性能，能够使墨迹扩散周边匀称，墨色浓淡分明、层次清晰，使得整个作品呈现立体感。端砚：砚是研磨墨料的文具。端砚为我国四大名砚（端砚、歙砚、洮河砚、澄泥砚）之首，产于广东省肇庆市，因隋在肇庆设端州府，故称端砚。端砚贵有石眼，它是天然生长在砚石上眼状的石核。有石眼花纹雕刻的端砚最为名贵，有“端石一斤，价值千金”的说法。

四、美术作品

1. 绘画

绘画主要分为中国画和西洋绘画。中国画简称国画，传统国画常用朱砂（丹）和花青、石青、石绿之类的青色作为颜料，故有“丹青”之称。与西洋绘画不同，中国画主要运用线条、墨色表现形体，要求形神兼备，强调意境，并与文学、书法、篆刻等艺术结合在一起。

国画的题材十分广泛，有人物画、山水画、动物画、花卉画、风俗画等。表现形式也多种多样，除卷轴画外，还有岩画、壁画、石刻画、砖刻画、帛画、漆画等。就画法而言，又分为：①白描，以单色线条描勾而表现形体的画法；②工笔，又叫工笔重彩，在白描基础上施以细工的彩绘；③写意，通过简练豪放的笔墨描绘出物像的形神，与工笔相对的画法；④没骨，不以白描线条为基础的工笔着色绘画；⑤水墨画，仅用水和墨完成的绘画，是我国特有绘画工具（毛笔、墨、宣纸）特性的利用，体现了书画同源的运笔规律；⑥平涂，以白描为基础平涂色彩的绘画，如年画、连环画。

2. 装裱艺术

书画装裱是我国特有的一门传统工艺，有着悠久的历史。它与书法、绘画、篆刻等艺术有着不可分割的联系，还涉及收藏、鉴赏、文学、历史、美学等各方面的知识。装裱书画是为了体现和增强书画的艺术效果，并使之能悬挂、收卷和长期保存。装裱所使用的工具较多，所用材料多为宣纸、花绫、锦绫、耿绢等，通常要经过托心、方心、下料、镶活、齐边、包边、折贴串口、覆背等十几道工序才能完成。

五、纪　念　品

主要指标有产地地名或用产地的人地事物特征作商标的旅游商品。如带有黄山、泰山、峨眉山等名山标记的手杖等，都属于旅游纪念制品。还有一种专门为纪念著名旅游景点、文物或特定事件而生产的旅游纪念商品，如在西班牙足球大赛期间，旅游部门及有关方面向厂商定制了一大批有球赛标志的烟灰缸、烟斗、电子足球游戏机、打火机、纪念币等纪念商品，向游客出售。

第三节　旅游商品类旅游资源的开发

一、旅游商品发展存在的问题

目前，旅游业发达国家或地区的旅游商品消费已占到旅游者旅游总支出的40%～60%。世界旅游观光协会市场研究预测机构的报告指出：1990～1996年，世界旅游人数平均增长7.4%，旅游人数达4.5亿人次，旅游消费年递增率达8.3%，世界旅游消费额高达2300亿美元；到2010年，世界旅游人数可望突破10亿人次，年旅游消费额超过3000亿美元，其中40%用于交通、住宿、就餐，其余60%用于购买各类旅游消费品，换言之，到2010年每年将有1800亿美元用于购买各类旅游商品。可以预见，旅游商品发展潜力巨大，能给国家带来可观的经济、社会和就业效益。

我国旅游商品类旅游资源的发展存在诸多问题：第一，旅游商品本身存在的问题。如多数旅游商品缺少文化内涵，传统旅游商品缺少创新，质量档次偏低等。第二，旅游商品市场与销售存在问题。如市场上存在较多的假冒伪劣商品，价格管理混乱，虚高价格普遍存在，有些旅游景点甚至有强买强卖欺骗消费者的情况；旅游商品销售人员素质低，购物环境差等。第三，缺少旅游商品名牌企业。如大部分旅游商品生产企业缺乏资金、技术落后、不重视产品设计、品牌意识薄弱等，没有名牌产品。第四，全国旅游景区景点销售的旅游商品种类同一化现象严重，缺少特色，不能刺激旅游者的购买欲。所有这些都严重地阻碍着我国旅游商品的发展，制约着整个旅游业的发展。

二、旅游商品的开发设计

1. 以市场为导向，深入研究旅游者需求

首先，关注和研究旅游市场的需求和规模，开发能满足旅游者需求的数量和类别的旅游商品；其次，深入调查不同旅游者的购物动机、特点以及旅游活动中的新时尚。如旅游者的购物有纪念、馈赠、实用、冲动性购买等购买目的，在开发中，就要注重旅游商品的纪念意义、增强旅游商品的礼品性以及刺激购买欲等功能。只有了解旅游者的需求，才能开发设计出优秀的产品。

2. 突出和体现浓厚的地方特色

旅游商品与普通商品不同，在开发设计时要体现其本身的特性，并强调其地方特色。由于现代商品流通渠道相当发达，许多本地产品在异地也能购买到，这样就弱化了游客购买商品的强烈欲望。所以，要打破旅游商品的同一性和同质性，开发设计要充分体现其浓厚的地方特色，突出其唯一性和不可取代性。如杭州龙井茶的现炒现卖，胡庆余堂、丝绸博物馆的参观加购物，都大大增加了这些产品的销售量。

3. 加强旅游商品的创新

旅游商品的设计思路不能停留在原有的老路上，单纯依靠产品包装改进、原材料变化是没有出路的。要善于从旅游商品的性能、功能、造型、工艺、款式等多方面寻找创新的突破口，将继承与创新、观赏与实用、地方资源与游客心理需求、商品品种拓展与整体旅游形象打造等有机结合起来，不断进行新的尝试，才能开发设计出有创意的旅游商品。

三、旅游商品的营销

1. 灵活的商品组合策略

在商品生产方面，首先要深度开发系列产品，然后采用灵活的产品组合策略，满足旅游者的多元化需求。将旅游商品的实用性和收藏价值相结合，如龙井茶叶与名瓷茶具配套销售；或将其礼品功能与地方特色相结合；或将娱乐性、参与性与纪念性相结合，如女士丝巾和男士领带的情侣饰件组合销售等。另外，也

可根据游客的要求定制组合型旅游商品。

2. 合理的价格策略

目前，旅游商品定价往往过高，存在严重的质价不符现象，使旅游者望而却步。因此，制定合理的价格，规范市场行为刻不容缓。在价格方面，要以质论价，采用优质高价，同质优惠价的价格策略。

3. 有效的促销策略

有效的广告宣传能扩大商品的知名度，使企业实现销售利润。旅游商品的广告宣传有其特殊性，在考虑传统的广告媒体组合促销的同时，大力发展网络促销，同时，加强和突出导游人员、户外旅游景区点、道路旁的宣传牌、灯箱、广告招贴画的宣传作用。

4. 科学的品牌策略

现代营销已发展到品牌营销阶段，旅游商品需要著名品牌的支撑。通过品牌形象的树立，增加商品的附加服务功能，提高旅游者对旅游商品的认知程度，并树立商标意识，有效防止著名品牌的复制和盗用。

5. 创新的销售策略

传统的销售模式主要是各景区点的零售商或各旅游定点商店的铺面销售以及大商场的销售等，其优点是商品集中、旅游者购买方便。但往往由于店面布置单一，风格雷同，商品雷同，难以激起旅游者的购买欲望，再加上导游在游客旅游过程中的频繁导购，使旅游者产生严重的逆反心理，阻碍了旅游商品的快速发展。因此，旅游商品销售在发挥传统销售模式优势的同时，要探索更符合旅游者需求的销售方式。如营造良好的购物环境，杜绝强制性旅游购物，设立优质优价、价廉物美商品专卖店、自选式商场和特产专柜，针对个人的专门性、个性化旅游商品生产、专卖等。

案例分析——海南椰雕

椰雕是用椰树及其果实雕制而成的工艺品，造型新颖多样，色调古朴雅致，具有独特的艺术风格和浓厚的海南色彩。海南椰雕源远流长。早在唐代就有人开始用椰子壳制作酒杯，晚唐诗人陆龟蒙已有“酒满椰杯消毒雾”的名句。明清两代，椰雕曾作为“天南贡品”向朝廷进贡。

椰雕工艺主要分为三类：一是椰壳雕，用椰子壳的天然形态，把椰壳和贝壳镶嵌结合，按设计造型拼接成工艺品；二是椰棕雕，用椰棕自然肌理效果，采用切、割、烫等方法加工成椰猴、椰猪、椰妹等各种人物、动物造型的工艺品；三是椰木雕，20世纪80年代后，工艺厂开始用椰木来加工筷子、发夹等产品。椰雕产品有小巧玲珑的果盘、饭碗、酒盏、饰盒、椰珠项链，还有富丽高雅的茶具、酒具、花瓶、台灯、奖杯以及各类高档挂屏、坐屏、屏风、椰雕画等，古朴典雅，构思之巧，造型之趣，呈现一派流光溢彩。椰雕产品已远销美国、以色列等许多国家，非常受旅游者欢迎。

复习思考题

1. 什么是旅游商品类旅游资源？
2. 旅游商品类旅游资源有什么特性？
3. 旅游商品开发设计应注意哪些问题？
4. 旅游商品类资源在旅游业发展中有何重要作用？
5. 我国有哪些最著名的餐饮、地方土特产和工艺品？

第十四章　人文活动类旅游资源

学习提示

一、主要内容

- 人文活动类旅游资源的概念、范畴和特点
- 民族文化旅游资源的主要类型
- 文学和艺术旅游资源
- 我国主要婚俗、食俗及传统节庆活动
- 现代旅游节庆活动

二、学习重点

- 掌握人文活动类旅游资源的概念及其主要特点
- 理解人文活动类旅游资源的旅游价值
- 了解人文活动旅游资源的主要类型和代表

第一节　人文活动类旅游资源概述

一、人文活动类旅游资源的概念

人文活动类旅游资源是指那些以社会风情为主体，反映社会风貌、人文意识、人文教育以及人文文化等内容，可以被旅游业开发利用的活动性、过程性旅游资源。

人文活动类旅游资源是人文旅游资源的一类，主要强调在人类文化的影响下，人类文化行为的过程性和传承性。包括了人格化的自然环境，人在自然环境下的文化行为。民风习俗、民族风情是人文活动的具体体现。人文活动作为一种习惯，对民族群体的思想和行为有着很大的约束作用。但从实用功能看，每一种人文活动，目的都是为了本民族的发展、兴盛、平安，有利于生产和生活。至于教育和娱乐功能，一是为了满足物质生活需要，二是为了满足精神生活需要。人文活动在各族人民的生产和生活实践中产生，反过来又促进人们的生产和生活。

二、人文活动的旅游特征

1. 社会政治性

所谓社会政治性，是指这种资源是在一定社会政治制度和社会意识形态制约下形成的，展现、提供给旅游者的旅游产品，也必然反映本社会政治、文明之人文风貌。如社会主义国家的民族风情旅游，主要展现民族团结和睦的风貌，展现历史上的盛大与衰弱和现今自强不息的人文风貌。那些低级的、黄色的和带有迷信色彩、殖民色彩的不健康的人文活动，应排除于旅游资源之外。

2. 民族文化性

无论是社会风情，还是社会艺术乃至饮食等内容，都是归属于一定的民族，展示着一定的文化内涵，即社会性同民族性水乳交融，缺乏民族性就不足以体现其社会性。尤其我国由56个民族组成，突出这一点，将使我国以民族风情为主体的人文旅游资源的类型更加丰富。

3. 地域差异性

由于我国南北方自然环境的差异、东西部的经济差异，各地各民族的活动方式、饮食、服饰等也具有很大的不同。如在中国的饮食习俗中，南鱼北肉，南米北面，南甜北咸，表现出强烈的地域差异。民族文化的形成总是依托一定的地域空间，因此人文活动类旅游资源具有鲜明的地域分异规律和特征。

4. 形式多样性

中华民族5000多年的发展历史连续而没有中断，积淀了浓厚的文化底蕴。从饮食到起居，从服饰到装饰，从南到北，从东到西，各种文化活动广阔而深厚，礼仪文化、风俗文化、茶文化、酒文化、饮食文化、服饰文化等，可谓包罗万象，形式多样。

5. 展示体验性

人文活动类旅游资源当然也可以通过实物展示，但更重要的是依托一定的文化活动过程，向游客展示生动、独特、新奇、神秘、有趣的文化内涵。人文活动类旅游资源的开发，关键在于活动过程的组织，在于提供给游客的活动过程设计，在于可参与程度及体验性。

三、人文活动类旅游资源分类

人文活动类旅游资源是新提出的人文旅游资源类型，2003 年 5 月 1 日实施的《旅游资源分类、调查与评价》（GB/T 18972—2003）国家标准，将人文活动类旅游资源划分了 4 个亚类和 16 个基本类型。亚类（基本类型）分别是：人事记录（人物、事件）、艺术（文艺团体、文学艺术作品）、民间习俗（地方风俗与民间礼仪、民间节庆、民间演艺、民间健身活动与赛事、宗教活动、庙会与民间集会、饮食习俗、特色服饰）和现代节庆（旅游节、文化节庆活动、商贸农事节、体育赛事活动）。

四、人文活动类旅游资源的旅游价值

首先，人文活动是文化参照的对象。中国地域辽阔，民族众多，“千里不同风，百里不同俗”，各民族各地区在长期历史发展中形成了鲜明、独特的民俗，在居住、饮食、服饰、生产、婚姻、家庭、村寨、节日、丧葬、信仰、风尚、礼仪、禁忌等方面都有自己的特色。游客出于对异域文化的好奇和认知心态，以不同的方式感知、体验其文化内涵。如厌倦大都市生活的现代人，从平面化、模式化的生活中解放出来，追寻那些现代人失落的传统文明，或者追求自己生活中所没有的新奇和刺激。

其次，人文活动是审美参照的对象。旅游活动本身就含有审美娱乐的成分，游客对人文活动的满足，大多由审美娱乐活动获得。因此，最能吸引游客的是各民族包含宗教仪式在内的艺术活动。在游客的眼里，艺术形式甚至成为他们认知不同民族的标志。

再次，人文活动是向外界展示本土文化的窗口，是对自身文化的肯定。人文活动作为旅游内容，其吸引对象是外来人，具有向外域文化展示本土文化的特殊意义。同时，加深了本民族与其他民族的接触和交融，增强了自己的民族自信心和乡土自豪感。

最后，人类活动作为旅游资源，是获得经济利益的重要手段。人文活动类旅游资源的开发，可带来可观的效益，对于带动民族地区的社会进步、经济发展，提高文明程度和生活质量，具有十分明显的作用。

第二节　民族文化旅游资源

中国是一个由 56 个民族组成的多民族国家。各个不同的民族都相对集中地聚居在一定的地理空间范围内，并且在长期的发展过程中形成了自己独特的传统文化，既反映了本民族的历史渊源，又反映了特定自然环境的影响，民族文化是我国最重要的人文活动类旅游资源。

一、我国民族的简介

1. 民族的构成与分布

到1979年为止，我国正式确认的民族为56个。各个民族的人口数量相差很大，据2000年11月1日零时人口普查显示，壮、回、土家、布依、维吾尔等15个少数民族人口超过百万人，而塔塔尔、独龙、鄂伦春、门巴、赫哲、珞巴族6个民族则不足1万人。各少数民族或聚族而居，或与他族杂居。全国各地都有不少的少数民族分布，且多分布在偏远地区或山区。以西南、西北、华北、东北的16个省区最多。

2. 民族名称的由来

每一个民族都有自己的族称。汉族源于炎黄、东夷等古老部落联盟，同时不断吸收周边的部落而逐渐形成。汉以后，周边各族即以“汉人”称呼中原人，我国少数民族的族称，包含有一定的意义和社会文化内容。如柯尔克孜族，“柯尔克”是四十的意思，“克孜”是姑娘的意思，合起来是“四十个姑娘”，渊于他们的民族起源于四十个姑娘的民间传说。有些少数民族的族称，反映了他们的经济文化生活特点。如拉祜族，在拉祜族语里称“虎”为“拉”，称在火边烤肉为“祜”，“拉祜”即火边烤虎肉，反映了拉祜族曾是一个以狩猎为生的民族。另有一些少数民族名称和他们的居住环境有关。如云南的独龙族，因居住在独龙河谷而得名；云南的怒族，因居住于怒江流域而得名。此外，新疆维吾尔族，自称维吾尔，有团结、联合的意思；青海的裕固族，有富裕、巩固的意思。这一类族称反映了本民族人民对安定、团结、富裕生活的向往。云南边疆的佤族，中华人民共和国成立后曾定名为“佧佤”族，在傣语里“佧”有奴隶的意思，按照本民族人民的意愿，正名改为佤族。

二、主要的民族文化

1. 民族文学

各民族的民间文学创作、题材和内容丰富多样，有反映人类开天辟地的创世史诗，有民间神话、传说、故事，有各种演唱形式的山歌、情歌、古歌、酒歌等。这些文学作品，相当一部分在民间口耳相授世代流传，也有一部分使用文字记载的大型史诗，像纳西族的《创世纪》、傣族的《开天辟地故事》等。许多少数民族中都流传着洪水的故事、兄妹结婚，以及人是由葫芦中变出来的神话传说。这些创世史诗，既有朴素的唯物主义思想，更重要的是借助神的力量来解释天地万物的起源，反映了独特的民族文化。

用文字记载的大型史诗、长篇叙事诗、民间故事，如藏族的《格萨尔王传》、柯尔克孜族的《玛纳斯》、彝族的《阿诗玛》等，在结构、内容及民族语言的表现手法上，都具有极高的艺术价值。

2. 民族服饰

(1) 汉族的服饰

汉族是我国第一大民族，文化深厚，服饰文化就是其中一枝奇葩。在阶级社会里，服饰本身并不仅仅是为了美化生活，也不只是为了满足人们御寒遮体的本能需要，而是作为一种等级伦理观念的标志出现在社会生活中。服饰中最醒目、最活跃、最敏感的要素是色彩和纹饰，色彩纹饰不仅仅是服饰的主旋律，而且是政治权力的标志。黄色和龙纹是帝王专用的，是神圣的、不可侵犯的，除帝王自己用黄衣、龙纹外，其他官僚、诸侯王一律都不能使用。1949 年后逐渐消除了这种不平等现象。

(2) 少数民族服饰

一般来说，少数民族的服饰色彩较为绚丽，而且各具特色。大致可分为三类：①炎热地区的轻薄短紧型。居住在南方湿热河谷地区的傣、壮、哈尼、阿昌、佤、布朗等民族，上衣、裙子都较短，质地轻薄。如傣族妇女内穿浅腓色紧身小背心，外套大襟或圆领窄袖短衫，下着花色筒裙。佤族女子服装上衣无袖领，长短只遮到肚脐，裙子长不过膝。②内地平原的轻便型。居住在中原地区的民族，衣着比较轻便。如回族一般喜穿白衣，戴白帽，外套坎肩，下着宽裤，显得轻便实用。③寒冷地区的厚重宽大型。生活在东北、西北和青藏高原的民族，为了抵御恶劣的环境，不得不穿上厚重的外衣。如藏、纳西、普米、傈僳等族的皮毛类服装，藏族的长袍、皮帽等。丽江纳西族的女子穿戴也比较典型，宽腰大袖、长及胫部的女袄，外加坎肩，下着长裤，背披着有“披星戴月”图案的羊皮披肩，以示勤劳之意。另外，各民族的服饰，还表现出浓厚宗教色彩。

三、民族文化的旅游开发

民族文化旅游资源中最主要的是民族风情，最典型的内容是民族节庆活动，特别是那些与现代生活有一段距离、带有民族古老传统的活动。我国是一个多民族的国家，各民族都保留有很多的独特的风俗与传统。

民族文化旅游的吸引力，主要在于不同民族文化间的差异性。因此这种旅游项目必须特别重视保持其真实性，在一切细节上都要力求突出本民族的特点，力戒矫揉造作。民族活动是民众生活的重要内容，即使没有任何外在目的也会照常进行。今天，为丰富群众文化生活与繁荣经济，各种民俗活动在政府的倡导与鼓励下迅速恢复与发展起来。

尽管科技进步使得交通和信息传播十分方便，使各民族生活具有愈来愈多的趋同性，但由于历史传统、地理环境和社会经济状况的不同，不同民族仍保留着许多令国内外游人感到新奇和有趣的文化活动。民族习俗全面地反映了一个民族的历史和现实生活，体现一个民族的气质和心理，生动地再现了他们的喜怒哀乐、理想和智慧。同时，它也是一个民族文化传统的真实表露，不能掺假乱真、加入迎合低级趣味的媚俗内容。策划民族旅游项目时，要多考虑游客的参与性和体验性。即使某些对本民族人来说是司空见惯的活动，异族人仍会感到无比新奇、陌生、大开眼界，其淳朴真挚的情感更具有心灵沟通、交融的力量。

汉族在春节、元宵节、端午节、中秋节等所举行的多种有意义的活动，如要龙灯、舞狮子、踩高跷、龙舟竞渡等，不仅当地居民万人空巷，旅游者也趋之若鹜。某些活动还远播海外，成为中华民族的代表方式。

第三节　文学艺术旅游资源

我国文学艺术源远流长，形式多样，诗歌、散文、小说、戏曲、音乐、舞蹈、绘画、雕刻、杂技、魔术等种类繁多，且文化积淀深厚，在世界文学艺术宝库中独树一帜。文学艺术为旅游资源的鉴赏提供了方法和理论，旅游资源美学内涵的挖掘，在很大程度上依赖于文学艺术修养水平的高低。文学艺术以高度凝练的语言概括了景观的特色，阐明了审美特征，点化了意境，提高了旅游资源的旅游品位。文学艺术自身也可以单独进行开发，成为非常吸引游客的旅游佳品。如张继的《枫桥夜泊》，王勃的《滕王阁赋》，王羲之的《兰亭集序》，使这些桥、阁、亭名扬四海，使旅游者能情景交融，正所谓文以景生，景以文显，文景互映，相得益彰。

一、旅游文学作品

1. 诗歌

诗歌中的山水诗歌是诗人在欣赏了大好河山后，触景生情，有感而发，用短小精悍的语言，来抒发诗人的内心世界。中国最早的《诗经》成为后世山水诗歌的起源。每朝每代，写山水诗歌的诗人很多，其中不乏佳作，如唐时的王维《山居秋螟》中“明月松间照，清泉石上流”，李白的《望庐山瀑布》中“飞流直下三千尺，疑是银河落九天”等。读后令人心潮澎湃，心旷神怡。

2. 游记

游记以其清雅、逼真、轻盈飘逸赢得读者的喜爱。如陶源明的《桃花源记》，文章给读者留下了丰富的想像空间，至今有很多地方还在争当“世外桃源”，而且开发了很多与桃花源有关的景点。范仲淹的《岳阳楼记》，不仅写出了洞庭湖的美丽风光，还抒发了“先天下之忧而忧，后天下之乐而乐”的博大胸怀，致使有“洞庭天下水，岳阳天下楼”的美誉。

3. 楹联

楹联是古建筑景观中的构景要素之一，语言洗练，言简意赅，起着画龙点睛的作用，是表达胸怀、志向、品德、爱憎的重要文学手段。楹联鉴赏不仅能够提高游人的兴趣，增进对景观、人物、历史、文化的深刻理解，而且也是书法艺术的最佳展示。如山海关联“两京锁匙无双地，万里长城第一关”；云南大观楼的长联可谓是天下无双，全楹联长达180字。

二、旅游艺术作品

1. 书法与绘画

汉字是世界上最古老的文字之一，其结构、书写方式与其他文字有显著的区别。在汉字的演变过程中，形成了甲骨文、金文、篆书、隶书、楷书、行书、草书等不同字体，产生了独特的书法与篆刻艺术。书画同源，书画一理，二者境界相同。所谓“立意为先”，形神兼备，讲求运笔，绘画还要求渲染皴法，散点透视，这些都独树一帜，成为重要的文化遗产。我国有些旅游景点如西安碑林、杭州西冷印社、北京琉璃厂等，就是以书画艺术珍品丰富而闻名的。

2. 音乐

中国的音乐文化历史非常悠久，在人类文字还未产生的时候，音乐就已经产生，并且被传播。在半坡母系氏族文化遗址中发现的“陶埙”，被认为是中国最早的乐器，说明在原始社会已经有了音乐。之后的编钟、古琴、二胡等，在中国民间广泛流传，经过民间艺人的创作，留下了许多传世佳品。西安的仿唐歌舞强化了盛唐文化旅游的感受，无锡惠山天下第二泉的《二泉映月》渲染了沁人心脾的江南风情。

三、戏剧、杂技和武术

1. 戏剧

戏剧是包括文学、音乐、舞蹈、美术在内的综合艺术，有着鲜明的民族性和地方特色。戏曲的萌芽，源自《诗经》中祭祀前的舞乐，到宋杂剧形成雏形，元曲达到高峰，经明、清的发展，至今形成了360多个剧种。对游客来说，旅游之中观看特色戏曲也是一种享受。秦腔吼出了粗犷的秦风秦韵，越剧唱出了江浙的侬言细语，京剧则是三大国粹之一。

2. 杂技

中国的杂技源于古代的“百戏”，早在春秋战国时期就已萌芽，到汉代杂技包括了乐舞和杂技表演，后来演化成独立的“爬竿”、“走索”、“倒立”等动作，各代对此项艺术都有所丰富。如今，我国杂技艺术焕然一新，每年都在国际性的比赛中获大奖。河北吴桥是著名的“杂技之乡”，该地区的男女老幼个个身怀绝技，国内外许多杂技团体都有吴桥艺人。

3. 武术

武术被视为“国术”，古时候又叫“技击”和“武艺”，原为攻击和防身术，也是广泛流传民间的健身术。中国武术门类庞杂，有各种门派之分，如少林、武当、昆仑、峨眉等；按拳术不同可分为南拳、洪拳、太极、无极等；还可分为马上、步下、徒手、持械等。少林武术展示成为嵩山旅游必不可少的热门项目。

第四节　婚俗与特色食俗

一、婚姻习俗

婚姻是人生之大事，婚姻是人类习俗最充分的体现，婚姻习俗由于其婚配观念、嫁娶仪式的差异性，在旅游中可领略风情，在参与中可增长见识，在回味中体会美感。

1. 汉族婚俗

(1) 婚礼的一般程序

汉族传统婚俗一般遵行“六礼”：①纳采——后人称为合婚、说媒，先有媒人去女家表明男家求婚之意，问明女方的年岁属相，联系合婚；相冲相克免谈。

②问名——相当于现代的“订婚”、“换龙凤贴”（庚贴），其作用等于现在的结婚证书；③纳吉——是向宗庙问卜于祖先，后来演化成“小聘”，即指男家送女家的订婚彩礼；④纳征——又称“纳币”、“入币”，对嫁娶的物质和数量都有明文规定；⑤请期——就是男家择定良辰吉日迎娶，男家仪仗队及轿夫抬着花轿，迎亲之人则乘舆，至女家迎娶新娘；⑥亲迎——男子必须到女家去以礼相迎，故曰“亲迎”。古时婚礼以昏为期，因此亲迎必在黄昏以后，甚至深夜。

（2）其他婚俗

其他婚姻习俗还有：①结发——结发之礼当溯至上古时期的婚礼仪式，周时称为“合髻”，宋朝“合髻”时间在新郎新娘饮交杯酒之后。近代结发之举在拜堂之后，洞房之前，象征夫妇的结合。②新妇障面——指我国在新娘出嫁时要蒙头盖面，一是“遮羞”，二是“避邪”，只有等到入洞房时，新郎才挑起新娘的“盖头”，俗称“挑盖头”，到此婚礼才算完成。③拜堂——又名“拜天地”，指婚礼过程中的重要大礼，结婚有人伦之义，所以要拜天神、地祇，女方进入男家要拜列宗列祖，夫妻合为一体所以要互拜，以郑重其事。近代婚礼普遍都把拜堂的范围扩大了，族亲宾客，甚至邻里街坊，统统都在“拜”的范围之内。④合卺——婚礼程序进行到最后一项，所谓“合卺 ”，是指新夫妇在新房内，共饮合欢酒的意思。后世统称为“交杯酒”，以示新婚夫妇自此已永结百年。合卺原先并非交杯之意，而是指破匏为二，合之则成一器，故名合卺。“匏”就是匏瓜，是一种苦瓜，一分为二，就可以盛酒，因此“合卺”，古代也称“匏爵”，用匏爵盛酒，酒会成为苦酒，有提醒新夫妇应该同甘共苦的意思。

2. 少数民族婚俗

少数民族的婚姻礼俗及家庭形式，反映了极为丰富的民俗民情。

（1）恋爱阶段

少数民族青年相互结识，物色对象常在节庆日或赶集会的途中，如壮族的赶花街、彝族的火把节等，都是青年聚会交友的极好机会。集会上青年们通过对歌、丢荷包、抛绣球、赛马或跳芦笙等娱乐活动，选择自己的意中人。如壮族的三月三歌会，青年们把煮熟的鸡蛋、鸭蛋、鹅蛋染上颜色赴会。当男青年看中某位姑娘时，就拿红蛋去碰对方的红蛋，姑娘有意就让男青年把蛋碰破，相约到隐藏的地方去倾诉，如姑娘无意，就千方百计将蛋护好，男青年只好扫兴而归。

（2）婚嫁阶段

少数民族的婚礼，各有一套礼仪，总的特点是欢快热烈、极富热情，每逢婚礼都要聚会庆祝，通宵达旦、唱歌跳舞、饮酒作乐。侗族地区有夜嫁、夜娶的习惯，迎亲的队伍点着松明火把、敲锣打鼓地迎亲。男方要挑选英俊漂亮的青年男女，挑着枫木扁担、竹篓，盛着糯米、鸡、鸭、鲜肉、烟草等礼品去迎亲。迎亲队伍到达女方村寨紧闭的寨门口时，要经过对歌，男方对答如流，才能跨进女方寨门。到了新娘家，女方家里歌手云集，即兴盘问，盘问的内容涉及古往今来，如果娶亲客回答不上来，就要遭到女方的嘲笑。对歌以后，新娘家以酒宴招待迎亲客，在饮宴中，新娘的女伴，把蘸了油的锅底烟，抹在迎亲客的脸上，赢得满堂欢笑。我国苗族、侗族、彝族、傣族中保留了抢婚的习俗。苗族青年男女在相爱的基础上，征得姑娘的同意，在半夜或黎明时分，男方相约好友数人，将姑娘“抢走”。姑娘被抢到男方后，第二天由媒人前去说媒。结婚是件高兴事，但是彝、傣、黎等民族在喜庆的日子里，盛行“哭嫁”。在出嫁的前几天，伴娘陪着新娘啼哭，一般哭 3 天，不仅在家里哭，还要到亲友家里去哭，表明新娘对娘家生活的眷恋。

二、特色饮食习俗

餐饮是旅游的主要内容之一，其目的绝对不仅为果腹，更重要的是体验异国、异地风情与文明。我国民族众多，由于历史、自然地理环境、宗教和经济生产活动等多方面因素的影响，形成了许多特色饮食习俗。

1. 以狩猎或捕鱼为主的民族食俗

生活在东北森林或草原上的鄂伦春、鄂温克和生活在三江平原上的赫哲等民族，以前靠捕鱼和狩猎为生。因此，以猎物如狍子、马鹿等野生动物肉及鱼为主要食物。如鄂伦春人的拌生鱼片、腌鲑鱼、烤狍肉等食物很著名。

2. 草原牧民的食俗

生活在草原上的蒙古、藏、哈萨克、塔吉克、柯尔克孜等民族，以畜牧业为主，在饮食上多以牛羊肉和奶制品为主，辅以炒米、米面等食物。如哈萨克族的手抓肉和马肉灌肠，塔吉克的清炖羊羔肉等。奶制品有奶皮子、奶豆腐、牛奶煮米饭、奶酪、奶油，以及用奶酿制的奶酒和泡制的奶茶等饮料。

蒙古族主要以畜牧业为生，肉食是他们的主要食品。如蒙族人民爱吃的手抓肉，是不加盐和其他调料，用原汁煮熟以后，手抓着吃的带骨肉。蒙族人民隆重的宴席上，喜欢用整羊待客，整羊上席后，要用蒙古刀将羊头皮割几个小块儿，奉献给在座的长者用于祭天神，随即把羊头撤走，再将整羊化割成正方形，请客人用刀割肉进餐。

藏族的糌粑和酥油茶是每天必不可少的食品。糌粑是把炒熟的青稞磨面，用茶水或酥油调和后捏成团，就可以食用了。酥油茶是把熬得很浓的浓茶倒入酥油桶里，加上酥油、盐，然后用力搅拌，茶乳交融后便成为可口的酥油茶。藏民每当客人进门或亲人出远门时，必送上一碗香喷喷的酥油茶，以表敬意。

3. 以农业为主的民族食俗

满族民间用大黄米、小黄米、豆面制作的饽饽，色泽金黄，黏而香，既便于携带，又耐饥饿，是满族人民喜爱的方便食品。饽饽有苏叶饽饽、豆馅饽饽、年糕饽饽等，可以油煎或蘸糖吃，香甜可口。满族民间的萨其马、艾窝窝等甜食，是人们喜食的食品。

以种稻谷为主的傣、壮、侗、水、哈尼等民族，以稻谷为主食，其制作方法也是各有特点。如云南德宏地区傣族用竹筒烤制的糯米饭，可口香甜。侗族做的掺有糯米的醋鱼和醋肉，别有特色。中南和西南的一些少数民族，因为天气湿热，人们为了增加食欲，喜食一些酸味食品。如苗族每餐必用酸汤，尤其善腌制一些酸肉作为佐食佳品。

维吾尔族喜食一种由面粉和玉米面烤成的馕，成凹状圆形，有大有小，有甜有咸，有厚有薄，最大优点是保存时间长。维族的手抓饭，又称“波糯”，用大米配入牛、羊、鸡等肉丁及胡萝卜、葱头、葡萄干、杏仁、鸡蛋等物，蒸制成饭，味道鲜美。鸭绿江畔的朝鲜族以精美的冷面、打年糕、狗肉汤、烤鱼片等食品著称，味美可口。

回族分布地区较为广泛，回族的食品受到了各族群众的欢迎。每逢开斋节、古尔邦节或喜庆的日子，回民家里都要炸馓子、炸油香，油香外焦里嫩，馓子则是将面搓成细线再绕成环状入锅，棕黄，脆香可口。宁夏回民的羊肉水饺粉汤，是将羊骨头汤汇入羊肉丁、凉粉、香菜、韭菜、鸡蛋丝、辣椒油等，制成粉汤浇在羊肉水饺上，色、香、味俱全，是著名的回民特色小吃。

第五节 传统节庆活动

节庆活动是在固定或不固定的日期内，以特定主题活动方式，约定俗成、世代相传的一种社会活动。我国节庆种类很多，从节庆性质可分为单一性和综合性节庆；从节庆内容可分为祭祀节庆、纪念节庆、庆贺节庆、社交游乐节庆等；从节庆时代性可分为传统性节庆和现代节庆。

一、中华民族传统节庆活动

1. 春节

中华民族最隆重的节庆就是一年一度的春节。史载，春节最早源于原始社会神农氏时代的“腊祭”。民间称春节为“过年”。传说“年”是太古时代的一种怪兽，每到冬至春来之际便四处咬人，人们为预防不测，就聚集在一起，点燃篝火，投竹子于火堆，用爆裂的巨响，吓得“年”不敢再来骚扰。春节大致可分为三个阶段：从腊月二十三到除夕是准备阶段，贴对联挂年画，张彩灯祭祖先等，忙着为迎接春节做准备，俗称“腊月忙年”。年三十夜称作除夕，人们有吃团圆饭、坐夜守岁的习惯。正月初一、初二、初三为正年，主要活动为交流拜望，如拜年、串亲的习惯。第三阶段从初四到十五，主要是游憩、娱乐，如扭秧歌、跑旱船、舞狮子等，形式多样，热闹非凡。

2. 元宵节

正月十五为元宵节，又称上元节、灯节。元宵节有张灯的习俗，其始于东汉，盛于唐代。据传，东汉明帝时佛教传入我国，为了表示对佛的敬意，命令百姓元宵节设灯。元宵节晚，深闺少妇均可自由出门观灯。十五月圆，普遍吃元宵(又叫汤圆)，取“团圆、美满”之意。北方民间盛行踩高跷、耍龙灯、演出民间百戏，称之“社火”。现在许多城市布设灯展，并且燃放焰火。

3. 清明节与寒食节

清明节亦称鬼节、冥节、踏青节。传统的清明节以扫墓祭祖与踏青为主要内容。清明扫墓与“寒食节”有关。寒食节是为了纪念春秋战国时期被烧死于绵山的晋国介子推。后世为纪念这一天，禁止烟火，吃冷食，故叫寒食，又称“冷节”、禁烟节。唐玄宗时曾下诏寒食扫墓，后来相承为俗。因为清明与寒食节前后仅隔一日，故转化为清明御寒扫墓。清明节又称“思亲节”，扫墓祭祖思念故去的亲人。为了摈弃伤悲，感受生命的活力，同时“踏青”春游。春天大地回春、艳阳高照，故我国南北都有清明放风筝之俗，如山东潍坊的国际风筝节，常在清明节期间举行。

4. 端午节

农历五月五日为端午节，又叫端阳节、重五节。五月盛夏刚开始，蚊虫滋生，所以有饮雄黄酒，佩戴香荷包，门口悬挂艾草、菖蒲，屋内墙角洒石灰等习俗。端午节吃粽子是为了纪念楚国屈原投汨罗江之死。这一天南方各地盛行赛龙舟，尤其在屈原故里长江三峡秭归县，更是盛况空前。

5. 中秋节

农历八月十五为中秋节，是因为位居秋天的三月之中而得名。中秋月圆，又因秋高气爽，月明夜静，故有赏月、拜月以及食月饼之俗。届时全家老幼欢聚一堂，其乐融融。全国各地中秋节食品和节日活动也有所不同。如岭南地区中秋节的水果以柚子、香蕉、芋头为多，中原地区则多以梨、苹果、葡萄为主。杭州人中秋之夜习惯到西湖泛舟赏月。

中华民族传统节日还很多，如“七月七，牛郎织女相会”，民间有“七夕乞巧”之俗，对中国人来说，这天就是中国的“情人节”。农历九月九重阳节，有登高的习俗，取重阳步步高的意思，也是中国的老年节。

二、少数民族节会

在民族节日里，有关这个民族的历史传统、神话传说、宗教信仰、社会思想、伦理意识、审美观念等大都能充分显露出来，节日服饰、节日饮食、节日歌舞、节日游乐、节日艺术（造型艺术及象征物）以及美丽神奇的风光风物，更是洋洋大观。它们反映了生活在不同历史、地理和文化背景下，不同民族不同的生活习俗、生产习惯、思想观念和社会组织结构，堪称高度形象化、典型化的民族文化的大百科全书，是进行文化交流，开展人文旅游的好时机。

1. 农祀节会

农祀节会多是以农事祭祀为特征的节庆活动。我国作为农业国，少数民族的农祀节会，不仅种类很多，而且富有特色。水族的年节“借卯”，彝族、拉祜族、纳西族等的“二月八”，回、维吾尔、哈萨克、东乡、萨拉、保安等民族的节会都各具特色。拉萨河西岸藏民的“沐浴节”、黔东南苗族的芦笙节规模宏大。云南丽江纳西族的“龙王会”、西藏藏民的“雪顿节”等，别有风情。中华人民共和国成立后，各地节会都扩大和增加了商业贸易、物资交流等内容，现代气氛浓厚。

2. 纪庆节会

纪庆节会是具有一定纪念和庆典内容的节会活动，往往是感情外露热烈的活动。纪庆节日的场面十分精彩，如在彝族、纳西、佤族、白族的“火把节”上，手持火把的各族青年，窜村寨、绕田野、闹篝火、斗牛、赛马、摔跤、射箭、唱歌跳舞、彻夜狂欢，加上傣族泼水节的追逐嬉戏，共同组成了各民族欢庆节日的民族风情画卷。

3. 交游节会

交游节会是青年男女显露才华、交流感情的最重要场所。古老的“那达慕”盛会，以辽阔的草原为舞台，身着长袍、脚蹬皮靴的青年小伙子们，赛马、射箭、摔跤，表现出蒙古族人民的勇猛、剽悍和刚强。云南瑶族，新春期间把“赛歌堂”设在家庭场院，显得大胆而开朗。诸如此类的还有很多，如白族的蝴蝶会，侗族的花炮节，壮、苗、布依族的三月三等，也都色彩斑斓，引人入胜。

第六节　现代节庆活动

随着旅游业的发展，游客已不满足于“走马观花式”的旅游，更加喜爱参与性强、娱乐性高的动态旅游项目。现代节庆活动的开发越来越受到各地的重视，主要有文化艺术节庆、商贸节庆、会展节庆和体育节庆等类型。

一、文化艺术节庆活动

文化旅游是结合旅游所在国和所在地的传统文化，用现代旅游活动去诠释传统文化。历史名人节会多依据该地曾出现过的历史名人，或某位历史名人在该地的政绩、事迹，或名人在此殉难来策划节会，如湖南为纪念屈原举办的“中国湖南汨罗江国际龙舟节”，山东曲阜的“国际孔子文化节”等。

艺术给人带来感官冲击的同时，也使精神受到陶冶和熏陶。因此每年的艺术性节庆，都受到世界各地人民的关注。如国际上一年一度的奥斯卡电影节、戛纳电影节、维也纳新春音乐会、法国服装节等。国内将传统的戏曲、书法、杂技、武术等艺术形式和现代文明相结合，举办了一系列节庆活动，传统的如广西民歌节、西安古文化艺术节、河北吴桥国际杂技节、郑州国际武术节等，现代的如上海电影节、成都电视节以及金鸡奖、百花奖、金像奖等颁奖艺术节会等，都精彩纷呈，很受旅游者欢迎。

二、商贸节庆活动

商贸节庆的概念和旅游购物紧密交叉，有相同的地方，也有差异。仅从规模和旅游动机来看，旅游购物是规模小，没有明确动机的；而商贸节庆不但规模大，而且有明确的目的。举办商贸节庆活动场要利用本地的一些优越的条件：①利用本地的名优特产优势。如河南洛阳牡丹节、陕西临潼石榴节、海南椰子节、吐鲁番葡萄节、贵州国际名酒节、大连服装节、潍坊风筝节、青岛啤酒节等。②利用本地区经济或交通优势。如广州市利用其经济优势及东南沿海交通的枢纽城市地位，每年举行中国广州进出口商品交易会，规模空前，影响很大。

三、会展活动

随着全球经济的迅速发展，跨国公司的不断壮大，经济合作趋势的日益加强，以城市为中心的各种商务、会议活动数量不断增加，国际交往和国际会议日渐频繁，随之带来的大量客流已受到各地的极大重视，并出现了不少会议城市。以会议事件活动为主要内容的商务型旅游活动，正是在这样的背景下产生的。由于会议参加者购买力强，服务要求高，影响力大，它正在成为各方愈来愈重视的旅游项目。各国、各地大力建设会议中心，全力争取各种国际、国内会议的举办权。目前美国以及欧洲主要旅游业发达国家都是主要的国际会议举办国。日内瓦是世界上举办会议最多的城市，一年要召开 3 万多次会议。中国每年举办的广交会、海南博鳌亚洲论坛等国际会议，影响越来越大。

四、体育节庆活动

1. 体育旅游概述

体育旅游是一种以体育为主题的旅游形式，它以一定的体育资源和体育设施为条件，采用旅游商品的形式，为旅游者在旅行游览过程中提供健身、娱乐、休闲、交际等各种服务于一体的经营性项目。体育旅游是体育产业的一部分，也是旅游产业的一部分，体育本身的魅力赋予了旅游新的内容，游客在旅游过程中得到健身锻炼的同时也获得了精神上的享受。

在国外体育已经成为一种时尚。近些年来，我国的体育旅游事业也有了发展，许多体育活动逐渐成为世界所关注的对象，形成了特殊的体育文化，同时刺激了经济的发展。北京 2008 年举行的奥运会将使中国受到全世界的关注，最大的受益者将是旅游业。以“足球工业”著称的意大利，体育旅游产业已跻身于意大利国民经济十大部门行列。世界上申办奥运会和世界杯足球赛等大型体育项目举办权地竞争愈演愈烈，因为申办成功与否，关系到本国的国际形象、国际地位，也关系到本国经济以及旅游业的发展。

2. 体育活动的旅游价值

（1）体育旅游能吸引更多的旅游者

体育比赛活动激动人心，竞争性、刺激性强，吸引力更强。体育活动项目繁多，可吸引不同年龄段的游客参加。体育赛事活动不分淡旺季，从而为当地带来持久且充足的客源。由于悉尼奥运盛会的召开，澳大利亚 2000 年的国际游客人数增长 11%，在奥运会召开的 9 月，入境人数增长 15%。

(2) 体育旅游带来无限的商机

大规模的体育盛会旅游，具有其他一些旅游项目难以比拟的优势。一次大型盛会，能给主办国带来大规模的客源。成功的盛会能带动一条集交通、住宿、餐饮、购物为一体的“旅游消费链”，给举办国带来巨大的经济利益和社会效益。据国际奥委会的统计表明，旅游业从 1997 年算起的 4 年中，因为举办奥运会给澳大利亚带来的旅游收入就达 42.7 亿美元。同时，奥运会还为悉尼带来海外投资达 87 亿美元，创造了 15 万个就业机会。

(3) 体育项目可以带动区域旅游业的发展

对自然景观和人文景观都贫乏的地区来说，体育比赛项目，可作为动态的旅游资源代替传统的自然和人文景观来吸引旅游者，带动区域经济、社会的发展。如河南温县是我国太极拳的发源地，从 1993 年起，每年在此举行国际太极拳年会，吸引了众多的国内外游客。

(4) 体育旅游可以提高设施利用率

利用体育比赛项目可以吸引更多的旅游者，以便最大限度地提高接待设施的利用率。旅游业有淡旺季之分，在旅游淡季有组织、有计划地举行体育比赛项目，可以吸引海内外游客前来参与体育比赛活动。这样可以提高旅馆和体育设施的利用率，产生较大的经济效益。

案例分析——云南民族村

云南民族村位于昆明市南 9km，西临西山风景区，处于滇池北岸的海埂。海埂是一条由东向西嵌入滇池的狭长的半岛沙滩，俗称“海埂”，其占地面积 1333hm^2，有天然的浴场和体育训练基地，是消夏娱乐度假的好地方。云南民族村集云南的彝、白、傣、苗、景颇、佤、哈尼、纳西、傈僳、独龙等 25 个主要少数民族的村寨、民族歌舞厅、民族广场以及激光喷泉、水幕电影等旅游设施为一体，采用复原陈列的手法展示云南的民族风情。走进村里只见不同风格的民族村寨分布其间，错落有致，各展风姿，各少数民族丰富多彩的村舍建筑、生产习俗、生活习俗、宗教习俗均如实地展示出来，是云南民族文化的缩影。游客在村寨里，除可了解云南各民族的建筑风格、民族服饰、民族风俗外，还可以观赏激光喷泉、水幕电影、民族歌舞、大象表演，品尝民族风味小吃，购买民族工艺品。身着民族服饰的导游小姐为游客提供导游服务，讲解各少数民族的习俗。结合各少数民族节日，在村里还举行白族的“三月街”、傣族的“泼水节”、彝族的“火把节”、傈僳族的“刀杆节”、景颇族的“目脑纵歌”、纳西族的“三朵节”等独具民族特色的民族节日活动，让人们尽兴观赏，沉浸在各民族的海洋里。该民族村是云南旅游的重要旅游景区。

复习思考题

1. 人文活动类旅游资源的概念及特征是什么?
2. 简要概括我国民族文化类旅游资源。
3. 汉族传统婚姻习俗有哪些重要礼节?
4. 中华民族的传统节庆及习俗有哪些?
5. 谈谈你对现代节庆活动的认识（举例说明）。

第十五章　城镇与产业观光类旅游资源

学习提示

一、主要内容

- 历史文化名城旅游资源
- 特色小城镇旅游资源
- 现代都市旅游资源
- 产业观光旅游资源

二、学习重点

- 掌握历史文化名城旅游资源的概念和主要类型
- 理解历史文化名城旅游功能和资源开发的要求
- 了解特色小城镇和现代都市旅游资源的基本情况
- 了解现代产业观光旅游资源的开发状况

第一节　历史文化名城

一、历史文化名城的概念与范围

历史文化名城是指那些在历史上曾占有一定地位，在历史发展进程中发挥过重要作用或发生过重大历史事件，并且保存有能够反映其历史作用的、较为丰富历史文物的城市。《中华人民共和国文物保护法》第二章第八条规定："保存文物特别丰富、具有重大历史价值和革命意义的城市，由国家文化行政管理部门会同城乡建设环境保护部门，报国务院审批公布为历史文化名城。"这是我国公布历史文化名城的法律依据。中国社会历史的演变具有悠久性和连续性，历史文化名城众多。到目前为止，我国确定了 101 座国家级历史文化名城，另外各省市自治区还公布有许多省级历史文化名城。

二、历史文化名城与旅游

1. 历史文化名城的旅游功能

历史文化名城是一个国家历史文化演变的见证，社会发展的浓缩。了解一个城市可以了解一段历史，了解多个城市可以帮助旅游者获得一个国家系统的历史知识。

历史文化名城也是进行革命传统教育的好场所。重要的革命事件发生于历史文化名城，重要的革命人物也曾生活和战斗于历史文化名城。这些城市还保存有大量的革命文物，反映着光辉的历史、优良的传统和奋斗不息的革命精神。

历史文化名城也是展示民族文化和地域文化的橱窗。历史文化名城经过长期的历史积淀，往往形成独特的文化氛围，如建筑风格、生活方式、风俗习惯、语言表达、饮食、服饰等，物质文化和精神文化内容丰富，可以从各方面向游客传递丰富的特色文化信息。

历史文化名城可以充分满足游客领略自然、陶冶情操的鉴赏需求。其在历史上屡毁屡建，生命力旺盛，选址往往是优越形胜之地，再加上人为的长期经营，山水相依，河湖映衬，自然风光秀丽迷人，环境美学价值突出。

历史文化名城及其周边地区，旅游景区景点数量众多，类型齐全，聚集性强，游线灵活，时滞较长。自然与人文两大要素的结合性，历史、美学、科技三大价值的协调性，经济、社会、环境三大效益的共存性，在历史文化名城表现皆很突出，有利于做大旅游产业规模。

2. 历史文化名城的保护

(1) 对文物古迹的保护

丰富多彩的文物古迹作为人文景观，是开展旅游活动的必要条件。历史文化名城就是在这些文物、遗址、古建筑等的基础上建立起来的。文物古迹经过历代风吹雨打，需要加强管理和修复。维修时必须尽力保持原貌，修复应当忠实于原时代的造型、体量、装饰和色彩。在开发旅游项目时，尽量避免对文物造成人为的破坏。

(2) 对各种古建筑和风景名胜区周围环境的保护

在文物古迹的基础上开发的旅游风景名胜区，其周围环境的建设应与其原本的特色相辅相成。对于历史文化名城及其风景名胜区景观，要制定保护规划和控制性详细规划。在古建筑和风景名胜区周围环境所建造的现代建筑，应尽量做到古今建筑相互协调。不能急功近利，破坏古迹所在区域的环境风貌。

(3) 对名城文化特色的保护

历史文化名城的文化特色不是空中楼阁，是在社会发展的基础上逐步创建、演进而来的。旧城改造应在继承城市历史文化的基础上去发展和更新它，完成历史的延续和传承。对于多数历史文化名城，应该尽力保护好具有历史价值、足以体现历史延续的传统街区。改造过程中的新建筑，也要尽量体现名城固有特色。

(4) 强化保护意识和有效对策

历史文化名城保护，首先要强化保护意识，使保护成为名城各级政府部门决策的基本出发点，使保护成为每一位市民的自觉行动。历史文化名城的保护所在政府应发挥主导作用，加强保护立法，完善保护规划，划定绝对保护区和重点保护对象，实行保护责任制和追究制等。

三、历史文化名城的主要类型

历史文化名城的共性是“历史”和知名，而最根本的区别在于文化的差异性，即在历史时期所发挥的作用、所经历的历史进程、所形成的城市氛围、所传承的生活方式、所具有的风俗民情等方面的区别。因此，应将文化差异作为历史文化名城类型划分的主要依据，主要标准有三个：一是城市最重要的历史价值；二是城市遗存文物的文化价值；三是城市整体形象的特色价值。

1. 政治性历史文化名城

（1）国家都城类（古都类）

这一类历史文化名城在历史上曾作为都城，建都的次数多时间较长，建都者多为全国统一的王朝或占据较大区域的割据政权，政治统治作用最为突出，对中国一定历史阶段的发展进程发挥过重要影响。该类型主要有安阳、西安、洛阳、北京、南京、开封、杭州七大古都。

（2）地区中心类

该类历史文化名城在历史上作为一定时期、一定地区的政治统治或管理中心而存在，主要包括：①奴隶社会的诸侯国国都，如邯郸、江陵、临淄、咸阳；②汉以后所立郡国、侯国都城及分封藩王的府城，如大同、长沙、昆明等；③分裂时期小型割据政权的短期都城，如武威、汉中；④州府地方政府所在地，第三批国家级历史文化名城绝大部分属于此类，如邯郸。

（3）军事重地类

军事重地类是指古代军事位置险要，多次爆发重大战役战事的历史文化名城。如徐州，古称彭城，自古以来为军事要地，2000多年来曾发生过多次大战，著名的战争有秦末的楚汉之夺，三国时期的激战，西晋末年的八王混战，唐末的军阀混战，直到解放战争的淮海战役，皆以徐州为中心展开。湖北襄樊、陕西榆林和西藏江孜等也属于此类历史文化名城。

（4）近代革命类

该类城市之所以被列入历史文化名城，主要原因是其在近代革命斗争史上曾发生过重要革命事件，极大地影响了革命历史的进程。主要有广州、南昌、遵义、延安、重庆。

2. 经济性历史文化名城

(1) 交通运输类

该类历史文化名城主要包括三个亚类：①陆路交通的枢纽城市，如位于河西走廊的张掖、敦煌是古代丝绸之路上的名城；②内河水运的重要都会，如大运河与长江交汇处的扬州、京杭大运河之滨的山东聊城；③海洋水运的口岸城市，唐宋时期宁波（明州）、泉州、广州为三大对外贸易的大港，近代时期以海洋运输为基础发展起来的上海、天津，皆属此亚类。

(2) 商业贸易类

该类历史文化名城在历史上曾经是著名的商贸中心，对于经济的繁荣、物资的交流曾发挥重要作用，商业职能突出。典型代表如列入中国古代“四大名镇”的汉口；佛山；山西商号、票号云集的平遥古城。商贸职能的行使往往需要一定的交通条件配合，因此上述交通运输类历史文化名城也多具有此类特点。

(3) 产业类

该类历史文化名城数量较少，典型代表有以瓷器制造闻名于世、有“瓷都”之称的景德镇，以井盐开凿为特色的“盐都”自贡，以水利工程闻名的都江堰。

3. 文化性历史文化名城

(1) 地方文化类

该类历史文化名城继承和保留了十分典型且较为丰富的传统地域文化特色，与历史主流文化和现代文化差异明显，如儒家文化的圣地曲阜、邹城，徽南文化的代表安徽歙县，苏南文化的典型江苏常熟，江浙文化突出的绍兴，客家文化的中心广东梅州等。

(2) 园林风景类

园林风景类历史文化名城以自然景观独特和历史人文景观赋存丰富而著称。苏州为中国的园林之城，古典园林不仅遗存数量多，而且艺术造诣高，有“江南园林甲天下，苏州园林甲江南”之说。河北承德则以保存有我国最大的皇家园林而著称。桂林是石灰岩岩溶地貌最为发育、自然与人文相互交融的风景名城。

(3) 建筑文化类

在我国历史文化名城之中，有相当多城市是因为古代建筑保存较多、较完整且具有历史价值和科技价值，而成为历史文化名城的。如陕西韩城、山西祁县和新绛、河南浚县、河北正定、广东雷州、云南建水和巍山等。

(4) 民族文化类

这类历史文化名城分布在少数民族的聚居地，具有明显的民族地方特色，反映了我国多民族的文化特征。如表现纳西族文化的云南丽江，白族文化的古城云南大理，南疆维吾尔族文化的新疆喀什，藏族文化的拉萨和日喀则等。

(5) 外域文化类

我国历史文化名城中的哈尔滨和青岛，在近代时期受西方文化的影响较大，城市保存有大量的欧式、日式建筑，表现出外域文化氛围，当属此类。

第二节　特色小城镇

小城镇不仅有城市的特质，更有乡村的烙印，无论是从地理分布、形态特点、内部结构看，还是就其与周围地形、水系的关系看，都体现出了因地制宜的特色，是中国传统“天人合一”思想指导下强调人与自然和谐统一的聚居空间。

一、江南小城镇

长江三角洲的江南地区景色秀美，小城镇众多，如江苏的同里、陆直、周庄、盛泽，浙江绍兴的水乡柯桥镇等。江南小镇多临湖跨河布局，白墙灰瓦建筑，水道街道并行，“小桥、流水、人家”的文化韵味颇为浓厚。

周庄位于江苏省昆山市西南，始建于 1086 年，迄今已有 900 多年的历史，完整地保留着独特而古朴的江南水乡风貌。

同里位于江苏省吴江市东 6km，早在唐代就形成集镇。小镇以河道为骨架，依水成街，环状设市，傍水成园，家家临水，户户通舟。

二、边关小城镇

中国幅员辽阔，周围与俄罗斯、缅甸、老挝、越南、蒙古等多国接壤，故在边境地区逐渐形成了地理位置特殊、军事商贸交通作用突出、颇具异域风情的边关小城镇。

漠河是我国最北部的一个小镇，这里冬季长达 8 个月，长冬无夏，故有“中国寒极”之称。深秋，这里大雪纷飞、银装素裹，雾凇奇景令人称绝。冬季，黑龙江则冻成一条“冰河”，雪橇、汽车来往于江上，夜晚还可以看到绚丽独特的极光现象。

满洲里地处我国东北边陲，边境线长达 54km，是我国重要的陆运口岸城市。满洲里素以城市的恬静幽雅和整齐清洁闻名海内外，特别是独具风格的俄式建筑，反映出这里与俄罗斯民族之间的文化交流和联系。

三、民族小城镇

中国是统一的多民族国家，西南、西北和东北地区是少数民族的聚居之地，民族种类多样，民族习俗多样，民族建筑独特，形成众多具有少数民族文化和地域特色的小城镇。

安顺位于云贵高原东部、长江水系与珠江水系分水岭间的一个山间盆地里，有“黔之腹，滇之喉”之称。其地理位置优越、交通发达，而且物产丰饶、资源丰富，是一个多民族杂居的城市，有汉族、苗族、布依族、仡佬族、回族、彝族等，各民族独特的文化和生活习俗不仅丰富了城市的文化风采，而且有不少优秀的传统手工艺品，如安顺蜡染、布依地毯等，都在国内外享有很高的声誉。通什是海南黎族、苗族自治州首府，坐落五指山腹地、美丽的南圣河两岸，山清水秀，环境优美，充满了民族情趣。胡椒、菠萝、芭蕉、柑橘、甘蔗遍布山坡，使村庄、绿野洋溢着热带情调。中甸为云南迪庆藏族自治州首府，地处青藏高原东南部，海拔 3200m，是一座典型的藏族高原城镇。蓝天白云，雪山环绕，草原广袤，湖泊众多，牛马成群，藏族碉房散布于四野，经幡玛尼堆在猎猎风啸中吟诵着天国的佛音，松赞林寺建筑群依山而布，有“小布达拉宫”之称，被视为传说中的“香格里拉”。

四、山城小镇

山城小镇是指那些随山建造房屋、就势垒墙筑城的小城镇。在贵州、四川和东北等地，因为山地众多，建有许多山城小镇。

罗通山城坐落在吉林省柳河、海龙、辉南三县交界处，海拔 962m 的罗通山巅。山城林木繁茂，土质肥美，资源丰富。山城由紧密相连的东城和西城组成，中间一段城垣共用。城内分布有蓄水池、瞭望台和建筑遗址。

江西庐山的中心牯岭镇，是一座美丽别致的公园式小山城。牯岭镇三面环山，一面峡谷，东为大月山，西有大林山，南为牯牛岭，北临剪刀峡豁口。站在街心公园，可以眺望九江古城、长江金带。四川犍为县罗城镇，坐落于小山之上，长仅 200m 的街道中间宽两头窄，外形似船，青瓦木壁的穿斗式木结构房屋沿街连绵，屋檐宽达 5m，形成沿街长廊。街北屋檐相接犹如船头，街中立有牌坊和戏楼，街南渐窄，所建灵官庙犹如船尾，其建筑特色引起国内外专家的重视。陕西省旬阳县城，地处旬河注入汉江的河口，两河呈“S”形相夹，形状酷似“太极图”，新、老县城分别位于阴鱼、阳鱼对称部分，最奇特的是阴阳鱼的鱼眼位置各生一棵百年古松，“S”形后端两河相距不足百米之宽。县城建筑依山就势，鳞次栉比，层次叠置，山环水绕，老城三面半环水，是水城，是山城，又是“江山城”，被称为“太极城”、“金线吊葫芦”，慕名游客不绝。

五、文化及工艺小城镇

中国有许多城镇以其特有的文化特色或者是工艺品建造闻名中外。前者如杂技之乡吴桥、八卦之乡孟村，后者如风筝之都潍坊、陶都宜兴、瓷都景德镇、藏毯之乡江孜等。

江西省景德镇，从宋代起就已成为中国的制瓷业中心。北宋景德元年（1004年），由于当地所产瓷器光泽亮美，享誉天下，且底款均刻有“景德”年号，于是“天下咸称景德瓷器”，遂易名景德镇至今。景瓷在长期发展过程中，形成了瓷质莹润、品种繁多、装饰丰富、制作精巧的特色，并以“白如玉、薄如纸、明如镜、声如馨”著称。河北吴桥县是中国著名的杂技之乡。吴桥杂技有2000多年的发展历史和广泛的群众基础。1930年吴桥艺人孙富左创办了中国第一个大马戏团——中华国术马戏团。吴桥县429个自然村，村村有杂技艺人。在30多个国家的杂技团体里，都有来自吴桥杂技之乡的艺人。

第三节　特色民居

民居是指普通百姓生活居住的建筑物。受气候、土质、地形、民族文化及生产力水平等诸多因素的影响，我国各地区居民都有样式独特、世代传承、取材容易、建造方便、实用美观的居所。这些民居形式，充分反映了我国多民族国家丰富多彩的生活方式和多民族文化的特点，同时也是具有旅游功能的文化资源。民居具有观赏价值，民居住宅形式多样，结构各异，内外装饰千差万别，发挥着不同的艺术效果。作为民族文化艺术的表现，民居从一个侧面反映了一个地区、一个民族在特定环境中形成的生活习俗、思想观念和文化特征，因此也具有文化旅游的价值。民居可用来开展参与性强的农家乐专题旅游项目。此外，针对城市旅游者而言，具有乡村风格的民居也是一种颇具吸引力的特殊家庭旅馆。

一、北方四合院

四合院是一种流行于北京及华北地区的住宅建筑形式，使用最为广泛的是单进四合院住宅。北京的四合院在全国的四合院建筑中最具典型意义，是反映北京古城风貌的重要内容之一。其基本形式是按南北纵轴线对称布置房屋和院落，大门多位于住宅东南角，门内建影壁以遮挡外人视线。北房（正房）、南房（倒座)、东西厢房四周围合，用卡子墙、走廊连接起来，形成封闭的院落。屋顶以硬山式居多，多为“抬梁式”砖木结构，墙壁屋顶比较厚重以利防寒。四合院有完备的设施和很强的防御功能。四合院的房屋是按封建宗法礼制的要求配置的，高大、明亮、舒适的正房由长辈居住，厢房供子孙居住，倒座作为书房、客厅、仆人间等。正房左右附以耳房与小跨院，置厨房、杂用间、厕所等。

二、黄土窑洞

在黄土高原上的陕北、陇东、豫西和晋东南等地区，人们广泛使用黄土崖畔或地下开掘的拱形窑洞作为住宅。窑洞民居是先人对地下空间的创造性利用，建造容易，结构简单，但非常实用，冬暖夏凉，内部温度在10～22℃之间，相对湿度在30%～75%之间，具有适合人类生活的环境。窑洞能够节约能源和耕地，体现了浓郁的黄土文化气息。黄土窑洞形式多样，常见的有：靠崖窑，依山坡利用自然崖面或挖成人工崖面，再横向开凿成窑洞；地坑窑，在较平坦的黄土塬面，凿挖方形天井，沿四周立面开挖窑洞。类似于黄土窑洞的还有拱券式砖窑、石窑、土坯窑和混合式窑洞。窑洞可成组成层成群分布，形成蔚为壮观的窑洞群景观。著名的延安大学窑洞群，是全世界保存的窑洞数量最多的窑洞群，已被载入吉尼斯世界大全。利用窑洞适于居住、风味独特的特点，可以建造窑洞式的宾馆，其外形似窑洞，但内部设施齐全，环境舒适，颇受游客欢迎。

三、客家土楼

中国闽南山区的土楼，是客家民居中最有特色的一种。它是客家人为维护自身文化而创造的一种独特的建筑形式，距今已有千年以上历史。土楼是以竹片、木条为筋骨，以生土、细砂、石灰为主要原料，再拌以糯米饭、红糖，经过反复揉、舂、压而夯筑成墙的土木结构楼房，有2～5层高，上用火烧瓦盖顶，三四代人或数十户客家人同楼而居。其外观和式样主要有圆形、方形、交椅形三种。福建永定县的大型土楼，直径达70m余，3层环形屋各层相通，房间多达300余间；外环高达4层，外墙厚达1m，下部不开外窗，犹如堡垒。内环一层，中心建堂，用作族人议事、典礼的场所。这种土楼，结构美观牢固，独具闽西客家风格，具有防匪防盗、抗震防潮、阳光充足、冬暖夏凉等优点。

四、藏族碉房和帐篷

藏族民居主要有碉房和帐篷两种形式。

碉房是指在陡峭地形处用分层方法修筑的楼房，是藏族地区城市、农村及农牧区的独特民间建筑。因这些地区石材丰富，故外部用石墙。又因这些地区雨水稀少，于是以密梁构成楼层和几乎平坦的屋顶。其墙面下大上小，略为倾斜，窗棂较小，远看很像碉堡，于是有碉房之称。这种建筑保湿性强，外观严整朴实。布达拉宫基本采用碉房形式，依山而建，似乎以山为核，以碉房为衣，山殿一体化，气势十分雄伟。

帐篷是西藏牧区最普遍、最古老的一种居住形式，古称“天幕”、“穹庐”。它具有随时可以拆卸、搬运的特点，以适应牧民逐草而居的生活方式。帐篷有冬帐篷、夏帐篷和冬房之分。冬帐篷由牦牛毛编织而成，能经得住狂风暴雨，形状多样。这类帐篷多集中在背风、向阳、水草近便的山洼地带，供人畜过冬。夏帐篷是牧民夏季外出放牧时使用的一种轻便帐篷，其特点是结构简单，易拆装运载。冬房为牧民过冬定居房屋，由冬帐篷演变而来。

五、蒙族蒙古包

蒙古族民居最有特色的是蒙古包，它是草原上牧民为适应游牧生活而设的一种圆形流动住宅。蒙古包的结构轻便简单，以木条编扎为骨架，周围覆盖羊毛毡，设有天孔供通风采光。包顶固定支架制成活动伞盖式。一般高 2～3m，直径 4～6m 不等。蒙古包便于搬迁，适应游牧民族的需要。蒙古包架设的地点及位置必须挑选在水草比较丰美的地方，并随着气候变化而迁移。点缀在辽阔高原之上的白色蒙古包与周围的绿草、羊群、骏马、牧民、蓝天、白云相映成趣，构成一幅优美的草原风景画。

六、侗家吊脚楼和鼓楼

居住在湘、黔、桂三省交界地区的侗族，素以高超的建筑技能著称。侗寨建于群山怀抱之中，多依山傍水，寨中常见一种名为吊脚楼的传统民居。吊脚楼是一种临山建筑，以木为建材，多为 2 层楼房，房屋的后半部靠岩着地，前半部凌空背山，有窗无门，柱脚悬在空中，故称吊脚楼。

侗族另一种引人注目的建筑为侗寨鼓楼。侗族有按族姓建造鼓楼的习惯，因此鼓楼成为侗族村寨的标志性建筑。鼓楼是一种木构塔式建筑，全部采用榫卯和悬柱结构，不用一钉，牢固严谨。鼓楼一般位于村寨中心，是一村一寨或一族姓的政治、文化活动中心。著名的鼓楼如广西三江马胖鼓楼、贵州从江高增鼓楼等，虽然经过漫长岁月，依然保存完好。

七、傣家竹楼

竹楼是生活在西双版纳的傣族的典型住宅，也是傣族聚落的象征。传统的竹楼为干阑式建筑，除屋顶之外，全部用竹子做成，分上下两层。下层距地面 2m 左右，无墙，四面通风，用以堆放杂物、拴养牲畜、饲养家禽等。上层墙壁破竹编围，空隙很大，通风良好，适宜于居住。设有登楼木梯，外设宽廊木栏，用于纳凉晾衣。楼顶是一个尖耸的人字形架子，坡度较大，四周檐部低而平缓，架上覆以一排排的茅草，形状近似于孔明帽。竹楼外绿树成荫，郁郁葱葱，颇有南国风光之美。除傣族之外，中国南方的壮族、侗族、黎族、苗族等少数民族都有这种类型的住宅，但取材和式样又各有特点。

八、白族石头房

云南大理装饰精美的石头房，是白族人民喜爱的民居，也是当地旅游资源不可缺少的一部分。这种石头房屋结构严谨，气势庄重，装饰精巧，一般有“三房一照壁”、“四合五天井”等几种常见形式。除了白族外，布依族的村寨也全是石墙石瓦的石屋。

第四节　现代都市风光

一、现代都市的涵义

就同一时代而言，都市必然是该时代最为先进的城市，代表社会生产力发展的最高水平，拥有最为发达的社会文化，人口、建筑、财富、科学、技术集聚，是人类文明进步的产物。作为现代化都市，拥有强大的经济影响力、辐射力和凝聚力，设施完善、服务业发达，具有枢纽功能、金融功能、信息功能，产业结构合理、关联作用明显，人力资源富集、素质高，拥有高效城市管理系统和高质量城市生态系统。

作为旅游资源的现代都市，在具有以上特点的同时，应该拥有国际水准的旅游基础设施，独具特色的旅游吸引物，完善的旅游服务系统及友好文明的社会环境。世界上有许多著名的现代化大都市，如纽约、巴黎、伦敦以及我国的上海、香港等，皆是旅游热点城市。

二、现代都市的旅游功能

1. 都市是旅游者活动中心

都市往往是旅游资源比较集中的地方，不仅人文景观旅游资源丰富，自然风光也都十分美丽。常以本城市为中心，形成了一个辐射状的旅游区。因此，都市往往成为旅游者最为集中和旅游活动最为密集的地方。都市又是一个地区政治、经济和文化的中心，是现代科技、知识、信息的集中地，与旅游者有关的众多活动都在都市里开展。

2. 都市是旅游保障中心

都市各类基础设施相当完善，交通、通信、医疗、保安，金融及生活供应等都比较便利，可为旅游者提供其所需的各方面的服务，满足旅游者的旅游需求。

3. 都市是旅游交通枢纽

具有良好的交通条件也是都市旅游开发的必备要求，车站、港口、机场等都建在城市外围或以城市为依托。都市作为旅游交通枢纽，成为旅游者的集散地或中转站，提高了旅游地的可进入性。

4. 都市是区域旅游业的基础

都市是旅游的基地，旅游者的主要活动区域在都市，都市建立了各种旅游服务设施，这些服务设施便成为一个地区旅游业的基础，成为旅游收入的最重要的来源。

三、现代都市主要旅游吸引物

1. 标志性建筑

都市的标志性建筑是都市综合形象的代表，它反映都市的旅游主题，强化都市的个性特征。有名的国际大都市都有自己的标志性建筑，纽约的自由女神像、哥本哈根的美人鱼雕塑等都是世界著名的城市标志。我国大都市的标志性建筑往往成为都市旅游的必游景点，如上海的东方明珠塔、北京的天安门广场、南京的长江大桥、西安的钟楼、大雁塔、郑州的二七纪念塔、拉萨的布达拉宫、武汉的黄鹤楼等。东方明珠广播电视塔坐落于黄浦江东岸，与外滩隔江相望，1994 年建成，塔高 468m，居亚洲第一，世界第三。其高大的塔身，由 3 根直径 9m 的圆柱和 3 根直径 7m 与地面呈 60°交角的支架支撑，直上云天。

2. 经济活动设施

都市的经济活动设施丰富多样，随着都市经济、文化、旅游事业的发展，经济活动设施也趋向多功能化。其中旅游经济特征突出的设施有现代商厦、地域性市场、名优特店铺，另外有部分展览馆也主要用于商贸活动。这些经济活动设施代表了一个城市和地区的商业文化，是其人文景观的重要组成部分。旅游者在购买商品的同时，更加深刻地了解了一个都市的经济和社会发展情况。

现代商厦是一个富有现代气息、集中了各类商品的巨大购物场所，经销种类齐全，管理井然有序，服务周到，明码标价，在这样的环境中购物无疑是一种轻松舒服的享受。中国的著名现代商厦有：上海第一百货商店、西安的世纪金花购物中心、郑州的亚细亚商厦、武汉的中南商厦等。

特色市场，是指专门经营某类商品的购物场所。如中国北海“南珠宫”就是专门经营珍珠的市场，这里的珍珠颗粒硕大、凝重结实、圆润晶莹，令游人爱不释手。福建石狮服装城，是巨大的服装市场，这里常年供应四季服装，物美价廉，每日前来购物或观光的旅客络绎不绝。特色市场还有南京夫子庙的古玩字画市场、北京的王府井大街、武汉的汉正街、上海的南京路、威海的韩国城等。

3. 休闲娱乐设施

休闲娱乐设施主要包括各类游乐场、主题公园、城市公园、大剧院、体育场馆与健身设施等。随着社会的发展和人们物质文化生活水平的提高，人们越来越注重休闲和娱乐，显示了社会文明的进步和人民文化修养的提高。国内著名的都市休闲娱乐设施有北京奥林匹克体育中心、苏州乐园、潍坊富华游乐城、青岛海豚馆，深圳世界之窗等。

北京国家奥林匹克体育中心坐落在北京北郊，与亚运村隔路相望。中心由田径场、综合体育馆、英东游泳馆、曲棍球场、网球场等大中型场馆和人工湖、若干配套练习场馆及中国体育历史博物馆、体育档案馆等构成。

苏州乐园位于苏州市新区中心，以狮子山为中心，分为水上世界和欢乐世界两个活动区。水上世界是目前国内投资规模最大、项目最齐全、设备最先进的水上游乐园。它是一座集欧美建筑风格、迪斯尼乐园风采、现代化游乐城于一体的综合性游乐天堂。

4. 科教文化设施

科教文化设施，主要指能够满足人们审美消遣、读书求知、高雅休闲等精神生活需求的文化艺术中心、博物馆、美术馆、图书馆、书城及大型影视拍摄基地等。它们可以使人了解科学、获得知识和享受艺术，从而启迪智慧、陶冶情操和提高文化消费品位。

博物馆是供检索、保管、研究、陈列、展览有关自然、历史、文化、艺术、科学、技术实物或标本的场所。作为现代社会进步和文明程度的象征，博物馆是城市的有机组成部分。博物馆通常有综合性博物馆和专题性博物馆之分。后者又分为社会历史博物馆、文化艺术博物馆、科学技术博物馆和自然博物馆等。

陕西历史博物馆位于西安市大雁塔附近，是中国第一座拥有现代化设施的国家级历史博物馆。全馆分为基本陈列、专题陈列和临时陈列三部分。基本陈列常年展出“陕西古代史陈列”，汇集周、秦、汉、唐等朝代在陕西出土文物的精华，具有极高的史学、科学和艺术研究价值。

自贡恐龙博物馆位于四川省自贡市城东的大山铺恐龙化石遗址。该遗址是中国著名的恐龙化石产地之一，已发现恐龙化石埋藏点50多处。博物馆分为序厅、中央展厅、恐龙埋藏厅、恐龙组合装架陈列厅及科普教育厅等，主要展示大山铺恐龙化石埋藏现场及出土化石。

图书馆是搜集、整理、收藏文献供阅览、研究和交流之用的公共建筑。大型公共图书馆是一个国家或地区、城市社会文明程度的重要标志，也是人们求知休闲、汲取精神营养的理想场所。中国国家图书馆是中国目前中文图书和外文文献藏量最大的图书馆，也是世界第五和亚洲最大的现代化图书馆。它不仅汇集了中国古今书籍之精华，而且也从不同角度反映了世界各国文化、经济、科学技术的发展状况，为科学研究提供了丰富的资料。

第五节　产业观光旅游资源

一、产业观光的旅游开发

1. 产业观光的兴起

旅游资源是一个广义的概念，不局限于名山大川、人文古迹，凡是有独特文化内涵和历史内涵的事物都可以成为独具特色的旅游吸引物。某些国际或国内知名的产业有着庞大的消费群和忠诚的顾客，其主要产品与人们日常生活密切相关，对消费者有着强大的吸引力，他们有了解产业、产业文化、产业发展历程、产品生产过程的强烈愿望。为了适应新的形势，满足到厂参观、购物的中外客人的需要，某些产业大胆地提出了发展产业观光旅游。

2. 产业观光开发中应注意的问题

(1) 规范景点路线，保证游客安全

产业旅游不同于一般的旅游，游客进入企业就要遵循企业安全生产要求。在设计旅游参观路线时，特别是在有危险性的工厂车间里的路线，应该做到规范、安全、标志明确，设立产业旅游绿色通道、中英文导示牌，便于游客考察，做到生产、参观、旅游互不干扰。

(2) 突出产业特色，加大宣传力度

产业特色，就是要挖掘出所生产产品的文化内涵，或建立企业文化。通过资源与文化的整合，开发特色旅游商品，提高自身综合竞争力。可以开发具有产业特色的旅游纪念品，让参观的游客留作留念。另外要加强旅游宣传工作，提高企业形象。积极参加各种旅游促销活动，使企业利润、企业形象进一步提高，创立企业自己的旅游品牌。

(3) 成立旅游部门，提高服务水平

为了更好地发展产业旅游，产业集团可成立旅游经营发展公司，或接待中心，将旅游产业委托其经营，并可开展其他旅游经营项目，这样才能促使产业旅游形成体系。企业导游人员，既要具备产业旅游所需专业素质，又要具备一般导游员素质，了解市情市貌和导游知识。大力提高旅游服务质量，多途径、标准化、规范化对员工进行培训。有能力的企业还可以自己投资建立饭店、酒店，购买旅游车辆，完善旅游基础设施和配套服务。

(4) 重视旅游产品的互补性，注意环境保护

产业旅游和企业所在城市或区域的旅游产品，有着相辅相成的密切联系。城市和地区旅游可以促进产业旅游的开发，同时，一个知名产业的观光旅游可以带动整个地区旅游业的发展。产业旅游应纳入城市或地区旅游业发展规划之中，列入区域旅游网络、旅游线路。另外，发展产业旅游，要求整洁、美化的旅游环境，在开发的同时也要注重对环境的保护。

(5) 分步开发，逐步启动，规模经营

产业旅游，由于受生产条件限制和企业资金短缺等因素制约，开发过程始终存在这样或那样的困难，因此，要在充分研究现实与可能的基础上，制定出近期开发和中远期的发展目标，把有限资金集中到特色重点项目上。

二、农业观光

1. 传统农业观光

传统农业观光是在传统的农、林、牧、渔的基础上发展起来的游客参观和参与的旅游项目。现在我国已开发的传统农业旅游项目有天津塘沽区渔业旅游、江苏江阴华西村农业旅游以及遍及各地的农家乐等。

农业旅游的旅游资源是由农业生产资源派生出来的，具有成本低、风险小、收益高、见效快的特点。传统农业旅游的发展，无疑会丰富农村的旅游资源，增

添旅游的内涵，对农业的发展具有积极地推动和促进作用。使当地以种田为主的农业人口，向饮食、宾馆、商贸、交通运输业等方面发展，走出土地，进入工厂，发展农产品深加工，增加收入，创造更多的就业机会，保证地区的经济健康快速发展。农业旅游是时代发展的产物，它将在城市化进程日益加快的趋势下，在人们返璞归真、回归大自然的迫切心理需求下，成为旅游的热点。

2. 都市农业观光

都市农业在一定范围称为观光休闲农业，它是借用农村的自然环境、田园景观、乡情乡味，通过发展现代高科技农业来吸引游客观光度假。比如，上海孙桥现代农业旅游等。都市农业的出现是社会城市化到一定程度后必然产生的农业形态，是农业摆脱低效农业参与第三产业的有效途径，也是农业发展的更高阶段。

都市农业主要有四大基本功能：一是经济功能，主要指提供优质的鲜活农产品以满足都市消费需求，并增加就业机会，优化城郊产业结构以提高农民收入；二是休闲功能，主要是指为都市居民提供回归自然、体验农业以及观光、休闲的场所与机会；三是生态功能，主要是指营造优美宜人的绿色景观，改善自然环境，维护生态平衡，构建都市的绿化带，防治城市环境污染以保持清新、宁静的生活环境，并有利于防止城市过度扩张；四是科普功能，通过人类农业发展史、现代农业科技等介绍与现场展示，让游客在参观中接受科学知识的普及教育。

三、工 业 观 光

1. 传统手工业观光

由传统手工作坊发展的生产企业，拥有独特的民间传统工艺，加之现代生产设备和管理手段，使企业具有极大的观赏性和艺术性。在日常工作生活中，人们每天都会看到或使用各式各样的手工业制品，但却很少有人知道这些形态各异的精美的手工艺品是如何制作和生产的。为了满足人们强烈的求知欲和好奇心，使更多的人了解手工业制品的制作过程，为了让消费者懂得如何鉴别手工业制品，为了方便广大顾客的购买，生产厂家将生产资源和旅游资源有机地结合起来，发展了传统手工业观光旅游。

传统手工业旅游是企业提高知名度的有效渠道。游客通过参观、考察、采访活动，亲眼目睹企业幽雅的环境，技工娴熟的技艺，手工业制品的生产过程，无不留下深刻而美好的印象。发展传统手工业旅游也是企业整合营销的重要手段。旅游业的发展增加了企业的客流量，带动了信息流、资金流的增加，游客的购物活动为企业提供了市场信息。专业人士的研讨交流带来了许多艺术领域的新理念、新技术，为企业开发新产品、调整产品结构提供了帮助。此外，许多游客同时也是新的客户，通过参观激发了他们的购买欲和订货思路，从而形成新的销售网络。现已开发的旅游项目有江西景德镇雕塑瓷厂工业旅游，辽宁大连盛道玻璃制品工业旅游等。

2. 厂矿企业观光

厂矿工业旅游既能展示中国现代工业的成就，又能让参观者缅怀历史、感悟未来，具有十分深远的意义。许多厂矿企业的发展是中国改革开放巨大成就的缩影，比如，黑龙江大庆油田，企业本身就是弘扬民族精神、开展爱国主义教育的理想基地。

厂矿企业观光旅游的发展，首先，扩大了企业的社会影响，树立了良好的企业形象。观光游览之后，厂矿企业的美丽环境、现代化的生产条件会给游客留下了深刻的印象。更有中外游客通过来厂参观，实地考察了工厂现状和实力，扩大企业的社会影响力和美誉度，给企业带来商机。其次，促进了企业的内部管理，推动了文明生产。旅游工作开展后，许多厂矿制定了规章制度，强化安全生产、岗位操作、环境卫生、文明用语等。游人的到来，也激发了广大职工的集体意识和观念，自觉严格要求自己，表现出工作认真、着装整洁、语言文明的精神风貌。再次，带动了相关产业，促进了经济发展。开发旅游后，企业的第三产业和服务业得到了更加广泛的发展空间。最后，工厂的环保、绿化投入得到回报。厂矿企业鉴于自身的生产性质，往往在美化生产和生活环境方面，能够进行更大的投入，有了更多的经济回报。

四、高新技术观光

改革开放以来，许多行业的生产都先后引进了高新科学技术。高新技术指电子、光机电一体化、生物医药、新材料、节能技术等。高新技术的引进提高了各个行业的生产效率，许多大城市还相继成立了高新技术开发区、高科技产业园等。高新技术产业不仅吸引了专家的目光，也得到普通游客的关注。

高新技术的转化为发展工农业旅游观光开阔了视角，拓宽了渠道。通过高新科技产业观光，人们能真正体会到高新技术的巨大作用和“科学技术是第一生产力”的深远意义。高新技术产业是智力密集型行业，对从业人员的数量要求少、素质要求高，而旅游业则是劳动密集型行业，二者的有效结合，能使高新区的就业矛盾得以缓解。发展高新产业旅游也是高新企业对外交流与招商引资的重要途径，这一点在高新技术开发区尤其明显，旅游促进了开发区经济的发展。

我国许多大中城市都先后开辟了工农业高新产业区，许多已经开发实施了相关的旅游项目。如西安高新技术开发区的工业旅游，武汉市经济技术开发区的工业旅游等。

案例分析——贵州茅台酒厂工业旅游

香飘四海的茅台酒，起于秦汉，成熟于唐宋，精于明清，尊于当代，在中国酒文化史上辉映了2000多年，是我国名酒之冠，享有“国酒”、“外交酒”、“政治酒”的美誉。它是中国酒文化的卓越典范，世界酒文化的璀璨明珠，也是中华民族文化的瑰宝。随着旅游业的兴起，茅台酒厂始终紧紧围绕酒文化这个龙头，利用茅台的品牌效应和独具特色的工业资源，开发酒文化旅游产品，使工业旅游成了贵州旅游产品的精品之一，并基本形成了特色文化旅游产业体系。酒是民族灵魂的一种载体，生动地反映着民族的历史和现实经济发展风貌，所以茅台酒有无穷的魅力。茅台酒厂工业旅游促进和推动了仁怀市旅游业的发展，旅游业的发展带动了交通运输、通信、餐饮、住宿、娱乐、服务、购物等第三产业的迅速发展，经济收入持续增长。同时还带动了市政建设、房地产、教育、卫生、信息、咨询等产业的发展，调整了经济结构，解决了就业问题，推动了区域经济的持续增长。

复习思考题

1. 如何定义历史文化名城？对于深圳市申报历史文化名城谈谈自己的看法。
2. 历史文化名城有哪些主要类型？并举例说明。
3. 特色小城镇可以分为哪几类？试以本地特色小城镇举例说明。
4. 请列出3个以上的少数民族民居，并说明其特色。
5. 现代都市的主要旅游吸引物有哪些？
6. 产业旅游开发中应注意哪些问题？

第十六章　旅游资源调查与评价

学习提示

一、主要内容

- 旅游资源调查的内容和方法
- 旅游资源调查系统
- 旅游资源评价的内容和方法
- 旅游资源评价因子系统

二、学习重点

- 掌握旅游资源调查的原则、内容和方法，旅游资源评价的内容、方法及旅游资源评价因子系统
- 学会运用定性和定量的方法对旅游资源进行评价
- 懂得旅游资源调查的程序
- 了解旅游资源统计资料的分类标准和方法

第一节　旅游资源调查的内容和方法

旅游资源调查是按照旅游资源的分类标准对旅游资源单体进行的研究和记录。即运用科学的方法和手段，有目的、有系统地收集、记录、整理、分析和总结旅游资源及其相关因素的信息与资料，以确定旅游资源的存量状况并为旅游经营管理者提供客观决策依据的活动。

旅游资源调查是进行旅游资源评价、开发、规划及合理利用保护的最基本的工作。通过调查，可以查明可供利用的旅游资源状况，系统而全面地掌握旅游资源的数量、质量、性质、特点、级别、成因、时代及价值等，为旅游资源评价、分级分区、开发规划和合理利用等做好准备，为旅游业发展提供决策依据。国家为了促进和规范旅游资源调查工作，推动旅游业发展，2003 年颁布并实施了国家标准《旅游资源分类、调查与评价》(GB/T18972—2003)。

一、调查的原则

旅游资源调查工作的重要性对其本身提出了较高的要求，整个调查工作须遵循一定的原则。

1. 内外结合原则

进行旅游资源的调查，不仅要掌握旅游资源的形成机制、分布规律、旅游业发展的基本规律、旅游者的消费需求等基础理论，搜集整理旅游资源方面的文献、报告、志书、图表等文字、影像资料并进行分析，还要亲临现场进行田野考察、测量、拍照、录像、分析、记录等，撰写调查报告。采用内外结合的方法，研究资源的性质、价值、等级、开发利用现状及潜力等。

2. 综合调查原则

旅游资源的调查涉及众多学科的理论与实践。一方面，调查人员的结构要尽量吸纳旅游、地理、经济、管理、环境等专业人员，以便充分利用不同学科的特长及研究方法，优势互补；并尽量取得各有关部门的支持与配合。另一方面，要对调查区域内的自然景观资源，人文景观资源以及所依托的经济、社会、交通条件，客观状况和地理背景等进行全面的调查分析，以获得综合、系统的资料。

3. 创新原则

人们对旅游资源的认识，会随着社会经济的发展，生活水平的提高以及观念、价值观、人生观等诸多方面的变化而提升，使旅游资源的吸引力发生改变。因而，在调查过程中，要准确把握被调查对象在当前及将来市场吸引力的变化和趋势，深入了解已开发景区旅游资源的吸引力，发现旅游资源新潜力及可能进行深度开发的内容，作出准确评价。深刻了解市场潜在需求，从旅游资源可转变为创新性的旅游产品方面，认识、发现和评价旅游资源。

4. 选择性原则

旅游资源调查应贯彻为旅游业服务的思想，根据客观市场现实、潜在需求，分析、筛选旅游资源，以适应旅游业发展对旅游产品的要求。资源调查内容应突出重点，选择那些市场需求大的、有价值的旅游资源单体；对一些极具特色或有可能发挥其特殊旅游功能的旅游资源，也要给予充分重视；同时，对那些暂时不具有开发价值或暂时不具备开发条件的旅游资源也须进行调查。

二、调查的内容

旅游资源调查的内容复杂而繁多，涉及与旅游活动有关的方方面面，对其调查既要注重旅游资源自身的各种情况，也要关注资源地外界环境的现状与发展变化。因此，旅游资源调查的内容包括了解旅游资源形成、存在背景和旅游资源开发环境条件，掌握旅游资源现状，把握旅游市场变化动态等。针对具体调查区域所开展的具体的旅游资源调查活动不一定要涉及各个方面，可根据调查目的和用途，选择相应的调查方式，从中筛选部分内容或重点内容进行研究，以完成调查任务。

1. 旅游资源形成的背景条件

1）自然环境的调查。包括调查区概况、地质地貌要素、水体要素、气象气候要素、动植物要素等。

2）人文环境的调查。包括该地的历史沿革，调查区的经济环境和发展水平，制度措施，法制环境和交通、邮电通信、供水、文化医疗卫生等基础条件，同时还应调查当地的旅游业发展水平和当地居民对发展旅游业的态度。

3）环境质量调查。调查影响旅游资源开发利用的环境保护情况，包括工矿企业生产、生活、服务等人为因素造成的大气、水体、土壤、噪声污染状况和治理程度，以及自然灾害、传染病、放射性物质、易燃易爆物质等状况。

2. 旅游资源本身的调查

包括对旅游资源的类型、特征、成因、级别、规模、组合结构等基本情况进行调查，并提供调查区的旅游资源分布图、照片、录像及其他有关资料，以及与主要旅游资源有关的重大历史事件、名人活动、文艺作品等。

3. 旅游资源开发现状及开发条件的调查

1）旅游要素调查。行、住、食、游、购、娱是构成旅游活动的六大要素。与之相应的交通、饭店、餐饮、游览、购物、娱乐等软硬件，既是旅游业的主要组成部分，同时又是形成旅游吸引物的重要要素，对其进行调查是十分必要的。

2）客源市场的调查。调查旅游地和周围客源地居民消费水平和出游率，依据旅游资源吸引力的大小，进行必要的客源分析，包括形成客源的层面范围和大致数量，产生客源的积极因素和不利因素等。

3）邻近资源及区域内资源的相互关系。包括自然与人文旅游资源的结合与互补情况，各要素的组合及协调性，景观的集聚程度等。调查分析邻近资源与区域内资源的相互联系、所产生的积极和消极因素，以及区域内旅游资源在不同层次旅游区域中的地位。

三、调查的方法

1. 资料统计分析法

几乎所有的调查都可始于收集现有资料，通过收集旅游资源的各种现有信息数据和情报资料，从中选取与资源调查项目有关的内容进行分析研究。这种基本的统计分析资料方法，对确定一个调查区的旅游特色和旅游价值具有重大意义，也是旅游规划和生态环境建设的基本依据。这种方法包括对现有资料的收集、预测和对调查过程中所取得的资料的统计、分析等。该方法适用于调查区资料较多且对于旅游资源分析有价值的区域。

2. 现代科技分析法

现代科技手段的应用为旅游资源的调查带来了许多方便。在进行野外实地考察的时候，使用现代声像摄录设备，如照相机、摄像机等，可以将野外考察过程全面地记录下来，真实地显现出旅游资源地的原貌。现代科技手段应用于旅游资源调查主要采用遥感技术、全球定位系统（GPS）、现代测量技术、物探技术等。

遥感技术是采用航天遥感（卫星）、航空遥感测量技术，对地球进行测量观察而获得地学信息的一种手段，具有信息量大、覆盖面广、方位准确性高、所需时间短、费用较少、现势性强等优点，因而被广泛应用于众多领域，其中包括旅游资源调查，并取得了较好的效果。通过遥感技术，有时还能得到其他调查手段无法获得的信息。如人们一直希望了解北京的历代长城究竟有多长，通过现代遥感技术则能精确测定长城对地面重压所造成的痕迹，提供了地面上现已不存在的信息，使这个问题得到解决。

GPS是一种空间定位技术，现代测量技术如全站仪（可用于测定地面的地物、地形，并能用符号表示在图上的一种测量仪器）等，都可用来测定调查区旅游资源的位置、范围、大小、面积、体量、长度等，在调查中用途很大。

物探技术主要用于调查那些尚未发掘的地下文物，如秦始皇陵的物探技术探测。

在旅游资源调查中，应尽量充分运用各种现代科学技术手段，提高调查的准确性、精确性和科学性，但需要有运用专门知识和先进技术设备能力的人，才能够进行信息判读、解译和选择。

3. 田野勘测法

对旅游资源的分布位置、变化规律、数量、特色、特点、类型、结构、功能、价值的认知，只有通过现场综合考察，才能核实、获得各种资料，得出相关的旅游资源分析、评价意见。调查人员通过观察、踏勘、测量、登录、填绘、摄像等形式直接接触旅游资源，可以获得宝贵的第一手资料，通过专业人员的感性认识和客观分析，才能得到详实可靠的结果。

田野现场勘测要求一一核实所有已获得的资料，而且需补充将来开发工作所需的一切资料，因此要求工作周详、细致。调查者要勤于观察，善于发现，及时记录、填图，现场摄录，及时总结。田野勘测法是旅游资源调查最常用的一种实地调查方法。

4. 询问调查法

询问调查是旅游资源调查的一种辅助方法，调查者可用访谈询问的方式了解旅游资源情况。应用这种方法，可以从资源所在地部门、居民及旅游者中及时地了解旅游资源客观事实和难以发现的事物现象。通常可以采用设计调查问卷、调查卡片、调查表等，通过面谈调查、电话调查、邮寄调查、留置问卷调查等形式进行询问访谈，获取需要的资料信息。如果是访问座谈，要求预先精心设计询问或讨论的问题，且调查对象应具有代表性。如果是问卷调查，要求问卷设计合理、分发收回的程序符合问卷调查的规定，以保证其结果的有效、合理性。

第二节　旅游资源调查系统

旅游资源调查是一项摸清家底的工作，是进行旅游资源开发、管理，编制旅游区总体规划、旅游业发展规划的基础。同时，旅游资源调查工作也是一项周期长、耗资大、技术含量高、成果科学性要求高的基础工作。由于这项工作对人、财、物等各方面都有较高要求，在我国尚未进行大范围、大规模的旅游资源普查，但旅游资源是国有资源的基本构成要素，对其进行普查对我国旅游业发展具有极其重要的意义。

一、调查的程序

1. 区域旅游资源综合调查

（1）调查准备阶段

组织准备。确定调查人员，成立调查组。调查人员应由不同管理部门的工作人员、不同学科方向的专业人员及普通调查人员组成。要求调查人员应具备相关的专业知识，并对调查组人员进行相关的技术培训，如资源分类、野外方向辨别、图件填绘、伤病急救处理、基础资料的获取等。

资料准备。搜集一切与调查区有关的资料。主要包括本区和邻区的旅游资源，自然、社会经济和环境方面的文献资料、图形资料、照片音像资料。通过对搜集的资料加以系统整理和分析，可初步了解本区旅游资源的特色，在此基础上，制定野外工作计划。同时要准备好调查区不同比例尺地形图（一般，县域调查区用1∶1万～1∶5万比例尺地形图；地市级用1∶10万～1∶50万比例尺地形图；省区级用1∶50万～1∶100万比例尺地形图），作为野外调查时的填图底图。

制定计划和仪器准备。制定旅游资源调查的工作计划和方案。包括调查目的、调查区域、调查对象、主要调查方式、所需设备器材、调查经费、需完成的图表以及调查成果的表达方式等。

（2）野外实地调查阶段

确定调查小区和调查线路。调查小区一般按行政区划分，也可按现有或规划中的旅游区域划分。调查线路按实际要求设置，一般要求贯穿调查区内所有调查小区和主要旅游资源所在的地点。尽量做到覆盖面大，避免遗漏某些内容，并不走回头路。

选定调查对象。可分为初步普查和重点详查。

初步普查：在搜集资料的基础上，对区域内的旅游资源进行全面的调查，确定资源基本状况和分布位置，把有关景点标注在相应比例尺图件上。

重点详查：经过初步筛选，初步拟定出详查的对象，对那些明显不具有开发利用价值的，与国家现行法律、法规相违背的，开发后有损于社会形象或可能造成环境问题的，影响国计民生的以及某些位于特定区域内的旅游资源暂不进行调查。而重点详查那些具有旅游开发前景的，有明显经济、社会、文化价值的旅游资源，以及集合型旅游资源中具有代表性的部分。

实地调查。调查内容包括旅游资源单体的规模与体量，成因现状，历史演变及发展趋势，类型结构和空间组构特点（外观形态结构、内在性质、组成成分），与同类资源相比较的特色，自然、经济、社会、环境条件等，此阶段应特别注意详细的文字描述、数据测量、图像资料的获取和现场的详细填图。填图时，要重视利用GPS或全站仪对旅游资源单体的空间定位工作（经纬度或大地坐标），还要注意单体的面积，范围、长度、体量等数量指标。调查中通过直接测量、校核所收集到的基础材料，对重点问题和地段进行专题研究和鉴定，并对旅游开发中所需要的外部条件进行系统调查，对关键性问题提出规划性建议。

填写图表。填写“旅游资源单体调查表”、“旅游资源调查实际资料图”等。

（3）室内整理分析阶段

对搜集的资料和野外勘查的记录进行系统的整理总结，整理分析包括以下一些内容：

1）调查资料整理。调查资料包括文字资料、照片、录像片、图表等。将野外考察的现场调查表格归纳整理为调查汇总表，将野外拍摄的照片和录像片进行放大或剪辑编辑，并附上文字说明。

2）调查图件绘制整理。整理反映旅游资源调查工作过程和工作成绩的填绘图件、手绘草图，进行复核、分析、整理，并与原有地图和资料互相对比，做到内容与界限准确无误，形成正式图件。

（4）编写旅游资源调查报告

主要内容包括：

1）前言。调查任务来源、目的、要求，调查区位置、行政区划与归属、范围、面积，调查人员组成，工作期限，工作量和主要资料及其成果等。

2）调查区旅游环境。调查区自然地理特征、交通状况和社会经济概况等。

3）旅游资源开发历史和现状。包括旅游资源的成因、类型、分区、特色、功能结构、开发现状等。

4）旅游资源基本类型。包括旅游资源的类型、名称、分布位置、规模、形态和特征（可附带素描、照片、录像资料等）。

5）旅游资源评价。通过对调查区的旅游资源进行定性和定量的评价，评定旅游资源的级别和吸引力。

6）旅游资源保护与开发建议。阐明调查区内的旅游资源开发指导思想、开发途径、步骤和保障措施。

7）主要参考文献。

8）附图。

2. 专题旅游资源调查

是指为了区域旅游规划与策划、旅游资源研究、旅游资源保护、专项旅游产品开发等目的而进行的旅游资源调查。其调查的程序与方法基本上与上述相同。但在实际调查中可视具体情况简化工作程序，主要进行如下调整：

1）一般不需要成立调查组，或视其调查工作量、调查精度要求而确定。

2）资料收集、工作底图根据调查目的确定。

3）一般不需要对区域内的全部旅游资源进行调查，可按研究目的需要选定相应的调查对象 。

二、调查资料的分类

1. 分类的意义和目的

旅游资源调查的主要任务之一就是对调查资料进行分类整理。调查资料分类是按资料所反映的内容，根据资料性质和其他特征，分门别类地将调查资料系统化、组织化。用分类的方法能将资料进行区分和集中，使旅游资源调查资料系统化、规范化，便于资料检索、分析。

旅游资源调查资料分类的目的是：揭示资料的内容、性质、形式、体裁等，针对不同使用目的提供不同的资料，根据资料间的关系组成一个科学有序的资料系统，以便进行调查资料的科学管理。

2. 调查资料分类的方法

（1）选择分类标准

实践中，调查资料分类常选用的分类标准有：

采用旅游资源的分类体系作为调查资料的分类标准。旅游资源的分类已在第二章详细论述，此处不再重复。

从旅游开发的角度分类可分为基础资料、旅游资源资料、环境质量资料、权属关系资料、现有基础设施资料、社会经济资料、人力资源状况。按资料形式分类可分为文字资料、图片资料、图件资料、统计资料、音像资料、机读资料。按统计资料来源分类分为来自实地调查的第一手资料和来自间接报刊文献等的第二手资料。按统计资料的时间分可分为现实资料和历史资料。

按对统计资料的加工程度可分为：

原始资料。实地调查旅游资源的原始资料和普查日志等。已处理资料。即在原始资料基础上进行整理、统计、分析的摘要、综述、汇总表或调查报告等。成果资料。在原始资料和已处理资料基础上进行分析，并提出建议、设想的规划书、决策文件、研究论文等。

（2）资料归类

分类标准和体系确立后，就可对资料进行实际归类。归类时，首先对资料进行分析，然后确定资料的本质属性或主题内容，最终归于适当的类别。对于综合性旅游景区的统计资料更要认真分析鉴别，将其中各个景点、景物分别归于适当的类别中。

（3）填写调查文件

资料经归类整理后，还要进行分类编号，然后填写普查文件，如“基本类型调查表”、“普查小区信息采集表”、“普查区资料汇总表”等，既可一目了然地显示旅游资源总体情况，又可迅速、方便地查找旅游资源的详细资料。

第三节 旅游资源评价的内容和方法

旅游资源评价是指在旅游资源调查的基础上进行的深层次的研究工作，是从合理开发利用和保护旅游资源及取得最大的社会经济效益的角度出发，采取一定的方法，对一定区域内旅游资源本身的价值及外部开发条件等进行综合评判和鉴定的过程。

旅游资源评价是一项极其复杂而重要的工作。它涉及的范围非常广泛，结构十分复杂，且不同的评价者有不同的审美观，必然导致评价结果的差异。旅游资源评价直接影响到区域旅游开发利用的程度和旅游地的前途和命运，因此，客观而科学的评价旅游资源是旅游区综合开发的重要环节。

一、旅游资源评价的理论依据

旅游资源评价的理论依据主要包括审美学理论、价值判断统计学理论和认知比较学理论。

1. 审美学评价

审美活动是人类的基本精神需求之一，审美是人类永恒的追求。从某种意义讲，旅游活动就是一种审美活动，它包含着对美的追求和享受。从审美学判断旅游资源，主要评价其形态美（雄伟、壮观、秀丽、奇特、幽深、险峻、旷远、对称、协调、粗犷等），色彩美（五彩缤纷、红花绿叶、绿野蓝天、青山绿水、满山红遍、百花齐放、水天一色、黄花绿野等），动态美（飞流直下、晨雾绕山、潺潺流水、清泉涌动、波涛滚滚、风吹杨柳、流云霏雨、大河奔腾等），幽静美（天籁、幽谷悠游、曲径通幽、幽静旷野等），悠古美（古香古色、古厦探幽、光辉历史、无价珍宝、卓绝古建、千年古都、历史遗存、名寺宝刹等），心灵感悟美（陶冶情操、震撼心灵、激发情趣、思情满怀、感人肺腑、激情荡漾、检讨深思、感悟人生等），新特美（前所未闻、奇异无比、新颖独特、难觅踪迹、异质特色、无与伦比、新鲜奇异等），愉悦美（情感沟通、传统特色、传统文化、民族风情、民俗文化、赏心悦目、愉悦情怀、悦耳悦目、豪情满怀等），文化感悟美（深邃文化、文明古国、文化遗产、珍贵遗物、民风民情等）。实际上各种审美元素的最高级审美是文化审美，亦可认为文化审美涵盖了各种审美。

2. 价值判断统计学评价

不同人对同一事物现象的评价，由于其价值观和文化、民族、职业、年龄、性别、收入、阶层等的差异，会造成评价结果不同，这是非常正常的，但从实验统计学规律得出，不同人群或个体，对于同一事物现象的价值判断趋向一个相同的结论，对旅游资源的评价也不例外。从一个人群或许多个体价值判断的实验结果发现，这一趋同性的结果能够非常清晰地显现出来，在统计图上，它是一个中间高两头低的正态分布曲线，所以，对旅游资源的价值评价完全可依据价值判断的统计学规律来进行。在进行旅游资源评价时，应尽量选用不同专业背景和尽可能多的人员来工作，以提高成果的权威性和可信性。

3. 认知比较学评价

对某一个具体的旅游资源单体的评价，往往是建立在和其他旅游资源单体的比较之上的，即评价是相对而言的。人们对事物现象的认知比较具有较大的差异，这当然是由于不同群体或个体的本身差异引起的，但在随机选择许多人群或个人，对不同旅游资源单体进行评价比较时发现，比较结果呈现为围绕某一中心值的正态分布形态。如把对每一个资源单体评价的比较结果表示在统计图上，则为一个分布曲线间有重叠的正态分布曲线系列。如将资源单体甲和乙的评价结果进行比较，其结果有三：认为甲的价值大于乙的价值；甲的价值等于乙的价值；甲的价值小于乙的价值。最终须选择人数最多的评价作为评价结果。

二、旅游资源价值评价

1. 自身特色

旅游资源特色（特色性、新奇性）是吸引游客出游率的关键性因素，是旅游资源开发的灵魂。通过对调查区与其他旅游区的比较，可分析出旅游资源的特色，旅游资源的特色越是突出，其旅游吸引力就越大，从而具有越大的旅游价值。

2. 美学观赏价值

这是旅游资源，特别是自然风景类资源评价的重心。美学观赏价值主要是指旅游资源能提供给旅游者美感的种类及强度。无论自然景观，还是人文景观，它们首先必须符合美学原则。人们能够感受到的美感种类越多，美感越强烈，对其评价就越高。风景作为各种美的有机组合体，既包括着原有的自然美，又有其文化内涵，还包括被赋予的艺术美和社会美。旅游资源的美是多种多样的，如名山大川的自然美，千年古刹的人文美，民族风情的艺术美，旅游购物品的欣赏美等，无不使旅游者从中得到享受，陶冶情操，提高文化素养。凡是吸引力较大的旅游资源，首先必须是具有较高的美学观赏价值，如桂林山水、敦煌莫高窟、黄河壶口瀑布等皆为美学观赏价值很高的资源。

3. 历史文化价值

历史文化价值具有两方面的含义：

一是其本身所具有的历史文化内涵，即其具有或体现了某一历史时期的某种文化特征，往往还与一个民族或国家的历史文化传统有着密切联系。旅游资源都在不同程度上体现着某种文化，如建筑、文学艺术、民族风情等。喝茶本属于生活常事，但其发展为“茶道”后，就已经具有了很高的文化意义了。

二是与重大历史事件、文艺作品、传说故事等有关的历史文化。如果这些资源艺术价值很高，影响特大，则会提高对此旅游资源的评价。如寒山寺因“枫桥夜泊”而闻名；如黄帝陵的古柏树因传说是黄帝亲手所植而价值大增。当人们提到卢沟桥时，不仅看中其桥梁建筑的价值，更会想到“卢沟桥”事变。一般而言，旅游资源类型越多，产生的年代越久远，越稀少，越有代表性，越是与名家或名人有关，其历史地位越高，文化价值越大。这些风景胜地既是观赏游览的内容，同时又是宝贵的历史艺术珍品。我国公布的“历史文化名城”、“文物保护单位”就是根据它们的历史意义、文化艺术价值确定的。

4. 科学考察价值

它反映旅游资源的某种科学研究功能，在自然科学、社会科学和教学科研方面有什么样的特点，能否作为科教工作者、科学探索者和追求者现场研究的场所。如古都西安，是我国历史上建都朝代最多、历时最长的古都，有许多是具有世界、国家级科学价值的文物古迹，这些旅游资源的科研价值涉及诸多领域，可作为不同专业科教工作者的研究考察对象。如在西安附近秦始皇陵发现的兵马俑，是研究历史、雕塑、军事、美术的科学园地；名闻遐迩的长江三峡、云南的“三江并流”，表现了丰富深奥的地质运动、构造断裂、流水袭夺等自然过程；而各类博物馆、纪念地（堂、馆）对培养参与者科学兴趣、扩大视野、增长知识、进行思想道德教育等具有重要意义。

5. 经济社会价值

旅游资源的经济价值是指旅游资源可能带来的经济收入。在相当长一段时间内，在“劳动创造价值”的观念影响下，在中国理论界及政府部门的经济和价值观中，或者认为没有劳动参与的东西（环境、资源）没有价值，或者认为不能交易的东西（阳光、空气、蓝天）没有价值，导致了对旅游资源的无偿占有、掠夺性开发和滥用，因此，对旅游资源的经济价值进行评估尤显重要。对旅游资源的经济价值进行评估，不仅应根据成本收益的直接经济指标进行评估，还应评估因关联带动作用而产生的综合经济收益。

旅游资源的社会价值在于它们对人们福利和身心健康的裨益程度。它可以促进人们开阔视野，增长知识，促进科技文化交流，美化和改善环境，保护资源，实现整个社会的可持续发展。如人们已认识到观赏自然景色有利于降低血压，当我们体验自然美景时，心理上的焦虑和生理上的紧张压力也得到了缓解。

6. 旅游功能

旅游功能是旅游资源可供开发利用、能够满足某种旅游需求的特殊功能，是其价值的具体体现。有的旅游资源可以提供高品位的旅游活动项目，满足开展多种旅游活动的需求，因而具有多种旅游功能。旅游功能越多，宜进行的旅游活动越多，吸引的游客群越大，其价值越大。拥有观赏、历史、科学、文化、经济和社会等价值的旅游资源，一般均具有观光、度假、康体、商务、探险、科考、娱乐等旅游功能，据此决定其开发方式、利用前景。

7. 规模与组合状况

旅游资源的规模指景观本身所具有的规模、大小、尺度。旅游资源的组合状况主要指它们组合的质量，它包括单个景点的多要素组合形式以及更大范围风景区资源种类的配合状况，由此形成了该景点、景区、风景名胜区或旅游区的群体价值特征。

旅游资源特质、价值、功能高者并不一定能形成开发规模，只有在一定地域上较为集中，多类型资源能协调布局和组合，形成一定的开发规模，才具有较高的旅游价值。故旅游资源的规模与组合状况是其评价不可缺少的内容之一。

三、开发条件评价

1. 区位条件

包括旅游资源所在地区的地理位置、交通条件及与周边旅游区旅游资源的关系。大量事实表明世界上许多旅游点（区）其经济价值大小有时并不与旅游资源价值呈正比，而往往在很大程度上因其特殊的地理位置而增强吸引力。如位于经度和时间起点的英国格林尼治天文台就能成为世界旅游热点。旅游资源区的区位条件还包括旅游资源所在地的交通区位，即可进入性。一般与交通干线及辅助线距离愈近，其可进入性就愈强。如我国的深圳、珠海等由于毗邻香港、澳门，其优越的区位条件，使当地并不多的旅游资源得到了充分开发和利用。相反，西藏具有非常丰富而且品位极高的自然和人文资源，如雅鲁藏布江大峡谷，布达拉宫等，由于地理位置不便，因而不利于开发和利用。一处旅游资源和其所在地及周边地区其他旅游资源之间，一般为互补或替代关系。它们可互映互衬，产生集聚效应，吸引更多的旅游者。但如果相邻的旅游地资源类型相似，则会相互竞争，相互取代，引起游客群分流。另外，旅游资源区周围若配合有名山、名湖、名城等旅游热点，则有利于资源的联片和成规模开发。

2. 客源条件

旅游资源开发必须以客源市场为依据。没有一定数量的游客，旅游资源开发则不会产生良好的经济效益，客源市场大小决定着旅游资源的开发规模和开发价值。客源市场具有时空条件：空间区域，所能吸引的客源范围、辐射半径、吸引客源层面及特点，是由旅游资源的吸引力和社会经济环境决定的；时间序列，客源的不均匀分布形成了旅游的淡旺季，这与当地气候季节变化有一定关系。如在冬季，国内客流被海南岛的温暖和哈尔滨冰雪景观吸引，形成了我国两个冬季旅游旺季产品。

3. 环境条件

包括旅游资源所在地的自然、社会经济环境以及旅游环境容量。

自然环境是指旅游资源所在地的地质地貌、气象气候、水文、土壤、动植物等要素组成的自然环境。自然环境对旅游资源的质量、时间、节律和开发起着直接的决定作用。首先，不少自然环境的组分本身就是旅游资源不可分割的一部分，直接影响旅游资源的质量与品位，如植被、水文气象等。一个旅游地最重要的外部环境必须给人清洁雅静之感，植被保存良好，山清水秀，才是良好的自然环境。其次，自然环境的某些因子，直接决定着旅游开发效益。如气候的季节变化会引起旅游的淡旺季。水既是最基本、最活跃的造景因子，又对游客的健康产生十分重要的影响。

社会环境是指旅游资源所在地的政治局势、社会治安、政策法令、医疗保健、风俗习惯及当地居民对旅游业的态度等。一个地区政治局势和社会治安稳定与否，直接影响旅游者的出游决策。对旅游业重视的地区，人们办旅游的积极性就高，旅游的经济效益就更为显著。医疗和保健条件好的地区能保障和及时处理旅游过程中游客的疾病、意外伤害和生命安全。如果当地居民对旅游业有正确认识、热情好客，就会使游客有一种宾至如归之感，对旅游资源开发和旅游业发展有积极作用。

经济环境是指能够满足游客开展旅游活动的一切外部经济条件。包括经济发展水平、人力资源、物资和产品供应、基础设施等条件。经济发展水平决定着当地的客源数量及对旅游的保障条件。人力资源条件是指能够满足旅游经营和管理所必需的旅游从业人员，并提供完善优质的服务。物资和产品供应条件是指保证旅游资源开发、旅游经济活动正常运行所需的设备、原材料、食品、地方特产的供给情况。基础设施条件是指交通、水电、邮电、通信、医疗及其他旅游接待设施。不少旅游资源由于位于偏僻山区，基础设施不够完善或比较落后，直接影响了旅游的可进入性和旅游服务质量，不利于开发旅游资源和提高旅游经济效益。

旅游环境容量，又称旅游承载力或饱和度，指在一定时间条件下，一定旅游资源的空间范围内所能开展的旅游活动能力。一般用容时量和容人量两方面来衡量。旅游资源景观数量越多、规模越大、场地越开阔，它的容时量和容人量越大；反之，旅游资源景观稀少，类型简单，场地狭小，其容时量和容人量就小。超过旅游容量，旅游活动就会受到影响，旅游资源及其环境就会受到破坏。

4. 投资条件

资金是旅游资源开发的必要条件。资金来源是否充裕，财力是否雄厚，直接关系到旅游开发的深度、广度以及开发的可能性。调查区良好的旅游资源的品位和社会经济环境以及经济发展战略和给予投资者的优惠政策等，都会给资源开发提供有利契机，提高其利用价值。为此，必须认真研究调查区的投资条件和政策环境。

5. 施工条件

旅游资源的开发还需考虑项目的难易程度和工程量的大小。首先是工程建设的自然基础条件，如地质地貌水文气候等条件，其次是工程建设的供应条件，包括设备、食品、建材等。评价施工环境条件的关键是权衡经济效益，对开发施工方案需进行充分技术论证，同时要考虑经费、时间的投入与效益的关系。只有合理地予以评价，才能既不浪费资金，又有可行的施工收益。

四、定性评价法

旅游资源评价尽管类型很多，但常用的评价方法一般有定性法和定量法两种。定性评价方法使用范围广泛，形式多种多样，包含的内容丰富，是评价者在考察旅游资源后根据自己的印象所做的主观评价，一般多采用定性描述的方法，也叫经验性评价法。该方法简单易行见效快，对数据资料和精确度要求不高，但不可避免地存在结论的非精确性和推理过程的相对不确定性。由于评价方法很多，在此仅选择一些具有代表性的方法来介绍。

1. 卢云亭的“三三六”评价体系

即“三大价值、三大效益、六大开发条件”评价体系。

“三大价值”指旅游资源的历史文化价值、艺术观赏价值、科学考察价值。

“三大效益”指旅游资源开发之后的经济效益、社会效益、环境效益。

“六大开发条件”指旅游资源所在地的地理位置和交通条件、景象地域组合条件、旅游环境容量、旅游客源市场、投资能力、施工难易程度等六个方面。

2. 黄辉实的“六字七标准”评价法

主要是从旅游资源本身和资源所处环境两个方面加以考虑。

从旅游资源本身，采用了六个评价标准：美、古、名、特、奇、用。

在评价资源所处环境时，有季节性、污染状况、联系性、可进入性、基础结构、社会经济环境、市场等七个标准。

3. 一般体验性评价

一般体验性评价是评价者根据自己的亲身体验，对某一个或某一系列的旅游资源就其整体质量进行定性评估。常用方式是旅游者在问卷上回答有关旅游资源的优劣顺序，或由各方面专家讨论评价，或统计在常见报刊或旅游书籍、旅行指南上出现的频率等。这种评价多由传播媒介或行政管理机构发起，如我国曾评选的“中国十大名胜”和“中国旅游胜地四十佳”，就是运用这种方法得出的。评价的结果可以提高某些旅游地的知名度，客观上会对旅游需求流向产生诱导作用。一般体验性评价的项目很简单，只要求就旅游资源进行整体质量评价，或在问卷上按序号（表示质量优劣的顺序）填上评价者认定的旅游地（旅游资源）即可。这种方法常局限于少数知名度较高的旅游资源开发地，无法用于一般类型或尚未开发的旅游资源。

4. 美感质量评价

一般是基于对旅游者或专家体验的深入分析，建立规范化的评价模型，评价的结果多具有可比性的定性尺度或数量值。其中对自然风景质量的视觉美评估技术已经比较成熟，目前较为公认的有四大学派。

1）专家学派。代表人物是林顿（R. B. H. Liton）。即以受过专业训练的观察者或专家为主体，以艺术设计生态学以及资源管理为理论基础对景观进行评价。如美国土地管理局风景资源管理系统（visual resources management），美国林务局的风景管理系统（visual management system）。

2）心理物理学派。代表人物有丹尼尔（T. C. Daniel）和布雅夫（G. J. Buhyoff）等。该学派主要研究如何建立环境刺激与人类的反应之间的相互关系。应用较成熟的风景类型是森林风景。

3）认知学派（心理学派）。代表人物有卡普兰（S. Kaplan）、金布利特（Gimblett）、布朗（T. Brown）等。该学派把风景作为人的生存空间、认知空间来评价，强调风景对人的认识及情感反映上的意义，试图用人的进化过程及功能需要去解释人对风景的审美过程。

4）经验学派（现象学派）。代表人物是洛温撒尔（Lowenthal）。该学派认为人对景观的评价看作是人的个性及其文化、历史背景，志向与情趣的表现，将人在景观评价中的主观作用提到绝对高度。

五、定量评价法

定量分析是根据一定的评价标准和评价模型，以全面系统的方法，将有关旅游资源的各评价因子予以客观量化，其结果具有可比性。较之定性评价，结果更直观更准确。但是定量评价难以动态的反映旅游资源的变化，对一些无法量化的因素难以表达，且评价过程较为复杂，因此在实际工作中，还必须与定性评价法密切配合，才能较好地达到预期目的。

1. 技术性单因子定量评价法

旅游资源的技术性评价法，是指旅游资源各要素适宜于旅游者从事特定旅游活动程度的评估。大量技术性指标的运用是这类评价的基本特征。这类评价工作一般限定于自然旅游资源评价，对于开展专项旅游，如登山、滑雪、海水浴等犹为适用。在此，仅选择性介绍几种方法。

(1) 地形的适宜性评价

一般来说，地形因素对于运动型的旅游活动至关重要，是关键的旅游资源因子。地形对于风景观赏存在影响，崎岖、陡峭的地形，会给旅游者空间移动带来困难，但常能借助于人工设施解决，如缆车、索道。而地形的这种特性本身却具有风景美感。各种参与型的旅游活动对地形的倾斜程度（坡度）都有较严格的要求，如滑雪要求的坡度，必须在35°以下，但滑雪区缓坡（10°以下）所占面积太大，又会影响滑雪者的体验水准，难以吸引大量滑雪者。各种旅游活动特别是参与性旅游活动对于地形的要求，成为评估地形适宜性的重要衡量标准。

(2) 海滩及海水浴场评价

乔戈拉斯在研究旅游地的一般特征时，提出了一级浴用海滩的评价标准，即：

1）用于阳光浴等消极活动，要求海滩沙质细洁，至少长300ft（$1ft=3.048\times10^{-1}m$），宽50ft，沙滩在全年中应有80%以上的时间免于暴晒；后腹地有遮掩、树木，而且环境幽雅，无人工废物和自然灾害物，坡度小于15°，具开发潜力。

2）用于游泳等积极活动，要求水底无或很少有淤泥，水质无色无味，大肠菌群数含量小于100个/100ml，无生物垃圾，高潮时深8ft的海底无珊瑚和尖石，无危险激流，与水域领接之海滩坡度不大于8°，海滩性质同上，但要求更长更宽。一年中应有9个月的时间适于游泳。对于海水浴场评价，可用日本东急设计咨询公司为我国台湾南部垦丁风景特定区制定的海水浴场评价技术指标

(表16.1)和美国土地管理局制定的海水浴场适宜性评估（表16.2）标准。

表16.1　海水浴场评价标准（日本）

序号	资源项目	符合要求的条件	附　注
1	海滨宽度	30～60m	实际总利用宽度50～100m左右
2	海底倾斜	1/10～1/60	倾斜度愈低愈好
3	海滩倾斜	1/10～1/50	倾斜度愈低愈好
4	流 速	游泳对流速要求在0.2～0.3m/s 极限流速0.5m/s	无离岸流之类局部性海流
5	波 高	0.6m以下	符合游泳要求的波高为0.3m以下
6	水 温	23℃以上	不超过30℃，但愈接近30℃愈好
7	气 温	23℃以上	—
8	风 速	5m/s以下	—
9	水 质	透明度0.3m以上，COD2μg/g以下， 大肠菌数每100ml含1000MPN/100ml以下， 油膜肉眼难以辨明	—
10	地质粒径	没有泥和岩石	愈细愈好
11	有害生物	不能辨认程度	—
12	藻 类	在游泳区域中不接触身体	—
13	危险物	无	—
14	浮游物	无	—

引自保继刚等，1999。

表16.2　海水浴场适宜性评估（美国）

决定因素	评估标准及记分		
水质	清澈（5）	浑浊（4）	污染（1）
危险性	无（5）	有一点（4）	有一些（1）
水温	>22.2℃（5）	19.4～22.2℃（4）	<19.4℃（1）
颜色与浑浊度	清明（3）	稍浑浊（2）	浑浊（1）
风	全季适宜（3）	>1/2季适宜（2）	<1/2季适宜（1）
1.5m深海域（距海岸线）	>30.5m（3）	15.25～30.5m（2）	9.15～15.25m（1）
海滩状况	良好（5）	一般（4）	差（1）

注：分等，A=26～29，B=21～25，C=13～20。

良好级：坡度低于10%，海岸平滑，稳定性好，障碍物少且易于移除；一般级与差级，依次类推。

海滩状况包括坡度、平滑、稳定性、障碍性。

引自保继刚等，1999。

2. 综合性多因子定量评价法

该评价方法是在考虑多因子的基础上运用一些数学方法，对旅游资源进行综合评价。这类评价方法也非常多，如：

1）综合价值评价模型。

2）模糊数学评价法。

3）层次分析法。

4）美学评分法。

5）观赏性旅游地评价模型。

6）价值工程法。

7）指数表示法。

以下选择性介绍几种方法。

（1）*层次分析法*（AHP，analytical hierarchy process）

层次分析法最早是由美国运筹学家A. L. Saaty提出的，在国内应用这一研究方法的领域很广泛。层次分析法是将复杂的问题分解成若干层次，在比原问题简单得多的层次上逐步分析，将人的主观判断用数量形式表达出来。主要步骤如下：

1）将旅游资源的评价进行层次划分，划分出大类、类和层等，构成旅游资源评价模型树（图16.1）。

2）给出评价因子的大类、类、层的权重。对决策树中各层次，分别建立反映其影响关系的判断矩阵，通常是应用特尔菲法（Delphi method），即专家咨询法，获得评价因子排序权重及位次。

3）根据权重排序，以100分为总分，按权重赋予各个因素分值，就得到旅游资源定量评价参数表。

4）根据各评价因子的权重，确定基本评价因子的指标分，亦可采用特尔菲法。

如楚义芳建立的中国观赏型旅游地评价模型共分为三个部分：

1）旅游资源评价。

2）旅游地区域条件评价。

3）旅游地区位特性评价。

相应的评价因子模型如图16.1所示。评价的数量模型采用菲什拜因·罗森伯格关于旅游地综合性评估模型，即

$$E = \sum_{i=1}^{n} Q_i P_i \qquad (16.1)$$

式中，E 为旅游地综合性评估结果值；Q_i 为第 i 个评价因子权重；P_i 为第 i 个

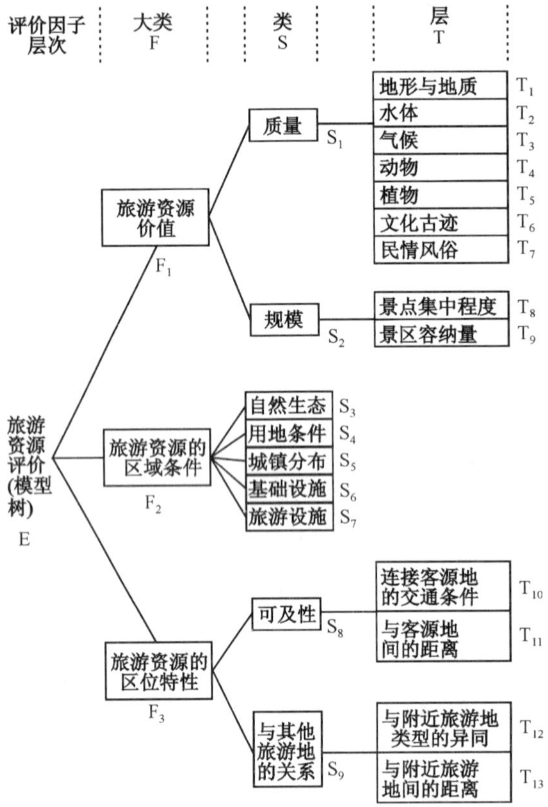

图 16.1 旅游资源评价因子体系框图（保继刚等，1999）

评价因子评价值；n 为评价因子的数目。

评价因子的权重来源于用层次分析法处理专家咨询的结果，根据上述方法获得的中国观赏型旅游地评价因子权重值。研究表明旅游资源在旅游地评价因子中处于最重要的地位，区域条件和区位特性的重要程度基本相同。运用此模型时，只要取得评价因子权重和评估的方法适当，其结果往往具有很高的应用价值。

（2）指数评价法

旅游资源的指数评价法分为三步：

第一步，调查分析旅游资源的开发利用现状、吸引力及外部区域环境，要求有准确的定量统计资料；

第二步，调查分析旅游需求，主要内容有游客数量、旅游者构成、逗留时间、旅游花费趋向、需求结构及节律性等；

第三步，拟定总体评价式，建立表达旅游资源特质、旅游需求与旅游资源之间关系的若干量化模型。公式为

$$E = \sum_{i=1}^{n} F_i M_i V_i \tag{16.2}$$

式中，E 为旅游资源评价指数；F_i 为第 i 项旅游资源在全部旅游资源中的权重；M_i 为第 i 项旅游资源的特质与规模指数；V_i 为旅游者对第 i 项旅游资源的需求指数；n 为旅游资源总项数。

最后，可以应用调查结果和评价指数确定旅游资源的旅游容量，密度，需求规律性和开发顺序。

第四节　旅游资源评价因子系统

旅游资源评价的内容确定之后，其评价工作分为两大部分：确定各评价因子的权重，获得各评价因子的评估值。由于评估的目的在于对同一类型中的不同旅游资源进行比较或排序，因此对于模型中因子的评价必须遵循统一的标准，依据该标准对评价因子建立一个评估系统。

一、评价权重系统

1. 选择评价因子的原则

(1) 代表性和重要性

客观上影响旅游资源评价的因子很多，为了简化评价工作就必须选择那些有代表性的、对旅游地的整体开发价值和程度有重要影响的因素作为旅游资源的评价因子。

(2) 层次性和系统性

评价因子应具有一定的层次性，下一层因子是上一层因子的具体化，每一层内部以及不同层次之间应具有系统性、统一性。

(3) 非兼容性和区别度

同一层次的各评价因子相互之间应是一种并列平行的关系，相互区别，并具有一定的区别度，不能有兼容或替代关系，不能出现模糊不清、不易区分、容易混淆的因子。

2. 权重系统的建立

在旅游资源综合评价中，给定评价因子的恰当权重非常重要，因其直接影响到评价结果，它实际上是对旅游资源进行量化评价所必须满足的一个条件。各评价因子权重具体值的获得，常采用特尔菲法，有直接打分和间接打分两种：

直接打分。可请地理、建筑、经济、旅游管理等行业专家（专家规模以

20～30人为宜)，直接征询其各评价因子的权重值，然后采用所有专家的平均意见为评价因子权重值；此法亦可分为几轮进行，最终得出评价因子结果。

间接打分。即不要求专家评定出评价因子的权重值，而要求就相对重要性进行比较，给出定性的结论，然后将结果量化，运用数学方法处理后获各评价因子的权重值。

表 16.3 为国家旅游资源评价因子权重值。

表 16.3　旅游资源共有因子综合评价权重值国家标准

评价项目	权重/%
资源要素价值	85
观赏游憩价值	30
历史文化科学价值	25
珍稀奇特程度	15
规模与丰度	10
完整性	5
资源影响力	30
知名度和影响力	10
适游期和使用范围	5
总计	100

资料来源：国家旅游资源分类、调查与评价（GB/T 18972—2003），2003。

二、评价因子指标系统

旅游资源评价因子权重系统确定之后，另一项基础性的工作就是对次一级评价因子进行评分。对次一级评价因子的评分，必须遵循一个统一的标准，这是一个技术性和经验性很强的工作。评价因子指标分的评定，可用特尔菲法进行，也可由旅游资源调查人员来完成。

1. 建立步骤

(1) 对评价因子进行指标分级

根据评价因子度量的含义及影响旅游资源开发的程度，把每一个评价因子指标进行模糊等级划分，如极高、很高、较高、一般，世界、全国、省级、区级等级别，每一等级都有具体的描述。

(2) 对评价因子进行指标量化

评价因子的评分值满分以取 10 分为宜，可用连续的实数［0，10］来表示因子分值的变化范围（表 16.4）。也可将其划分为不同档次，给予不同分值，如中国国家标准旅游资源评价赋分标准中，将每一评价因子分为 4 个档次，其因子分值相应为 4 档。

表 16.4 因子指标级别值

量化值	优	良	中	差	劣
区间值	[10，8]	[8，6]	[6，4]	[4，2]	[2，0]
区间代表值	9	7	5	3	1

引自闫顺，1994。

(3) 计算评价分值

对每项评价后，即可进行综合评价分数的计算，综合评价分值满分常取 100 分。

2. 指标分值的具体确定

(1) 三项评价

即按旅游资源的景观价值特征、资源环境氛围和资源开发条件进行评价，如表 16.5、表 16.6、表 16.7 所示。

表 16.5 景观价值特征评价分

参 数	权重/%	评分等级				
		10～8	8～6	6～4	4～2	2～0
要素种类	10	非常全	比较全	比较多	还多	不全
优美度	25	非常美	很美	比较美	一般	不美
特殊度	15	罕见	少见	较少	较普遍	很普遍
规模度	15	宏伟	很大	较大	较小	很小
历史文化价值	25	极高	很高	较高	一般	不高
景象组合	10	极佳	很好	较好	一般	不好

引自陈安泽等，1991。

表 16.6 环境氛围评价分

参 数	权重/%	记分等级				
		10～8	8～6	6～4	4～2	2～0
环境容量	40	很大	大	较大	较小	很小
绿化覆盖率	20	很高＞90%	高＞75%	较高＞50%	较低＜30%	很低＜10%
安全稳定性	10	很好	好	较好	较差	很差
舒适性	20	极佳	优良	中等	较差	很差
卫生健康标准	10	极优	很高	很好	较差	很差

引自陈安泽等，1991。

表 16.7 开发条件评价分

参 数	权重/%	记 分 等 级				
		10～8	8～6	6～4	4～2	2～0
市场区位	20	极优	优良	中等	较差	很差
产业经济基础	10	雄厚强大	好	中等	较差	很差
可进入交通条件	20	枢纽齐全快速，近便	直快干线经过，交通方便	支线经过单一，中转	靠近支线不方便，慢	交通线无法进入
距基地距离	15	＜20km	20～60km	60～100km	100～200km	＞210km
基础设施条件	15	优良，齐全充沛	配套良好	中等	不配套较差	很差缺乏
景点离散程度	20	＜2km	2～10km	10～50km	50～100km	＞100km

引自陈安泽等，1991。

上述三项评价后，即可进行综合评价分数的计算，权重参数如表 16.8 所示。

表 16.8 权重参数表

评 价 大 类	权重/%
景观价值特征 F	40～50
环境氛围 E	20
开发利用条件 C	30～40
合 计	100

引自陈安泽等，1991。

由此表可知，景观价值特征 F 的权重占 4.5，环境氛围 E 占的权重为 2.0，开发条件 C 的权重占 3.5，三者总分之和为 10，将其代入模型评价公式：

$$F\sum i = \sum_{P=1}^{p} X_p F_{pi} \tag{16.3}$$

式中，$F\sum$ 为项目得分总和；i 为被评价旅游资源单体数目；p 为被评价项目数；X_p为被评价各项目权重；F_{pi}为被评价各项目得分数。

得出综合评价总分数的计算公式为

$$F\sum i = 4.5\mathrm{F} + 2\mathrm{E} + 3.5\mathrm{C} \tag{16.4}$$

经过计算，风景地综合评价得分最多者，开发价值最大。

表 16.9 为国家旅游资源分类、调查与评价赋分标准。

表 16.9　旅游资源评价赋分标准

旅游资源共有因子综合评价赋分值			
评价项目	评价因子	评价依据	赋值
资源要素价值（85分）	观赏游憩使用价值（30分）	全部或其中一项具有极高的观赏价值、游憩价值、使用价值	30～22
		全部或其中一项具有很高的观赏价值、游憩价值、使用价值	21～13
		全部或其中一项具有较高的观赏价值、游憩价值、使用价值	12～6
		全部或其中一项具有一般的观赏价值、游憩价值、使用价值	5～1
	历史文化科学艺术价值（25分）	同时或其中一项具有世界意义的历史价值、文化价值、科学价值、艺术价值	25～20
		同时或其中一项具有全国意义的历史价值、文化价值、科学价值、艺术价值	19～13
		同时或其中一项具有省级意义的历史价值、文化价值、科学价值、艺术价值	12～6
		历史价值、文化价值、科学价值、艺术价值具有地区意义	5～1
	珍稀奇特程度（15分）	有大量珍稀物种，或景观异常独特，或此类现象在其他地区罕见	15～13
		有较多珍稀物种，或景观独特，或此类现象在其他地区很少见	12～9
		有少量珍稀物种，或景观突出，或此类现象在其他地区少见	8～4
		有个别珍稀物种，或景观比较突出，或此类现象在其他地区较多见	3～1
	规模、丰度与概率（10分）	独立型单体规模、体量巨大；组合型旅游资源单体结构完美、疏密度优良；自然景象和人文活动周期性发生或频率极高	10～8
		独立型单体规模、体量较大；组合型旅游资源单体结构很和谐、疏密度良好；自然景象和人文活动周期性发生或频率很高	7～5
		独立型单体规模、体量中等；组合型旅游资源单体结构和谐、疏密度较好；自然景象和人文活动周期性发生或频率较高	4～3
		独立型单体规模、体量较小；组合型旅游资源单体结构较和谐、疏密度一般；自然景象和人文活动周期性发生或频率较小	2～1
	完整性（5分）	形态与结构保持完整	5～4
		形态与结构有少量变化，但不明显	3
		形态与结构有明显变化	2
		形态与结构有重大变化	1

续表

<table>
<tr><th colspan="4">旅游资源共有因子综合评价赋分值</th></tr>
<tr><th>评价项目</th><th>评价因子</th><th>评价依据</th><th>赋值</th></tr>
<tr><td rowspan="8">资源影响力（15分）</td><td rowspan="4">知名度和影响力（10分）</td><td>在世界范围内知名，或构成世界承认的名牌</td><td>10～8</td></tr>
<tr><td>在全国范围内知名，或构成全国性的名牌</td><td>7～5</td></tr>
<tr><td>在本省范围内知名，或构成省内的名牌</td><td>4～3</td></tr>
<tr><td>在本地区范围内知名，或构成本地区名牌</td><td>2～1</td></tr>
<tr><td rowspan="4">适游期和使用范围（5分）</td><td>适宜游览的日期每年超过300天，或适宜于所有游客使用和参与</td><td>5～4</td></tr>
<tr><td>适宜游览的日期每年超过250天，或适宜于80%左右游客使用和参与</td><td>3</td></tr>
<tr><td>适宜游览的日期每年超过150天，或适宜于60%左右游客使用和参与</td><td>2</td></tr>
<tr><td>适宜游览的日期每年超过100天，或适宜于40%左右游客使用和参与</td><td>1</td></tr>
<tr><td rowspan="4">附加值</td><td rowspan="4">环境保护与环境安全</td><td>已受到严重污染，或存在严重安全隐患</td><td>-20</td></tr>
<tr><td>已受到中度污染，或存在明显安全隐患</td><td>-10</td></tr>
<tr><td>已受到轻度污染，或存在一定安全隐患</td><td>-5</td></tr>
<tr><td>已有工程保护措施，环境安全得到保证</td><td>5</td></tr>
</table>

资料来源：国家旅游资源分类、调查与评价标准，2003。

（2）旅游资源评价分值的计算

将旅游资源共有综合因子评价赋分值和附加值逐级分别相加，各项总和即为评价总分。

三、评价等级划分

依据旅游资源单体评价总分，可将其分为五级（表16.10）。

表16.10 旅游资源等级表

等级	评价总分值	形象概述
五级	≥90	特品级旅游资源，在国内占有很高地位，国外占有优先位置
四级	75～89	优良级旅游资源，在国内占有重要地位，国外占有一定位置
三级	60～74	优良级旅游资源，在国内占有重要地位

续表

等级	评价总分值	形象概述
二级	45～59	普通级旅游资源，在省区内占有重要地位
一级	30～44	普通级旅游资源，在地区内占有一定地位，有一定开发利用前景
未获等级	≤29	

资料来源：国家旅游资源分类、调查与评价标准，2003。

案例分析——紫柏山风景区旅游资源评价

紫柏山风景区位于陕西省宝鸡市凤县南部，东起高桥铺，西至甘肃两当县与凤县交界处，北自分水岭，南到龙如山南麓，总面积达 82.5km^2，横跨两省三县。风景区主要包括紫柏山和屋梁山、熊家山之间的燕子坪。经数次实地勘测调查和论证，对该风景区旅游资源进行了评价。

1）定性评价：主要从类型、特征、功能、可进入性、旅游容量、区位条件、客源市场、环境质量及基础设施方面对其进行评价。

2）定量评价：运用层次分析法进行旅游资源价值评价和开发条件评价。选取部分如表 16.11 和表 16.12 所示。

表 16.11　紫柏山风景区旅游资源价值评价

评价项目	评价指标	权重（Wi）	评价值（Ai）	评分（$Wi \cdot Ai$）	总分（A）
资源质量	美学观赏性	1.5	9.5	14.25	90.80
	科学文化性	1.0	9.0	9.00	
	奇特性	1.4	10.0	14.00	
资源规模与组合	规模度	0.6	10.0	6.00	
	组合度	0.4	9.0	3.60	
	集聚度	0.6	9.0	5.40	
可进入性		1.3	7.8	10.14	
旅游功能		1.2	9.0	10.80	
景区容量		1.1	9.5	10.45	
季节适游性		0.9	8.0	7.20	

表 16.12 燕子坪溶洞观光休闲区旅游资源开发评价

<table>
<tr><th>评价项目</th><th>评价指标</th><th>权重（Wi）</th><th>评价值（Ai）</th><th>评分（Wi·Ai）</th><th>总分（A）</th></tr>
<tr><td rowspan="3">区位条件</td><td>资源所在地地理位置</td><td>0.80</td><td>7.5</td><td>6.00</td><td rowspan="23">76.00</td></tr>
<tr><td>交通条件</td><td>0.70</td><td>6.5</td><td>4.55</td></tr>
<tr><td>与其他旅游地关系</td><td>0.40</td><td>7.0</td><td>2.80</td></tr>
<tr><td rowspan="3">客源条件</td><td>与主要客源地距离</td><td>0.80</td><td>7.9</td><td>6.32</td></tr>
<tr><td>客源地居民出游水平</td><td>0.50</td><td>8.0</td><td>4.00</td></tr>
<tr><td>客源地经济文化状况</td><td>0.70</td><td>8.5</td><td>5.95</td></tr>
<tr><td rowspan="6">自然环境</td><td>施工条件</td><td>0.10</td><td>6.5</td><td>0.65</td></tr>
<tr><td>空气质量</td><td>0.25</td><td>9.0</td><td>2.25</td></tr>
<tr><td>气候条件</td><td>0.20</td><td>8.5</td><td>1.70</td></tr>
<tr><td>植被</td><td>0.25</td><td>9.0</td><td>2.25</td></tr>
<tr><td>水 文</td><td>0.20</td><td>8.0</td><td>1.60</td></tr>
<tr><td>地质地貌</td><td>0.20</td><td>7.0</td><td>1.40</td></tr>
<tr><td rowspan="5">经济环境</td><td>地方经济发展水平</td><td>0.60</td><td>6.0</td><td>3.60</td></tr>
<tr><td>投资条件</td><td>0.50</td><td>7.0</td><td>3.50</td></tr>
<tr><td>劳动力条件</td><td>0.30</td><td>7.0</td><td>2.10</td></tr>
<tr><td>物资供应条件</td><td>0.30</td><td>7.5</td><td>2.25</td></tr>
<tr><td>基础设施</td><td>0.50</td><td>5.0</td><td>2.50</td></tr>
<tr><td rowspan="4">社会环境</td><td>社会治安</td><td>0.20</td><td>8.5</td><td>1.70</td></tr>
<tr><td>卫生保健</td><td>0.30</td><td>7.0</td><td>2.10</td></tr>
<tr><td>政府态度</td><td>0.50</td><td>9.0</td><td>4.50</td></tr>
<tr><td>民风民俗</td><td>0.30</td><td>8.0</td><td>2.40</td></tr>
<tr><td colspan="2">三大效益</td><td>1.40</td><td>8.5</td><td>11.90</td></tr>
</table>

资料来源：陕西师范大学旅游与环境学院项目组，紫柏山风景区总体规划，2000。

价值评价结果。紫柏山风景区旅游资源价值最高，燕子森林草地度假娱乐区旅游资源价值较高，龙宫洞溶洞群观光探险区旅游资源价值次之。紫柏山生态游览区旅游资源、燕子森林草地度假娱乐区旅游资源经有效开发，有望达到省级旅游产品，将来力争达到国家级旅游产品。龙宫洞溶洞群观光探险区旅游资源可作为主景区的辅助性旅游产品开发。

开发评价结果。紫柏山风景区旅游资源开发难度较大，其根本原因在于旅游资源区位条件及所处经济环境较差，尤其是地方经济发展水平较低，基础设施，特别是旅游基础设施极为薄弱，所以交通和基础设施是制约旅游风景区旅游资源开发的最大瓶颈，前期必须投入大量的人力、财力、物力对这一状况给予较大程度的改善。

复习思考题

1. 简述旅游资源调查的内容和方法。
2. 进行旅游资源调查的一般程序分为哪几个阶段?
3. 什么是旅游资源评价? 评价的意义是什么?
4. 旅游资源价值评价包括哪些内容?
5. 旅游资源开发评价包括哪些内容?
6. 进行旅游资源评价的主要方法有哪些?
7. 试根据国家标准的旅游资源分类体系对某一旅游资源进行评价。

第十七章　旅游资源信息系统

学习提示

一、主要内容

- 信息系统、旅游资源信息系统
- 旅游资源信息系统的组成
- 旅游资源信息系统的开发与设计
- 旅游资源信息系统应用

二、学习重点

- 掌握信息系统、管理信息系统、旅游资源信息系统的概念及系统组成
- 学会运用某一种 GIS 软件（ArcInfo，MapInfo，GeoStar 等）对旅游资源进行分析
- 懂得旅游资源信息系统的用途
- 了解旅游资源信息系统的设计

第一节　概　　述

旅游开发新的热潮，对旅游资源的管理与开发规划提出了更高要求。传统的文本、图表的简单管理模式，已不能适应新世纪旅游业的发展的要求。利用现代科技手段对旅游资源进行评价、分析、管理和开发利用，已成为业内人士的迫切需求。计算机技术的飞速发展和计算机应用的普及，地理信息系统（GIS）、全球定位系统（GPS）、遥感（RS）、互联网（Internet）等高新技术在自然、社会经济等实践领域的广泛应用，使旅游资源的科学化、现代化、数字化管理和开发成为可能，建立旅游资源信息系统成为旅游资源管理与开发的重要手段。

一、系统、信息系统、旅游资源信息系统

1．数据与信息

数据与信息是密不可分的相对概念，数据（data）是对客观世界中事物或事实变化的记录或表示，数据也被叫做资料。数据是由一些可以鉴别的物理符号组成，也可表现为图形、图像、声音等。

随着科学技术的发展和进步，人类已进入信息社会。信息（information）是有一定含义的数据，是客观事物属性的反映。信息度量表述了系统的有序化过程，由此可以给出信息更广泛的含义：信息是任何一个系统的组织性、复杂性的度量，是有序化程度的标志。

数据与信息的关系，可以形象地解释为原料和产品之间的关系，把数据看作原料，把信息看成是产品。数据和信息是不可分割又有一定区别的两个概念。

通常人们认为信息是经过加工、分析、处理了的数据。数据是纯客观的，它只是反映了某一客观事实；信息是人们对数据加工后的结果，它取决于人们的主观要求，对人们的决策和行动会产生一定的影响。数据是信息的载体，是信息的具体表现；信息不会随着负载它的物理设备的改变而改变，而数据在不同的计算装置中表现的形式是不一样的。

2. 系统

贝塔朗菲将系统定义为"处在一定相互联系中，与环境发生关系的各组成部分的整体"。系统是由处于一定的环境中，为达到某一目的而相互联系和相互作用的若干组成部分结合而成的有机整体。系统具有整体性、目的性、相关性、环境适应性等特征。

（1）整体性

一个系统至少要由两个或更多可以相互区别的要素或子系统所组成，它是这些要素和子系统的集合。作为集合的整体系统的功能要比所有子系统功能的总和还大。

（2）目的性

所谓目的性就是系统运行要达到的预期目标，它表现为系统所要实现的各项功能。系统的目的或功能决定着系统各要素的组成和结构。

（3）相关性

系统内的各要素既相互作用，又相互联系。这里所说的联系包括结构联系、功能联系、因果联系等。这些联系决定了整个系统的运行机制，分析这些联系是构筑一个系统的基础。

（4）环境适应性

环境是一种更高层次的系统，系统在环境中运转，系统不断地与环境进行相互交流、相互影响，进行物质的、能量的或信息的交换。不能适应环境变化的系统是没有生命力的。

3. 信息系统

（1）信息系统

信息系统是具有采集、管理、分析和表达数据能力的系统。在计算机时代，信息系统全部或部分地由计算机系统来支持，并由计算机硬件、软件、数据和用户四大要素组成，智能化信息系统还包括知识。

信息系统的基本功能主要有：

1）数据的收集和输入，包括图形、文字、声音或多媒体影像等信息的收集和输入。

2）数据的存储。

3）数据的加工处理，包括数据的格式转换、图形变换、数据的编辑处理、统计量算、检索等。

4）数据的传输。

5）信息输出。

6）信息维护管理，主要是数据库的安全维护、数据库备份、数据文件维护、数据管理等。

计算机信息系统泛指以计算机为核心由机器、规章制度等构成的信息系统。按照规模、功能、水平、等级的不同，计算机信息系统分为多个层次、多种类型。常见的有：管理信息系统（management information system，MIS）、办公自动化系统（office automation system，OAS）；决策支持系统（decision support system，DSS）；专家系统（expert system，ES）；电子商贸系统（electronic business system，EBS）等。

（2）管理信息系统

管理信息系统是综合利用管理科学、系统科学、信息科学、计算机科学和现代通信技术等构成的新技术。它随着现代科学技术的发展和现代化管理的客观需要而形成。管理信息系统首先是一个信息系统，除了具备信息系统应有的功能外，还具备预测、计划、控制和辅助决策的功能。

二、旅游资源信息系统

1. 旅游资源信息系统概述

旅游信息系统按旅游主体和旅游客体来划分，可分为：面向旅游者的旅游信息系统（travel information system，TIS）与基于旅游资源的旅游资源信息系统（tourism resource information system，TRIS）。前者主要为旅游者提供旅游景点、旅游交通、旅游路线等服务类信息的发布和管理。而旅游资源信息系统是以旅游资源空间数据库为基础，由计算机硬件、软件、数据和用户四大要素组成的，可对空间相关数据进行采集、储存、管理、分析、操作、描述、模拟和显示，适时提供空间、动态的旅游资源信息，为管理和决策服务的一类信息系统。需要强调的是，用户是信息系统设计和建立的服务目的及对象，也是操作和管理信息系统的主人。

严格来说，旅游资源信息系统属于管理类信息系统，但其不属于传统意义上的管理信息系统。狭义的管理信息系统可认为是事务处理系统，强调的是数据的记录和操作。如民航商务信息系统、旅游人才管理信息系统、旅游财务管理信息系统、饭店管理信息系统等，突出事务处理等管理功能，其最大特征是所处理的数据主要为属性信息，没有或不包括空间数据。

旅游资源信息系统虽属于管理信息系统，但其以具有空间分析功能的地理信息系统（geographical information system，GIS）为开发平台（目前可采用国内外极多的 GIS 商用软件包为支撑），以管理和辅助决策为目标，它利用地理信息系统的各种功能实现对具有空间特征的要素的处理分析，以达到管理区域系统的目的，其最大特征是它处理的数据具有空间特征。空间特征是指空间分布、空间关系特点，即可进行地理图形处理和具有空间定位、分析等功能。旅游资源信息系统的这个特点是由旅游资源的空间区域性决定的，和其相似的信息系统有：旅游流管理信息系统、城市客流管理信息系统、城市人口管理信息系统、城市交通管理信息系统等。

2. 旅游资源信息系统的应用

旅游资源信息系统可以实现对旅游资源信息的数字化、标准化、现代化管理，可与旅游管理自动化办公成为一体，充分发挥管理信息系统信息扩展容易、数据更新能力强、事务处理快捷的优势，从而达到资源共享、统一管理、有效督管，形成旅游资源信息的快速检索、有效处理、实时交换以及可视化显示与输出，逐步建成一个以计算机为核心、以旅游资源实体为对象的区域动态管理系统，实现旅游资源的科学管理、高效开发和可持续利用。其应用范围非常广泛。

1）应用于旅游资源的普查、评价工作。它的作用主要是以计算机替代手工劳动，对旅游资源信息进行收集、整理和系统的管理，提高效率，为旅游资源信息利用提供可靠保障。

2）应用于有关政府部门对旅游业的管理、监控工作。采用旅游资源信息系统，动态监控旅游资源利用状况，科学评价旅游资源，为旅游管理部门的日常管理和相关政策的制定提供科学依据。

3）以多种形式支持旅游资源的规划、开发和可持续利用；实现旅游开发项目的数字化管理。

4）实现旅游资源信息共享。旅游资源信息不仅可为政府、开发规划部门使用，而且可通过网络，为投资实体、学校、科研机构的旅游投资、科研工作提供可靠数据；亦可为旅行社、宾馆饭店以及旅游者提供各类信息，实现旅游资源信息共享，促进旅游业的全面发展。

3. 我国旅游资源信息系统的应用

(1) 旅游资源信息系统应用的紧迫性

旅游业作为国家国民经济发展新的经济增长点，愈来愈受到各级政府的高度重视。目前已有26个省市将旅游业作为地方经济发展的支柱型产业，而旅游业的发展水平，取决于旅游资源地的开发程度，因此，旅游资源开发、管理就成为一个地域旅游业管理中的一个极其重要的问题。近些年来，旅游资源的盲目开发、过度开发、相似景区景点的重复建设、过多粗制滥造人造景点的出现等，已经影响了旅游业的发展和旅游资源的可持续利用，致使旅游资源宏观调控能力减弱，难以进行资源的合理配置和有效开发；旅游统计工作滞后，很难为资料收集、整理、使用提供可靠、权威的信息保障，基础数据库很难形成体系；旅游资源信息利用粗放，缺乏专业性、系统性；在 Internet 上已有2000多家和旅游相关的网站推出，提供景区（点）浏览、旅游线路介绍及客房、旅游商品等项服务，但各自独立、无序，不能信息共享，难以形成规模。这使得旅游资源开发、管理成为旅游业发展日益突出的重要课题。旅游资源信息系统的应用，既是旅游资源开发的重要工具，也是旅游资源管理的重要手段。

(2) 我国旅游资源信息系统的应用模式

旅游资源信息系统属于行业部门信息系统，可应用于旅游行业机构管理部门或旅游教学、研究单位及旅游企事业等。如国家旅游局，省、市、自治区或区、县旅游管理部门等。旅游行业部门信息系统的主要特征是建立一个相对稳定的旅游资源管理与开发系统，既可以进行旅游资源的日常事务管理，又可以对旅游资源进行开发论证，辅助规划开发部门进行决策。旅游资源信息系统是一种旅游决策支持系统，建立旅游资源信息系统对于促进旅游业发展，加速旅游资源向旅游产品转化，旅游资源的科学化、现代化管理等，都具有十分重要的意义。目前，我国已加入世界贸易组织（WTO），更加激烈的旅游市场竞争迫切要求旅游开发、管理工作要朝着更加高科技化、现代化的方向迈进。

旅游资源信息系统作为决策的工具，其系统类型是模型驱动的决策支持系统；作为管理的工具，其系统类型是数据驱动的管理系统。旅游资源信息系统的应用模式可从两个方面考虑：作为决策支持系统，把旅游专业知识融合在解决问题的过程中，可以保证解决问题的正确性及解决复杂问题的可能性；作为管理信息系统，利用了信息系统的运算速度和处理海量数据的能力来解决大量的管理问题，提高了解决问题的效率及速度。两者相得益彰，可使旅游资源开发与管理科学合理，并逐步实现现代化，为推动我国旅游业发展做出贡献。

第二节　旅游资源信息系统的组成

一、应用于旅游资源信息系统的技术

旅游资源信息系统的建立涉及系统科学、计算机科学、测绘学、城市规划、建筑、生态学、地理学、空间科学、统计学、管理学、人工智能等学科。TRIS作为一个综合系统，其开发和运行需要信息管理系统、决策支持系统、地理信息系统、专家系统、数据挖掘、人工神经网络、多媒体、虚拟现实、遥感、互联网等多种技术的支撑。

遥感技术主要用于旅游资源的普查。遥感技术视域宽广，每幅影像所含信息量十分巨大，能在高山、密林、陡坡等地面常规方法不易穿越的地区进行调查，可收到速度快、成本低、质量好的效果。此外，遥感技术还用于对旅游资源进行动态观测。

在旅游资源信息系统中，旅游规划人员借助虚拟现实技术，可模拟生成规划方案模型，检验规划方案的实施效果。

专家系统、人工神经网络、数据挖掘主要应用于旅游资源评价、开发、管理的相关决策制定。它们丰富了决策支持系统的决策方式。

信息管理系统、地理信息系统和决策支持系统是旅游资源信息系统的重要构成部分。

二、计算机系统

旅游资源信息系统建立于计算机系统基础之上，计算机技术是其构成中的最关键因素。计算机系统包括计算机硬件系统和计算机软件系统。

1. 计算机硬件系统

旅游资源信息系统的硬件系统一般由 5 个部分组成。

(1) 计算机主机

可以是单机，也可是由多台计算机组成的网络系统。计算机硬件技术发展迅速，更新换代周期越来越短，发展趋势是运算速度越来越快，内存、硬盘空间越来越大。按目前计算机的发展水平，计算机的配置已不再是旅游信息系统发展的制约因素，中档机的配置水平已经超过了系统设计所需的最低配置。TRIS 一般可采用 CPU：奔腾（pentium）芯片或赛扬（celeron）芯片，主频以 266MHz 以上为宜；内存影响计算机的整体性能，其大小可用 256MB、512MB 甚至更大；

硬盘决定了存储容量，其大小以 80G 以上为宜；图形处理器内存越大，图形处理速度越快，其内存不应低于 128MB；图形卡可为 ID 图形卡、3D 图形卡，图形卡种类不同，相应的图形显示等功能也不同；网卡可为 10/100Mbps，数值指标越大，可传输速度越快。

(2) 数据输入设备

可用来将系统所需要的各种数据输入计算机，并将模拟数据转换成数字化数据。

手扶跟踪数字化仪。是早期信息系统数据输入的主要方法，主要处理矢量数据输入，如输入河流、道路网、航空线等矢量数据。规格有 A0（幅面 914mm×1219mm）、A1（610mm×914mm）、A2（457mm×610mm）、A3（305mm×407mm）、A4（305mm×228mm）等。幅面越大，可用于输入的图件幅面越大。

扫描数字化仪。可用来处理栅格数据输入，发展速度较快，速度和精度有明显提高，日益广泛地被应用于数据输入。幅面有 A0、A1、A4 等几种。光学分辨率从 400～7200dpi 不等，分辨率数值越大，分辨率越高。

还有数字摄影测量仪器、遥感图像处理系统、图形处理系统等，它们均可通过数字接口和计算机相连接。

(3) 数字存储设备

主要指存储数据的磁盘、磁带、光盘、优盘、移动硬盘及相应的驱动设备。

(4) 数据输出设备

可用来将系统的数据以文字、图形、图像、表格等不同形式输出，将处理的数字化数据转换成可视化形式，输出设备均可通过相应接口和计算机相连接。

打印机。有针式打印机、彩色喷墨打印机、激光打印机等。

绘图仪。有彩色喷墨绘图仪、静电绘图仪、热敏绘图仪等。按幅面分为 A0、A1、A4 等几种幅面，不同型号绘图仪对绘图纸有不同的要求，其最大绘图纸尺寸也不同。

还有图形终端显示设备、磁介质硬拷贝机、可擦写光盘、多媒体输出装置等，它们均以不同形式显示数据的分析处理结果。

(5) 数字通信传输设备

信息系统配上网络系统连线、网卡及其他网络专门设施，就可通过网络与服务器或其他工作站交流信息或共享数据。

2. 计算机软件系统

旅游资源信息系统的软件系统由计算机系统软件和应用软件组成。

(1) 计算机系统软件

计算机系统软件是指一般由计算机厂家提供的，可为用户使用和开发者提供方便的程序系统。通常包括计算机操作系统（如 Windows98、Windows2000、WindowsXP、UNIX、DOS 等操作系统）、数据库软件（如 Visual Foxpro、ORACAL 等）、语言环境（如 Visual Basic、Visual C、Delphi 等）及各种维护使用手册、程序说明等，这些是信息系统正常运行必不可少的工具。

(2) 应用软件

地理信息系统软件及其他支撑软件。这部分的软件一般不需要进行独立开发，商用目的的软件已很成熟，目前市场上有数百种国内外的地理信息系统通用软件可供选择。地理信息技术以软件技术和空间信息处理为核心，具有强大的空间信息管理、属性数据查询、三维图像显示、空间信息分析等功能，为旅游信息系统开发提供了理想的平台。地理信息系统软件主要用来支持对空间数据的输入、存储、转换、输出和建立与用户的接口。它们可以是利用地理信息工具专门开发的地理信息系统软件包，也可以是数据库管理系统、计算机图形软件包等。前者国外的如美国环境系统研究所的 ARCINFO，美国 InterGraph 公司的 MGE、GeoMedia，美国 MapInfo 公司的 MapInfo，澳大利亚 Genasys 公司的 Genamap 等；国内的如 MapGIS、CityStar、GEOStar、SuperMap 等。

应用分析软件。这一部分的软件主要是信息系统的开发人员或用户，根据专题需要或专题分析模型而编设的用于特定目的的程序，是信息系统功能的扩充和延伸，一般需要由专业人员来完成编设工作，亦可采用引进和开发相结合的方式来完成。信息系统开发的大部分工作是开发应用程序。应用程序是针对区域的旅游资源专题而编设的，构成了旅游资源信息系统的具体内容，这是用户最关心的真正用于旅游资源分析的实用部分，也是从旅游资源数据中提取旅游信息的关键。应用软件水平的高低是度量信息系统最重要的标志之一。

三、数据库系统

1. 数据库基础

数据库是一种数据管理技术，是计算机科学的重要分支。

(1) 数据库 DB (data base)

数据库是以一定的组织方式存放在计算机存储介质上的相关事件的集合。数据库按一定的数据模型组织、描述和存储数据，具有较小的冗余度、较高的数据独立性和易扩展性，并可为各种用户共享。

(2) 数据库管理系统 DBMS (data base management system)

它负责有效、科学地组织、存储、维护、访问数据，在 DBMS 的支持下，用户能方便地定义数据、操作管理数据，并保证数据的完整性、安全性。

(3) 数据库系统 DBS (data base system)

数据库系统是指在计算机系统中引入数据库后的系统构成。由数据库、数据库管理系统、应用软件、用户等构成。目的是实现用户对数据的使用。其特点是数据冗余度小、独立性强、共享性好、由 DBMS 统一管理。

2. 旅游资源信息系统中的数据库系统

旅游资源信息系统的数据库是合理存放在计算机存储设备上的、相互并联空间数据的一个集合，是信息系统的基础。该数据库应是一个共享或分享式的数据库，数据组织的有效程度将对整个信息系统运作成功与否起决定性作用。针对用户的不同要求和使用方式，数据依其本身特点进行组织，其结构应尽可能反映出不同用户的要求，支持各种应用程序和应用目的。结合数据库的特点和旅游资源信息的数据特征，旅游资源信息数据库的特点为：最小冗余度，即数据尽可能不重复；应用程序对数据资源共享，即数据集合以最优方式服务于一个或多个应用程序；数据集合应有独立性，和使用它的应用程序分离单独存放；数据集合可用一个软件统一管理，为数据维护、更新、增删、检索等操作提供方便。

旅游资源信息系统数据库与地理信息系统的数据库特点类似。数据库的数据包括位置信息、属性信息和空间关系信息等，是信息系统所表达的客观世界经过模型抽象的实质性内容。具体是指地球表面的自然、社会经济的地理景观数据，这些数据可以是数字、文字、表格、图像、图形等，可通过数字化仪、扫描仪、键盘或其他输入设备输入到计算机中。

3. 旅游资源信息系统的数据类型

旅游资源信息系统的数据包括空间数据和非空间的属性数据两种类型。

(1) 空间数据

空间数据是指表示地球表面要素（如地形、水文、植被、气象气候、居民地、交通线、境界线、独立地物等）的空间位置特征的数据。

几何坐标。数据在某个已知坐标系中的位置，用于标识在客观世界中的空间定位。如经纬度、平面直角坐标、极坐标等。

实体间的空间相关性。即实体间的拓扑关系，表示点、线、面、体、网等实体之间的空间联系。如边界线与面实体间的构成关系、面实体与旅游点的包含关系等。空间拓扑关系对于地理空间数据的编码、录入、格式转换、存储管理、查询检索和模型分析都具有重要意义。

(2) 非空间的属性数据

指数据的属性与几何位置无关，即非几何属性，它表示和实体相联系的变量或地理意义，一般是抽象的概念，通过分类、命名、量算、统计等方法得到。

定性非几何属性数据。包括名称、类型、特性等，如河流类型、植被种类、行政区划等。

定量非几何属性数据。包括数量、等级等，如面积、长度、资源等级、游客数量、旅游收入、旅游开发资金投入量等。

任何一个实体至少包含有一个属性，数据的分析、检索主要通过对属性的操作运算来实现。

四、系统使用和管理人员

旅游资源信息系统是一个复杂的人—机交互系统，仅有系统硬、软件和数据库还不能构成一个完整的信息系统，它需要有系统的管理人员对其进行组织、管理，维护和数据更新、扩充等；而信息系统的使用人员是系统的最终用户，信息系统的价值和作用主要是依靠他们发挥和体现的，其经济效益和社会效益是由他们来实现的。系统的管理、维护和使用人员是信息系统中的重要构成要素。

第三节　旅游资源信息系统的开发与设计

建立一个规范的信息系统一般要经过三个阶段：人员组织，系统总体设计，系统实体设计与实施，系统维护四个步骤（图 17.1）。

人员组织是对系统开发人员的构成、分工、相互关系协调的组织和管理。包括系统开发人员、系统分析人员、信息收集人员等。

系统总体设计是对系统的设计原则、实现目标、实施步骤的总括，它并不能实现系统某一环节的具体任务，是对整个系统的全局性把握。

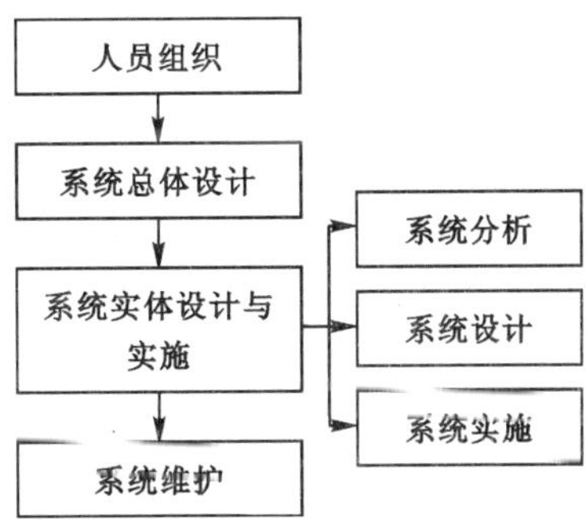

图 17.1　系统设计流程图

系统实体设计与实施要在总体设计的基础上进行，一般又可分为系统分析、系统设计、系统实施三个步骤。

系统维护是在系统实现与应用中，不断对系统进行优化，维持系统的性能，提高系统的使用效率。

旅游资源信息系统的具体开发可从四个方面进行。

一、旅游资源信息系统分析

系统分析主要是对建立旅游资源信息系统的必要性与可行性的研究。包括系统需求分析、旅游资源信息目前的管理和应用状况分析、建立新信息系统的人员技术力量分析、经济承受力分析、实用价值分析、开发潜力分析等六部分。

二、旅游资源信息系统设计

1. 设计原则

系统设计要遵循总体设计中制定的设计原则，即依照实用性、可靠性、稳定性的原则，对旅游资源信息系统进行具体设计。

2. 功能设计

(1) 系统功能结构

旅游资源信息系统的功能结构设计如图 17.2 所示。

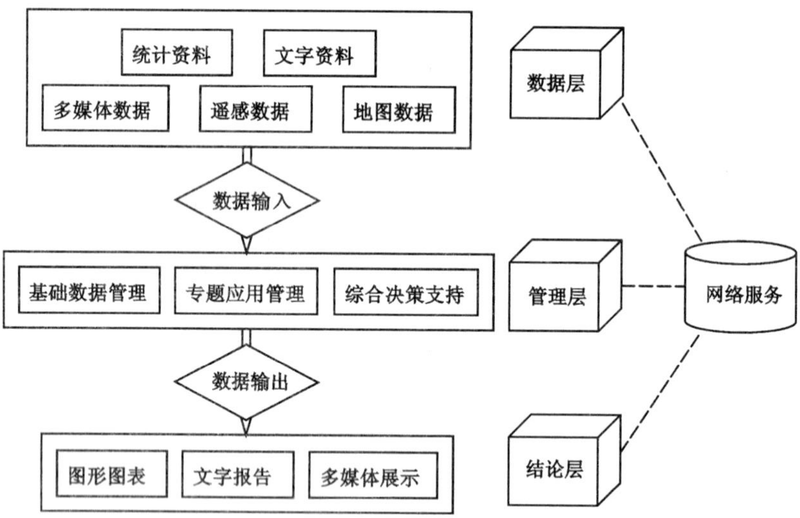

图 17.2　旅游资源信息系统功能结构图

(2) 旅游资源信息系统的功能

旅游资源信息系统具备传统系统的全部功能，即数据输入功能、数据转换、编辑功能、数据维护功能，数据检索功能，数据分析与处理功能，成果输出功能。同时，它还应具备为最终用户的应用设计的专业应用功能，主要有管理功能、分析评价功能、开发决策功能。

1）管理功能。要求实现对旅游资源信息的数字化管理、合理调度、资源的科学配置与协调。该系统能够逐渐形成以计算机为核心的旅游资源动态管理系统，可对旅游资源进行现代化管理，利用信息系统达到旅游资源信息的数字化、标准化和计算机化管理，实现对旅游资源信息的快速查询检索、可视化输出表达和实时交换，达到资源统一管理、数据共享和促进办公管理自动化。

2）分析评价功能。是通过建立不同分析模型，对旅游资源进行综合性分析，如资源等级、规模、吸引力、环境、区位、客源市场等，进行综合分析评价，提供旅游资源的定性或定量综合评判值，为各级主管部门或企事业单位提供有效的科学参考信息。

3）开发与决策功能。是根据旅游资源开发现状、潜力及发展趋势等综合因素，利用不同资源开发模型及不同决策因素，全面考虑大范围的市场格局，模拟不同的开发类型和开发决策，获得最优路线设计、最佳资源开发设计等，为管理部门、企事业单位在决策时提供决策参考。

三、旅游资源信息系统实体设计与实施

系统设计的成果是一系列的规范和要求，它是一个概念逻辑设计过程，规定了系统将要实现的功能和设计框架结构，告诉人们“要做什么”、“分几部分”，并未实现系统的功能，需要通过系统的实施来实现其具体功能。系统实体设计与实施就是将总体设计中的各个不同功能模块，通过编程来实现对旅游资源信息的操作、分析和管理。

1. 实体的功能设计

旅游资源信息系统具有多层次、多要素、多功能和分布式网络结构的特点，且旅游资源信息的空间分布特征较突出。根据我国旅游资源开发的具体情况，从长远和可持续发展的角度考虑，区域性旅游资源信息系统的框架结构可分为三层（图 17.3）。

（1）基础信息层

基础信息层即基础信息子系统，主要包括数学基础和地理要素。数学基础包括大地坐标、比例尺、地图投影（经纬线网）、全球定位系统（GPS）等；地理要素包括水系、地形、植被、居民地、交通线、行政区划界线、独立地物等。基础信息层可为所有专题子系统提供统一的空间定位基础，亦可反映专题信息和基础信息的空间相互关系。这类数据库可直接从国家测绘总局国家基础信息数据库中获取；亦可从同区域电子数据产品中得到；如上述条件不具备，也可根据旅游

资源范围，利用国家 8 种不同比例尺地形图或航空、航天像片经数字化处理后建立。

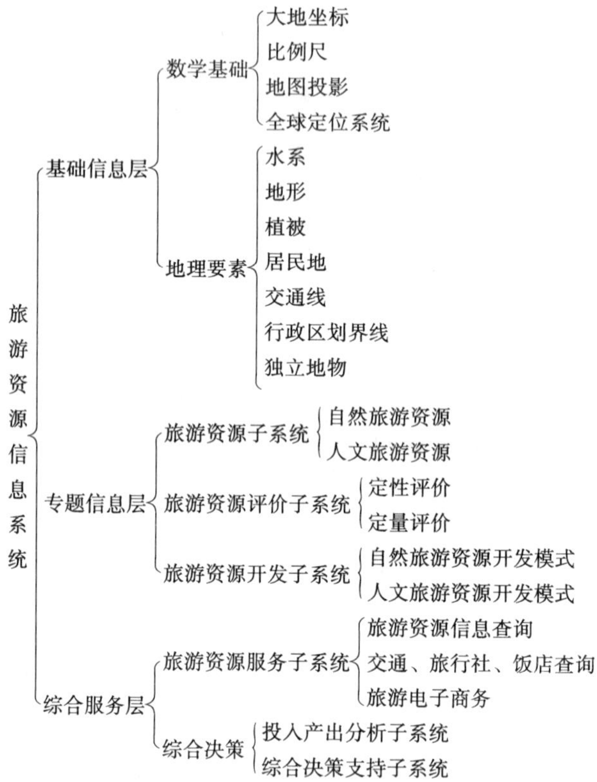

图 17.3　旅游资源信息系统的框架结构略图

(2) 专题信息层

专题信息层是指旅游资源等专业信息形成的旅游资源信息诸子系统。主要包括旅游资源子系统、旅游资源评价子系统和旅游资源开发子系统。旅游资源子系统包括自然旅游资源、人文旅游资源等；旅游资源评价子系统包括定性评价、定量评价等；旅游资源开发子系统包括自然旅游资源开发模式、人文旅游资源开发模式等。旅游资源专题数据是信息系统的血液，没有它整个系统就成了无源之水，无本之木。专题信息层的数据是原材料，有了它，整个系统才能有效运行，相当于水利设施中的水，没有水，水利设施便无法发挥作用。

(3) 综合服务层

综合服务层是对旅游资源信息的管理和深度挖掘，它包括两方面：一是信息服务子系统，包括综合旅游资源信息查询、发布、预测及电子商务功能；另一部分综合决策子系统是前述信息子系统的成果总结，主要用来反映旅游资源信息系统的最终成果，主要包括投入产出分析、综合效益分析、综合决策等。综合决策子系统对旅游资源开发决策具有重要意义。

2. 应用模块设计

旅游资源信息系统开发有两种途径，一是以地理信息系统软件为其基础软件，它已经具备了 TRIS 的基本功能，但可能还满足不了用户的最终需求，这就需要把系统基础软件与相关的程序软件或自带的程序软件相结合，开发专业应用模块。通常采用组件式开发方法，并将其所有应用模块在系统的主界面上以分级菜单的形式体现。当然，如果有条件，也可采用直接开发的方法，从区域基础信息做起。

通常，采用在地理信息系统基础软件的基础上进行二次开发的方法，这项工作由熟悉基础软件，并具有较好信息系统开发经验、技巧的技术人员承担。这样做可充分利用地理信息系统软件的原有功能。如美国 InterGraph 公司的 MGE 软件包就具有量测功能（直线、曲线距离、面积量测等）；产生缓冲带功能（沿点、直线、曲线、多边形的周围，按给定的距离或半径产生一个带状区域，该区域可为圆形、正方形或任意形状）；多边形操作功能（多边形分析、判断、计算等）；数字高程模型（DEM）地形分析功能（地形坡度、坡向、高程计算，景物视线分析）；其他功能（走廊分析，即两点间移动的最小费用计算；多个数据层的复合分析；最邻近地物的搜索；最优及加权最优路径；网络分析；矢量与栅格数据格式的相互转换）等。近年来，许多这方面的国产软件也日趋成熟，如 MapGIS、GeoStar 等，可提供 TRIS 的大部分基础功能。另外，SuperMap 软件还提供了强大的二次开发功能。

所有上述功能，并非建立、运行、管理和维护一个旅游资源信息系统所必需的，它们可能用处不大甚至暂时无用。但如果用户需要，针对旅游资源的专题性需求，可方便地扩充相应的功能。

应用功能模块设计开发，应按严格的步骤和规范进行，且要围绕系统功能展开。需要强调的是：系统界面要友好，适合于专业和非专业人员使用；要采用统一的全程变量和定义参数，便于对数据库进行管理，对数据进行更新、调用等；考虑到该系统数据源的多样性，应设计完善的数据接口。

应用功能模块主要有如下几部分。

（1）输入输出模块

数据输入包括图形输入与属性数据输入两大部分，其中图形数据是基础数据，包括资源区的普通地图（地形图）、交通图、行政区划图、土地利用图、已有的总体规划图和各种专题图（其中一些为参考图件）。数据输出分为网络数据传输和电子数据的外部输出。

(2) 旅游资源评价功能模块

该模块按照旅游资源分类标准（附表 1）对研究范围内各种旅游资源进行分类，并提供旅游资源评价的数学模型，对其进行分析评价，还可提供旅游资源评价数值。

旅游资源分析评价是旅游资源信息系统的重要功能之一。旅游资源评价按其侧重面不同可分为旅游资源价值评价、旅游资源开发评价和旅游资源综合评价等三类。其中第三类较为常用。关于评价的详细内容已在第十五章述及，此处不再赘述。旅游资源分析评价的步骤为：①评价因素的选择；②评价因子数量化。

在确定了影响因素后，一个重要任务就是影响因素的数量化，即根据因素对目标的影响程度确定因素对目标的隶属度指标。这是一个较艰巨的任务，需要掌握评价区旅游资源的特点和大量的实际资料，具有丰富的工作经验和进行深入的调查研究，隶属度作为整个评价的基础将决定评价结果的科学性。

影响因素的量化指标的确定常采用特尔菲法（专家打分法）。在专家打分方法中，量化指标往往要由专家确定，事实上专家也是根据大量观察得到的某种统计经验，经过思维整理而判定分数，但往往很难给定十分精确的分数，因而也会引起争议，但此方法还是能较好反映旅游资源实际价值。表 17.1 就是根据专家意见提出的旅游资源综合性评价影响因素量化值。

表 17.1 综合评价法影响因子权重

评价因子	代码	权重值
1. 旅游资源	F_1	7.0224 (10.00)
质量	S_1	5.762 (8.202)
规模	S_2	1.262 (1.798)
2. 区域条件	F_2	1.481 (10.00)
自然生态	S_3	0.681 (4.598)
用地条件	S_4	0.159 (1.073)
城镇分布	S_5	0.164 (1.105)
基础设施	S_6	0.229 (1.549)
旅游设施	S_7	0.243 (1.675)
3. 区位特性	F_3	1.495 (10.00)
可及性	S_8	1.273 (8.514)
与其他旅游地的关系	S_9	0.222 (1.486)
总计	—	10.000

引自保继刚等，1999。

(3) 资源管理功能模块

旅游资源管理功能模块的目标是实现资源共享、统一管理、有效督管和促进办公自动化，形成旅游资源信息的快速检索、有效处理、实时交换以及可视化显示与输出，实现区域旅游资源动态管理。该模块按照旅游资源本身所具有的属性、构成要素及外部特征，结合旅游资源分类标准，对旅游资源归类、存储和管理，利用查询语言设计用户子模式，提供给旅游管理部门不同类型的旅游资源的相关信息。该模块分为一般用户和政府资源管理部门两个端口。

旅游资源信息系统管理的功能主要体现在如下方面：

1）旅游资源实体信息的管理。对旅游资源进行信息化、数量化、标准化、自动或半自动化管理，能大大提高旅游资源的管理水平和管理效率，适应21世纪旅游业发展的需要，促进旅游业的发展。它充分利用计算机系统强大的查询检索功能，能够对旅游资源实体的面积、规模、等级、从业人员、开发利用状况、地理位置、交通状况、旅游设施状况、性质、体制、经营状况（年收入，年接待游客数量、人均生产总值、人均利税、盈亏情况等）、计划情况等进行综合查询。

2）旅游资源开发审批的管理。信息系统的这类管理比常规的审批管理更具有科学性、准确性和可行性。常规的审批有可能存在个人行为、长官意志或个人偏见等，而计算机信息系统的管理是建立在科学的旅游资源评价、开发模式选择、投入产出分析和最终的综合决策之上的科学意见、行业专家意见，能极大地避免盲目开发、重复建设等不科学行为的发生。

3）信息网络化。全球经济一体化步伐的加快，因特网（Internet）技术的高速发展，加快了旅游业与之适应的步伐，建立完善的旅游信息发布、宣传促销等网络体系，是TRIS应具有的重要功能之一。

(4) 综合决策功能模块

根据旅游资源评价结果，要获得旅游资源实体的综合开发决策，还要经过旅游资源环境容量分析、生态容量分析、投入产出分析预测三个模型库进行整体优化，这样才能最终辅助决策部门进行决策。图17.3展示了旅游资源实体进入开发决策的时序流程。

(5) 网络服务功能模块

该模块可以与Internet连接，直接点击该系统中提供的与旅游相关的网址，即可获得各地旅游景点的最新消息以及出行参考，该功能是整合了几个模块的功能，提供网上综合服务的重要模块之一。

3. 数据库设计

数据库是旅游资源信息系统的重要子系统，是其核心组成部分之一。数据库设计和建设的工作量一般要占整个系统设计和建设工作量的60%～70%。数据库设计质量的好坏，不仅影响着系统建设的速度和资金费用，而且还影响着系统的应用，维护、管理、更新、扩充等质量水平。

（1）设计旅游资源信息系统数据库的基本原则

1）最小数据重复原则。数据库中的数据体用非冗余结构予以定义。

2）最大服务面原则。根据需要，数据库能同时为不同用户服务。

3）最小影响原则。在插入、修改、删除数据元素时，数据元素的结构、从属性、相互关系能保持不变或影响最小。

4）独立性原则。数据独立，即应用程序不依附于数据库中的数据组织方法和存放位置。

5）安全性原则。系统能对数据库中数据的存取进行有效控制，防止非法用户对数据的非法存取。

6）正确性和兼容性原则。系统能保证数据在逻辑意义上的正确性和兼容性，具有差错检查修复等保护手段，并可进行扩充和更新。

（2）旅游资源信息系统数据库的分类

按其功能构架分为基础信息数据库和专题信息数据库。

1）基础信息数据库。是反映旅游资源所处区域的自然、社会经济环境信息的数据库，为空间型数据库，其主要内容是旅游资源区的地形图（1∶5000、1∶1万、1∶2.5万、1∶5万、1∶10万、1∶25万、1∶50万、1∶100万等，小区域所选的比例尺要大，大区域所选的比例尺要小）内容的数字化数据，其中交通要素要详细，且包含航空线，同时，附加上气候、人口、经济信息等内容。基础信息数据库除作为基础信息子系统的主要构成部分外，还要和几个专题子系统连接，向专题子系统提供有关的基础数据。

2）专题信息数据库。是将专题资料经数字化处理后所构建的数据库，为空间定位型关系数据库。按专题内容不同可进一步划分为旅游资源数据库、旅游条件数据库、旅游区位数据库、旅游客源市场数据库几个分支，它们均可被所有子系统调用。

按照数据组织形式，根据信息特征可将其分为图形数据、拓扑数据和属性数据，分别组成图形库、属性库、符号库。

图形库记录着图形元素的几何坐标，属性数据库用于记录反映资源区社会经济信息、旅游资源信息的统计数据，这些数据大都是文字和数值形式的，但也可以是图片和音乐形式的，其中每一个数据文件对应一项专题内容和一个基本图形文件。符号库是为了便于表示多样化的资源信息而设计的图形符号。

（3）数据库的分层和编码（数据库数据的地理特征设计）

旅游数据库一般采用关系数据库。在关系数据库中，数据存储的文件单元是表，表与表之间通过公共的且唯一的标识维持特定关系，数据才能参与运算和分析。图形数据、属性数据和专题符号以三种不同的形式存放在数据库中，且彼此之间相互独立，但又有着一定的联系，这是通过数据的分层存放实现的。数据描述的对象为地物，每种地物在二维空间和三维空间内的空间位置特征和相应的属性特征相匹配，才能够精确定义实体地物的空间关系。因此对不同地物类型用不同的方法编码和量化，并利用其公共ID码将空间元的属性信息进行关联后生成空间数据库。图17.4能够反映出地物的空间关系和连通性，可看出其对不同的地物类型能够进行空间信息的查询和分析。

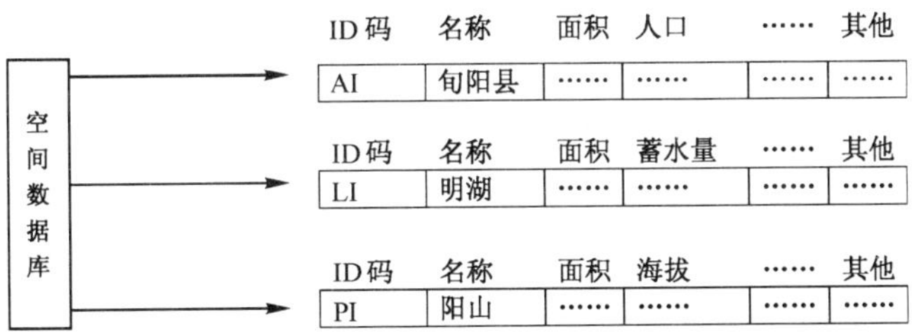

图17.4　数据组织结构示意图

旅游资源信息系统的数据库具有明显的地理特征，为了提高查询、搜索速度，减少数据量，使图案美观，可采用矢量形式的空间数据存储结构。使用数据分层的方法，对数据进行存储管理和编码。对数据分层的要求是：基础信息数据的分层应参照国家基础信息数据库的数据分层标准；专题信息数据按其关联性，把同一类数据放在同一层；按统一标准建立数据层名、层号、代码与数据内容。不同区域的旅游资源可能不同，在数据分层时可根据区域旅游资源特点进行分层。如可把旅游资源数据分为以下几层：旅游资源分布层、公路层、铁路层、城市分布层、水系层（包括湖泊、泉水等水体）、市区道路层、公交线路层、注记层（分为中文和英文层）等。

4. 界面设计

旅游资源信息系统的基础软件，一般是面向系统开发技术人员的，包含数百条甚至上千条命令，每一条命令都可能需要输入若干条参数才能启动，而完成某一项功能操作又可能需要输入多条命令。这对于旅游资源信息系统的最终用户来说，显然不适合。因此，用户界面的设置应简单、直观、主体突出、灵活方便，且在可能情况下充分利用图、文、声、像兼有的多媒体技术及动画技巧。用户界面应为全汉化的、友好的菜单式界面，且易学、易懂、易掌握。界面设计采用下拉式菜单将各功能模块的功能项按照自顶向下原则，有机地整合在一起。不同模块功能菜单随功能的变化而有所变化。

案例分析——中国旅游信息服务系统

我国的中国旅游信息服务系统，是由原国家计委和国家旅游局以及国家信息中心联合开发的，以计算机为基础，对旅游资源信息进行现代化管理的现代信息系统。

这个信息库的开发目的是：

1）为旅游管理部门宏观决策和旅游管理提供服务。

2）为旅游企业开发导向、横向联合、经营决策等提供辅助支持。

3）为国内外旅游者提供旅游活动中所需的各类信息咨询服务。

4）为涉外旅游机构和国外旅行商提供完整系统的中国旅游业信息资料。

服务对象或最终用户是：旅游管理职能部门、旅游企业、出入境旅游者、涉外旅游机构和国外旅行商等。

主要采用屏幕显示文字、数字、声音、图像图片等多媒体形式和打印机输出文字、图表等输出产品，推介中国的旅游资源及其产品。

系统的主要内容有：

1）全国30个省区（暂不包括台湾）、150座城市的概况。

2）全国800家大中型旅行社。

3）各省市行政区划图。

4）各省区市3000种工艺土特产。

5）全国900条主要旅游路线。

6）全国公路、铁路、民航路线图。

7）全国800家特色医疗单位。

8）全国400处旅游游览区、2000个旅游点、500处参观点、部分娱乐场所。

9）全国130项大型旅游活动。

10）全国火车、飞机时刻查询。

11）全国涉外定点旅游商店。

12）全国旅游咨询服务机构。

13）中国风貌及饭店目录。

14）中国200家旅游饭店、中国涉外餐馆。

15）中国10 000种传统菜点。

16）中国游览区、游览点示意图等。

系统的主要功能是：

1）数据采集功能。主要包括字符录入、图形录入（经数字仪或扫描仪录入）、图像图片资料录入等。

2）数据库维护功能。主要包括数据文件维护、数据库备份、数据库安全性维护、数据库日常管理和账目登录等。

3）数据查询检索功能。是该系统最主要的应用目的的功能，主要可实现属性查询，表现在旅游景区、点查询，主要旅游路线查询，大型旅游活动查询，旅游交通查询，旅行社、旅游饭店、涉外餐馆查询，旅游购物查询，各省区市概况查询等。

4）数据输出功能。主要包括文件、图表输出等。

该信息系统的优缺点：

该旅游资源信息服务系统主要是为旅游管理职能部门、非官方的行业指导机构、销售旅游产品的旅游企业和旅游者服务。其主要功能单一，应用性功能仅开发了查询检索功能，但其区域广（全国性质的）、数据库极其庞大（存储有海量信息）。它的建立和维护有两个难点。

1）基础旅游资源信息涉及面广、信息量大，关联到旅游的行、吃、住、游、娱、购等要素。虽仅开发了已建成的旅游资源实体，但由于涉及到30个省区、150座城市，其数据库极其巨大。所以，系统最大的难点是数据库的扩充、更新和维护。据称有上千人参加了这一工程，充分说明数据采集工程量之巨大。而旅游业本身是一个时序性、动态性很强的行业，瞬息万变的旅游资源等信息需不断扩充、补充和更新，使得数据库的管理和维护需要不断投入人力、物力资源，并要作好广泛、细致的组织工作。

2）旅游资源信息库的设计规格是全国性的，所以，对旅游产品的推介不可能非常详细，在处理具体与概括的问题上矛盾较为突出。作为旅游产品的宣传促销工具，面对的是加入了因特网络并自身拥有计算机的用户，使用面较狭窄，使得促销的范围有限。另外，面上的、较为概略的旅游产品信息，对于旅游销售商或旅游者的吸引力并不大，其感兴趣的是具体旅游产品、旅游路线，具体地点以及旅游时序性问题，信息系统中不一定有，故对该信息系统的应用范围就产生了限制。如何有效地为更广泛的用户服务，寻找新的投资者（原为几方合作、政府出资），是该信息系统长期有效运转的关键。调动各省区市的积极性，在原全国性信息系统的基础上，再分出以省区市为单元的子系统（和各省区市共建，信息资源共享），不失为一条较好的出路（统一规格和标准，要求有详细的景区点、饭店、旅行社、交通等介绍）。

2002年以来，我国许多省区正在进行旅游资源的调查或普查工作（依照国家颁布的旅游资源分类、调查与评价标准），并取得了一定的成果，该系统如能把各省区的调查成果及时地补充进全国大系统中来，将会对我国的旅游市场促销、旅游项目招商引资、旅游信息发布、旅游服务产生极其重大的意义。

复习思考题

1. 何谓信息系统？何谓旅游资源信息系统？
2. 一个完整的旅游资源信息系统一般应由哪几部分构成？
3. 旅游资源信息系统一般具备哪些功能？
4. 旅游资源信息系统对硬件、软件有哪些要求？
5. 概述旅游资源信息系统的总体设计。
6. 简述建立旅游资源信息系统的意义。
7. 旅游资源信息系统有哪几种类型？
8. 简述旅游资源信息系统数据库的类型及用途。
9. 如何进行旅游资源信息系统的实体设计与实施？
10. 旅游资源信息系统的专业应用模块主要有哪几部分构成？

第十八章　旅游资源开发原理

学习提示

一、主要内容

- 旅游资源开发的原则
- 旅游资源开发的内涵
- 旅游资源开发的理念

二、学习重点

- 掌握旅游资源开发的理论基础以及开发应突出的特色
- 学会旅游资源开发的方式和应遵循的基本原则
- 懂得旅游资源开发的内容、基本理念
- 了解旅游资源开发的基本过程

第一节　旅游资源开发的原则

一、旅游资源开发的概念

旅游资源是旅游业赖以发展的物质基础。同其他资源一样，旅游资源只有通过开发利用，才能成为旅游产品，发挥其经济、文化和社会效益。随着旅游业的发展，旅游者需求多样化、个性化趋势日益明显，只有不断地对现有旅游资源进行深层次开发或是开发新的旅游资源，才能满足旅游者的需要、确保旅游业持续健康发展。特别是在旅游业竞争日趋激烈的今天，如何发挥旅游资源的多种功能、开发出富有区域特色的旅游资源、满足旅游者的不同需求，已成为区域旅游业发展、在激烈的市场竞争中立于不败之地的关键。

狭义的旅游资源开发概念是指单纯的旅游资源利用的技术。广义的旅游资源开发概念是指在旅游资源调查和评价的基础上，以发展旅游业为目的，以市场需求为导向，有组织有计划地对旅游资源加以利用，发挥、改善和提高旅游资源对旅游者吸引力的综合性技术经济工程。本书讨论后者这一概念包括以下 4 层含义。

1. 旅游资源开发要以资源调查和评价为基础

发展旅游业，就要了解作为旅游业供给基础的旅游资源的类型、结构、数量和质量特征、资源等级、地理赋存状况及保护、利用和发展现状等，从而确定旅游资源总体开发方向。如果缺乏全面的旅游资源统计资料，对资源状况不甚了解，也就无法进行旅游资源开发工作。因此，旅游资源开发的基础是资源调查和评价。

2. 旅游资源开发的目的就是发展旅游业

旅游业的种种特点，诸如，赚取外汇、回笼货币、扩大就业、调整产业结构、促进地方经济发展等使得旅游业备受青睐。世界绝大多数国家和地区都对发展地区旅游业表现出了浓厚的兴趣。我国政府对发展旅游业也同样极为重视，将旅游业作为新的经济增长点。绝大部分省区也把旅游业确定为优先发展的重点产业或支柱产业。科学合理地开发利用旅游资源，挖掘和提高旅游吸引力，其主要目的就是要为旅游业服务。

3. 旅游资源开发要以市场需求为导向

在市场经济体制下，旅游资源开发不再是“有什么干什么”的自然开发模式，而是需要认真研究旅游市场，根据市场需求状况，开发利用那些市场需求大、能够畅销的旅游产品，科学处理好资源与产品、市场的关系。以市场为导向，一方面充分把握旅游者需求，为旅游者提供满意产品；另一方面，使旅游资源成为真正的旅游吸引物，增强和提高旅游资源的市场竞争力。

4. 旅游资源开发是一项综合性工程

其开发内容不仅涉及到对旅游资源的开发，而且还要对交通、城市基础设施和服务接待等设施进行规划建设，甚至还会涉及管理机构的建立、经营体制、人力资源开发等内容。这就要求旅游资源开发与旅游活动紧密适应，协调发展。就开发效益而言，不能只考虑旅游经济效益的大小，而应同时分析论证开发所带来的社会效益和环境效益，三大效益要综合考虑，同时兼顾（并要切实关注旅游的就业效益），才能实现旅游资源的可持续利用。

二、旅游资源开发的原则

1. 保护性原则

旅游资源是大自然的造化、人类历史的遗存和现代人文艺术的结晶。旅游资源具有较强的脆弱性，不但会受到自然因素的破坏，在被旅游业利用过程中也会遭到耗损，然而相当多的旅游资源又不具有再生性，一旦毁掉了就难以复原。所以，旅游资源保护在旅游开发中极其重要。主要包括两个方面：一是资源本身的保护，限制资源的损耗，延缓衰减的自然过程，将人为损耗降低到最低点，绝不允许人为随意破坏；二是旅游环境的保护，就是要求旅游资源的开发既要和自然环境相适应，有利于环境保护和生态平衡，控制污染，又要与社会环境相适应，遵守旅游目的地的政策法规和发展规划，不危及当地居民的文化道德和社会生活。开发旅游资源要为当地提供就业机会，加快基础设施的建设，促进文化交流，以得到当地政府和居民的认可和支持。

2. 特色性原则

特色是旅游之魂，而旅游资源的特色是发展特色旅游的基础，是构成旅游吸引力的关键因素。特色性原则要求在开发过程中不仅要保护好旅游资源的特色，而且要充分揭示、挖掘、发展旅游资源独有的、异质资源的特色。特色越鲜明，吸引力越强。

特色性原则要求：在开发建设中必须尽量保持自然和历史形成的原始风貌；尽量开发利用具有特色的旅游资源项目；努力反映当地文化，突出民族特色和地方特色。此外，特色性并不是单一性，在突出特色的基础上，还应围绕重点项目，不断增添新项目，丰富旅游活动内容，满足旅游者多样化的需求。

3. 经济性原则

旅游资源开发是一项经济活动，必须遵循经济效益原则。不是所有的旅游资源都值得马上开发，如果开发旅游资源所投入的成本高于它所能带来的收益，这种开发显然是不经济的，不可行的。因此，应当进行旅游开发投入-产出分析，确保开发活动能带来丰厚的利润。在充分了解旅游市场的基础上，对旅游资源开发项目的可进入性、对旅游者的吸引力、投资规模、投资效益、建设周期、资金回收周期等各方面，都应有细致的数据分析。同时，还要根据开发实力（财力、人力、物力等供给保障因素），分阶段有重点地优先开发某些项目，之后再不断增添新项目和配套设施及服务，最终形成完善的旅游设施和服务体系。坚决禁止不加选择地盲目开发，更不能不分先后地全面开发。

4. 市场导向性原则

所谓市场导向性原则，就是根据旅游市场的需求内容和变化规律，确定旅游资源开发的主题、规模和层次。这是市场经济体制下的一条基本原则。市场导向性原则要求旅游资源开发一定要进行市场调查和市场研究，准确把握市场需求和变化规律，结合资源特色，寻求资源条件与市场需求之间的最佳结合点，确定开发主题、规模和层次。

市场导向原则要求根据旅游者需求来开发旅游资源，但是并不意味着凡是旅游者需求的都可以进行开发。例如，国家法律所不允许的，对旅游者会有危险或有害于旅游者身心健康的旅游资源，就应该受到限制或禁止开发。

第二节　旅游资源开发的内涵

一、旅游资源开发的内容

旅游资源开发内容可参照2003年5月1日实施的中华人民共和国国家标准《旅游规划通则》（GB/T18971—2003）中的旅游区总体规划内容。具体内容如下：

对旅游区的旅游资源进行科学评价；

确定旅游区的性质，提出规划期内的旅游容量，规定旅游区用地范围；

提出重点旅游项目的策划；

规划旅游区的功能分区和土地利用；

规划旅游区的对外交通系统的布局和主要交通设施的规模、位置，规划旅游区内部的主要道路系统的走向、断面和交叉形式；

规划旅游区旅游服务设施、附属设施、基础设施和管理设施的总体布局；

规划旅游区的景观系统和绿地系统的总体布局；

规划旅游区的防灾系统和安全系统的总体布局；

研究并确定旅游区资源的等级、位置，划定保护区范围，提出保护措施；

确定旅游区环境保护目标和环境卫生系统布局，提出防止和治理污染的措施；

提出旅游区近期建设规划，确定近期优先开发目标和建设项目；

提出总体规划实施步骤、措施和方法以及规划、建设、运营中的管理意见。

以上这些内容在旅游资源开发的过程中基本都要具体实施。结合旅游资源开发的具体特点和要求，可进一步将旅游资源开发的主要内容概括为5个方面。

1. 规划设计旅游景区、景点

旅游资源只有经过开发才能变为旅游产品，被旅游业所利用，因此，规划和设计旅游景区、景点是旅游资源开发最重要的内容。旅游景区、景点所形成的旅游产品，是旅游业最核心的旅游吸引物，其成败决定着旅游目的地吸引力的大小，故旅游资源开发的重点就是旅游景区、景点的规划设计。

2. 建设和完善旅游基础设施

旅游基础设施是旅游者在旅游地停留期间必须依赖和利用的设施。包括宾馆饭店、商店、娱乐设施、餐饮场所、银行、医院、机场、车站、码头、停车场、通信、供水、供电等。旅游基础设施涉及旅游的行、住、吃、游、购、娱等方面。这些基础设施的修建和改善有助于提高旅游服务质量，从而提高旅游资源的吸引力。

3. 规划旅游交通

旅游活动是以旅游者位移到达旅游目的地为前提的，因此，合理安排旅游者从居住地到目的地的往返通道，以及在旅游地内部的交通网络是旅游资源开发中的重要内容之一。现代旅游交通必须适应旅游者多方面的需要。便利、快捷、安全、舒适是现代旅游者对旅游交通的基本要求。在进行旅游交通规划时要充分考虑这些要求。旅游交通安排不仅包括旅游交通设施的建设、旅游交通工具的选择，还包括各种交通营运计划的设计和安排。

4. 开发人力资源

旅游区的竞争从某种角度讲是人才的竞争，是旅游区从业人员整体素质的竞争。旅游资源开发规划过程中，要重视和强调人力资源的开发，稳定、高质量的旅游从业人员，能够有效提高旅游资源的吸引力和竞争力，推动区域旅游业的发展。人力资源开发包括：从业人员需求的确定，从业人员的招聘、选拔、安置、培训等方面的工作。

二、旅游资源开发的方式

根据旅游资源的性质和开发目的，旅游资源开发包括新建、利用、修复、改造和挖掘提高 5 种方式。

1. 新建

即凭借当地的旅游资源特点，建立新的旅游景区、景点或主题公园，建设一些必要的旅游服务基础设施，以增加区域旅游吸引力，满足旅游需求，推动地方旅游业发展。这种方式，重在创新，贵在特色，必须创造出“人无我有，人有我优，人优我特”的具有鲜明个性和独特风格的景物。

2. 利用

指利用原有的非被认识到的旅游资源，通过整理、组织和再开发，从而使之成为旅游吸引物的一种开发方式。随着社会的进步和人类生活水平的提高，人们的旅游需求及消费行为特征也呈现多样化趋势。所以，可以根据人们需求的新变化，开发利用那些以前未被认识到的旅游吸引物，使其成为新的旅游景点。如工业旅游、科技旅游的开展，使西安的卫星测控中心、陕西阎良的飞机制造公司成为新的旅游热点。

3．修复

由于自然或历史的原因而被损毁，但又有很高艺术、历史文化或科学研究价值的旅游资源，经对其进行整修、修复或重建，使之重新成为可供旅游者参观游览的景点。

4．改造

是指投入一定数量的人力、物力和财力，对现有的、但利用率不高的旅游景观、旅游设施或非旅游设施进行局部或全部改造，使其符合旅游市场需求，成为受旅游者欢迎的旅游吸引物。

5．挖掘提高

是指对已被开发但又不适应旅游业发展需要的旅游吸引物，需要深入挖掘，增加一些旅游设施和新的服务，提高其整体质量，再生出新的旅游吸引力的一种开发方式。

以上5种开发方式并无严格的明显界限，难以截然分开，通常是结合现状与需求，根据具体的旅游资源状况，确定具体的开发方式及其组合。

第三节　旅游资源开发的理念

一、旅游资源开发的理论基础

旅游资源开发是一个多学科知识交互运用的创新过程，涉及面非常广泛，但是具体的旅游资源开发实践活动是建立在一定的理论基础之上的，并以其为指导。旅游资源开发的主要基础理论有区位论、地域分异规律、经济学与市场学、旅游者行为、景观生态学、系统论和可持续发展理论等。

1．区位论

区位论是关于人类活动的空间分布及其空间组织优化的理论。代表性理论有：杜能的农业区位论、韦伯的工业区位论、克里斯勒的中心地理论、威尔逊的空间作用理论等。

旅游资源开发是空间上的活动，必然具有空间分布和空间组织优化问题，因此，需要进行区位因子的分析和区位理论的指导。

首先，依据旅游区位因素，确定旅游资源开发的序位，包括开发时间先后时序、开发建设规模和功能体系。保继刚等根据旅游资源价值、区位条件、区域经济背景，划分出区域旅游资源开发的四种模式，如表 18.1 所示。

表 18.1　区域旅游资源开发模式

开发模式	旅游资源价值	区位条件	区域经济背景条件	主要开发措施	案例
1	+ + +	+ + +	+ + +	全方位开发	北京
2	+ + +	+ +	+	国家扶持适当超前发展	张家界
3	+ + +	+	+	保护性开发	西双版纳、丽江
4	+	+ + +	+ + +	恢复古迹，或人造高级别旅游资源	武汉、深圳

注：+ + + 优；+ + 中；+ 差。

引自保继刚等，1993。

其次，区位理论要求在开发旅游资源和进行旅游业布局时发挥集聚效应。既有利于发挥资源的整体优势，增强吸引力；又能够提高资源和设施的利用效率，带来更大的经济效益。

最后，根据区位理论进行旅游服务设施的选址工作。

2. 地域分异规律

地域分异也叫区域分异，即地区差异性。地域分异规律是指地理环境各组成部分及整个景观在地表按一定的层次发生分化，并按确定的方向发生有规律分布的现象。地域分异规律广泛存在于自然地理现象和人文地理现象之中。旅游资源也不例外。旅游资源存在着明显的地域分异规律，从南到北，从东到西，从低到高，无论是自然旅游资源，还是人文旅游资源都存在着地域差异。旅游资源的地域分异规律导致了不同旅游地区之间的差异性。正是在这种区域差异性的驱动下，旅游者产生了空间移动行为。可以说，地域分异规律是产生旅游的一个基本因素。因此，在旅游资源开发过程中必须遵循地域分异规律。

首先，旅游资源开发要寻求差异，突出本地特色，发挥本地优势，切忌照搬、模仿、抄袭。

其次，应用地域分异规律进行旅游资源区划，寻求具有相对一致性的旅游资源区域。根据不同性质、不同特色的旅游资源区域确定相应不同的开发方向、开发主题、开发方式、开发规模和管理对策。

最后，确定不同的资源地的旅游市场形象、旅游促销策略、旅游产品定位和旅游开发模式等。

3. 经济学与市场学理论

经济学是研究国民经济各方面问题的学科的总称。包括政治经济学、部门经济学、会计学、统计学等。已有近百年研究历史的旅游经济学，其研究内容主要集中在经济现象、经济关系和经济发展规律等方面。具体内容主要包括旅游的活动性质、特征；旅游产品、需求与供给、市场与价格；旅游消费；旅游收入与分配；旅游经济效益、投入产出、经济结构等。从 20 世纪 70 年代起，国外学者开始研究旅游经济的关联带动作用，其直接、间接和就业 3 项乘数研究结论，使旅游的乘数效应成为理论热点。80 年代以后，旅游国际分工、经济比较、产业分布等理论的提出，对旅游开发具有较大的参考意义。

旅游经学理论认为，旅游资源开发，旅游产品的生产、消费、运行的特点，除有经济活动运行的共同规律外，还具有其本身独特的运行、消费特点与规律。旅游资源开发是一个经济活动，在其开发过程中，一方面要关注其关联带动作用，即乘数效应，注重旅游"行、住、吃、游、娱、购"6 要素的综合布局；另一方面要加强旅游开发的投入产出分析，使旅游投入最小化，而旅游效益最大化，把旅游资源开发变为最经济的开发行为。同时，从生态经济角度讲，旅游开发还要把旅游开发的社会效益、环境效益放在非常重要的位置。

市场学是研究企业市场营销活动规律的一个经济管理学科分支。通常认为，市场学理论的核心是"4P"，即产品（product）、价格（price）、营销渠道（place）、促销（promotion）。其指导企业研究目标市场、市场经营组合、产品组合、市场预测、促销方式、分销渠道、服务形式、市场竞争等。

旅游市场学是在上述理论基础上产生和发展的，其根据旅游产品的特征、服务的无形性、不可移动性、异地消费性、消费的季节性、脆弱性等，研究目标市场定位、产品定位、市场形象设计、客流交通、现实及潜在旅游需求、旅游路线、市场趋势、产品垄断性及替代性等。其中，旅游市场定位，旅游产品的功能定位，市场形象设计、旅游促销手段等理论，对于旅游资源开发具有重要的意义。所谓的"以资源为基础，以市场为导向，以产品为核心，以项目为支撑"的旅游开发认识，即强调了市场在资源开发中的重要作用。旅游市场学面向应用领域，把旅游者、旅游目的地和旅游企业及管理者紧密地联系在一起，寻求 3 者的平衡和协调关系，是旅游资源开发不可或缺的理论基础。对于区域旅游业发展战略制定，旅游项目规划设计，基础设施和旅游服务设施的布局建设等都具有重要价值。

4. 旅游者行为理论

自从美国社会心理学家马斯洛（A. H. Maslow）提出著名的人类“需要的层次论”（生理需要、安全需要、爱的需要、受尊重需要和自我实现需要）之后，国外有很多学者把其应用于旅游研究，如旅游与生活的心理学区别，旅游的文化差异引起的心里反应，旅游现象的心理学阐释等。认为旅游活动是一种心理行为的外在表现，旅游本质上是一种精神需求。

旅游者行为是从旅游者的心理需求出发，研究旅游者的旅游需求、欲望、动机、选择、文化向往、偏好、旅游认知、旅游满意度、旅游决策、空间位移等内在心理企盼和外在行为；以及由游客构成的旅游流的类型、结构、流向、流速等特征及其动态规律。研究主要包括了两个方面：旅游者的内在心理和外在表现形式。目前，较为成熟的研究成果主要集中在旅游需求的变化，不同旅游者的旅游选择偏好，大、中、小尺度的旅游空间行为模式等。

旅游者行为对旅游资源开发中的旅游市场定位、旅游产品定位、旅游项目规划设计、旅游开发方向等，均具有直接和间接的指导、参考意义。

5. 景观生态学理论

景观生态学是生态学与地理学交叉融合而产生的一个新兴学科。20 世纪 60 年代中后期其在欧洲大陆迅速发展，80 年代被北美学者接受。景观生态学研究的主要内容是，有一系列生态环境组成的、数平方公里广阔地域内的异质土地单元之间的空间结构与功能相互作用以及生态镶嵌随时间的变化。

景观生态学将景观空间结构分为斑、廊、基 3 种基本单元。

（1）斑块（patch）

指空间的点或块结构，代表与周围环境不同的、相对均质的、具有活化空间结构的性质。如景点和周围环境构成的旅游斑块。

（2）廊道（corridor）

一般是指和两侧相邻地带不同的一种特殊带状要素类型，其能分割或连通空间单元。旅游地域内的廊道类型主要是指交通廊道，如旅游地与客源地之间的区外廊道、旅游地内部之间的通道系统形成的区内廊道、景区点内旅游线路构成的斑内廊道等。

（3）基质（matrix）

指斑块镶嵌内的背景结构、生态系统或土地利用类型。可为面状，亦可为点状随机分布的宏观背景。如旅游地背景环境类型以及人文环境特征等。

景观生态学的景观结构、景观异质性、景观功能、时间等原理，以及景观生态设计的异质性原则、整体优化原则、多样性原则、综合效益原则、个性与特殊性保护原则等，对于旅游资源开发中的生态环境保护、景观多样性的设计、效益的综合考虑、资源特色的保存、生态型旅游区的建设、保存物种的种质库的规划设计等，均具有使用价值和参考意义。

6. 系统理论

系统论认为，系统是由相互联系的各个部分和要素组成的具有一定结构、关系和功能的有机整体。系统论的基本思想是：

要把研究或处理的对象看成一个有一定层次、顺序的系统，从整体上考虑问题。

特别注重各子系统、要素之间的有机联系，以及系统与外部环境之间的相互联系和相互制约关系。

通常认为，旅游资源系统包括两个子系统，即自然旅游资源子系统和人文旅游资源子系统。各旅游资源子系统又由低一级的子系统或要素组成。旅游业，旅游客源，资源地自然、社会经济状况等是旅游资源系统的环境因素。

系统理论不仅为旅游资源的开发提供了认识论基础，即应从系统论的观点来看待旅游资源，应遵循系统本身的各种性质和功能来进行旅游开发；同时又为旅游资源的开发提供了方法论基础，即用系统论的方法来开发旅游资源。因此，在系统论的指导下，旅游资源开发要做到：

（1）合理配置资源，产生最大综合效益

旅游资源开发必须要全盘考虑，在综合分析旅游资源价值、规模、功能、空间布局、开发难易程度、资源地可进入性、客源市场以及开发效益等多种因素的基础上，合理规划布局各种要素，科学配置行、住、吃、游、娱、购等 6 大要素，使有限的旅游资源产生最大的综合效益。

（2）旅游相关行业、部门有机结合，相互配合

旅游资源是旅游业的基础，但仅有旅游资源是难以满足现代旅游者需求的，必须使旅游资源与旅游服务设施的相关行业、部门相互配合，协调发展，使资源的开发同旅游者的需求紧密结合，做到系统内要素之间相互支持，系统内部与外部环境保持协调一致，才能使区域旅游业全面、健康发展。

7. 可持续发展理论

可持续发展理论是在 20 世纪 70 年代末 80 年代初，人们在对经济发展和环境保护关系深刻认识的基础上而提出的理论。如今已成为世界上处理环境和发展问题的一个重要指导思想。可持续发展是指既能满足当代人的需求，又不对后代人满足其自身需求的能力产生威胁。其实质就是在经济发展过程中要兼顾局部利益和整体利益，眼前利益和长远利益，使环境与经济得以持续协调发展，资源得

到可持续利用。

旅游业发展依赖于旅游环境，旅游环境自身也可以成为极具吸引力的旅游资源。因此，旅游资源开发要以可持续发展理论为指导思想。

首先，旅游资源开发要处理好开发与保护的关系。即以保护作为开发的前提，在保护的基础上适度开发，在保护中开发，在开发中保护。避免“先破坏后保护”、“先污染后治理”的错误做法。为了保持资源的原貌，可建立不同级别的保护分区，如核心区、缓冲区和过渡区。

其次，旅游资源开发应分期实施。为了实现旅游资源的永续利用，要求旅游开发不能“全面开花”，而应分期分批展开，逐步开发新资源，设计新项目，保持旅游资源的永久吸引力。

最后，发展生态旅游，促进资源合理开发。生态旅游是指对环境和旅游地文化影响较小，有助于创造就业机会，促进保存野生动植物的多样性，对生态和文化有着特别感受的带有责任感的旅游。生态旅游的目标就是保护旅游地的自然环境，保持旅游地的生命力和多样性，改善旅游地居民的生活质量。这些正是可持续发展理论所倡导的，可以说，可持续发展理论在旅游资源开发过程中最主要的体现就是发展生态旅游。

二、旅游资源开发应突出的特色

旅游资源开发与其他类型的产品开发有许多共同之处：就是要以现有资源为基础，以市场为导向，考虑产品的供需关系，分析产品开发的投入与产出比等，但不同类型的产品开发又有其各自的特点，旅游资源开发要突出 5 个方面的特色。

1. 地域性

受地理分布规律制约，旅游资源自身可呈现出地域差异性和地方特色。如我国的北方和南方，由于地理环境的差异，形成截然不同的自然景观和人文特色。北方山水浑厚，建筑物大气，人性粗犷、豪爽；南方山水秀丽，建筑物玲珑，人性细腻、灵秀。旅游资源开发是以特定区域的旅游资源为基础进行的，这些资源基本不可移动，这就决定了旅游者只有经过空间位移之后，才能消费到旅游开发所形成的产品。因此，旅游资源开发中要正确认识资源的特点，因地制宜，突出资源的地域特色和差异性，才能形成优势，从而增强旅游资源的吸引力，提高旅游产品的竞争力。

2. 多样性

由于国籍、民族、年龄、性别、职业和受教育程度的不同，使旅游者的需求呈千差万别，导致对旅游吸引物的偏好也各不相同，而旅游资源本身也呈现出多样化的特点。旅游资源形成于地质地貌、气象气候、陆地、海洋、土壤、动植物、农业、工业、民族、宗教、建筑、文学艺术、科研教育、社会风情等自然、人文要素，类型多样、异质异味，甚至可以说，只要有旅游意识，自然、社会的方方面面都可被认为是旅游资源。如森林公园、观光农业、工业旅游就是分别从林业、农业和工业中转化而来的，是旅游产业新增加的产品。为适应旅游需求多样化特点，旅游资源开发就需要能够体现出旅游产品多样化的特色。一地旅游资源的种类、项目、内容越多，旅游吸引力就越强，旅游市场面就越宽，旅游市场生命力也就越强。

3. 综合性

旅游资源开发的综合性主要表现在两个方面：第一是旅游资源本身具有综合性。旅游资源包括自然资源和人文资源两大类，各类又可细分为诸多要素。各自然和人文要素间相互依存，相互作用，形成一个稳定的整体。一个地区的旅游资源相互间作用越和谐，生命力越强，开发和利用的价值越大。第二是旅游资源开发涉及许多行业和部门，如旅游、国土资源、计划发展、环境、林业、城市规划、建筑、园林、文物、宗教、交通、管理、银行等部门、行业，需要有旅游学、地理学、城市规划学、建筑学、经济学、美学、历史学、园林学、民俗学等方面专家的参与，发挥不同学科专家的所长。能否协调好不同行业、部门相互间的关系，是能否有效开发旅游资源的关键问题。因此，旅游资源开发的项目组织、总体规划编制、项目实施等，也体现出综合性。旅游资源开发一方面要慎重安排自然要素、人文要素和整体环境的和谐，充分协调好各要素之间的关系，防止任何环节的破坏；另一方面，加强旅游资源开发工作的组织和领导，调动一切积极因素，认真做好资源开发的论证、组织、协调、管理等工作。

4. 永续性

对一般产品的购买行为表现为物质流动和所有权转移，伴随着消费者的使用，产品的价值会不断下降。而旅游产品不同于一般的物质产品，旅游者购买的只是产品的暂时使用权，所有权并不发生转移，在正常情况下，旅游产品也不会因为旅游者的消费而降低它的价值，甚至会通过口头宣传，扩大它的知名度，从而使产品升值。然而，旅游资源或者是自然界的造化，或者是人类历史的遗存，或者是现代人地精心设计，在数量上是有限的，它的永续性有时也会因为环境或人为因素而受到影响。因此，旅游资源开发必须处理好保护与开发的关系，禁止破坏性的开发和开发中的破坏，防止环境污染，控制旅游者数量，加强景区管理和对游客的教育，以保证旅游资源的可持续利用。

5. 文化性

旅游资源开发不仅是一个技术性、经济性行为实施的过程，更是一个文化传播与交流的过程。从旅游者角度而言，旅游需求主要追求精神方面的享受，或者一次社会经历，或者一次体验，且这种精神需求随着社会的发展和生活水平的提高而发生变化。旅游本身是一定文化背景下的产物，是文化驱使的结果。旅游者千里迢迢前往旅游目的地，从某种角度看可视为是购买文化、消费文化、享受文化的过程。从管理者角度而言，旅游资源开发就要尽量适应和满足旅游者的精神享受需要，开发中一定要深入挖掘当地的旅游资源特色，突出旅游资源的文化内涵，使旅游产品既是一个经济产品，又是一个文化产品，能让旅游者不虚此行，得到满意的精神享受。

旅游资源作为旅游吸引物，其魅力也来自于它的文化性。旅游资源有自然旅游资源和人文旅游资源之分。自然旅游资源是大自然的造化，但是当它由普通资源转化为旅游产品，成为人们观赏或游乐的对象时，就添上了文化的色彩，成为“人化的自然”。人文旅游资源作为各个时期人类活动的产物，完全属于文化范畴。因此，旅游资源开发可以看作是一种文化活动。在开发中注重挖掘文化特色，对旅游业发展具有极其重要的意义。

案例分析——西安仿古迎宾入城式：打出旅游精品①

西安城墙为明代建筑，原是一座古代军事防御体系，始建于公元582年，为隋、唐皇城遗址，公元1370年扩建并沿用至今。整个建筑高大宏伟、气势恢弘，是研究古代建筑工程，建筑艺术的重要依据，是古都西安的标志性建筑。

西安城墙每年接待数百万计的海内外游客。但当旅游者登上城墙后，却一边为气势磅礴的城墙感慨不已，一边为单调乏味的“游墙”活动而感到遗憾。

西安环城建设委员会的工作人员本着保护与开发相结合的原则，参照古礼中的宾礼和盛唐时期的仪规并融合古代民间礼仪，策划出西安旅游精品——仿古迎宾入城式，使游客由单纯的选择性看景上升到应接不暇的全身心投入。仿古迎宾入城式，再现了千年古都喜迎嘉宾独特而又浓重的礼遇，使遥远的客人与遥远的时代在古城相遇，使贵宾们亲身领略到中华传统文化的风采。游客置身其中，面

① 选自赵宗彦，西安晚报，2003，有所改动。

对精彩纷呈、韵味淳厚、景致变化无穷的表演，如同进入神话境界。历史与现实在这里交融，使人生出无尽的思绪。无论是节目的编排，灯光的调配，还是音乐的设计，仪式都达到了较高的水平。集观赏性、趣味性、参与性于一身。在进入市场后不久，它就被誉为“中华迎宾第一式”，已成功用来接待了许多国家政要，并被列为西安旅游的重要项目之一。伊朗伊斯法罕市市长于1996年参加迎宾入城仪式后感慨道：“以城墙做布景，以古战场为舞台，使人如同进入神话境界，这是西安所特有的，搬不走的，别处也无法效仿的”。在1998年的全国旅游工作会议上，专家们这样评价道：“仿古迎宾入城式在旅游资源与市场的结合上找到了最佳契合点，填补了国内文物旅游的空白，它的产生、发展和不断创新，使西安这个历史文化名城的旅游更加名副其实，打出了西安旅游的知名品牌。”

该旅游产品的创新之处在于：一是有效地利用、挖掘了现有的旅游资源—西安古城墙，使这一产品得到升华和更新换代；二是紧紧抓住了旅游者追求精神享受的旅游活动本质，使物化的古城墙和人化的贵宾入城式紧密地结合了起来；三是把单调的静态看城墙和有趣动态的、参与式的“享受城墙”紧密结合了起来，动静结合使西安古城墙的文化内涵得到了深入挖掘。该产品一经推出就深受游客欢迎，其最主要的原因皆出于此。

复习思考题

1. 如何理解旅游资源开发这一概念?
2. 旅游资源开发应遵循哪些原则?
3. 旅游资源开发的内容主要包括哪些方面?
4. 旅游资源开发主要有哪些方式?
5. 旅游资源开发主要的理论基础是什么?
6. 旅游资源开发应突出哪些特色?
7. 为什么说差异性和特色性是旅游资源开发的核心?
8. 旅游资源开发如何体现可持续发展的原则?
9. 为什么说一个区域的旅游资源开发水平是该地旅游业发展的关键?

第十九章　旅游资源的开发模式

学习提示

一、主要内容

- 旅游资源开发的基础
- 旅游资源开发的模式
- 旅游资源开发程序

二、学习重点

- 掌握旅游资源开发的准备条件及其产品定位和市场定位
- 学会不同类型旅游资源开发模式的应用
- 熟悉旅游资源的性质、特点、旅游功能及其相应的开发思路
- 了解旅游资源开发的基本程序及各阶段工作的主要内容

第一节　旅游资源开发的基础

一、旅游资源开发的准备条件

1. 资源条件

主要指旅游资源赋存，包括旅游资源的性质、价值、等级、系统性、完整性、特色和结构层次等。旅游资源赋存决定了旅游资源的吸引力和旅游活动的行为层次，是旅游资源开发的基础条件。

2. 自然条件

包括旅游资源地的地理位置、地形、水资源、植被、气候气象、自然环境等方面的状况。旅游资源地是否靠近中心城市、交通干线和人口稠密区，决定了它的可进入性和门槛的容量。优越的地形条件可以减少开发的工程量，降低开发难度，节省投资。适宜的气候气象条件、良好的植被覆盖、景象万千的自然环境本身就能构成旅游吸引力，为旅游地增加旅游价值。

3. 社会条件

包括旅游资源地的经济背景、法制环境、社会保障、管理水平、文化事业和其他社会因素等。区域经济是否发达直接影响到投资力度、开发规模和发展方向。旅游地的法律、法规、支持旅游业的力度等，决定了旅游开发的有序性、合法性和开发成效。旅游地的居民、社会团体对发展旅游的态度，也会影响到旅游资源开发工作的实施成效。

二、旅游资源开发与旅游产品开发

旅游资源和旅游产品的开发是旅游产业最重要的组成部分。旅游业发展必须以旅游资源为基础和载体，离开了旅游资源，旅游业就无从谈起，但仅拥有旅游资源，并不意味着旅游业就一定能发展得很好。旅游资源只是发展旅游业的基础条件，只有经过合理的规划、开发，旅游资源才能转变为旅游产品，并被旅游者认可。旅游资源开发就是指通过适当的方式，把旅游资源改变为吸引物，使旅游活动得以实现的技术、经济系统工程。同旅游资源相比，旅游产品的内涵和外延更为丰富。从旅游者的角度讲，旅游产品是旅游者在旅游活动过程中的经历和感受的总和；从旅游业的角度看，旅游产品是旅游供给商为旅游者提供的行、住、吃、游、购、娱等整个旅游活动过程中，所需要的有形产品和无形服务的总和。旅游资源只是构成旅游产品的一项最重要的因素。旅游产品开发是根据目标市场需求，对旅游资源、旅游服务设施和旅游人力资源进行规划、设计、策划的组合。它包括两方面的内容：一是对旅游地的规划和开发；二是对旅游线路的设计和组合。显然，旅游产品开发涵盖了：旅游资源转变为旅游吸引物的产品开发(有景点产品，如华山的“鹞子翻身”；景区产品；事件产品，如唐王选妃；节会产品；风俗文化产品，如仿唐婚礼等)；旅游线路开发，即把旅游景区点、旅游目的地、旅游城市等联结为旅游线路的产品开发；旅游交通的产品开发；旅游住宿设施的产品开发；旅游餐饮设施的产品开发；旅游娱乐设施的产品开发；旅游购物品的产品开发等。

由此可见，旅游资源开发和旅游产品开发之间是各有侧重，逐步延伸的关系。旅游资源开发是旅游业发展的核心，其侧重点在于主体旅游吸引物的产品开发；旅游产品开发是旅游业发展的关键，其侧重点在于：从旅游发生的“行、住、吃、游、购、娱”等方面出发，构建旅游线路的开发。如进一步讨论旅游开发，则其除包含旅游资源开发、旅游产品开发之外，还包括旅游市场开发、旅游人力资源开发、旅游形象定位、旅游管理体制改革等。

三、旅游资源开发的产品定位和市场定位

定位理论产生的一个基本背景条件是产品和信息、广告的爆炸。类似产品的出现和名牌产品的被仿造，使得要突出和区分某一个产品的特点和优点越来越难。随着旅游业的发展，旅游资源可开发的领域和地区越来越多，即旅游产品越来越丰富，故可供旅游者选择的旅游产品范围越来越广，内容越来越多。旅游景区点经营单位不但会受到同行业竞争的挑战，而且还要面对其他同类的娱乐活动的竞争。因此，如何进行旅游产品定位和旅游市场定位，吸引更多的旅游者，扩大旅游资源的市场份额，已成为旅游资源开发过程中日益突出的问题。

1. 旅游资源开发的产品定位

旅游资源开发的产品定位是指，旅游资源转化为旅游产品的产品功能选择，即将旅游资源经开发建成为观光型，休闲度假型，还是专题型旅游产品的功能定位选择。把旅游资源开发建成为旅游产品可有多种选择，按照强调差异性，突出特色性的开发原则，可成为观光型的，也可成为休闲度假型的，更可成为参与型、节会性、修学性、娱乐性、体验型等专题型旅游产品，可供选择的模式很多。所以，其定位非常重要，它决定了旅游资源开发的方向和重点。

影响旅游资源开发产品定位的因素主要有：未来的旅游市场需求，旅游资源的本身特色，周边产品的市场竞争力，区域经济发展水平等 4 个方面。旅游资源开发的产品定位，也要根据这 4 个方面来确定。

(1) 根据未来旅游市场需求确定

旅游市场需求是一个不断发展变化的动态过程，它随着客源地市场的经济发展水平，客源地居民的生活水平，区域的价值观、文化倾向等的改变而变化。如我国的旅游市场需求，自从 1978 年改革开放以来到目前，20 多年来，由于我国 GDP 的快速增长，居民可自由支配收入的增加以及节假日期的增多，就已经发生了从初期的、基本的、走马看花式的观光型旅游，向目前的休闲型、度假型、享受型、个性偏好型旅游；从单一的观光、吃苦型到休闲度假、参与游乐、享受型；从“花钱买罪受”到“花钱买享受”；从趋同式的单一偏好到个性化明显的个性偏好；从国内旅游到出境旅游等的转变。我国旅游市场正在经历着一个旅游需求变化转型期。旅游资源开发的产品定位就要努力适应这种旅游市场需求的变化。一方面要认真调查、分析，研究旅游市场需求；另一方面在调查分析的基础上，根据旅游资源的特点来最终确定旅游产品的定位。

(2) 根据旅游资源自身特色定位

旅游资源开发产品定位的一个重要决定因素就是旅游资源的基本构成及其特

色。不同的旅游资源地适宜开展的旅游活动也会有所差异。对于独特、迤逦的自然风光或奇异、深邃的人文资源，即使是在跋山涉水、历尽艰险后才能获得美的感受，旅游者也会心满意足。观光型旅游产品就是要满足旅游者对风光、美景的需求以及对求知、探幽、怀古、猎奇、体验等的需求。相比之下，度假型旅游者对风景的要求不是很高，他们更在乎度假地是否拥有便捷的交通，宜人的环境，舒适的设施和良好的服务。专题型旅游产品主要指休学、会议、奖励、节会、徒步、登山探险、自驾车、攀岩、科考等具有专门意义的旅游产品。偏好专题旅游者重视原始体验，喜欢对体能和环境进行挑战。因此，对特色明显的自然生态和原质文化环境的渴望是他们的第一需求。

旅游资源开发的产品定位应立足于自身的资源特色，分析该地的旅游资源在何种地域空间内具有垄断性、独特性和地方优势，特别是那些具有垄断性或竞争优势的旅游资源，在旅游产品定位时，应重点彰显其特色，突出优势。如果同一地区的旅游资源种类过多，则应重点以其主体资源作为形象代表。

旅游资源的特色是资源自身的存在形态，它的特色并非一定会得到市场的认可。因此在确定旅游资源特色时，既要注重专家们从供给角度以资源为导向的评价，又要从需求角度重视旅游者对旅游资源的体验性评价。只有将资源导向和市场导向结合起来，才能对旅游产品进行准确定位。如“购物天堂”香港在面对东南亚旅游者时，重点推介其与东南亚在文化和种族上有联系的产品，而对西方旅游者，则主要推介其是东西方文化交融之地，并推出与之对应的旅游产品。

(3) 根据周边产品的市场竞争力定位

旅游资源开发时还要考虑周边区域内旅游产品的分布及其竞争力状况，其对旅游资源开发的产品定位会产生重大影响，它甚至会使旅游资源地放弃原有的主要特色而重新定位。如果几个相邻的旅游资源地之间存在互补的关系，那么一地旅游客源的增加，就会导致另外几地客源的相应增加。如果几个旅游资源地之间是非互补的竞争关系，那么竞争力强的资源地客源的增加，就会导致另外几地客源的减少。因此，在进行旅游资源开发的产品定位时，一定要认真分析周边地区旅游产品的空间布局以及所开发产品的竞争力情况，要尽量使几地的产品间形成一种互补关系，避免形成同类产品的竞争关系，即避免旅游产品的重复建设。产品的互补关系可带来资源地的“双赢”，但竞争关系会分流客源。如果周边地区虽有同类旅游产品，但待开发旅游产品属垄断型旅游资源，或旅游资源的品位、等级比周边地区的要高，即待开发旅游产品的市场竞争力要强，则仍按原资源地的资源特色进行产品定位。如待开发旅游产品的资源品位明显低于周边产品，则应从自己原有特色的外延考虑，重新进行产品定位，以避免旅游产品的重复建设。如山东省的邹城，因其是孟子的故乡，最初推出“三孟”旅游产品，却难以得到旅游者的青睐。原因就在于距邹城 23km 之外就是孔子的故乡曲阜，那里有被评为世界文化遗产的“三孔”旅游产品。孔子作为儒家学派的创始人，其历史地位无人可比。后来邹城重新进行产品定位，在峄山和孟母上做文章，才逐步打开市场局面。

(4) 根据区域经济发展水平定位

区域经济发展水平和旅游资源开发程度有着非常紧密的联系，一般来说，经济发展水平越高，由于资金、人才、观念、社会环境等方面的原因，旅游资源开发程度就越高；经济发展水平越低，旅游资源开发程度一般相应就越低，这主要是由于资金的瓶颈制约。对于经济相对发达地区，由于旅游资源开发资金较为充足，可更多考虑市场前瞻性强、规模大、资金需求量大的旅游精品项目；对于经济相对欠发达地区，旅游资源开发一方面可通过积极吸引区外或境外资金，加大开发力度，开发资金需求量相对较大的旅游精品项目；而另一方面更为重要的是开发资金需求量相对小的、市场产品相对空白、产品具有垄断性的旅游产品项目。如不可替代性旅游产品、绝无仅有的旅游绝品项目，像世界自然、文化遗产类旅游资源开发项目等。我国是一个多山地的国家，从东到西地形呈三级台阶式分布，展示了气象万千、丰富多彩的资源景观类型，而中西部地区特别是西部地区更为突出，这就为开发无替代性自然旅游产品提供了最好的平台，经济欠发达的西部地区旅游资源开发应更多地从这一方面考虑。同时，我国是世界著名的文明古国，博大深邃的东方文化对海内外旅游者具有极大的吸引力，而中西部地区又是我国历史文化最重要的发祥地，垄断性的人文旅游资源极为丰富，这也为开发无替代性的人文旅游产品提供了绝好的平台。所以，西部旅游资源开发的产品定位应瞄准最大市场吸引力的旅游绝品项目。

旅游资源开发的产品定位并不是仅考虑一个定位模式，而往往是需要把几个方面联系起来综合研究，同时，一个旅游资源地的旅游产品也不是仅定位于一个旅游功能，而一般是定位于几个旅游功能，但其中应有一个是最突出的功能，只有这样才能扩大市场吸引力，增加客源地、客源层旅游者数量，提高旅游目的地的竞争力。

2. 旅游资源开发的市场定位

旅游市场是指旅游产品交换过程中所反映的各种经济关系的总和。它不局限于旅游产品交换的场所，而要包含旅游产品交换中供求之间各种关系的总和，即旅游市场包含有买方、卖方和产品交换场所以及与之相关联的各种交换关系。此处讨论的市场定位中的市场，仅指买方市场中的客源市场，即具有现实或潜在旅游需求的消费群体市场。成功的旅游资源开发只有通过良好的市场销售才能实现其经济价值。旅游者的消费需求层次多样，任何一个旅游地都没有足够的实力去面向整个旅游市场，满足所有旅游者群体的需求。因此，旅游资源地需要进行正确的市场定位，即开发主要针对某一类或某几类旅游消费群体，或客源地市场的旅游产品。当然，也不排除规模大、资源品位高、种类齐全的特大型旅游区，定位于全方位旅游市场的选择。

旅游资源开发的市场定位就是指，确定旅游资源开发的客源地目标市场，对客源市场进行细分，以便进行针对性营销，并开发出适应目标市场需求的旅游产品。它是旅游资源开发的重要保证。

通常将客源市场划分为一级市场、二级市场和三级市场。其划分依据主要是：

客源地与接待地之间的距离、时间距离、交通条件和交通费用；

客源地的社会经济发展水平、GDP 总值、人均 GDP、可自由支配收入和居民的出游率等；

客源地与接待地历史，现实的政治、经济、文化、民族、宗教等方面的联系以及交流状况；

旅游接待地旅游资源与产品对客源地居民的旅游吸引力大小。

一级市场也称核心市场，一般为区位条件好、经济发展水平高、与接待地现实和历史的经济及文化联系及交流密切、被资源地旅游资源和产品强烈吸引的地区。一级市场是接待地旅游业发展的基础和市场开发的首要目标。

二级市场称为发展市场，是应根据旅游产品成熟状况，不断进行市场开拓的旅游市场。

三级市场在资源地所占的市场份额较小，又称为“机会市场”或“边缘市场”，是资源地旅游产品发展到一定水平后，在中、远期可大力开发的市场。

如深圳华侨城在进行市场定位时，充分考虑到深圳与香港毗邻、交通便利、客源基础雄厚（香港人口 600 万，每年旅港游客 600 万，深圳常住人口 120 万，流动人口 200 万）、人均收入高等优势，将一级市场确定为香港居民、来港旅游者、深圳居民和深圳流动人口。根据他们的需求，先后建立了“锦绣中华”、“中华民俗村”和“世界之窗”三个景区，并取得了巨大成功。

除了将旅游市场定位为一级、二级、三级市场之外，还可以依据地理变量、人口统计变量、心理变量或行为变量等对旅游市场进行细分。市场划分越细，定位越准确。

（1）影响旅游资源开发市场定位的因素

所开发产品的功能特点。通常，观光型产品市场适应面宽，但其为基础性产品，类似产品最多；休闲度假型产品适应于中、高收入，享受型旅游阶层，对低收入阶层吸引力不太大；专题型产品市场适应面较窄，但市场针对性较强，对专题偏好型旅游者吸引力较大；综合性产品市场面最宽，但产品针对性不强，往往受竞争对手影响较大。

资源地的地理区位特点。据研究，我国80%的城市居民，出游半径一般局限于距城市500km范围内。良好的区位位置可吸引来大量的客源，即就是产品的品位不是很好，也可带来较好的市场效果。所以，一般资源开发的市场定位常把资源地周边200～500km范围内的客源地，特别是城市作为资源地的目标市场。对于产品级别高，但区位位置不好，交通可达性较差的产品，市场吸引力会相应减少，所以一定要在产品的稀缺性、特色性上下功夫，以弥补在区位位置上的不足。

潮流产品，即现在或将来可能受市场欢迎的产品，此类产品往往很受喜欢猎奇、冒险、不爱从众的中、青年人特别是青年人的青睐。

客源群体的旅游偏好，旅游者的旅游偏好往往受职业、教育程度、文化背景、经济收入、性别、年龄、家庭、朋友等因素的影响。市场定位需要考虑游客的旅游偏好，从其旅游偏好需求来确定市场定位。

(2) *旅游资源开发市场定位的方法*

1）市场调查法。就是在资源所在地市场或其周边的旅游市场进行深入、细致的旅游市场调查，主要内容包括：游客构成（年龄、性别、职业、家庭、人数等)、出游次数、旅游偏好、散客或团队、社会阶层、旅游花费、停留时间、出游月份等。在此基础上，再进行科学、量化的市场分析，以确定资源地客源定位。此法适用于所有类别的资源开发市场定位。

2）类比分析法。通常，同类别的旅游资源及其旅游产品，其市场吸引力具有可比性，特别是地理区位相当，旅游产品相近似的资源地。所以，市场定位可以到周边相近旅游资源地获取旅游市场资料，根据同类资源的市场吸引力状况，来进一步确定资源开发地的旅游市场定位。此法适用于专题性较强的旅游产品的市场定位。

3）地理区位法。对于一般的旅游资源，在研究旅游市场定位时，可选择以资源地为中心，向外辐射100～500km的范围作为一级、二级目标市场。此法虽过于简单，但对于交通不便，资源吸引力有限的旅游资源开发地具有一定的意义。但资源的品位较高时，就不能简单地用这种方法，而要采用市场调查法等。

4）市场分析法。就是规划设计人员根据历史、现实和将来的旅游市场需求，在科学地分析研究市场趋势的基础上，以资源的特色以及将开发的旅游产品为核心，恰当地确定资源开发市场定位的方法。此法要求设计人员具有较强的业务素质，并能深入地了解市场，预测市场。

5）特尔菲法。旅游市场定位的准确与否，决定了资源地将来的市场促销效果。特尔菲法是以问卷形式对专家进行意见咨询，然后汇总专家意见并将其作为问题解答的一种方法。通常，专家人数以20～50人为宜，专家意见在不受影响前提下给出，可采用1～2轮征询，亦可3～4轮征询，次数越多，效果越好。旅游资源开发市场定位采用此法效果较好，但往往受条件制约，即本领域的专家人数有限的制约，且花费时间、经费较多。

总之，旅游产品定位和旅游市场定位是旅游资源开发工作中最为重要的内容，且两者有着非常密切的关系。旅游产品定位（即产品功能选择）决定着旅游市场定位，而旅游市场需求的发展趋势又反过来成为旅游产品定位的选择基础，通常所说的市场导向模式即包含着这一层含义。

第二节 旅游资源开发的模式

由于旅游资源性质、价值、区位条件、规模、组合、结构以及区域经济发达程度、文化背景、法律法规、社会制度、技术条件等方面因素的不同，加之旅游资源开发的深度和广度不一，使得旅游资源开发的模式也趋于多元化。根据不同的影响因素和划分标准，旅游资源开发的模式可归纳为不同的类别。

一、按资源类型划分的旅游资源开发模式

1. 自然类旅游资源开发模式

自然类旅游资源是指由地质、地貌、水体、气象气候和生物等自然地理要素所构成的，具有观赏、文化和科学考察价值，能吸引人们前往进行旅游活动的自然景物和环境。自然类旅游资源以其特有的天然风貌和纯朴本色，对旅游者特别是来自城市的旅游者产生强烈的吸引力。它可供旅游者进行游览、度假、休憩、避暑、避寒、疗养、学习、漂流、划船、垂钓、狩猎、冲浪、滑雪、登山、探险、野营、考察等旅游和娱乐活动。有些自然类旅游资源不经过开发，原汁原味就可吸引旅游者开展旅游活动，但绝大多数自然资源都要经过开发建设，才能具有较强的吸引力，方便旅游者进行旅游活动。开发建设的主要内容是交通线路布设、协调配套的旅游设施，包括各种基础设施和旅游专用设施等。但是在建设的同时，又要力求保持自然景观的原始风貌，减少人为因素的干扰和建设中的破坏。

自然类旅游资源一般具有观光游览、休闲体验、度假享乐、康体健身、参与性游乐、科学考察以及各种专题性旅游等功能。一般来说，观光为基本性功能，像地质地貌类资源还具有康体健身、登山探险、运动休闲、科考教育等功能；水体类资源兼具有康体健身、漂流（潜水）探险、参与性游乐等功能；气象气候与生物类资源则具有休闲体验、度假享乐、科考教育等功能。

自然类旅游资源的开发一般要尽量突出资源的本色特点，在保障旅游者可进入以及环境保护设施达到要求的前提下，尽量减少和避免人为的干扰性建设以及

资源地的城市化倾向，使之源于自然，体现自然。而对于自然、人文相互交融的旅游资源，由于人类对大自然的长期作用，往往在资源地打上了深深的烙印，这类资源开发应在突出自然美的基础上，深入挖掘其文化底蕴，做到情景交融，自然美和人文美交相辉映，相得益彰。

2. 文物古迹类旅游资源开发模式

我国是世界历史文明古国，文物古迹类旅游资源极为丰富。这类旅游资源是我国发展旅游业的优势所在，从某种程度来说代表了我国作为中华文明古国在世界上的旅游形象，其开发价值极大。

文物古迹类旅游资源是人类文明的瑰宝，具有观光游览、考古寻迹、修学教育、学习考察、访古探幽、文化娱乐等多种旅游功能。既可供游人参观瞻仰，又可进行考古研究和历史教育，同时还可以深入挖掘其历史文化内涵，开展形式多样、参与性强的文化娱乐活动，如作坊文物复制、故陶器制作、古乐器演奏等。文物古迹类旅游资源一般都和历史文化名城相伴而生，并以历史文化名城作为依托。因此，开发文物类旅游资源，主要着眼点应在于历史文物古迹的修缮、整理、保护，并向游人说明和展示其历史价值之所在。此外，文化古迹类旅游资源的开发还要与城市的总体发展规划结合起来，使历史文化名城既保持其历史性和文化性，又满足现代社会的需要。

文物类旅游资源的魅力在于其历史性、民族性、文化性和科学艺术性，其开发也应从展现资源的历史价值、科学价值、艺术价值、民族文化价值、美学价值、稀缺性价值等方面入手，着重反映和展示资源所代表的历史时期的政治、经济、文化、社会、文学艺术等的发展水平及其历史意义，着力打造特色鲜明、主题突出的文物类旅游产品。文物古迹类旅游资源是在漫长的历史长河中逐渐形成的，具有不可再生性。一旦受到破坏，将永远消失，因而在开发中一定坚持“保护第一，可持续利用第一，在开发中保护，在保护中开发”的原则。

3. 社会风情类旅游资源开发模式

异国风情，他乡风俗习惯也可以成为吸引旅游者的重要因素，我国的 56 个民族是社会风情类旅游资源最广泛的基础。该类旅游资源主要是以人为载体的，通过人的生产劳动、日常生活、婚丧嫁娶以及人际交往关系等行为方式而表现出来。所以，参与性是其第一大旅游功能；同时，动态性强是其第一大特点。社会风情类资源往往具有表演性、活动性和精神指向性，体现当地独特的、不为人知的、差异性极强的民风民俗和人文特征。此外，该类旅游资源还具有传播文化，促进交流与合作的作用。所以，社会风情类旅游资源具有观光游览、愉悦体验、文化交流、参与性游乐等旅游功能。

与其他旅游资源地开发方式不同，社会风情类旅游资源的开发利用更强调参与性、动态性和体验性，要尽可能地使旅游者参与到旅游地的社会活动和民俗仪式中去，让他们对当地的社会风情、民族习惯有一个切身的体验。具体可以通过举办各种富有当地特色的旅游活动来吸引旅游者。这里需要指出的是，对这类旅游资源的开发一定要保持当地风情的原汁原味，不能单纯为了商用目的而改变或同化了当地民风民情的特色。如某一个小城镇为了开发其非常具有特色的地方民歌，而专门修建了一座卡拉 OK 舞厅，让游客整齐的坐在表演厅座椅上，台上演员在卡拉 OK 光碟的伴奏下，演唱当地民歌，台下游客却昏昏欲睡。开发者本意是为了改变演出条件，但此种情形在城市里已司空见惯，毫无差异性，因而极不受欢迎。这一种开发思路失败的原因就是：改变和失去了民歌在田野山间对唱的地方特色。

4. 宗教文化类旅游资源开发模式

宗教文化是人类精神财富的一个重要组成部分，其深厚的哲学理念，虔诚的精神导向、强烈的信徒吸引力、深邃的文化艺术性，使它成为一种非常重要的人文旅游资源。一方面，宗教文化含有浓重的精神文化色彩，文化艺术性极强；另一方面，宗教文化具有较广阔的客源市场，不但对广大信徒有强烈的吸引力，而且也较受喜欢猎奇的非宗教信仰者的欢迎；同时，宗教活动具有浓厚的氛围、神秘的表演性和广泛的参与性，且节庆日多，易于开展各种专题旅游活动。

宗教文化类旅游资源具有观光游览、朝拜祭祀、猎奇探秘、参与性游乐等旅游功能。

宗教文化类旅游资源往往由宗教组织来进行开发，开发者深谙宗教特色和其内涵。但从旅游角度讲，开发时要突出其参与性、动态表演性和神秘性，并构建强烈的宗教氛围。重点展示宗教的活动特点、艺术特色、建筑物特征以及空间布局，开发设计时要留足进行宗教活动的空间场所。

5. 现代人工吸引物开发模式

改革开放以来，我国经济得到了持续快速的发展，由于交通条件的改善，各种基础设施的不断完善，使得可用于开发旅游地的各种现代人工吸引物大量涌现，成为一种新兴的旅游资源。这些资源主要可分为观光型和游乐型两大类。前者如上海东方明珠电视塔，以及北京、上海、深圳等地由整个城市新建筑群所构成的现代都市风貌；后者如深圳世界之窗，苏州乐园等主题公园。建造人工吸引物对于那些旅游资源缺乏，但又较好地具备开展旅游外部条件（如经济发达、交通便利、人口密集、客源丰富）的地区，是旅游资源开发一种最好的思路。它有利于增加旅游内容，延长游客停留时间，丰富当地居民的业余文化生活。

现代人工吸引物一般具有参与性娱乐、演艺体验、观光游览、休闲游乐等旅游功能。

建造人工吸引物投资大、周期长，且要和周围的环境、已有建筑物相互协调，是一种难度较大的旅游资源开发模式。它需要在地点选择、性质与格调确定、产品定位、市场定位、规模体量、整体设计等方面都进行认真细致的调研，并要特色突出，个性鲜明，在某一方面具有垄断性，注意大众化、娱乐性和参与性。

二、按投资主体划分的旅游资源开发模式

1. 政府主导型资源开发模式

对跨区域旅游资源开发和旅游区域内一些基础设施的建设，政府起着决定性作用。作为投资者的政府可分为中央政府和地方政府。其中中央政府投资主要集中于宏观意义上的，投资规模大、回收期长、风险大、跨区域、涉及多方利益的大型公益性开发项目上，如跨区域交通道路建设，能源基地、大型环保项目、码头、机场的修建。这些基础设施是旅游业赖于生存和发展所必须具有的基本条件，其他投资主体无力完成，只能由中央政府投资建设。地方政府的投资主要是地方的一些基础设施项目，如区域内除中央投资外的交通道路建设，标志性的、最初开发的、带动性强的、影响力大的大型旅游开发项目建设，主干旅游道路建设，大型水、电、能源、环保工程以及机场、码头的建设等。

该模式的特点是政府运用掌握的开发规划审批权力，对旅游资源开发进行宏观管理。开发资金的投入主要依赖中央、地方财政，但可能对一些公共设施的投入引入相关的市场招商引资机制。对具体的旅游开发项目不作具体干预，主要通过开发规划和行政审批来调控。该模式适用于旅游资源待开发区域以及经济欠发达地区的旅游开发，多见于铁路、高速公路、旅游专用公路、环保工程等旅游基础设施建设。

2. 企业主导型资源开发模式

企业主导型资源开发模式是指，地方政府将管辖范围内的旅游资源开发及经营权采用出让的方式，吸引投资商进行开发经营，政府只在行业宏观层面通过规划、政策法规、宏观市场促销等方式对投资、开发商进行管理的模式。按照投资企业的不同，可划分为不同的投资、开发类型：国有企业型，集体企业型和民营企业型以及混合经济型（国有、集体、非国有企业中的几个企业共同投资开发，按照股份制组成开发经营董事会）等。

这种模式主要针对的是不同类型的景区景点类的旅游资源开发项目。旅游景

区点类项目的管理相对简单，经济效益明显，投入产出比值高，投资回收期相对较短。近些年来，由于国内企业实力的不断壮大和投资领域的放宽扩大，出现了由几家企业联合，共同向某个旅游项目投资，按照现代企业制度管理的趋势。随着政府职能的转变，在未来旅游业发展中，企业投资开发经营旅游景区点将会成为我国旅游资源开发最主要的模式。

这种模式的特点是政府从宏观层面上管理市场、审批开发规划项目、制定法规和旅游发展战略等，不直接进行投资，而对于旅游资源开发项目引入市场机制，引导企业来开发建设、经营旅游项目，按照市场经济的法则来发展旅游业。该模式为我国鼓励和优先支持的旅游资源开发模式，适用于所有不同类型的旅游资源开发区域。

3. 民间投资型资源开发模式

民间投资型资源开发模式是指，一般的民营企业或个人投资于中、小型的旅游资源开发项目，或旅游区内开办的一些餐饮、住宿、购物项目，如风味饭馆、乡村旅店、农家乐项目等。这一类投资主体往往较注重投资的短期效益，追求投资回报率。他们或是以独资企业的方式，或是个体投资的方式，或是个体几人集资的方式，承揽、建设旅游开发项目。民间投资虽然只是单体或几个旅游项目的资金投入，但对于关联性很强的旅游业来说，却有着非常重要的意义。按照“谁投资，谁受益”的发展旅游业原则，民间资本投资旅游的积极性正在不断提高。民间投资为快速发展的旅游开发热潮注入了一定的活力，可以起到拾遗补缺的作用，为旅游者提供便利的旅游消费条件，是地方旅游业发展不可缺少的部分。

该模式的特点是投资规模一般不是很大，涉及的投资范围较宽，一些投资少，见效快的旅游开发项目较能吸引这一类投资者。此模式适用于旅游业发展较为成熟，且取得了较好经济效益的旅游资源开发区域，或旅游业正在起步的旅游资源的待开发区域。

4. 外商投资型资源开发模式

外商在旅游业的投资范围目前主要集中于宾馆、饭店、旅行社和汽车出租行业。投资方式以合资方式为主。为了进一步扩大旅游行业利用外资的能力，引导外商转向旅游基础设施以及旅游资源开发建设，将是中国旅游业吸引外商投资的重要发展方向。这种投资方式将更为灵活多样。如通过 BOT（built operate transfer）方式，进行某个旅游资源地的开发建设，即一般先由政府将该项目的投资权赋予某外商投资主体，让其独自投资开发建设，在项目建成后，允许该投资主体独立经营，以便让该投资主体在规定时期内收回投资并获得利润。在经营年限期满后，投资主体将把该旅游项目的经营权移交给当地政府。

这种资源开发模式的特点是投资规模可能很大，外商将带来先进的管理理念和管理模式，对地方旅游业发展可能起到一种示范带动作用。该模式适合于经济欠发达地区的旅游资源开发，或资源开发需要资金量很大，当地不可能进行开发的旅游项目。

以上几种模式并不是完全独立的，随着旅游资源开发投资管理体制的进一步完善，四种模式可能会相互交叉结合，共同完成旅游资源开发项目。“以政府为主导，以企业和外商为投资主体，民间和个人投资为投资补充，共同进行旅游资源开发”的模式，将会成为我国旅游业发展的主体形式。

三、按地域划分的旅游资源开发模式

1. 东部地区——精品开发模式

我国东部地区的社会经济发展水平高，对外交往联系密切，市场范围广阔，高素质人才集中，已形成了环渤海、长江三角洲和珠江三角洲 3 个旅游发达区，具有发展旅游业的综合优势。

东部地区旅游资源开发，应着眼于努力提升旅游产品层次和提高旅游资源开发水平。在原来旅游资源开发的基础上，着重突出构建旅游产品的精品项目，使低层次资源开发完全转变为高层次资源开发，为旅游者提供全面的、高质量的旅游产品和服务。在继续开发建设好观光游览旅游产品的同时，重点开发建设休闲度假会展商贸旅游产品，根据国际国内旅游市场需求，不断满足不同类别旅游群体的旅游产品需求。

2. 中部地区——特品开发模式

从地理位置看，我国中部地区位于从沿海向大陆内部经济梯级发展的中间过渡地带，有着承东启西、延承旅游业发展、转送旅游客流的区位条件。在旅游资源开发时，中部地区应根据自身所处的区位位置，紧密的联东启西，把东部的旅游业发达优势和西部的旅游资源优势结合在一起，建立起传承旅游的独特优势。

中部地区旅游资源开发，一方面着眼旅游设施的相对落后的现状，继续努力加强基础设施建设，改善发展旅游条件；另一方面要面对和东部旅游产品竞争所处的相对劣势，大幅度提高旅游资源开发和利用的水平，重点开发建设特色旅游产品，即发展专题旅游，以便能够和东、西部旅游产品形成优势互补，来吸引从东部入境的海外旅游者和东部客源市场游客。

3. 西部地区——极品开发模式

我国西部地区地域辽阔，是中国地形最复杂、类型最多样的旅游景观区域，自然、人文、社会风情旅游资源极为丰富，正处在资源待开发的旅游业发展期。其资源优势突出，但由于经济发展水平低，旅游观念、意识相对较为落后，绝大部分旅游资源正处于尚待开发状态；发展旅游业存在两大制约条件，一是生态环境脆弱，二是基础设施落后，旅游资源地可进入性较差。所以，西部地区发展旅游业的首要任务就是加快基础设施、服务设施和生态环境的建设，特别是旅游交通的开发建设。

西部地区的旅游资源不但数量多，而且种类丰富。很多旅游资源在全国甚至世界具有唯一性和垄断性。西部地区旅游资源开发，要充分利用这一重要优势，在大力发展旅游基础设施建设的同时，全力打造旅游资源开发的“极品”工程。一方面继续努力开发观光旅游产品，另一方面重点开发旅游极品产品项目，即开发具有不可替代性的专项旅游，面对和东、中部地区旅游产品的竞争劣势，能够以旅游产品的独有性和不可替代性来吸引境外及国内旅游者。如丝绸之路旅游产品，陕西历史文化旅游产品，云南风光及少数民族风情旅游产品等。西部的沙漠风光、草原风光和高原风光等旅游产品，也非常具有市场竞争力。

四、按资源、区位和经济条件综合划分的旅游资源开发模式

1. 价值高，区位优，经济条件好：全方位开发模式

这类旅游资源地，资源自身价值高，地理区位优越，且拥有良好的发展旅游业的经济社会条件，资源、区位、经济发展水平优势明显，因此，可以进行旅游资源的全方位开发。要重视充分有效地利用各类旅游资源；开展丰富多彩的各种旅游活动；完善旅游活动行为所需的各类层次结构，从行、吃、住、游、娱、购等6个方面，满足旅游者的需求，特别要重视开发购物场所和娱乐设施，提供专项特色服务，提高旅游服务档次，增加旅游收入中弹性收入部分的比例。

2. 价值高，区位一般，经济条件差：重点开发模式

这类旅游资源地资源很丰富，且价值高，对游客的吸引力强，但地理区位一般，经济发展水平较差。由于地方经济条件的限制，往往缺乏发展旅游业所必需的开发资金，因此，这类旅游地的开发要积极争取国家或上级政府的扶持资金；或转让资源开发经营权，多方争取区外、境外资源开发资金，有选择地、有重点地开发一些受市场欢迎的旅游资源项目；同时，还要进一步改善交通条件，提升旅游目的地的可进入性，并完善旅游服务配套设施的建设，提高旅游服务质量，使地方旅游业得到快速发展。

3. 价值高，区位、经济条件差：特色开发模式

这类旅游资源地资源价值高，加之常年“深处闺中人未知”，往往带有很强的神秘色彩，对旅游者有很强的吸引力，但由于地理位置偏僻，交通条件差，旅游者的可进入性差，加之地方经济落后，导致旅游资源开发成本加大。这类旅游资源大多处于未开发或初步开发状态。其开发的关键在于改善进出交通条件，故将改善区域交通条件作为突破口，同时，应有选择地开发一些高品位的、有特色的旅游资源，开展一些市场针对性强的特种旅游活动，并逐步配备相应的服务接待设施，进而培育和改善旅游业发展的环境和条件。

4. 价值低，区位好，经济条件好：参与性游乐开发模式

这类资源地由于区位条件和区域经济发展水平较好，因此具有发展旅游业的社会经济基础，但缺少高品位的旅游资源。资源开发时要充分利用区位优势和经济优势去弥补资源贫乏的劣势。在注重利用现有资源的基础上，可开发建设娱乐型、享受型、高消费型的旅游开发项目。如参与性较强的主题公园类等人工旅游景区点，像游乐园、娱乐天堂、欢乐谷等。同时，还应看到当地经济发展水平高，居民消费能力强，旅游资源开发要注意完善旅游活动所需的各种配套设施，满足不同层次旅游者的需要。

5. 价值、区位、经济条件都一般：稀有性开发模式

这类资源地无明显优势，资源价值、地理区位、当地经济发展水平都属于中间状态。资源开发时，要注意对旅游资源进行分级评价，重点开发周边市场所缺少，且可能受游客欢迎的旅游资源项目，创造区域内的拳头旅游产品，还要进一步改善区位交通条件，提高旅游服务质量，赢得市场赞誉，同时加强对外宣传和促销，逐步树立鲜明的旅游形象。

第三节 旅游资源开发程序

不同的旅游资源开发，由于其目标市场定位、旅游产品定位和游客的旅游方式不同，具体的开发过程也有所差异。但总的来说，旅游资源开发都要按照一定的程序来进行。旅游资源开发一般可按5个步骤（图19.1）来实施开发。

一、确定开发项目

确定开发项目就是根据当地旅游资源的特色，旅游市场需求特点和区域经济

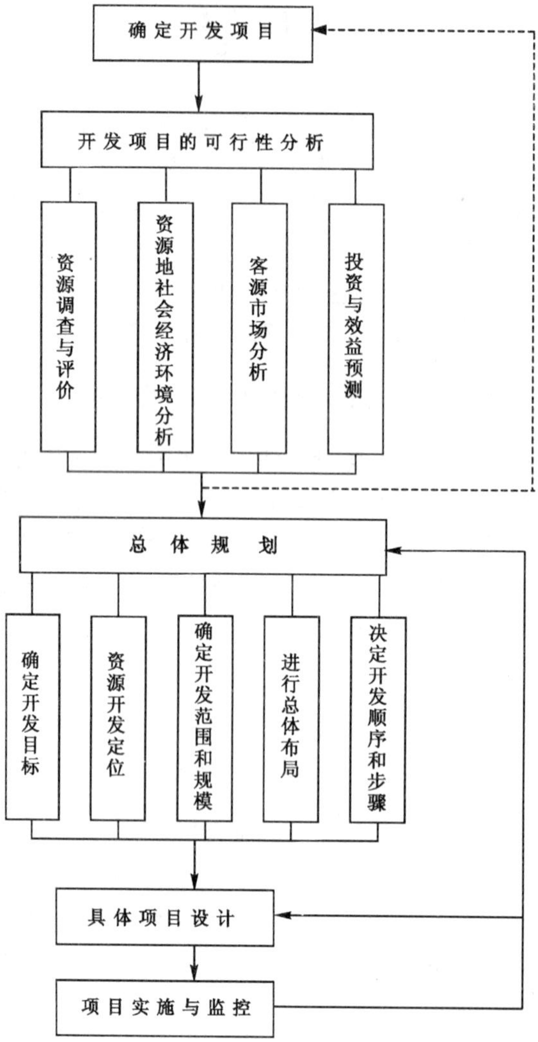

图 19.1　旅游资源开发流程图

发展水平，选定要开发的旅游资源项目，并对未来开发工作有一个初步的构想。这是旅游资源开发工作的起点。选定资源开发项目的基本依据是：旅游市场需求趋势，区域旅游资源特色，地方经济发展水平，区域旅游业发展的主体形象等。

二、可行性研究

进行可行性研究就是要论证项目中所涉及的旅游资源或旅游项目，是否具有开发前景，是否具有开发建设的必要性和可行性。分析论证是建立在广泛、深入地实地勘察调查，以及科学地旅游资源分析评价和其他相关因素的客观测评基础之上的。它不仅要研究现实的旅游资源质量、开发条件、开发的必要性、建设的可能性，而且还要对开发前景做出科学地分析与预测。如果项目可行，则进入下一步工作，否则将重新确定新项目。可行性研究的结论直接影响到一个项目的命运。认真、细致地进行可行性研究，是旅游资源开发必不可少的重要环节。

旅游资源开发的可行性研究主要包括 5 个方面：

1. 旅游资源调查与评价

旅游资源调查与评价是一项摸清家底的工作，其目的是了解旅游资源的丰富程度、质量、数量、优势与劣势等，作出客观、定量、科学的评价，以便为该地区旅游业发展和旅游总体规划提供参考依据。此项工作一般可按国标《旅游资源调查、分类与评价》来进行。

旅游资源调查的主要内容包括：旅游资源的种类、性质、数量、体量、特色、结构与空间分布等。对于自然类和人文类旅游资源，在调查前述内容的基础上，前者还应解释其成因及演变；后者还应查清其历史渊源、演替以及文化、艺术特征等。

旅游资源评价是在调查摸底的基础上，对旅游资源及有关条件进行深入地剖析和研究。具体是指运用定性、定量两种评价办法分析评价。评价资源要素价值(观赏游憩，历史文化、科学艺术，珍稀奇特度，规模丰度与概率，完整性等)、资源影响力（知名度和影响力，适游期或适用范围）和环境保护与环境安全等，评定旅游价值、功能、空间组合特征及旅游容量。旅游资源评价的结果对旅游资源开发利用的方向和旅游地建设与发展都将产生直接影响，是判断项目可行与否的重要依据。

2. 旅游资源地社会经济环境分析

旅游资源开发不可能孤立于当地的社会经济环境条件之外，必然要与周围环境发生联系。一方面区域的社会经济发展水平和外部环境的优劣，反映了进行资源开发的能力、实力和条件；另一方面当地的社会经济环境则反映了对资源开发提供的保障情况。当地社会经济发展水平是旅游资源开发的宏观条件。没有一定的社会经济基础，旅游资源开发工作很难顺利进行。所以，在一个旅游资源开发项目正式启动之前，必须对资源所在地的社会经济环境进行科学的分析。

资源所在地的社会环境分析主要包括以下几个方面：当地居民旅游观念，对旅游开发的态度；当地政府对旅游开发的支持力度；有关旅游的法规政策；发展旅游业可能带来的文化、社会影响；就业影响；旅游资源地容量；生态环境容量，旅游者心理容量以及开展旅游活动的外部大环境等。

旅游资源开发是一种经济行为，要求资源所在地必须有一定的经济基础。资源所在地的经济条件分析包括对当地经济现状（如 GDP，人均 GDP，人均可自由支配收入，物价指数，购买力，交通，通信，水电设施等）和发展潜力分析，对资源开发的经济支持、保障能力的评价，以及经济影响评价和控制分析等。

3．客源市场分析

旅游资源开发成功与否主要是看开发后目的地能否吸引一定数量的游客。因此，旅游资源开发可行性研究最关键的问题之一便是对客源市场的分析。客源市场分析首先要求调查研究客源地的地理位置、与目的地的距离以及区域特征；客源地的社会与经济发展状况；每年居民的出游率、出游人数和人均消费；主要出游目的动机；风俗习惯、宗教信仰、民族特征和爱好；公众对旅游活动的态度和参与兴趣；客流量的季节性变化；旅游者的人口统计学特征，如年龄、性别、职业、受教育程度等。这部分内容往往是通过实地调查才能获得，这项工作既耗时又费钱，但却非常重要。其次是研究市场制约因素，如旅游产品空间竞争力，市场竞争态势等。最后预测客源市场的游客数量、人均消费、消费总值等。

4．环境影响分析

旅游资源开发必然会对资源地的周围环境带来两个方面的影响，一因为资源开发项目的实施要修建旅游交通设施（如道路、营运车辆、索道甚至观光电梯等），游乐设施，游憩设施，餐饮、住宿、购物设施，给水、排水设施，环保设施，通信设施等物化建筑物和构筑物，必然会对资源地环境产生不可避免的开发性影响；二因为项目开发建成后旅游者群体性进入旅游区，其旅游活动也会对目的地的环境产生影响。这两种影响从开发角度讲应减少到最小程度，但一些影响是不可避免的。所以，就要分析和评估这种影响的类别、大小、程度、范围以及可弥补的措施等。如果是对环境的影响太大，或可能造成不可挽救损失的项目，则应从可行性方面提出质疑，停止项目开发，或另选方案。一般，环境影响分析要从定性、定量方面提出明确意见。

5．投资和效益分析预测

充足的资金投入是旅游资源开发的重要保证。吸引资金投入的主要因素是资源开发后的可观的效益特别是经济效益。旅游投资消耗多、风险大，资金筹措往往比较困难，通常是可行性研究看好的资源开发项目更容易获得足够的投资。

投资总额的估算一般要根据资源开发的具体项目，如交通、游乐设施、基础设施、环保设施等，分类计算出投资额，再汇总出投资总额。这项估算一定要准确核算当地的原材料价格以及建设费用，使估算出的数据具有可信度。

进行投资效益评估时，要利用从客源市场分析中获得的年游客预测人次规模、人次消费金额，年人均消费水平等资料，根据预算投资额，资金流动周期，从中核算出旅游收入总额、投资回收期限、投资回收率和赢利水平等。

获取更多的经济收益是旅游资源开发的主要目的之一，因此投资回收率高、投资期限短的开发项目常被视为可行性较好的项目。经济效益虽然是旅游资源开发项目可行性论证的重要标准，但不是唯一标准。也有一些项目的建设不完全是为了获得经济效益，而是为了取得经济、社会、环境等多方面的综合效益或为了实现某种特殊目的。因此，在可行性研究中，应首先明确项目建设的目的，目标不同，评价标准也会有所差异。

效益分析既指经济效益分析，又指社会效益、环境效益分析，主要包括增加就业机会、促进基础设施建设和文物、环境保护工作、生态环境建设、促进国家或区域间的文化、科技和信息交流等。只有具有明显的经济、社会和环境效益的旅游资源开发项目才是可行的、具有开发前景的。

以上5个方面是一个有机的整体，相互联系，相互渗透，是综合判断旅游资源开发项目是否可行的具体标准。5个方面的分析研究构成了研究报告的总体框架结构，最终形成可行性研究报告。

三、总体规划

所谓总体规划，就是在资源调查与评价的基础上，根据市场需求，为实现发展目标而进行的项目计划的设计过程与实践过程，是从总体上指导开发建设工作的计划和蓝图。旅游总体规划是对于可行性研究得到肯定的旅游资源开发项目，在正式建设之前所要经历的一个计划设计过程。其目的是为了增强资源开发工作的计划性、科学性，避免随意性和盲目性。制定总体规划，主要包括5个方面的工作。

1. 确定发展目标

目标是指某项决策、规划、工作、研究等的发展努力方向和所要达到的目的。旅游资源开发的目标可分为区域的经济发展目标、环境建设目标、社会发展目标、遗产保护目标、基础设施建设目标等。不同的开发项目，往往具有不同的目标，或几种目标兼而有之，各有侧重。在制定总体规划时可将不同的目标进行排序，划分为第一、第二、第三……目标，各个目标逐一落实，最终使每个目标都能够得以实现。但必须有一个总体目标，且要求量化，如在某一时段内，资源开发区接待的游客人次总数，旅游总收入，开发建设程度，规划区的知名度等。

另外，从时序方面可把开发目标划分为总体战略目标和阶段目标（如近期、中期和远期），用来调控旅游资源开发进程，以便在开发中不断找出差距并加以修正，使开发工作能顺利进行。

2. 旅游资源开发定位

定位实际上是一种理念的表达，是管理者管理、发展目标的策划和确认，是消费者的被感知。从市场营销学的角度讲，旅游开发定位是旅游资源开发者为适应旅游者行为，而设计确定的旅游资源开发方案及市场营销组合。进行定位的目的是将组织的营销策略与竞争者的区分开来，实质是制定一种能比竞争者更好地为目标市场服务的营销策略。

旅游资源开发定位包括以下 4 个方面。

（1）形象定位

即在旅游者心目中树立起一个鲜明的、独特的形象，以满足旅游者的某种需求和偏好。在旅游资源开发初期，旅游资源的形象主要是旅游者心目中的基础形象，故目标市场的选择和市场定位是形成形象的主要因素；开发后期则是形象的完善，依靠旅游资源的价值、声誉、市场份额及受游客青睐的程度等。

（2）功能定位

即旅游资源适应于开展的旅游活动的总体功能。旅游活动行为由低级到高级分为基本层次、提高层次和专门层次（图 19.2）。基本层次是游览观光，客源市场需求面最广。一般而言，旅游地若缺乏观光基础，便谈不上旅游。游乐和购物旅游是旅游活动的提高层次。客源市场需求面次之。专门层次的旅游活动包括多种多样的特种旅游，如休闲度假、疗养康体、科学考察、宗教朝拜、登山探险、会展商务等旅游活动。它的市场面相对较窄，但非常专一。从旅游需求角度讲，基本、提高和专门三种层次的旅游需求构成了一种金字塔结构。由于旅游资源的

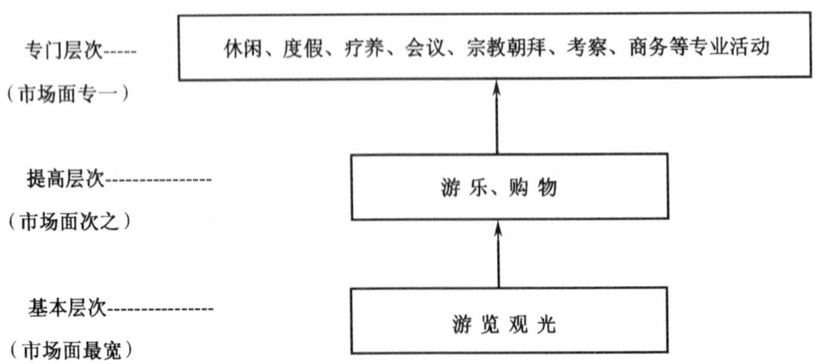

图 19.2　旅游活动类型的层次

性质、类别、价值不同以及客源市场的消费水平、偏好各异，因此，不同旅游地的旅游行为层次各有侧重，这一点就体现在旅游资源开发的功能定位，即旅游产品定位上。

(3) 市场定位

即确定目标市场。旅游区的目标市场一般分为3层：境外市场、全国市场和地方市场。境外市场指的是外国旅游者、华侨和港澳台同胞所构成的旅游市场。这些旅游者经济基础好、消费水平高，因此对景区和旅游服务的要求也比较高。以此为目标市场的旅游资源开发项目，要坚持以高标准进行开发建设，并尽量和国际旅游产品水平接轨。全国市场是指除本区之外的其他国内旅游者构成的市场。这些旅游者的消费水平比国际旅游者低，但和目的地的距离相对较远，仍然要求有高质量的产品和配套的服务。因此，以全国市场为目标市场的旅游资源在开发建设时，要遵循高质量、优服务的建设原则。地方市场是指由本地区居民构成的客源市场，这些旅游者以休闲、游憩为主要目的，对设施和服务的配套性要求相对不高，追求的是旅游区的安逸、清静或娱乐性。对于多数旅游区来说，目标市场的3层结构经常是相互重叠的，所以在进行旅游资源开发市场定位时，要兼顾3种客源市场，但也不能面面俱到，要重点考虑一种主要目标市场。

(4) 模式定位

根据不同的标准，旅游资源开发可分为若干模式。如何确定合适的开发模式，在本章第二节已有详细阐述，此处不再赘述。

3. 确定规划区范围、规模和性质

确定旅游资源开发规划区的范围和规模，就是决定旅游区的空间尺度。任何景点或景区都必须有一定的范围界限，这既是开发的要求，又是保护的范围界定。只有明确了范围之后，才能进行具体的、全面的开发、管理和保护。范围界定和开发规模确定，要从有利于开发和保护的角度出发，注意保持景观的完整性、连续性和方便于开展旅游活动，且不应受到行政区划的限制。自然类规划区常以山脊线、山顶、沟谷边界线、河流、道路、资源地轮廓线等，来作为边界划分标志。人文类旅游区常把人文资源的客观分布范围作为划分规划区范围。规划区的规模常受到旅游资源分布体量的制约。

规划区的性质主要根据旅游资源的性质、旅游产品的定位来确定。

4. 进行项目总体布局

总体布局是总体规划的关键一步，主要是确定各种规划要素的分布位置以及功能区的布局等。不仅是对景点、景物的定位，而且包括交通线路的规划和服务设施的安排布局，同时，还要设计规划区的旅游线路，并为未来的旅游区扩展计

划留有余地。几个方面相互平衡和协调，形成一个统一、完善的布局。总体布局要遵循综合协调、集中紧凑，方便游客，利于环境保护的原则进行。

5. 决定开发顺序和步骤

由于人力、物力、财力的限制，旅游资源开发项目一般不能同时全面进行开发，而应有选择、有重点、有时序地分期建设。在保证重点项目开发的基础上，不断增添新项目、新产品，以旅游资源开发为核心，并逐步建立、建全行、住、吃、游、购、娱等旅游服务和配套设施，逐渐形成完善的旅游服务配套体系。

以上 5 个方面构成了总体规划的主要内容，最终形成总体规划方案。总体规划方案可参照国标《旅游规划通则》来进行编制，并可根据具体情况做出相应的调整。有些重大、重点规划项目，可面向社会公开招标，形成两套或以上的总体规划方案，最终择优选取一种，或以较优方案为主，吸取其他方案的优点，综合成一个更完美的方案。这种项目往往需要有充足的资金支持。

四、具体项目规划设计

总体规划只是从总体上对旅游资源开发项目进行宏观规划，不可能对具体项目进行微观设计。具体项目规划设计即所谓的旅游详细规划和旅游修建规划等。与总体规划相比，具体项目规划设计更加复杂，更加精细，任务也更加繁重。

从设计对象上看，具体项目规划设计可分为景点景物设计和旅游设施的设计，如饭店、餐饮设施，娱乐设施，交通设施，环保设施等的规划设计。具体项目规划设计的内容包括每个具体项目的选址、建设规模、等级、式样、完成期限以及所需的投资额等。具体项目设计主要是指建筑和土木工程的设计以及一些旅游活动项目的策划设计，设计要满足功能需求及美学需求，要保持经济价值观与艺术价值观的平衡，将规律性与变化性合理组合，使环境充满生气且各个具体项目相互和谐，确保管理科学，游客方便，技术可行，经济合算。

五、项目实施与监控

有了总体规划和具体项目的规划设计方案，在按照法定程序上极相关部门审批之后，旅游资源开发工作就可以付诸实施建设。在建设过程中，需要解决的是资金筹措和部门分工的问题。筹措资金的方式多种多样，可以采取政府融资，集体融资，私企融资，或国际融资等方式。融资形式可以有自筹资金、银行贷款和证券融资（股票、债券）等。为了保证开发项目的顺利进行，必须成立一个专门的组织机构，负责整个项目的领导、指挥、协调和监管，以保证各部门能合理分工，劳动力资源能有效配置。

实施过程中应随时对开发的工程质量、经济支出进行统计监管，将统计结果与预定目标和财政预算进行比较，找出偏差及其原因，从而调整实施方案或预定目标，但前提是基本按总体规划执行，保证旅游资源开发过程中的动态平衡。

案例分析——深圳市华侨城的旅游开发定位

深圳市华侨城是由“锦绣中华”、“中国民俗文化村”以及“世界之窗”等大型人造主题公园组合而成的著名旅游区。其规划科学，功能齐全，环境优美，风尚文明，管理先进。据2003年9月8日有关媒体报道，2000年以来，该主题公园已连续3年实现利润稳定在亿元以上，在全国实属难得。华侨城的成功，得益于其科学的开发定位，独特的旅游项目及其丰富的文化内涵，良好的区位，优质的服务和科学的管理等。

文化旅游的定位，使华侨城走上了宽阔的发展大道。中华民族是一个具有悠久历史的伟大民族，中国文化博大精深，但外国人对我们了解得非常少。融华夏的自然风光，人文景观于一体，集千种风物、万般景象于一处，经过微缩处理，成了一处具有中国特色和现代意味的“锦绣中华”。华侨城的旅游业，从一开始就植根于文化。

华侨城位居深圳，毗邻香港、澳门，背靠经济发达的珠江三角洲，优越的区位条件带来了丰富的客源。华侨城人瞄准了两个600万，一是600万香港居民，二是每年来港旅游的600万各国旅游者。此外还有深圳300万本地居民以及每年500万来自全国各地的出差人员和观光客。中国人需要形象地认识自己，外国人希望集中地了解中国；海外人需要了解中国的历史和民族文化，中国人则需要了解世界的历史和文化。主题由此产生，并先后形成了锦绣中华、中国民俗文化村和世界之窗的蓝图。“一步跨进历史，一天畅游中国”、“您给我一天时间，我给您一个世界”，锦绣中华和世界之窗的这两句宣传口号，正是策划者的总体构思的高度概括。

华侨城人把文化的民族性、延续性和区域性与旅游需求的观赏性、娱乐性有机地结合起来，紧紧抓住文化这一主题不放，并在各个景区确立了明确的宗旨，鲜明的主题和内容。如兴建中国民俗文化村时提出“要淋漓尽致地表现我们民族文化的广度和深度”，“看到我们民族从远古走来的足迹，了解我们民族的未来、对生活的憧憬、追求和愿望”，要“弘扬民族文化，振奋民族精神”，并提出“源于生活，高于生活，存良去陋，有所取舍”的建园原则。在建设上提出了“屋（村、寨）、景（自然景观）、林（树木）、情（民俗风情）并茂”的要求，其中的情就是动感的体现。在旅游活动项目上安排了富有民族特色的歌舞表演，或模拟各族人民日常生活的场景、节日庆典、婚庆喜宴等活动，演员边讲边演示，让游客参与欢乐。而动感的最集中体现，是民俗村和“世界之窗”夜晚的欢乐大巡游及歌舞艺术表演。民族歌舞团和亚洲艺术团的演出，将人们的游兴推向高潮。华侨城主题公园的大型文艺表演的艺术水准和常演常新的内容，是华侨城旅游文化的精彩之笔。

在表现形式上，深刻发掘和准确把握了中国民族文化的底蕴，以朴实、原始和天然的美吸引着中外游客。在建设质量上，从总体布局到每一座建筑、雕塑、庭院、小径，以至指路牌、路灯柱、小商亭、休息椅、电话亭、垃圾箱、洗手间和花草树木，无不精心设计，精雕细琢。从竹木草石自然材料的选用到色彩造型，都力求同景区的主题相融合，同主体建筑互相衬托，浑然一体。

在经营管理上，除借鉴国外先进管理经验之外，华侨城积极进取，不断创新。锦绣中华我国第一家在旅游景区推进ISO9000的企业，制定了职业道德标准和服务要求，总结出了“治事（管理景区）先治人（管理好员工），治人先治规”（各项规章制度）的经验。不断推进经营管理的科学化、规范化。华侨城坚持每年开展优质服务活动，旅游活动项目不断地推陈出新，自身的特色更加鲜明，景区保持了旺盛的活力和长盛不衰的魅力。新增了圆明园大型微缩景观，开辟了“名人植物园”。中华民俗村兴建了中心剧场，改造了民俗文化广场，先后推出“中华百艺盛会”等多项大型广场节目。深圳世界之窗在开业之后，增加了“火山爆发”表演，增设了“侏罗纪公园”，推出了“梦之旅”等数种大型广场节目。

华侨城人成功的因素是，准确的旅游市场定位和常变常新的旅游产品定位。巨大的旅游客源市场是华侨城成功的重要保障，而产品紧跟旅游市场需求潮流是其成功的吸引力效益所致。产品定位方面在抓好观光旅游、娱乐旅游、特种旅游和休闲旅游等4大旅游活动类型的基础上，不断开发与市场需求吻合的全新旅游产品，不断开展旅游与文化，旅游与节庆，旅游与科技，旅游与媒体结合的创新，为旅游者提供更加丰富，更具有吸引力，更多姿多彩的新体验旅游产品。深圳华侨城的成功，为国内旅游资源匮乏区旅游业的开发提供了可供借鉴的经验。

复习思考题

1. 旅游资源开发应准备哪些条件？

2. 根据旅游资源的类型，旅游资源开发可分为哪几种模式？

3. 针对区位条件、资源价值和区域经济背景的不同，旅游资源开发应分别采取哪些措施？

4. 试述旅游资源开发的程序。

5. 简述旅游资源开发可行性研究的主要内容。

6. 旅游资源开发总体规划包括哪些主要内容?

7. 简述旅游资源丰富，且等级较高的经济不发达地区，如何进行旅游资源开发?

8. 深圳华侨城成功的经验是什么? 旅游资源匮乏区域如何进行旅游开发?

9. 我国东部和西部为什么要采用不同的旅游资源开发模式?

10. 自然旅游资源和人文旅游资源在旅游功能方面有哪些异同?

第二十章　旅游业可持续发展

学习提示

一、主要内容

- 旅游资源保护
- 旅游资源开发影响
- 旅游资源可持续利用

二、学习重点

- 掌握旅游资源保护的必要性及实现资源保护、环境保护、社会文化保护的措施及对策
- 了解旅游资源开发的各种影响，掌握旅游业可持续发展的内涵以及旅游资源可持续开发的基本内容
- 明确生态旅游的含义及其与旅游业可持续发展的关系，了解旅游业可持续发展的趋势与实现途径

第一节　旅游资源保护

一、旅游资源保护的必要性

1. 保护生态环境和人文环境的需要

旅游资源是发展旅游业的基础。随着20世纪后期旅游业的蓬勃发展，在旅游业带来巨大的经济、社会以及环境效益的同时，人们也逐渐认识到旅游业发展对环境的影响。自然旅游资源作为地理环境的重要组成部分，是历经亿万年自然和人类演变过程得以保存下来的珍贵产物。它们中有些是不可再生资源，若保护不当，轻则使其失去原有景观魅力，重则可导致其从地球上消失，从而使生态平衡遭到破坏。人文类旅游资源特别是级别较高的文物类旅游资源，是经数千年的历史演变及文化演替而保存下来的珍贵遗存，具有极强的不可再生性，一旦破坏，永不再生，同时也破坏了区域的人文环境。因此，保护旅游资源是保护生态环境的需要，是维持生态平衡的需要，也是保护人文环境的需要。

2. 保护旅游地文化的需要

旅游的文化属性是旅游业得以发展的基石，旅游地的文化差异是吸引旅游者千里迢迢趋之若骛的重要原因。旅游地本土文化记载了当地历史发展的轨迹、社会变迁、风土民情的形成、社会风俗的传承等，是人文旅游资源中最鲜活、最具吸引力的组成部分。风格迥异、千姿百态的文化遗产是吸引旅游者前来游览、推动当地旅游业发展、促进旅游地经济繁荣的基础。国外有学者认为，旅游有殖民文化的倾向，使文化趋同而失去文化的个性和特色，此观点虽过于偏激，但也具有一定的可参考之处。在进行旅游开发时，一方面规划设计应尽量保持旅游地原有的文化特色；另一方面在旅游运营过程中，应采用切实措施，保护旅游地本土文化不受外来文化的影响，避免不土不洋、不伦不类现象的出现。如有一些很有建筑特色的古镇，临街的墙面上贴上了瓷砖，大量的临街屋内原主人已搬出，代替的是商店、购物店经营者，太多的商业气使古街失去了特色。

3. 保护旅游业的需要

旅游资源如不能得到很好地保护，旅游业就得不到健康发展。在旅游资源经开发变成为旅游产品的过程中，经常会使旅游资源受到不同程度的影响甚至破坏，从而降低或失去旅游资源的质量或品位，弱化自然旅游资源的美学特征及观赏性，丧失人文旅游资源的历史文化价值及文化内蕴，最终减少了旅游资源对旅游者的吸引力；严重者甚至降低旅游资源的“重复使用性”，严重地影响旅游业的发展。从这一角度上讲，保护旅游资源就是保护旅游业的健康、良性发展。

4. 旅游资源可持续利用的需要

由于人们对旅游所带来的环境问题愈来愈关注，“旅游可持续发展”的概念也应运而生，其含义为，保护和维持某区域内的生态以维持其长期的使用寿命。这种理念已成为旅游业发展的指导思想。1995 年联合国教科文组织、环境规划署和世界旅游组织等，在西班牙召开的“可持续旅游发展世界会议”上，通过了《可持续旅游发展宪章》，同时制定了《可持续旅游发展计划》。宪章强调旅游业发展要以不破坏其赖以生存的自然资源、文化资源及其他资源为前提，并能对生态环境保护给予支持，使其得到可持续利用。由此可见，旅游资源及其赖以生存的生态环境的保护，对旅游资源的可持续利用，对旅游业的可持续发展起着至关重要的作用。

二、旅游资源保护的原则

破坏旅游资源的因素从宏观上来看，主要体现在两个方面：自然环境变化所带来的破坏；人为因素所带来的破坏。因此，保护旅游资源不仅要保护好旅游资源本体，而且还要保护好旅游资源所赋存的生态环境。要做好旅游资源的保护工作还应该遵循3点原则。

1. 保护第一，开发与保护“双赢”原则

旅游资源保护与开发二者是相辅相成、有机联系在一起的矛盾统一体，二者不能割裂开来。旅游资源保护得好才具有开发价值，而开发利用又能推动和促进保护工作的开展。旅游资源保护是关系人类长远利益与发展的大事，但是人们往往从眼前的经济利益出发，着眼于短期目标，为了生产和生活的需要而置保护于不顾，没有经过科学的规划和设计盲目开发旅游资源，对旅游资源的永续利用和旅游业的可持续发展带来威胁。旅游资源开发绝对不对环境造成影响是困难的，但可以把这种影响降低到最低程度。本着保护第一，开发与保护“双赢”的原则，实现旅游业的可持续发展。

2. 经济、社会、环境效益“三增”原则

人们在积极发展经济为自身谋取福利的过程中，“经济需求的无限性和生态供给的有限性的矛盾”日益突出，这就要求能够最有效地利用旅游资源，来获得最大的经济利益。但这种最有效的利用超过了资源的承载力，就会使旅游资源生态系统的功能下降，其运行与维持的能力也会逐渐下降。据调查，我国22%的自然保护区由于开发旅游而导致保护对象受损害，11%出现旅游资源退化。因此，旅游资源开发过程中不能只片面地追求经济效益，要从人类社会长远发展的角度出发，协调好社会经济发展和生态环境之间的关系。景区建设、环境建设、生态建设同步规划、同步实施、同步发展，能够做到经济效益、社会效益和生态效益的三兼顾、三统一。

3. 合理规划、综合决策、协调发展的原则

在发展旅游、开发利用旅游资源的过程中，应统筹考虑旅游地人口、社会、经济、环境和资源的现状和发展趋势，充分考虑环境与资源对旅游业发展的承载能力，严格限制旅游景区（点）的游客容量，科学合理地制定旅游可持续发展规划，使旅游设施的布局和游客流量的设计建立在环境和资源可承受的能力之内；加强旅游景区（点）建设的环境论证，促进人工设施与自然环境、区内环境与周

边环境的和谐统一。与此同时，在制定区域环境保护规划时，应考虑旅游区的特殊功能，保证旅游区的环境质量；应采取法律、行政和经济等强有力手段，消除外部因素对旅游区环境与资源的污染和破坏，从而保障旅游与环境的协调发展。

三、资源保护

1. 树立新的资源观，形成资源忧患意识

旅游业又被称作“资源产业”，因为它依赖于“大自然的恩赐和社会的遗产”。资源是旅游业的发展基础，我国是旅游资源总量大国、人均资源小国、开发利用与保护上的弱国。过去我们在认识与宣传上存在误区，更乐于展示优势的一面，而忽视了资源相对不足、生态环境脆弱等问题，盲目乐观。以至于脆弱的生态环境与旅游需求的快速扩张形成了强烈反差，生态系统的破坏与环境退化成为中国旅游业可持续发展的主要障碍。因此，我们应该树立新的资源观，建立旅游资源的忧患意识。

2. 加强执法力度，完善执法管理体制

自20世纪50年代初，中国就出台了一系列的法律法规，从不同的角度对资源的保护做了明确规定，但实际保护工作却收效甚微。最完善的法规也重在贯彻和落实，在一些经济水平相对落后、资源保护意识较为薄弱的地区，仍然是有法不依，执法不严。针对这种现象，应该在对全民进行普法教育和宣传的基础上，加强执法力度，严格执法。必须完善执法管理体制，建立健全旅游资源保护的法律法规。及时纠正旅游活动中破坏旅游资源的种种不正当行为，杜绝“有法不依、执法不严、违法不究”的现象，真正将旅游资源保护工作落到实处。

3. 重视“科技兴旅”，加强旅游管理和引导

重视科学技术的开发研究，运用各种科技手段保护旅游资源。运用旅游资源开发的研究成果为旅游资源的保护与管理提供技术指导。同时，加强对旅游活动的管理和引导。对于那些会导致旅游资源受到威胁的旅游活动，应给予一定的限制；对于某些旅游景区在某些时段内的超负荷运转，应采取有效的措施对游客进行疏导、分流或限制；对游客的旅游行为，要加强管理并建立奖惩制度；寓教于乐，使游客在旅游的过程中了解旅游资源的稀缺和资源保护的重要性和紧迫性。

4. 认真做好旅游资源的修复和养护工作

随着旅游业的蓬勃兴起，旅游活动的普遍开展使得旅游资源已濒临自我修复的极限。因此，旅游资源的修复和养护工作已刻不容缓。对于某些自然旅游资源，由于其对所赋存的生态环境依赖性较强也较为敏感、脆弱，必须搞好生态建设，必要时需采用类似于“休渔期”等生态重建的措施加以保护；对于一些文物古迹和历史建筑，可以采用整修复原、修旧如旧和仿古重修的方法使其“复活”；另外，对于那些出露于地表的历史文物古迹，应采用科技手段或改变环境条件等措施延缓其风化过程。

四、环境保护

环境是开展旅游活动的依托和氛围，旅游业的发展不断塑造并影响着环境。我国许多独特的自然景观和历史文化遗址，为旅游业的发展提供了丰富的资源条件，但随着旅游业的持续、快速增长，旅游业所面临的实际环境问题却不容乐观。在一些地区生态系统的破坏和环境的污染，正在限制、阻碍着旅游业的进一步发展。如我国古文化艺术宝库“敦煌莫高窟”，因游客络绎不绝，空气中 H_2O 和 CO_2 的含量居高不下，致使许多精美佛雕的颜色发生变化，内在物理、化学结构也受到影响。云南西双版纳热带雨林已被大片砍伐，致使大象、老虎不是逃向缅甸，就是窜出自然保护区，毁坏庄稼，伤害人畜。诸如此类的空气污染、水污染、噪声污染、生态环境恶化等方面的负面效应，不胜枚举。因此，环境保护工作刻不容缓。有效地保护旅游环境应该从 3 个方面着手。

1. 提高公民环保意识

加强环境保护的宣传，提高公民环保意识，积极倡导环保旅游，这些是环境保护工作的基础工程。我国公民环境保护意识还有待提高，较缺少自觉的环保行为。所以，要利用多种宣传媒体及景区（点）的宣传窗口，对公众进行环境保护的公益性宣传、教育和培训，使其树立起环境质量保护意识，认识到环境质量的优劣是关系着人们生活质量和子孙后代生存发展的大事。如“除了脚印什么东西都不能留下，除了像片什么东西都不能带走”，就是非常不错的环保宣传理念。并且，还要树立环境保护意识，积极保护全人类及子孙后代赖以生存的家园——地球；另外，还要树立环境公德意识，不要为了满足个人私欲而破坏环境，树立人与自然协调发展、共存共生、“天人合一”的观念。

2. 预防为主、防治结合、综合治理

旅游区的环境一旦遭到破坏，要想使其恢复到原来的状态是非常困难的，有些不可再生的旅游资源甚至可能会消失。因此，对于旅游区的环境保护问题重点应放在预防上，做到防患于未然，前移预防关口。同时，要对已形成的环境污染和破坏进行积极治理，采取一切可能的措施，尽力减少污染物的排放，尽力减轻

对环境的破坏程度。如机动车辆进入旅游景区尾气排放所带来的空气污染，可采用安装净化气装置的措施减轻。九寨沟景区内的旅游观光车就采用天然气做燃料代替了污染较大的汽油。综合治理是指为了增强治理效果，用较小的投入取得较大的效益而采取多种方式和多种途径相结合的办法。由于造成环境问题的原因是多方面的，必须同时采取经济、行政、法律、教育等多种手段，进行综合治理才能奏效。

3. 提倡科学的环保旅游

在旅游景区（点）的环境管理过程中，应采取“开发者保护、利用者补偿、破坏者恢复、污染者付费”的原则，建立起严格的奖惩制度，谁保护奖励谁，谁污染谁付费。将环境保护和个人自身经济利益紧密结合，使旅游环境问题解决在旅游业发展过程之中。另外，严格限制旅游景区容量，减轻由景区容量超载带来的环境压力。针对某一时段个别景区客流量过多的状况，应采取限售门票、分散客流、分时游览或利用价格杠杆调节等措施加以解决。在提倡旅游者进行环保旅游的同时，要加速旅游环境保护的科学研究，提高旅游业的绿色经营水平。

五、社会文化保护

与旅游活动共生的社会文化问题，已经越来越引起人们的关注。旅游业的发展在给旅游地的社会、经济和文化带来繁荣的同时，也带来了一定的负面影响。随着旅游活动的开展，旅游者不可避免地会将自己的生活方式带到旅游目的地，给当地人民带来不同的价值观、社会观、道德观、宗教观、政治观和世界观，并与当地的社会文化发生撞击，对当地人民尤其是年轻人的影响较大。另外，旅游活动的开展对当地传统文化也产生了极大的影响，如民族文化特色的弱化、民俗庸俗化、传统文化价值观的改变等。旅游行为原是人们追求多样化生活体验的过程，然而随着旅游的发展却加速了全球多姿多彩文化的单一化倾向，最后有可能朝着“世界文化一体化”的方向发展，从而失去了文化的多样性和特色性。为了避免这种尴尬的局面发生，应该加强对旅游地社会文化的保护。

1. 加强民族自豪感教育，复兴传统文化

不同国家之间，或同一个国家内不同地区之间，存在着广泛的文化差异，这些差异的存在实质上就是旅游产业发展的重要促进剂。在当地居民与来自更富庶的国家和地区的游客之间的文化差异非常明显时，当地的文化和风俗就成为满足游客需求的重要因素，但当这种文化在强烈经济利益的驱动下，在“媚俗”心态的驱赶下，有可能被当作“廉价商品”出卖，有时甚至是以牺牲当地民族自豪和尊严为代价的。这种倾向应坚决反对。如传统的舞蹈和精湛的手工艺让位给廉价、粗俗地模仿，节庆活动的商业化倾向，淳朴民风的缺失等一系列问题，无不让人遗憾。要使本地区的旅游业得到真正意义的长远发展，必须树立起民族自信心和自豪感，保持自身传统文化的独特魅力。这样，传统文化不仅不会慢慢消失，而且还会发扬光大，保持长久不衰的吸引力。

2. 加强观念引导，正确对待外来文化

旅游者给旅游目的地居民的思想意识和价值观带来了很大的冲击。有些人通过对来访旅游者行为的观察，逐渐在思想和行为上发生消极变化。他们开始对自己的传统生活方式感到不满，不愿吃苦劳动，向往高消费、享乐的生活方式，从模仿其穿着打扮到思想意识上的“全盘吸收”。针对这个问题，应该加强旅游地居民价值观念的引导，使他们树立正确的消费观和传统地方文化的自豪感，正确认识旅游者的行为方式和消费观念。在旅游景区（点）杜绝不文明行为的发生，如嫖妓、吸毒、赌博，围追堵截式的兜售商品等。引导旅游地居民正确对待外来文化，取其精华，去其糟粕，有选择地吸收先进文化，不能盲目崇拜，全盘接受吸收腐朽文化、颓废文化等。

3. 制定本土文化保护区，避免外来文化的冲击

在某些地区，旅游已经完全打乱了当地人的生活方式。在一些原始的、与世隔绝的地区，太多游客的涌入甚至会促使当地居民离开其居住地迁往别处以使其生活不受干扰。如在非洲一些地方，国家公园体系的建立，严重影响了当地人狩猎和游牧的生存方式。为了制止这种情况在易受影响的地区发生，需要划定当地文化的保护区对其本土文化加以保护和管理。通过划清外来文化和本土文化之间的界限，从而把旅游对本土文化的冲击减少到最低程度。这种保护区仅仅是在濒临灭绝的某一种原始文化保留区域才可能出现，故不能在一般的区域内随意划定和修建文化保护区。

第二节　旅游资源开发影响

旅游资源的开发作为一种经济技术活动，它不仅体现在对资源本身的开发上，还体现在旅游资源是否能够得到永续利用，资源的社会效益、经济效益和生态环境效益是否能够协调发挥，资源的开发能否给旅游地及当地居民带来利益等各个方面。全面而科学地分析和评估旅游资源开发所带来的政治、经济、环境、社会文化以及生态等各方面的影响，有利于为旅游地的进一步开发和旅游业的可持续发展提供理论依据和智力支持。

一、经济效应

旅游资源是旅游业发展的依托和基础，独特且具有吸引力的旅游资源是旅游业发展的灵魂。旅游资源要进入市场，必然要进行资源开发使之转变为旅游产品。从这一角度讲，正是由于开发才使旅游资源具有了经济性，产生了极大的经济效益。它具体表现在3个方面。

1. 增加国家外汇收入

国际旅游可产生外汇收入，使外汇流入旅游目的地国家。它不仅对国际收支的平衡做出了贡献，而且创造了商业交易额，提高了家庭收入，增加了就业和政府税收。而商业企业、个人和政府机构所得到的部分货币又被花费到旅游目的地经济建设之中，由此带来新一轮的经济活动。从一定程度上说，国内旅游对一国的经济影响效应也与国际旅游相似。只不过，国际旅游所引发的是外汇在国家间的流动，而国内旅游则是货币在某一国境内的再分配。因此，不少国家把发展旅游业作为推动本国经济发展的重要手段，并且优先发展国际旅游。

2. 增加就业机会和劳动收入

旅游业是一种劳动密集型产业，它的发展需要交通、宾馆、旅行社、餐饮、购物、电力、邮政、通信等配套设施为其服务，而这些设施又需要大量的从业人员来支撑运作，这就创造了大量的就业机会。世界旅游组织秘书长弗朗西斯·弗朗加利认为，无论是在发展中国家还是在发达国家，旅游都被证明是少数几个能创造大量就业机会的行业之一。尤其是在一些经济欠发达的边远地区，许多当地人是仅能勉强糊口的农民或渔夫，如果能参与到旅游业中，他们的家庭收入就会提高很多。

3. 促进经济结构调整

成功的旅游资源的开发，不仅仅体现在经济收入方面，它还能够带动相关产业的发展，形成良性经济循环。同时，旅游地的健康发展，能够促进旅游地经济结构的调整。旅游地为满足旅游者旅游活动的需要，相应的就要调整原来的经济产业结构。调整和改变力度较大的首先是为旅游业直接提供服务的领域，如交通、住宿、餐饮、通信等。旅游业的发展，又要求其他行业部门的发展与之相匹配、适应，如金融、保险、医疗卫生、城建、保卫、环保等，从而改变了原有的经济结构和布局。除了上面论述的经济收益外，还有许多外部经济效应。如发展旅游业可吸引外商投资，加快机场或公共设施开发建设，吸纳国外资金和人才的流入，加速贫困地区脱贫致富，缩小国家与国家之间、地区与地区之间经济水平的差距等。但是，由于旅游业投资见效快、收益高、技术含量相对较低等特点，一些政府部门和投资商只注重眼前的经济利益，在没有进行科学的旅游资源开发规划的情况下，盲目上马进行开发，结果导致旅游资源的严重破坏，损害了长期的经济效益。更有一些旅游经营者，为了谋求经济收益，在资金资源不足的情况下，以粗放的形式开发旅游资源，保护条件跟不上，加速了某些脆弱的旅游资源的消亡过程，不仅破坏了资源的永续利用，还从根本上影响了旅游业的可持续发展。

二、市场效应

1. 提高市场竞争力

如能有效开发旅游资源，就能够提升旅游目的地的市场形象，从而提高目的地的市场竞争力，大力吸引目标市场上现实和潜在的旅游者。成功的旅游资源开发，就是要开发出整体有吸引力的、有竞争力的旅游产品，从而激活旅游客源市场的需求，使那些潜在的旅游者变为现实的旅游活动参与者，扩大旅游者数量，增加旅游消费，促进本地区旅游业的迅速发展。

2. 开拓客源市场

旅游资源的开发方向、旅游市场的定位以及旅游产品设计是旅游业发展的核心问题。旅游资源开发的产品定位决定着市场的定位，旅游资源又是旅游产品设计的原生基础。正确地确立旅游资源的开发方向，策划出具有现有和未来市场前景的旅游产品是形成和提高旅游生产力的关键。因此，旅游资源的科学开发表现在正确的市场定位和产品定位，使旅游资源转变为新的、具有竞争力的旅游产品，从而在已有的客源市场的基础上发掘出新的、潜在的旅游客源市场。

总之，要提高我国旅游产业的国际竞争力，并占据较好的旅游市场份额，就必须科学地开发旅游资源，使资源能够得到可持续利用，最终才能不断地开拓出新的客源市场，取得良好的旅游效益。

三、环境效应

21 世纪的旅游是一种全新概念的旅游，旅游资源开发的根本宗旨就是经济、社会与环境保护的统一协调发展。以旅游开发带动环保，以环保促进旅游，寓环境保护于旅游活动之中，利用环保推动旅游业发展。这种新的理念可使旅游开发和环境保护形成良性互动。正如世界旅游组织现任秘书长萨维尼亚克所说：“旅游业可以在许多方面帮助保护环境，特别是它可以通过提供经济刺激的手段来保护那些无法通过其他途径获得财政收入的资源，如珍奇动物种群、独特的自然景区和文物。”旅游资源开发的环境效应集中体现在 3 个方面。

1. 增强了公众的环保意识

人们已经意识到优越的环境质量可使旅游业保持强大的吸引力，如果没有良好的环境，即使旅游资源再好，也不可能成为人们首选的旅游地。因此，在旅游业发达国家，旅游者已经开始具有了良好的环境保护意识。如在游览阿尔卑斯山时旅游者会顺便进行净山活动；在德国，许多潜水者会在潜水时顺便清理珊瑚礁的垃圾。另外，旅游资源开发所获得的旅游经济收入通过旅游资源税、旅游发展基金等经济手段重新返回到旅游资源的开发和环境保护的项目中，使环境保护的措施得以贯彻实施，从而进一步提高了环境的质量。

2. 推动了对自然资源、野生动植物的保护

自然界赋存的山川、河流、海洋、湖泊、动物、植被等自然旅游资源，对旅游者产生着极大的吸引力。旅游资源的开发推动了对自然资源和野生动植物的保护。人们看到这些资源可以带动一个能产生经济效益的旅游业，当然就要认真的保护这些资源。如 20 世纪 80 年代初期，东非和南非为发展旅游业，建立了 20.72 万 km^2 的国家公园，成为世界上最大的野生动物庇护所。卢旺达、肯尼亚、哥斯达黎加等国，就是因为政府认识到了要想发展旅游业赚取更多的外汇，就必须保护好可吸引游客的旅游资源。同时，他们也看到了荒野生态系统及一些保护区的经济价值，所以，就不断投入资金加强保护区的生态恢复和重建，从而拯救了多处一度濒于荒废的保护地和重要的荒野区。我国境内自然风景名胜区、野生动物保护区和国家森林公园的开发和建设，也从一定程度上推动了对自然旅游资源和野生动物的保护。

3. 促进了民族文化的发展和保护

通过旅游资源开发，一些古建筑、古遗址、具有历史纪念意义的纪念馆得以修复和养护；一些反映民族特色的传统习俗和文化活动重新得到发掘和恢复；传统的手工艺品因市场需求的扩大重新得到发展；传统的音乐、舞蹈和戏曲等重新受到重视和发掘整理；那些濒临湮灭的历史遗迹、古建筑重新得到维护和管理。事实证明，旅游资源的开发促进了对人文旅游资源的保护，促进了民族传统文化的发展和保护。

四、其他效应

除了上述的各种影响之外，旅游资源开发作为一种综合性的经济技术活动，还会带来其他的如社会、文化和政治等方面的影响。

随着旅游资源的不断开发，人们的旅游意识也在逐渐加强，旅游已经成为人们一种必不可少的、新的生活方式。国内异地旅游，去体验当地的民族风情，不仅开阔了视野，而且也增强了自身的民族自豪感。世界上许多国家大、中、小学生的集体旅游已经非常普遍，这种旅游方式不仅增强了他们的集体主义精神，而且更培养了他们的爱国主义情操。从这个角度讲，旅游成为了一种增进民族情感的促进力量。遗憾的是，不同背景人们之间的交往并不总是有益无害的，在某些情况下，这种交往可能会造成文化、社会和道德上的嬗变。虽然，不同地区人们的交往可以促进对彼此生活方式的了解，促进对某些特定地区特有问题的进一步重视，但旅游过程中的不满意或误会，也可能会产生反感、歧视、不信任甚至敌意。

尽管旅游业被推崇为促进世界和平与理解的重要力量，但在现实情况中却远非这么理想。发达国家与发展中国家之间的跨国旅游正逐年增加，使得不同背景、不同生活方式和不同收入水平的人们可直接接触，当他们之间的差异非常巨大且极为明显时，相互之间在政治、社会、文化、道德等方面的不同，会使双方站在不同角度来认识对方，这样双方之间就会产生不友好、对立、甚至是敌意。在一些情况下，由于国际旅游巨大效益的诱惑，会使一些大公司在不发达国家形成“新殖民主义式”的开发。由于经济能力的制约，这种新殖民主义开发可能会夺走当地的开发权力，并将其集中在少数几个跨国公司手中。不仅如此，在实际经营过程中，如宾馆饭店、娱乐和其他设施的经营等，那些薪水高并受人尊重的职位，均可能被那些有经验和专长的外籍员工占据，而那些挣钱少且层次低的工作往往留给当地人，这种明显的歧视很有可能引起反对甚至酿成仇恨。这种旅游开发所带来的影响一定要引起旅游业管理者的高度重视。

第三节　旅游资源可持续利用

一、可持续发展的内涵

1. 可持续发展概念的提出

在人类社会发展的过程中，如忽视了人与自然协调发展的规律，一味向大自然索取，就可能破坏人类赖以生存的地球的生态平衡，从而品尝到由此而带来的苦果。严重的环境问题会全方位地威胁着整个地球，生态环境的不断恶化，会直接威胁人类的生存和发展。所以，人们对环境保护的呼声越来越高涨，可持续发展正是在这样的背景下逐步形成的。

1962 年，由美国海洋生物学家卡逊（Rachel Carson）所著的《寂静的春天》和 1972 年由罗马俱乐部出版的《增长的极限》，揭开了人类可持续发展理论研究的序幕。1972 年 6 月 5～14 日，联合国人类环境会议在瑞典首都斯德哥尔摩召开，这是国际社会就环境问题召开的第一次世界性会议，标志着全人类对环境问题的觉醒。1980 年 3 月 5 日，联合国大会向世界各国发出呼吁："必须研究自然、社会、生态、经济在利用自然资源过程中的基本关系，确保全球的持续发展。"但当时发达国家对环境问题的呼吁并未得到广大发展中国家的响应，许多发展中国家并未意识到环境污染问题的严重性。1987 年，挪威首相布伦特兰夫人（Brundtland）任主席的世界环境与发展委员会（WCED）正式发表了题为《我们共同的未来》的研究报告，报告首次提出"可持续性"和"可持续发展"的概念，把环境与发展紧密地结合在一起。由此，才在全世界各个国家掀起了可持续发展的浪潮。1992 年 6 月 3～14 日，联合国环境与发展大会（UNCED）在巴西的里约热内卢召开。会议通过了《21 世纪议程》和《里约环境与发展宣言》两个纲领性文件，在更高层次上、更大范围内提出了可持续发展是全球社会经济发展的战略。至此，可持续发展已成为许多国家制定政策与发展经济的指导思想和战略方针。

2. 可持续发展的内涵

可持续发展思想自提出以来，被不断地应用到各个领域，由此而引出的可持续发展的定义也众说纷纭，至今尚未达成共识。不同的学科从不同的角度都对可持续发展进行了诠释。如从哲学角度主张建立以生态文明为基点，以生物圈和人类共存与发展为价值取向，以人类与自然界的相互作用、相互协调为中心，而非以人类自我为中心的生态、生产关系和经济体制，从而保证了人类社会的可持续发展；从地理区域经济角度，强调"人地"关系的协调统一，实现人类与自然的共同繁荣；从系统论的观点出发，指出可持续发展包含经济发展、社会发展和生态发展 3 个方面，是三者协调构成的复合系统，其功能是有效地调控三者之间的关系和平衡，使人类在保护、节省资源的条件下，促进经济、社会、环境的全面进步，提高人类的生活质量。尽管这些学科的出发点不同，但是它们的阐述中都包含了"协调经济、社会、环境三者关系"的思想，而这一点正是对人类传统发展模式的挑战，是人类谋求新的发展模式的基础。

尽管对于可持续发展的概念仍未有一个最具代表性的定义，但目前真正得到国际社会普遍认可和接受的定义是，在《我们共同的未来》书中提出的“既满足当代人的需要，又不损害后代人满足其需要能力的发展”。根据这一定义，不难看出可持续发展强调的是环境与经济的协调，追求的是人与自然的和谐发展，它的最终目标是既要使人类的各种需要得到满足，又要保护资源和生态环境，不对后代人的生存和发展带来威胁。可持续发展不是一种固定不变的和谐状态，而是一个变化过程。在这个变化过程中必须考虑到环境资源与自然资源的永续发展和利用，也必须考虑到资源开发、投资取向、技术发展导向以及制度变迁等因素，使现在和未来的需求达到和谐统一。它不仅包括时间维的“代际公平”，还应包括空间维的“区际公平”，强调在全球范围内各个国家各个地区尽可能地最有效地保护当代和后代赖以生存的环境和自然资源，使其发挥生态可持续能力以满足全人类今天、明天以至未来发展的需要。它所重视的是社会、经济、文化、环境、生活等各个方面的综合发展，把眼前利益与长远利益、局部利益与全局利益有机地结合起来，从而指导人类走向新的繁荣。

可持续发展的概念包括了以下 4 个关键性的要素。

一是需求要素。经济发展和社会发展的目的在一定程度上就是为了满足人类不断增长的各种需求，不仅包括维持生存所必需的食物、水资源、住房、衣物等基本需求，而且还包括满足人类各种欲望，如改善生活质量、自我实现、尊重感和安全感、更多假期等精神的、高层次的需求。

二是资源要素。环境资源、自然资源是人类生存与发展的物质基础，它们的优劣与完整与否对未来社会生活至关重要。由于地球上的不可再生资源、可更新资源和自然环境承载力都是有限的，因此要考虑到资源的承受能力，对环境资源存量必须加以保护，最低限度地利用不可再生资源和最低限度地排放污染物。可持续发展所关注的活力，不仅仅是环境方面的要求，还包括经济、文化和社会资源方面的要求。

三是未来性要素。自然界和社会的供应能力是有限的，而人类的需求和欲望又是无止境的，这就使供需不可避免地产生矛盾。于是当代人过度使用不可再生资源及使用可更新资源超过其更新的速度和能力，就减少和损害了后代人对资源的利用。因此，可持续发展理论应关注后代的福利，使他们从资源、机遇和选择中所获得的收益至少和当代人所继承的一样良好。

四是公平性要素。这里的公平不仅包括代际间的公平，而且包括当代人之间的公平。代际间的公平要求当代人理智地调节自身的行为，理智地调节与后代人之间的利益关系，适度、合理、有效地利用资源及合理地使用与保护环境，努力做到使自己发展的机会与后代人的机会平等。当代人之间的公平是指当代各社会阶层（穷人与富人）、各民族、各区域之间，对经济、社会、文化和环境的收益与成本的分配应是合理与公平的。这些对公平的考虑至少在 4 个方面与可持续发展密切相关。首先，那些承担负面成本压力的人们逐渐成为地位低下的社会群体；其次，通常情况下，贫穷会导致不可持续的生活方式，经常表现为急功近利；再次，政策的效果取决于人们的财富多少，趋向于把穷人排斥在外，特别是对资源实行高收费政策时表现更为明显；最后，如果不在当今社会推广公平的原则，那么对未来人类的公平也就无从谈起。

可持续发展包含着极其丰富和深刻的思想内涵，它追求人类的发展、社会的公平且追求人类与大自然的和谐统一，并以此为核心来创造一个臻于完美的人类世界。

3. 旅游业的可持续发展

旅游业作为迅猛发展的朝阳产业，已经越来越引起世界各国的关注。20 世纪 90 年代，旅游业可持续发展问题受到国际旅游组织和旅游研究领域的广泛重视。1995 年，联合国教科文组织（UNESCO）、联合国环境规划署（UNEP）和世界旅游组织（WTO）等在西班牙召开可持续旅游发展世界会议，通过了《可持续旅游发展宪章》，同时制定了《可持续旅游发展行动计划》。宪章强调旅游业发展要将经济发展目标与社会发展目标相结合，保证资源的可持续利用。

世界旅游组织的《旅游业可持续发展—地方规划指南》，把旅游可持续发展界定为“指在维持文化完整、保护生态环境的同时，满足人们对经济、社会和审美的要求。它能为今天的主人和客人们提供生计，又能保护和增进后代人的利益并为其提供同样的机会”。其基本内涵包括以下几方面的内容：一是旅游业发展要以不破坏其赖以生存利用的自然资源、文化资源及其他资源为前提，并能对生态环境保护给予资金支持，使其得到可持续利用；二是旅游资源应能承载日益增长的旅游者数量，动态满足旅游者日益增加的多样化需求，并能保持对未来旅游者的吸引力；三是旅游业必须能满足当地居民长期发展经济、提高生活水平的需要。其实，旅游业可持续发展就是以系统的、协调的、全局的、长远的方式来发展旅游，其核心就是协调旅游地生态环境、旅游地居民生活和文化以及与旅游者之间的关系，兼顾三者的利益，使旅游业稳定、有序、持续的发展。

二、旅游资源可持续开发的基本内容

旅游资源可持续开发的核心就是要实现满足旅游者需求和满足旅游区居民需求相统一，保证当代人在从事旅游活动时不为满足其旅游需求进行旅游开发而损害后代。旅游资源可持续开发包括 5 个方面的基本内容。

1. 生态保护意识

加深人们对旅游所产生的环境、经济效应的理解，树立和强化全人类的生态保护意识。使人们的行为规范符合旅游可持续发展的标准。人们应该对旅游报以支持和理解的态度，积极参与并树立强烈的环境保护理念。旅游发展是建立在生态环境的承受能力之上的，因此要强化全人类的生态保护意识。

2. 资源可持续利用

保持旅游资源的多样性和生存能力，减缓非更新资源的衰竭速度，改善增长的质量，解决以破坏环境和资源为代价的非持续性发展问题。以最小的旅游环境影响与资源投入要素使用量获取最大的旅游效益总量，即以最小的环境代价获取最大的旅游综合效益，使旅游保持可持续性发展。

3. 国家开发与保护战略

构建国家综合开发与保护的总体框架，促进旅游的公平发展。旅游业的发展是存在贫富差异的。一般而言，旅游业发达地区多能将资本不断地投入新的领域，因而为了获取最大收益常常不顾环境的承受力；旅游业不发达地区为谋求温饱则滥用旅游资源和环境要素，常造成开发性破坏和破坏性开发。据研究，最富裕和最贫困的旅游地往往比居中的旅游地会造成更大的环境损害。因此，各国政府应该从总体上宏观把握，建立起综合发展与保护的总体框架，促进旅游的公平发展。

4. 评价体系规范化、科学化

在旅游资源开发过程中提高旅游生态持续性评价体系的规范性和科学性。要保护旅游区的生态环境，为可持续旅游发展提供永续空间，就一定要注意衡量以下 4 个“水平”：旅游环境评价指标参数的科学水平、旅游开发地的最低安全水平、可接受的旅游风险水平和旅游地生态发育的空间水平。这些评价指标体系，在一定程度上反映了旅游地生态环境可承载容量的极限。一旦超过了这些极限，就会给环境带来巨大的破坏。因此，保护好旅游环境、维护良好的生态持续性是实现可持续旅游发展的重要前提条件。

5. 和谐发展、生态平衡理念

树立全新的可持续发展观念，保护好未来旅游开发赖以生存的生态环境。旅游资源的可持续开发需要实现旅游资源的最优化配置，要求人类从生态观念出发，树立人类与自然和谐发展的新观念，自觉保护生态环境维护生态平衡，使后代人在满足其发展旅游业的需求时仍有可供开发的旅游资源。

三、生态旅游与可持续发展

1. 生态旅游的内涵

生态旅游（ecotourism）作为可持续旅游发展的一种方式，是在人类环境意识的逐渐觉醒之下产生的。它的问世，至今不过一二十年。1980 年，加拿大学者克劳德·莫林（Claude Moulin）在他的论文“有当地居民与社团参与的生态与文化旅游规划”中，首次提出了“生态旅游”这一概念。1983 年国际自然保护联盟（IUCN）特别顾问墨西哥专家谢贝洛斯·拉斯克瑞（H. Ceballos Lascuruin）在文献中首先使用了“生态旅游”一词，并在 1986 年墨西哥召开的国际性环境保护会议上得到确认。

生态旅游最初源于人们回归大自然的旅游活动。长期生活在大都市喧哗吵闹环境里的人们，发现投入到大自然的怀抱去追求一种静谧、安逸，可以得到更好的放松和休憩。后来，这种旅游方式逐渐被人们所接受并成为一种新的旅游时尚。“回归自然”的旅游，最初是以自然环境为基础的，常常被称为“绿色旅游”。还有许多国家将这种旅游方式称为“环境友好旅游”、“自然导向旅游”、“软旅游”、“负责任旅游”、“适宜旅游”等。尽管生态旅游已经成为一种新兴的旅游方式，“生态旅游”一词也已得到广泛应用，但对其概念的界定至今仍没有统一。国内外的学者专家们曾给出不同的定义，却难以涵盖其所有内涵。纵观“生态旅游”的各种定义不难发现，生态旅游是一个不断发展完善的概念，其内涵是随着旅游业的发展和人类社会的进步而不断发展的。对生态旅游内涵的界定实际上是人们对生态旅游的一个由浅入深、由低级到高级的认识过程。

就目前学术界的研究现状可将生态旅游定义为：生态旅游是一种在生态学和可持续发展理论指导下，以某自然区域或文化区域为对象，以享受、体验、了解、研究大自然及其人文特征为目的，以不改变生态系统和人文生态资源与环境为宗旨，并使当地居民和旅游企业受益为基本原则的特殊的旅游活动。

2. 生态旅游与可持续发展

可持续发展是旅游业发展的指导思想和战略方针，生态旅游是实现旅游业可持续发展的一种旅游方式。二者虽是指导和被指导的关系，但同样肩负着保护生态环境，促进旅游业发展，提高旅游地经济、社会效益的重任。

生态旅游之所以被视为传统大众旅游的替代品而成为一种全新的旅游方式，主要因为它遵循的是可持续发展的思想。其根本宗旨就是在发展旅游的同时取得环境保护和经济收益的“双赢”。

首先，在可持续发展思想指导下的生态旅游大大地推动和促进了生态环境的保护。它将生态保护的思想融入到旅游资源开发和管理的过程之中，不仅重视经济效益，同时强调旅游资源和环境的生态效益和社会效益。

其次，生态旅游不仅为人们提供游玩、娱乐的场所，而且使旅游者在旅游的过程中接受自然与人类和谐共生的生态教育。在拥抱大自然的同时，自觉自愿地主动保护环境，竭力避免破坏资源、环境行为的发生，树立强烈的环保意识。

最后，可持续发展的基本原则，是在全世界范围内实现经济发展目标、社会发展目标和环境保护目标相结合。所有可供选择的旅游方式都必须有助于加强人们的旅游感受，有利于提高环境保护水平，有利于提高当地人民的生活水平，有助于加强游客和旅游地居民之间社会文化的相互联系，并产生积极的影响。而生态旅游正是遵循这一原则，不但给旅游地带来了经济效益，而且可提供许多就业机会，帮助当地居民脱贫致富。因此，在可持续发展思想的指导下，生态旅游已逐步发展成为一种保护生态持续性、保持经济增长性和保持社会稳定性的全新可持续发展旅游方式。

需要指出的是，可持续发展是一种发展战略，是影响旅游业未来前景和发展的一种观念，一种指导思想；而生态旅游是一种新兴的旅游方式，开展生态旅游是实现旅游业可持续发展的重要途径，生态旅游只有以可持续发展理论为指导思想，才会具有生命力并获得长足的发展。因此，旅游业可持续发展无论在外延上还是在内涵上都可以覆盖生态旅游，这一点也正是二者的区别之处。那种将开展生态旅游简单地看作是对自然资源的开发利用、忽视其对旅游业可持续发展的作用的旅游，不能称作是真正意义上的生态旅游。

四、旅游业可持续发展趋势与实现途径

1. 旅游业可持续发展的趋势

20 世纪 80 年代中后期，随着环境保护主义和“绿色意识”的逐渐兴起，人们对旅游增长速度的减缓、旅游资源的过度开发等问题提出了质疑，并开始考虑一个长期的旅游发展战略规划和新的旅游形式。这一质疑最有价值的结果就是终于发现了可持续发展与旅游的联系，提出了可持续旅游的概念。可持续旅游是一个长期的概念，它审视经济持续增长的必要性，确保旅游消费有不超出目的地满足未来旅游者需求的能力。这一概念一经提出，短短几年内就已风靡全球，在全世界范围内掀起了旅游业可持续发展的浪潮。

为了进一步讨论旅游可持续发展在世界范围内的增长及潜力，以下选择了几个案例来说明其发展的趋势。

(1) 尼泊尔的安那波那保护区

尼泊尔是位于喜马拉雅山脚下的一个小国，因其社会文化和生物的多样性而闻名遐迩。每年有3万多人到那里进行徒步旅游。前几年的旅游发展导致了很多客栈和茶馆的兴建。旅游业已成为尼泊尔经济的重要组成部分，但为此也付出了惨重的环境代价。为了提供能源和烹饪燃料，大片森林惨遭砍伐。此外，水质污染、恶劣的卫生条件和旅游者沿途丢弃的垃圾，无不加速了该地区自然环境的恶化。为了解决这一问题，当地政府发起了安那波那项目。该项目覆盖面积很广，其宗旨是最大限度地减少对自然环境的负面影响。借助当地人的参与，该项目倡导开发与环保协调发展，强调授权由地方进行旅游开发，既要与自然环境和谐一致，又要保证经济效益。专门组建了地方委员会协调旅游与环境保护的工作。对当地客栈老板进行培训，教他们如何安装太阳能顶板。同时鼓励物资再回收。为尽量减少树木砍伐，还用煤油做替代燃料。地方参与项目中包括建立客栈管理委员会，负责实施各项规定，如偷猎处罚、林木砍伐控制等。因而，森林毁损速度明显减慢，自然环境得到改善。

(2) 印度尼西亚的巴厘岛

要理解环境为什么是可持续发展的组成部分，单从生物物理学的角度考虑是不够的，虽然这很重要，但是还要从社会文化方面加以分析。巴厘岛的文化旅游就是一个极好的例子。它说明了如何通过传统群体和以内在意识形态为基础的旅游项目来促进全社会的参与，这种意识形态能给当地带来自豪感。由于宗教信仰在此地极为重要，故时常向宗教首领征询意见，同时以此表示尊重。正是动中有静，巴厘岛的文化一方面顺应变化的潮流，一方面通过推广文化旅游保持其最基本的价值观。可持续旅游同样强调本土社会文化的重要性。到巴厘岛旅游也应关注当地居民的文化。

上述案例说明，这些项目大多数都是在控制型管理下的小型项目，都是可持续性的。所有的项目都经过精心策划，经济效益良好。因此，不难看出，旅游业可持续发展战略的具体实施已受到许多国家的重视，旅游业必须走可持续发展的道路已经在国际上达到了共识。随着可持续旅游的不断发展，人类必将创造一个辉煌的未来和崭新的人类文明。

2. 旅游业实现可持续发展的途径

(1) 保护生态环境是实现旅游业可持续发展的根本保证

生态环境是旅游业生存与发展的物质基础，世界旅游组织前秘书长萨维尼亚克说过：“成功的旅游需要高质量的环境。”在社会经济产业系统中，旅游业是与环境联系最为广泛的一种经济文化性产业。所有旅游从业者和旅游者的行为都会触及环境与资源的持续或非持续发展。因此，保护好优美的自然生态环境，维护和创建良好的社会文明环境是旅游业快速、高效、持续发展的根本保证。

(2) 建立旅游资源开发规范标准和体系是实现旅游业可持续发展的重要前提

旅游资源是存在于自然和社会生态系统中的，只有与环境协调的旅游资源才最具吸引力。旅游资源开发是高文化、高科技、高智能的开发，必须强调认真研究，全面规划，仔细设计。在规划过程中，必须考虑到生态因素和环境因素以及开发的“时序性”等问题，以旅游业可持续发展为根本思想，兼顾经济效益、社会效益、环境效益和公平原则，建立起切实可行的旅游资源开发与规划的标准和体系。可以说，只有经过科学开发、精心规划的旅游业，才是可以持续健康发展的旅游业。

(3) 实施科技兴旅战略是实现旅游业可持续发展的关键

现代科技是科学保护和开发旅游资源、加大旅游产品的科技文化含量、提高旅游经营管理水平和提高旅游社会环境质量的重要基础。现代科技是旅游可持续发展的科学基础。将科学技术运用到旅游业之中，对于延展旅游资源的开发、弥补资源结构缺陷、提高资源品位、扩大环境容量以及旅游资源和生态环境的保护，都具有极其重要的作用。因此，实施科技兴旅战略、加强旅游开发经营中的科技投入是保证旅游业可持续发展的关键。

(4) 所有与旅游业利益相关者的共同努力是旅游业可持续发展的必备条件

旅游业的可持续发展是一条任重而道远的发展道路，它并不是一蹴而就的。它的实现需要几代人甚至几十代人共同的努力。我们曾经提到过，所有旅游者和旅游业的从业者的行为都会触及环境与资源的持续或非持续发展。因此，可持续旅游的实现绝不仅仅靠政府旅游管理部门或某个旅游企业，而是要靠所有与旅游业利益相关的部门和人员的共同努力。正如《关于旅游业的21世纪议程》中所讲：“仅仅一些组织的行动是不够的。每一个政府、每一个行业组织和每一个公司，不管其规模如何之小，都可以贡献一份力量。没有人会期望到2005年会出现一个彻底的变化。但是，到那个时候，每个组织都应当力争至少实现本文件中提及的众多目标中的一个，只有这样的承诺才有利于保证大家有个可持续的未来。”

案例分析——旅游业可持续发展的成功经验：威尔士[①]

由于英国威尔士的传统铜、铁工业及煤炭工业在20世纪时突然大量削减，导致了高失业率，并引发了以工业废弃物为主要形式的环境恶化。为改变其环境，该地区大力发展旅游业，旅游业在这一转变过程中做出了重大贡献。

① 该案例摘自赵西萍、邹慧萍，中国旅游业可持续发展战略研究，西安：陕西人民出版社，1998。引用有改动。

威尔士旅游者协会（WTB）是威尔士旅游业的法定机构，负责制定各项政策。WTB开发并瞄准的目标是为当地居民取得最优的经济和社会效益，这一目标蕴含着必须保持威尔士的文化传承和语言传统、保护自然、建设环境的内容。WTB与其他部门在旅游业及相关行业有着间接利益及责任关系，彼此间保持密切联系，以确保资源的综合开发及合理利用。

WTB有关旅游业可持续发展的成功案例是在康威实施的“康威计划”。康威是位于英国威尔士北部海岸的一个城镇，在康威河的河口。它在Snowdonia国家公园的边缘，距威尔士的主要游览胜地Landadno不远。康威13世纪的城堡和城墙被列为“世界历史古迹”，具有重大意义。这个城镇的旅游业历史悠久，至今仍是当地经济的支柱产业之一。北威尔士的主要工业和旅游线路都穿过康威，但其街道狭窄，状况不良，难以应付现代交通的需要，所以，经常导致运输和交通阻塞、噪声、污染。破坏了旅游者的游兴，也限制了潜在旅游者。保护旅游资源和旅游管理等工作都难以进行，城市系统质量下降，旅游产品质量及居民日常生活都受到损害。

康威已实施一项计划，通过一个河口隧道修建绕过城镇的旁道，目的是保护城镇的结构。与此同时，WTB及威尔士的官方机构一起制定了该镇的长期发展规划，命名为“康威计划”，由专门机构负责把康威作为一个整体推向市场，并负责监督相关的开发工作和保护战略的实施进程。表20.1总结了已有的进步及另外5个主要的建议，这些建议都采纳了可持续发展的观点。

表20.1　康威计划

建　议	行　动
1. 保存、保护并改善历史建筑物	• 完成Seion Chapel的修复 • 修复Carmel Chapel，完成附近Reion Chapol的新址的修复 • 历史住宅的修复和重绘，Plas Manr最近将由威尔士历史博物馆管理 • 正式修复城镇周围的围墙，可以为参观本城提供更多机会
2. 主要交通环境的建设	• 在城墙内的汽车公园是为短期停车设计 • 大汽车公园在城外，需要扩大并美化环境 • 建立一个灵活的人行道，由此街道可以拓宽，并且道路可在高峰期关闭 • 等待在Landadno开发公园和骑士计划的批准
3. 步行区的建设，改善环境并使之与历史建筑相协调	• 重铺马路，用石子和黏土铺路（部分完成）并修建一套新的人行道路标 • 使用康威用语 • 为商店及居民住宅改善建筑物外观，发放50%的补贴 • 用铬铜和玻璃电话厅来代替老式的红色亭子 • 街道照明、主要建筑物照明和装饰照明的4年期改善计划正待批准

续表

建议	行动
4. 对康威历史的主要方面进行富有想像的、协调的解释	• 一个信息系统提供康威的主要历史，汽车公园内要有一个易理解的游览指南和一张地图 • 一系列解释的报纸，放在建筑物和名胜点散发，要和“小镇铁路”介绍联系起来 • Aber Comay House 是最古老的居民楼，多间房子都正在刷新以展现这所房子在另一个历史时期的风采
5. 考虑镇的历史和环境情况，投资兴建新的适宜的项目，增加旅游资源	• 康威小船停泊港一期建设完成，包括 250 个全面服务的泊位，并且有扩充到 450～500 个泊位的潜力（由私人部门开发） • 一个小型的私有的游览点开业——茶壶博物馆展出新颖的茶壶和 18 世纪到现在的各式茶壶 • 修建一个新的青年俱乐部，尽可能和附近的学习设施联系起来 • 理事会正在寻找私人开发商，建立一个高质量的专业的承办酒宴的车队公园，有 3 个开发商已表示了兴趣 • 因为康威的空间限制，小型游览点的开发受到鼓励，小的商店正在建设中。例如，服装专卖店、维克多茶馆、礼品屋等

康威计划的目标之一是要分散客流量，以减轻夏季高峰期的交通阻塞。为了防止或减少旅游项目的负面影响，该机构已经采取了一定的措施。河口隧道交通路线的重新设定，对保护文物具有重要的历史意义，也提高了来访者的旅游质量。康威对旅游业的潜在有害影响十分敏感，它列入了“欧洲有城墙的城镇调查”，这项活动的目的是检查在有城墙的城镇中旅游对环境的影响，并找到减少潜在不利影响、扩大来自旅游业优势的途径。

该案例体现了可持续发展的观点，即应强调长期经济再生，改善并保护环境，提高旅游接待地居民的生活质量，为旅游者和居民提供历史和文化游览的高质量活动。在可持续发展战略中，应为本地居民参与决策及就业提供机会。研究表明：在持续的政策框架中采取可持续发展的原理，并通过有效的所有制形式来加以实施，就能反映旅游业可持续发展的成功！

复习思考题

1. 为什么要对旅游资源进行保护？旅游资源保护的原则有哪些？
2. 旅游资源开发产生哪些方面的影响？
3. 可持续发展的内涵是什么？
4. 旅游资源可持续开发的基本内容有哪些？
5. 如何实现旅游业的可持续发展？

主要参考文献

安旭．2002．旅游文物艺术．天津：南开大学出版社
保继刚等．1999．旅游地理学．北京：高等教育出版社
保继刚，楚义芳．1994．旅游地理学（修订版）．北京：高等教育出版社
保继刚，楚义芳．1999．旅游地理学（修订版）．北京：高等教育出版社
保继刚，楚义芳．1999．旅游地理学．北京：高等教育出版社
保继刚，楚义芳等．1999．旅游地理学（修订版）．北京：高等教育出版社
保继刚等．1993．旅游地理学．北京：高等教育出版社
曹林娣．2000．中国园林艺术论．太原：山西教育出版社
曹明纲．1999．中国园林文化．上海：上海古籍出版社
陈安泽．2003．中国国家地质公园建设的若干问题．资源、矿产，5（1）
陈安泽等．1991．旅游地学概论．北京：北京大学出版社
陈传康，保继刚等．1989．北京旅游地理．北京：中国旅游出版社
陈传康，刘振礼．1990．旅游资源鉴赏与开发．上海：同济大学出版社
陈华之．1999．丧葬史．上海：上海文艺出版社
陈俊，宫鹏．1999．实用地理信息系统——成功地理信息系统的建设与管理．北京：科学出版社
陈诗才．1993．自然风景旅游．北京：地震出版社
陈述彭，鲁学军，周成虎．1999．地理信息系统导论．北京：科学出版社
陈水云．2001．中国山水文化．武汉：武汉大学出版社
陈诏．2001．中国馔食文化．上海：上海古籍出版社
崔越旅．2002．游资源信息系统开发架构研究．计算机工程与应用，(15)
丁季华．1999．旅游资源学．上海：上海三联书店
方百寿，罗铃．2001．我国旅游商品研究．商业研究，(2)
冯增木．1993．中国书画装裱．济南：山东科学技术出版社
甘枝茂．1994．旅游资源学概论．陕西：陕西师范大学出版社
甘枝茂，马耀峰，宋保平．1999．旅游资源与开发．天津：南开大学出版社
高吉喜．2002．新世纪生态环境管理的理论与方法．环境保护，(7)
顾维周．1990．旅游商品开拓．上海：同济大学出版社
郭康．1997．旅游开发研究．北京：气象出版社
郭跃，张述林．1998．旅游资源概论．重庆：重庆大学出版社
郭跃，张述林．2000．旅游资源概论．重庆：重庆大学出版社
韩养民．1998．中国风俗文化学．西安：陕西人民教育出版社
何小莲．2002．宗教与文化．上海：同济大学出版社
洪得娟．2002．景观建筑．上海．同济大学出版社
黄景略，叶学明．1998．中国历代帝王陵墓．北京：商务印书馆
黄启勋．1997．自助旅游手册——西安．北京：中国旅游出版社

惠振德，吴成基．1994．陕西风景地貌资源及其开发利用．人文地理，9（2）
蒋纪新，李兵，宋民生．1999．带你游西安．陕西：陕西旅游出版社
金海龙，石高俊，谭传凤．2002．中国旅游地理．北京：高等教育出版社
金元欢．1993．中国名瀑．上海：文汇出版社
赖永海．1999．中国佛教文化论．北京：中国青年出版社
黎莹．1989．中国文化和中国名酒．北京：中国食品出版社
李景奇，秦小平．1998．风景名胜区与旅游区辨析．中国园林，14（5）
李瑞，王义民．2002．旅游资源规划与开发．郑州：郑州大学出版社
李天顺，张红．1998．旅游业管理．西安：陕西师范大学出版社
李曦．2001．陕西导游．陕西：陕西旅游出版社
梁思成．1998．中国建筑史．北京：百花文艺出版社
刘敦荣．2002．旅游商品学．天津：南开大学出版社
刘敦桢．1984．中国古代建筑史．北京：中国建筑工业出版社
刘华训．1990．中国名湖志典．北京：中国旅游出版社
刘南威．2000．自然地理学．北京：科学出版社
刘燕华，周宏春．2001．中国资源环境形势与可持续发展．北京：经济科学出版社
刘振礼等．1988．中国旅游地理．天津：南开大学出版社
刘振礼，王兵．1999．新编中国旅游地理．天津：南开大学出版社
刘振礼，王兵．2000．新编中国旅游地理．天津：南开大学出版社
刘振礼，王兵．2001．新编中国旅游地理．天津：南开大学出版社
楼庆西．2002．中国古建筑二十讲．上海：上海三联书店
陆建松．1999．魂归何处——中国古代丧葬文化．成都：四川人民出版社
罗兹柏，张述林．2000．中国旅游地理．天津：南开大学出版社
马德林．1987．宗教，一种文化现象．上海：上海人民出版社
马润洪．1995．旅游信息管理．北京：中国旅游出版社
马耀峰．1996．旅游地图制图．西安：西安地图出版社
马耀峰，李天顺等．1999．中国入境旅游研究．北京：科学出版社
马耀峰，李天顺，刘新平等．2001．旅华游客流动模式系统研究．北京：高等教育出版社
马勇，李玺．2002．旅游规划与开发．北京：高等教育出版社
马之骕．1988．中国的婚俗．长沙：岳麓书社出版
毛振宾，曹志平，赵彩霞．2002．生态旅游与旅游生态学的研究进展．环境保护，（2）
苗学玲．2002．旅游购物系统研究．陕西师范大学硕士研究生学位论文
明庆忠．2003．旅游地规划．北京：科学出版社
潘宝明，朱安平．2001．中国旅游文化．北京：中国旅游出版社
潘树荣，伍光和，陈传康等．1985．自然地理学．北京：高等教育出版社
庞规荃．1990．中国旅游地理．北京：旅游教育出版社
庞规荃．1992．旅游开发与旅游地理．北京：旅游教育出版社
庞规荃．2001．中国旅游地理（修订版）．北京：旅游教育出版社
彭一钢．1986．中国古典园林分析．北京：中国建筑工业出版社
朴顺玉，陈禹等．1995．管理信息系统．北京：中国人民大学出版社
任晓红．1995．禅与中国园林．北京：商务印书馆国际有限公司

三味工作室．2001．MapInfo6.0应用开发指南．北京：人民邮电出版社
陕西省旅游局导游知识编写组．2001．导游基础．西安：陕西旅游出版社
上海古籍出版社中国文化史编辑组．1995．中国文化史三百题．上海：上海古籍出版社
沈祖祥．2000．旅游宗教文化．北京：旅游教育出版社
石高俊．1996．中国旅游资源．南京：江苏教育出版社
孙文昌．1999．现代旅游开发学．青岛：青岛出版社
孙文昌，陈元泰．1990．应用旅游地理学．长春：东北师范大学出版社
苏文才，孙文昌．1993．旅游资源学．北京：高等教育出版社
苏文才，孙文昌．1997．旅游资源学．北京：高等教育出版社
苏文才，孙文昌．1998．旅游资源学．北京：高等教育出版社
孙子文．1999．旅游法规．大连：东北财经大学出版社
陶犁．1995．旅游地理学．昆明：云南大学出版社
陶伟．2001．中国“世界遗产”的可持续旅游发展研究．北京：中国旅游出版社
汪德根，陆林，刘昌雪．2002．体育旅游市场特征及产品开发．旅游学刊，17（1）
王大悟，魏小安．1998．旅游经济学．上海：上海人民出版社
王德刚等．1997．旅游资源开发与利用．济南：山东大学出版社
王德刚，焦连安．1997．旅游资源开发与利用．济南：山东大学出版社
王清廉，张凤山，刘界远．1997．中国旅游地理．北京：警官教育出版社
王取银，黄佑军．2002．试论旅游商品的开发与促销．吉林经济管理干部学院学报，（4）
王兴国．2002．我国森林公园建设与生态旅游管理．森林与人类，（11）
威廉·瑟厄波德．2001．全球旅游新论．张广瑞等译．北京：中国旅游出版社
韦良玉，子园．1985．中国旅游购物指南．北京：中国旅游出版社
魏小安．2002．旅游目的地发展实证研究．北京：中国旅游出版社
文史知识编辑部　1997．佛教与中国文化．北京：中华书局
吴必虎．2001．区域旅游规划原理．北京：中国旅游出版社
吴成基．1997．环境地质学概论．西安：地图出版社
吴承照．1998．现代旅游规划设计原理与方法．青岛：青岛出版社
吴人韦．2001．旅游规划原理．北京：旅游教育出版社
肖星．2000．旅游资源与开发．北京：中国旅游出版社
肖星，严江平．2000．旅游资源与开发．北京：中国旅游出版社
辛建荣，杜远生，冯庆来．1996．旅游地学．天津：天津大学出版社
徐选举．2001．翠华山旅游手册．西安：西安翠华山旅游发展股份有限公司
徐志伟．2001．关于发展杭州旅游商品的若干思考．商业经济与管理，（2）
薛亮，马海州等．2002．青海旅游资源信息系统设计．盐湖研究，（2）
闫顺．1994．亚洲大陆地理中心旅游资源与开发．乌鲁木齐：新疆美术摄影出版社
阎正，蒋景瞳，何建帮等．1998．城市地理信息系统标准化指南．北京：科学出版社
杨桂华等．1994．旅游资源学．昆明：云南大学出版社
杨桂华，陶犁．1994．旅游资源学．昆明：云南大学出版社
杨载田．1994．中国旅游地理．北京：科学出版社
杨振之．1996．旅游资源开发．成都：四川人民出版社
姚启润等．1983．旅游与气候．北京：中国旅游出版社

阴法鲁，许树安．1991．中国古代文化史．北京：北京大学出版社
喻学才．2002．旅游资源．北京：中国林业出版社
袁绍荣等．1999．中国旅游经济地理．广州：华南理工大出版社
詹志明，刘爱荣，杨瑞霞等．2000．旅游资源空间信息系统总体设计框架构想，地域研究与开发，(3)
张广瑞．1999．关于生态旅游的理论与实践．旅游学刑，(1)
张建萍．2001．生态旅游理论与实践．北京：中国旅游出版社
张浪．1996．图解中国园林建筑艺术．合肥：安徽科学技术出版社
张岂之．1994．中国传统文化．北京：高等教育出版社
张映勤．2000．佛道文化通览．天津：天津社会科学院出版社
赵荣光，谢定源．2000．饮食文化概论．北京：中国轻工业出版社
赵西萍，邹慧萍．1998．中国旅游业可持续发展战略研究．西安：陕西人民出版社
中国风物志丛书编辑部．1989．中国风物志．北京：中国旅游出版社
中国建筑史编写组．1984．中国建筑史．北京：中国建筑工业出版社
中国建筑史编写组．1986．中国建筑史．北京：中国建筑工业出版社
中国旅游出版社编写组．2000．中国旅游购物指南．中国旅游出版社
中国旅游业可持续发展研究组．1996．旅游业与可持续发展战略研究．石家庄：河北科学技术出版社
中国文物报社中华文物编辑组．1989．中华文物古迹要览．北京：文物出版社
周进步，庞规荃，秦关民．1998．现代中国旅游地理．青岛：青岛出版社
周沙尘．1987．中国的流泉飞瀑．北京：中国青年出版社
周武忠．1996．城市园林艺术．南京：东南大学出版社
朱越利．2001．当代中国宗教禁忌．北京：民族出版社
祝光耀．2002．加强旅游生态环境保护促进旅游业的可持续发展．环境保护，(9)

附录1 国家级自然保护区名录

省（区）市	自然保护区名称
北京	松山自然保护区
天津	古海岸与湿地自然保护区；蓟县中上元古界自然保护区；八仙山自然保护区
重庆	金佛山自然保护区；缙云山自然保护区；大巴山自然保护区
黑龙江	洪河自然保护区；五大连池自然保护区；凉水自然保护区；东北黑蜂自然保护区；三江自然保护区；宝清七星河自然保护区；扎龙自然保护区；丰林自然保护区；牡丹峰自然保护区；兴凯湖自然保护区；呼中自然保护区；挠力河自然保护区；南瓮河自然保护区；八岔岛自然保护区
吉林	长白山自然保护区；莫莫格自然保护区；伊通火山群自然保护区；向海自然保护区；天佛指山自然保护区；龙湾自然保护区
辽宁	大连斑海豹国家自然保护区；丹东鸭绿江口滨海湿地自然保护区；蛇岛-老铁山自然保护区；北票鸟化石自然保护区；恒仁老秃顶子自然保护区；庄河仙人洞自然保护区；白石砬子自然保护区；医巫闾山自然保护区；双台湾河口自然保护区；成山头海滨地貌自然保护区
内蒙古	科尔沁自然保护区；汗马自然保护区；西鄂尔多斯自然保护区；锡林郭勒草原自然保护区；大青沟自然保护区；达里诺尔自然保护区；贺兰山自然保护区；白音敖包自然保护区；赛罕乌拉自然保护区；达赉湖自然保护区；辉河自然保护区；图牧吉自然保护区；大黑山自然保护区；乌拉特梭梭林-蒙古野驴自然保护区；鄂尔多斯遗鸥自然保护区；黑里河自然保护区；额济纳胡杨林自然保护区；红花尔基樟子松林自然保护区
山西	芦芽山自然保护区；阳城莽河猕猴自然保护区；历山自然保护区；庞泉沟自然保护区
河北	围场红松洼自然保护区；昌黎黄金海岸自然保护区；雾灵山自然保护区；泥河湾自然保护区；小五台山自然保护区；衡水湖自然保护区；大海坨自然保护区
河南	豫北黄河故道鸟类湿地自然保护区；伏牛山自然保护区；焦作太行山猕猴自然保护区；内乡宝天曼自然保护区；鸡公山自然保护区；董寨自然保护区；南阳恐龙蛋化石群自然保护区；黄河湿地自然保护区
湖北	神农架自然保护区；石首麋鹿自然保护区；五峰后河自然保护区；长江天鹅洲白暨豚自然保护区；长江新螺段白暨豚自然保护区；青龙山恐龙蛋化石群自然保护区；五峰后河自然保护区；星斗山自然保护区
湖南	张家界大鲵自然保护区；永州都庞岭自然保护区；东洞庭湖自然保护区；壶瓶山自然保护区；莽山自然保护区；八大公山自然保护区；炎陵桃源洞自然保护区；小溪自然保护区；永州都庞岭自然保护区

续表

省（区）市	自 然 保 护 区 名 称
四川	九寨沟自然保护区；美姑大风顶自然保护区；小金四姑娘山自然保护区；攀枝花苏铁自然保护区；龙溪-虹口自然保护区；贡嘎山自然保护区；若尔盖湿地自然保护区；长江合江-雷波段珍稀鱼类自然保护区；唐家河自然保护区；马边大风顶自然保护区；蜂桶寨自然保护区；卧龙自然保护区；王朗自然保护区；白水河自然保护区；亚丁自然保护区；长江合江-雷波段珍稀鱼类自然保护区；察青松多白唇鹿自然保护区；长宁竹海自然保护区；画稿溪自然保护区
贵州	赤水桫椤自然保护区；梵净山自然保护区；威宁草海自然保护区；茂兰自然保护区；习水中亚热带常绿阔叶林自然保护区；雷公山自然保护区；麻阳河自然保护区
云南	西双版纳自然保护区；大理苍山洱海自然保护区；高黎贡山自然保护区；西双版纳纳版河流域自然保护区；无量山自然保护区；哀牢山自然保护区；白马雪山自然保护区；南滚自然保护区；金平分水岭自然保护区；大围山自然保护区；西双版纳纳版河流域自然保护区；黄连山自然保护区；文山自然保护区
西藏	珠穆朗玛峰自然保护区；墨脱自然保护区；羌塘自然保护区；察隅慈巴沟自然保护区；色林错自然保护区；雅鲁藏布江中游河谷黑颈鹤自然保护区
江苏	盐城沿海滩涂珍禽自然保护区；大丰麋鹿自然保护区
安徽	升金湖自然保护区；金寨天马自然保护区；扬子鳄自然保护区；古牛绛自然保护区；鹞落坪自然保护区
福建	厦门海洋珍稀物种自然保护区；将乐龙栖山自然保护区；深沪湾海底古森林遗迹自然保护区；武夷山自然保护区；梅花山自然保护区；虎伯寮自然保护区；梁野山自然保护区；天宝岩自然保护区；漳江口红树林自然保护区
江西	井冈山自然保护区；鄱阳湖自然保护区；桃红岭梅花鹿自然保护区；江西武夷山自然保护区；九连山自然保护区
浙江	天目山自然保护区；南麂列自然保护区；乌岩岭自然保护区；凤阳山-百山祖自然保护区；临安清凉峰自然保护区天；大盘山自然保护区；古田山自然保护区；九龙山自然保护区
山东	即墨马山保护区；黄河三角洲自然保护区；长岛自然保护区
广东	湛江红树林自然保护区；车八岭自然保护区；丹霞山自然保护区；南岭自然保护区；内伶仃岛-福田自然保护区；惠东港口海龟自然保护区；鼎湖山自然保护区；象头山自然保护区；珠江口中华白海豚自然保护区
广西	木论自然保护区；大瑶山自然保护区；北仑河口自然保护区；弄岗自然保护区；花坪自然保护区；防城金花茶自然保护区；山口红树林自然保护区；合浦营盘港-英罗港儒艮自然保护区；大明山自然保护区；大瑶山自然保护区；十万大山自然保护区

续表

省（区）市	自　然　保　护　区　名　称
海南	东寨港自然保护区；大洲岛自然保护区；三亚珊瑚礁自然保护区；大田自然保护区；坝王岭自然保护区；尖峰岭自然保护区；五指山自然保护区
陕西	周至自然保护区；太白山自然保护区；长青自然保护区；佛坪自然保护区；牛背梁自然保护区
甘肃	兴隆山自然保护区；祁连山自然保护区；安西极旱荒漠自然保护区；白水江自然保护区；民勤连古城自然保护区；莲花山自然保护区；敦煌西湖自然保护区
青海	青海湖自然保护区；可可西里自然保护区；循化孟达自然保护区；隆宝自然保护区；循化孟达自然保护区
宁夏	贺兰山自然保护区；沙坡头自然保护区；六盘山自然保护区；灵武白芨滩自然保护区；罗山自然保护区
新疆	阿尔金山自然保护区；巴音布鲁克自然保护区；哈纳斯自然保护区；西天山自然保护区；甘家湖梭梭林自然保护区；罗布泊野骆驼自然保护区

资料来源：据国家环保总局、国家林业部资料整理，截至2003年年底。

附录 2 旅游资源分类、调查与评价[①]

一、旅游资源分类、调查与评价

1 范围

本标准规定了旅游资源类型体系，以及旅游资源调查、等级评价的技术与方法。本标准适用于各类型旅游区（点）的旅游资源开发与保护、旅游规划与项目建设、旅游行业管理与旅游法规建设、旅游资源信息管理与开发利用等方面。

2 规范性引用文件

下列文件中的条款通过本标准的引用而成为本标准的条款。凡是注日期的引用文件，其随后所有的修改单（不包括勘误的内容）或修订版均不适用于本标准，同时，鼓励根据本标准达成协议的各方研究是否可使用这些文件的最新版本。凡是不注日期的引用文件，其最新版本适用于本标准。

3 术语和定义

3.1 旅游资源（tourism resources）。自然界和人类社会能对旅游者产生吸引力，可以为旅游业开发利用，并可产生经济效益、社会效益和环境效益的各种事物和因素。

3.2 旅游资源基本类型（ fundamental types of tourism resources）。按照旅游资源分类标准所划分出的基本单位。

3.3 旅游资源单体（object of tourism resources）。可作为独立观赏或利用的旅游资源基本类型的单独个体，包括“独立型旅游资源单体”和由同一类型的独立单体结合在一起的“集合型旅游资源单体”。

3.4 旅游资源调查（ investigation of tourism resources ）。按照旅游资源分类标准，对旅游资源单体进行的研究和记录。

3.5 旅游资源共有因子评价（ community factor evaluation of tourism resources）。按照旅游资源基本类型所共同拥有的因子对旅游资源单体进行的价值和程度评价。

4 旅游资源分类

4.1 分类原则。依据旅游资源的性状，即现存状况、形态、特性、特征划分。

4.2 分类对象。稳定的、客观存在的实体旅游资源，不稳定的、客观存在

① 本附录节选自《旅游资源调查、分类与评价》，2003。

的事物和现象。

4.3　分类结构。分为“主类”、“亚类”、“基本类型”3 个层次。每个层次的旅游资源类型有相应的汉语拼音代号，具体内容见表 3。

5　旅游资源调查

5.1　基本要求

5.1.1　按照本标准规定的内容和方法进行调查。

5.1.2　保证成果质量，强调整个运作过程的科学性、客观性、准确性，并尽量做到内容简洁和量化。

5.1.3　充分利用与旅游资源有关的各种资料和研究成果，完成统计、填表和编写调查文件等项工作。调查方式以收集、分析、转化、利用这些资料和研究成果为主，并逐个对旅游资源单体进行现场调查核实，包括访问、实地观察、测试、记录、绘图、摄影，必要时进行采样和室内分析。

5.1.4　旅游资源调查分为“旅游资源详查”和“旅游资源概查”两个档次，其调查方式和精度要求不同。

5.2　旅游资源详查

5.2.1　适用范围和要求

5.2.1.1　适用于了解和掌握整个区域旅游资源全面情况的旅游资源调查。

5.2.1.2　完成全部旅游资源调查程序，包括调查准备、实地调查。

5.2.1.3　要求对全部旅游资源单体进行调查，提交全部“旅游资源单体调查表”。

5.2.2　调查准备

5.2.2.1　调查组

5.2.2.1.1　调查组成员应具备与该调查区旅游环境、旅游资源、旅游开发有关的专业知识，一般应吸收旅游、环境保护、地学、生物学、建筑园林、历史文化、旅游管理等方面的专业人员参与。

5.2.2.1.2　根据本标准的要求，进行技术培训。

5.2.2.1.3　准备实地调查所需的设备如定位仪器、简易测量仪器、影像设备等。

5.2.2.1.4　准备多份“旅游资源单体调查表”。

5.2.2.2　资料收集范围

5.2.2.2.1　与旅游资源单体及其赋存环境有关的各类文字描述资料，包括地方志书、乡土教材、旅游区与旅游点介绍、规划与专题报告等。

5.2.2.2.2　与旅游资源调查区有关的各类图形资料，重点是反映旅游环境与旅游资源的专题地图。

5.2.2.2.3　与旅游资源调查区和旅游资源单体有关的各种照片、影像资料。

5.2.3　实地调查

5.2.3.1　程序与方法

5.2.3.1.1　确定调查区内的调查小区和调查线路

为便于运作和此后旅游资源评价、旅游资源统计、区域旅游资源开发的需要，将整个调查区分为多个“调查小区”。调查小区一般按行政区划分（如省一级的调查区，可将地区一级的行政区划分为调查小区；地区一级的调查区，可将县一级的行政区划分为调查小区；县一级的调查区，可将乡镇一级的行政区划分为调查小区），也可按现有或规划中的旅游区域划分。

调查线路按实际要求设置，一般要求贯穿调查区内所有调查小区和主要旅游资源单体所在的地点。

5.2.3.1.2　选定调查对象

选定下述单体进行重点调查：具有旅游开发前景，有明显经济、社会、文化价值的旅游资源单体；集合型旅游资源单体中具有代表性的部分；代表调查区形象的旅游资源单体。

对下列旅游资源单体暂时不进行调查：明显品位较低，不具有开发利用价值的；与国家现行法律、法规相违背的；开发后有损于社会形象的或可能造成环境问题的；影响国计民生的；某些位于特定区域内的。

5.2.3.1.3　填写《旅游资源单体调查表》

对每一调查单体分别填写一份“旅游资源单体调查表”。调查表各项内容填写要求如下：① 单体序号。由调查组确定的旅游资源单体顺序号码。② 单体名称。旅游资源单体的常用名称。③“代号”项。代号用汉语拼音字母和阿拉伯数字表示，即“表示单体所处位置的汉语拼音字母-表示单体所属类型的汉语拼音字母-表示单体在调查区内次序的阿拉伯数字”。如果单体所处的调查区是县级和县级以上行政区，则单体代号按“国家标准行政代码（省代号 2 位-地区代号 3 位-县代号 3 位，参见 GB/T 2260—1999 中华人民共和国行政区代码）－旅游资源基本类型代号 3 位-旅游资源单体序号 2 位”的方式设置，共 5 组 13 位数，每组之间用短线“－”连接。如果单体所处的调查区是县级以下的行政区，则旅游资源单体代号按“国家标准行政代码（省代号 2 位－地区代号 3 位－县代号 3 位，参见 GB/T 2260—1999 中华人民共和国行政区代码）－乡镇代号（由调查组自定 2 位）－旅游资源基本类型代号 3 位－旅游资源单体序号 2 位”的方式设置，共 6 组 15 位数，每组之间用短线“－”连接。如果遇到同一单体可归入不同基本类型的情况，在确定其为某一类型的同时，可在“其他代号”后按另外的类型填写。操作时只需改动其中的“旅游资源基本类型代号”，其他代号项目不变。填表时，一般可省略本行政区及本行政区以上的行政代码。④“行政位置”项。填写单体所在地的行政归属，从高到低填写政区单位名称。⑤“地理位置”

项。填写旅游资源单体主体部分的经纬度（精度到秒）。⑥“性质与特征”项。填写旅游资源单体本身个性，包括单体性质、形态、结构、组成成分的外在表现和内在因素，以及单体生成过程、演化历史、人事影响等主要环境因素，提示如下：a. 外观形态与结构类。旅游资源单体的整体状况、形态和突出（醒目）点；代表形象部分的细节变化；整体色彩和色彩变化、奇异华美现象、装饰艺术特色等；组成单体整体各部分的搭配关系和安排情况，构成单体主体部分的构造细节、构景要素等。b. 内在性质类。旅游资源单体的特质，如功能特性、历史文化内涵与格调、科学价值、艺术价值、经济背景、实际用途等。c. 组成成分类。构成旅游资源单体的组成物质、建筑材料、原料等。d. 成因机制与演化过程类。表现旅游资源单体发生、演化过程、演变的时序数值；生成和运行方式，如形成机制、形成年龄和初建时代、废弃时代、发现或制造时间、盛衰变化、历史演变、现代运动过程、生长情况、存在方式、展示演示及活动内容、开放时间等。e. 规模与体量类。表现旅游资源单体的空间数值如占地面积、建筑面积、体积、容积等；个性数值如长度、宽度、高度、深度、直径、周长、进深、面宽、海拔、高差、产值、数量、生长期等；比率关系数值如矿化度、曲度、比降、覆盖度、圆度等。f. 环境背景类。旅游资源单体周围的境况，包括所处具体位置及外部环境。如目前与其共存的不可分离的自然要素和人文要素，如气候、水文、生物、文物、民族等；影响单体存在与发展的外在条件，如特殊功能、雪线高度、重要战事、主要矿物质等；单体的旅游价值和社会地位、级别、知名度等。g. 关联事物类。与旅游资源单体形成、演化、存在有密切关系的典型的历史人物与事件等。⑦“旅游区域及进出条件”项。包括旅游资源单体所在地区的具体部位、进出交通、与周边旅游集散地和主要旅游景区（点）之间的关系等。⑧“保护与开发现状”项。旅游资源单体保存现状、保护措施、开发情况等。⑨“共有因子评价问答”项。旅游资源单体的观赏游憩价值、历史文化科学艺术价值、珍稀或奇特程度、规模丰度与概率、完整性、知名度和影响力、适游期和使用范围、污染状况与环境安全。

5.3　旅游资源概查

5.3.1　适用范围和要求

5.3.1.1　适用于了解和掌握特定区域或专门类型的旅游资源调查。

5.3.1.2　要求对涉及的旅游资源单体进行调查。

5.3.2　调查技术要点

5.3.2.1　参照“旅游资源详查”中的各项技术要求。

5.3.2.2　简化工作程序，如不需要成立调查组，调查人员由其参与的项目组织协调委派；资料收集限定在运到专门目的所需要的范围；可不填写或择要填写“旅游资源单体调查表”等。

6 旅游资源评价

6.1 总体要求

6.1.1 按照本标准的旅游资源分类体系对旅游资源单体进行评价。

6.1.2 本标准采用打分评价方法。

6.1.3 评价主要由调查组完成。

6.2 评价体系

本标准依据“旅游资源共有因子综合评价系统”赋分。本系统设“评价项目”和“评价因子”两个档次。评价项目为“资源要素价值”、“资源影响力”、“附加值”。其中：“资源要素价值”项目中含“观赏游憩使用价值”、“历史文化科学艺术价值”、“珍稀奇特程度”、“规模、丰度与概率”、“完整性”等5项评价因子。“资源影响力”项目中含“知名度和影响力”、“适游期或使用范围”等2项评价因子。“附加值”含“环境保护与环境安全”1项评价因子。

6.3 计分方法

6.3.1 基本分值

6.3.1.1 评价项目和评价因子用量值表示。资源要素价值和资源影响力总分值为100分，其中“资源要素价值”为85分，分配如下：“观赏游憩使用价值”30分、“历史科学文化艺术价值”25分、“珍稀或奇特程度”15分、“规模、丰度与几率”10分、“完整性”5分。

“资源影响力”为15分，其中：“知名度和影响力”10分、“适游期或使用范围”5分。

6.3.1.2 “附加值”中“环境保护与环境安全”，分正分和负分。

6.3.1.3 每一评价因子分为4个档次，其因子分值相应分为4档。旅游资源评价赋分标准见附表1。

6.3.2 计分与等级划分

6.3.2.1 计分

根据对旅游资源单体的评价，得出该单体旅游资源共有综合因子评价赋分值。

6.3.2.2 旅游资源评价等级指标

依据旅游资源单体评价总分，将其分为五级，从高级到低级为：

五级旅游资源，得分值域≥90分。四级旅游资源，得分值域75～89分。三级旅游资源，得分值域60～74分。二级旅游资源，得分值域45～59分。一级旅游资源，得分值域30～44分。此外还有：未获等级旅游资源，得分≤29分。其中：五级旅游资源称为“特品级旅游资源”；五级、四级、三级旅游资源被通称为“优良级旅游资源”；二级、一级旅游资源被通称为“普通级旅游资源”。

附表1　旅游资源评价赋分标准

评价项目	评价因子	评价依据	赋值
资源要素价值（85分）	观赏游憩使用价值（30分）	全部或其中一项具有极高的观赏价值、游憩价值、使用价值	30～22
		全部或其中一项具有很高的观赏价值、游憩价值、使用价值	21～13
		全部或其中一项具有较高的观赏价值、游憩价值、使用价值	12～6
		全部或其中一项具有一般观赏价值、游憩价值、使用价值	5～1
	历史文化科学艺术价值（25分）	同时或其中一项具有世界意义的历史价值、文化价值、科学价值、艺术价值	25～20
		同时或其中一项具有全国意义的历史价值、文化价值、科学价值、艺术价值	19～13
		同时或其中一项具有省级意义的历史价值、文化价值、科学价值、艺术价值	12～6
		历史价值、文化价值、科学价值，或艺术价值具有地区意义	5～1
	珍稀奇特程度（15分）	有大量珍稀物种，或景观异常奇特，或此类现象在其他地区罕见	15～13
		有较多珍稀物种，或景观奇特，或此类现象在其他地区很少见	12～9
		有少量珍稀物种，或景观突出，或此类现象在其他地区少见	8～4
		有个别珍稀物种，或景观比较突出，或此类现象在其他地区较多见	3～1
	规模、丰度与概率（10分）	独立型旅游资源单体规模、体量巨大；集合型旅游资源单体结构完美、疏密度优良；自然景象和人文活动周期性发生或频率极高	10～8
		独立型旅游资源单体规模、体量较大；集合型旅游资源单体结构很和谐、疏密度良好；自然景象和人文活动周期性发生或频率很高	7～5
		独立型旅游资源单体规模、体量中等；集合型旅游资源单体结构和谐、疏密度较好；自然景象和人文活动周期性发生或频率较高	4～3
		独立型旅游资源单体规模、体量较小；集合型旅游资源单体结构较和谐、疏密度一般；自然景象和人文活动周期性发生或频率较小	2～1
	完整性（5分）	形态与结构保持完整	5～4
		形态与结构有少量变化，但不明显	3
		形态与结构有明显变化	2
		形态与结构有重大变化	1
资源影响力（15分）	知名度和影响力（10分）	在世界范围内知名，或构成世界承认的名牌	10～8
		在全国范围内知名，或构成全国性的名牌	7～5
		在本省范围内知名，或构成省内的名牌	4～3
		在本地区范围内知名，或构成本地区名牌	2～1
	适游期或使用范围（5分）	适宜游览的日期每年超过300天，或适宜于所有游客使用和参与	5～4
		适宜游览的日期每年超过250天，或适宜于80%左右游客使用和参与	3
		适宜游览的日期超过150天，或适宜于60%左右游客使用和参与	2
		适宜游览的日期每年超过100天，或适宜于40%左右游客使用和参与	1

续表

评价项目	评价因子	评价依据	赋值
附加值	环境保护与环境安全	已受到严重污染，或存在严重安全隐患	−5
		已受到中度污染，或存在明显安全隐患	−4
		已受到轻度污染，或存在一定安全隐患	−3
		已有工程保护措施，环境安全得到保证	3

7　提交文（图）件

7.1　文（图）件内容和编写要求

7.1.1　全部文（图）件包括《旅游资源调查区实际资料表》、《旅游资源图》、《旅游资源调查报告》。

7.1.2　旅游资源详查和旅游资源概查的文（图）件类型和精度不同，旅游资源详查需要完成全部文（图）件，包括填写《旅游资源调查区实际资料表》、编绘《旅游资源地图》、编写《旅游资源调查报告》。旅游资源概查要求编绘《旅游资源地图》，其他文件可根据需要选择编写。

7.2　文（图）件产生方式

7.2.1　《旅游资源调查区实际资料表》的填写

7.2.1.1　调查区旅游资源调查、评价结束后，由调查组填写。

7.2.1.2　按照本标准附录C规定的栏目填写，栏目内容包括：调查区基本资料，各层次旅游资源数量统计，各主类、亚类旅游资源基本类型数量统计，各级旅游资源单体数量统计，优良级旅游资源单体名录，调查组主要成员，主要技术存档材料。

7.2.1.3　本表同样适用于调查小区实际资料的填写。

7.2.2　《旅游资源图》的编绘

7.2.2.1　类型

—“旅游资源图”，表现五级、四级、三级、二级、一级旅游资源单体。

—“优良级旅游资源图”，表现五级、四级、三级旅游资源单体。

7.2.2.2　编绘程序与方法

7.2.2.2.1　准备工作底图。① 等高线地形图：比例尺视调查区的面积大小而定，较大面积的调查区为1∶50000～1∶200000，较小面积的调查区为1∶5000～1∶25000，特殊情况下为更大比例尺。②调查区政区地图。

7.2.2.2.2　在工作底图的实际位置上标注旅游资源单体（部分集合型单体可将范围绘出）。各级旅游资源使用下列图例（附表2）。

附表2　旅游资源图图例

<table>
<tr><th>旅游资源等级</th><th>图例</th><th>使用说明</th></tr>
<tr><td>五级旅游资源</td><td>■</td><td rowspan="5">1. 图例大小根据图面大小而定，形状不变
2. 自然旅游资源（旅游资源分类表中主类A、B、C、D）使用蓝色图例；人文旅游资源（旅游资源分类表中主类E、F、G、H）使用红色图例</td></tr>
<tr><td>四级旅游资源</td><td>●</td></tr>
<tr><td>三级旅游资源</td><td>◆</td></tr>
<tr><td>二级旅游资源</td><td>□</td></tr>
<tr><td>一级旅游资源</td><td>○</td></tr>
</table>

7.2.2.2.3　单体符号一侧加注旅游资源单体代号或单体序号。

7.2.3　《旅游资源调查报告》的编写。各调查区编写的旅游资源调查报告，基本篇目如下：

前言；第一章　调查区旅游环境；第二章　旅游资源开发历史和现状；第三章　旅游资源基本类型；第四章　旅游资源评价；第五章　旅游资源保护与开发建议；主要参考文献；附图：《旅游资源图》或《优良级旅游资源图》。

二、旅游资源基本类型释义

旅游资源基本类型释义如附表3所示。

附表3　旅游资源基本类型释义

<table>
<tr><th>主类</th><th>亚类</th><th>代码</th><th>基本类型</th><th>简要说明</th></tr>
<tr><td rowspan="14">A地文景观</td><td rowspan="7">AA综合自然旅游地</td><td>AAA</td><td>山丘型旅游地</td><td>山地丘陵区内可供观光游览的整体区域或个别区段</td></tr>
<tr><td>AAB</td><td>谷地型旅游地</td><td>河谷地区内可供观光游览的整体区域或个别区段</td></tr>
<tr><td>AAC</td><td>砂砾石地型旅游地</td><td>沙漠、戈壁、荒原内可供观光游览的整体区域或个别区段</td></tr>
<tr><td>AAD</td><td>滩地型旅游地</td><td>缓平滩地内可供观光游览的整体区域或个别区段</td></tr>
<tr><td>AAE</td><td>奇异自然现象</td><td>发生在地表面一般还没有合理解释的自然界奇特现象</td></tr>
<tr><td>AAF</td><td>自然标志地</td><td>标志特殊地理、自然区域的地点</td></tr>
<tr><td>AAG</td><td>垂直自然地带</td><td>山地自然景观及其自然要素（主要是地貌、气候、植被、土壤）随海拔呈递变规律的现象</td></tr>
<tr><td rowspan="7">AB沉积与构造</td><td>ABA</td><td>断层景观</td><td>地层断裂在地表面形成的明显景观</td></tr>
<tr><td>ABB</td><td>褶曲景观</td><td>地层在各种内力作用下形成的扭曲变形</td></tr>
<tr><td>ABC</td><td>节理景观</td><td>基岩在自然条件下形成的裂隙</td></tr>
<tr><td>ABD</td><td>地层剖面</td><td>地层中具有科学意义的典型剖面</td></tr>
<tr><td>ABE</td><td>钙华与泉华</td><td>岩石中的钙质等化学元素溶解后沉淀形成的形态</td></tr>
<tr><td>ABF</td><td>矿点矿脉与矿石积聚地</td><td>矿床矿石地点和由成景矿物．石体组成的地面</td></tr>
<tr><td>ABG</td><td>生物化石点</td><td>保存在地层中的地质时期的生物遗体、遗骸及活动遗迹的发掘地点</td></tr>
</table>

续表

主类	亚类	代码	基本类型	简要说明
A地文景观	AC地质地貌过程形迹	ACA	凸峰	在山地或丘陵地区突出的山峰或丘峰
		ACB	独峰	平地上突起的独立山丘或石体
		ACC	峰丛	基底相连的成片山丘或石体
		ACD	石（土）林	林立的石（土）质峰林
		ACE	奇特与象形山石	形状奇异、拟人状物的山体或石体
		ACF	岩壁与岩缝	坡度超过60°的高大岩面和岩石间的缝隙
		ACG	峡谷段落	两坡陡峭、中间深峻的“V”字形谷、嶂谷、幽谷等段落
		ACH	沟壑地	由内营力塑造或外营力侵蚀形成的沟谷、劣地
		ACI	丹霞	由红色砂砾岩组成的一种顶平、坡陡、麓缓的山体或石体
		ACJ	雅丹	主要在风蚀作用下形成的土墩和凹地（沟槽）的组合景观
		ACK	堆石洞	岩石块体塌落堆砌成的石洞
		ACL	岩石洞与岩穴	位于基岩内和岩石表面的天然洞穴，如溶洞、落水洞与竖井、穿洞与天生桥、火山洞、地表坑穴等
		ACM	沙丘地	由沙堆积而成的沙丘、沙山
		ACN	岸滩	被岩石、沙、砾石、泥、生物遗骸覆盖的河流、湖泊、海洋沿岸地面
	AD自然变动遗迹	ADA	重力堆积体	由于重力作用使山坡上的土体、岩体整体下滑或崩塌滚落而形成的遗留物
		ADB	泥石流堆积	饱含大量泥沙、石块的洪流堆积体
		ADC	地震遗迹	地球局部震动或颤动后遗留下来的痕迹
		ADD	陷落地	地下淘蚀使地表自然下陷形成的低洼地
		ADE	火山与熔岩	地壳内部溢出的高温物质堆积而成的火山与熔岩形态
		ADF	冰川堆积	冰川后退或消失后遗留下来的堆积地形
		ADG	冰川侵蚀遗迹	冰川后退或消失后遗留下来的侵蚀地形
	AE岛礁	AEA	岛区	小型岛屿上可供游览休憩的区段
		AEB	岩礁	江海中隐现于水面上下的岩石及由珊瑚虫的遗骸堆积成的岩石状物

续表

主类	亚类	代码	基本类型	简要说明
B 水域风光	BA 河段	BAA	观光游憩河段	可供观光游览的河流段落
		BAB	暗河河段	地下的流水河道段落
		BAC	古河道段落	已经消失的历史河道段落
	BB 天然湖泊与池沼	BBA	观光游憩湖区	湖泊水体的观光游览区域段落
		BBB	沼泽与湿地	地表常年湿润或有薄层积水、生长湿生和沼生植物的地域或个别段落
		BBC	潭池	四周有岸的小片水域
	BC 瀑布	BCA	悬瀑	从悬崖处倾泻或散落下来的水流
		BCB	跌水	从陡坡上跌落下来落差不大的水流
	BD 泉	BDA	冷泉	水温低于 20℃或低于当地年平均气温的出露泉
		BDB	地热与温泉	水温超过 20℃或超过当地年平均气温的地下热水、热汽和出露泉
	BE 河口与海面	BEA	观光游憩海域	可供观光游憩的海上区域
		BEB	涌潮现象	海水大潮时潮水涌进景象
		BEC	击浪现象	海浪推进时的击岸现象
	BF 冰雪地	BFA	冰川观光地	现代冰川存留区域
		BFB	长年积雪地	长时间不融化的降雪堆积地面
C 生物景观	CA 树木	CAA	林地	生长在一起的大片树木组成的植物群体
		CAB	丛树	生长在一起的小片树木组成的植物群体
		CAC	独树	单株树木
	CB 草原与草地	CBA	草地	以多年生草本植物或小半灌木组成的植物群落构成的地区
		CBB	疏林草地	生长着稀疏林木的草地
	CC 花卉地	CCA	草场花卉地	草地上的花卉群体
		CCB	林间花卉	灌木林、乔木林中的花卉群体
	CD 野生动物栖息地	CDA	水生动物栖息地	一种或多种水生动物常年或季节性栖息的地方
		CDB	陆地动物栖息地	一种或多种陆地野生哺乳动物、两栖动物、爬行动物等常年或季节性栖息的地方
		CDC	鸟类栖息地	一种或多种鸟类常年或季节性栖息的地方
		CDD	蝶类栖息地	一种或多种蝶类常年或季节性栖息的地方

续表

主类	亚类	代码	基本类型	简要说明
D天象与气候景观	DA光现象	DAA	日月星辰观察地	观察日、月、星辰的地方
		DAB	光环现象观察地	观察虹霞、极光、佛光的地方
		DAC	海市蜃楼现象多发地	海面和荒漠地区光折射易造成虚幻景象的地方
	DB天气与气候现象	DBA	云雾多发区	云雾及雾凇、雨凇出现频率较高的地方
		DBB	避暑气候地	气候上适宜避暑的地区
		DBC	避寒气候地	气候上适宜避寒的地区
		DBD	极端与特殊气候显示地	易出现极端与特殊气候的地区或地点，如风区、雨区、热区、寒区、旱区等典型地点
		DBE	物候景观	各种植物的发芽、展叶、开花、结实、叶变色、落叶等季变现象
E遗址遗迹	EA史前人类活动场所	EAA	人类活动遗址	史前人类聚居、活动场所
		EAB	文化层	史前人类活动留下来的痕迹、遗物和有机物所形成的堆积层
		EAC	文物散落地	在地面和表面松散地层中有丰富文物碎片的地方
		EAD	原始聚落遗址	史前人类居住的房舍、洞窟、地穴及公共建筑
	EB社会经济文化活动遗址遗迹	EBA	历史事件发生地	历史上发生过重要贸易、文化、科学、教育事件的地方
		EBB	军事遗址与古战场	发生过军事活动和战事的地方
		EBC	废弃寺庙	已经消失或废置的寺、庙、庵、堂、院等
		EBD	废弃生产地	已经消失或废置的矿山、窑、冶炼场、工艺作坊等
		EBE	交通遗迹	已经消失或废置的交通设施
		EBF	废城与聚落遗迹	已经消失或废置的城镇、村落、屋舍等居住地建筑及设施
		EBG	长城遗迹	已经消失的长城遗迹
		EBH	烽隧	古代边防报警的构筑物

续表

主类	亚类	代码	基本类型	简要说明
F建筑与设施	FA综合人文旅游地	FAA	教学科研实验场所	各类学校和教育单位、开展科学研究的机构和从事工程技术实验场所的观光、研究、实习的地方
		FAB	康体游乐休闲度假地	具有康乐、健身、消闲、疗养、度假条件的地方
		FAC	宗教与祭祀活动场所	进行宗教、祭祀、礼仪活动场所的地方
		FAD	园林游憩区域	园林内可供观光游览休憩的区域
		FAE	文化活动场所	进行文化活动、展览、科学技术普及的场所
		FAF	建设工程与生产地	经济开发工程和实体单位，如工厂、矿区、农田、牧场、林场、茶园、养殖场、加工企业以及各类生产部门的生产区域和生产线
		FAG	社会与商贸活动场所	进行社会交往活动、商业贸易活动的场所
		FAH	动物与植物展示地	饲养动物与栽培植物的场所
		FAI	军事观光地	用于战事的建筑物和设施
		FAJ	边境口岸	边境上设立的过境或贸易的地点
		FAK	景物观赏点	观赏各类景物的场所
	FB单体活动场馆	FBA	聚会接待厅堂（室）	公众场合用于办公、会商、议事和其他公共事物所设的独立宽敞房舍，或家庭的会客厅室
		FBB	祭拜场馆	为礼拜神灵、祭祀故人所开辟的进行各种宗教礼仪活动的馆室或场地
		FBC	展示演示场馆	为各类展出演出活动开辟的馆室或场地
		FBD	体育健身场馆	开展体育健身活动的独立馆室或场地
		FBE	歌舞游乐场馆	开展歌咏、舞蹈、游乐的馆室或场地

续表

主类	亚类	代码	基本类型	简要说明
F建筑与设施	FC景观建筑与附属型建筑	FCA	佛塔	通常为直立、多层的佛教建筑物
		FCB	塔形建筑物	为纪念、镇物、表明风水和某些实用目的的直立建筑物
		FCC	楼阁	用于藏书、远眺、巡更、饮宴、娱乐、休憩、观景等目的而建的二层或二层以上的建筑
		FCD	石窟	临崖开凿，内有雕刻造像、壁画，具有宗教意义的洞窟
		FCE	长城段落	古代军事防御工程段落
		FCF	城（堡）	用于设防的城体或堡垒
		FCG	摩崖字画	在山崖石壁上镌刻的文字、绘制的图画
		FCH	碑碣（林）	为纪事颂德而筑的刻石
		FCI	广场	用来进行休憩、游乐、礼仪活动的城市内的开阔地
		FCJ	人工洞穴	为防御、储物、居住等目的而建造的地下洞室
		FCK	建筑小品	用以纪念、装饰、美化环境和配置主体建筑物的独立建筑物，如雕塑、牌坊、戏台、台、阙、廊、亭、榭、表、舫、影壁、经幢、喷泉、假山与堆石、祭祀标记等
	FD居住地与社区	FDA	传统与乡土建筑	具有地方建筑风格和历史色彩的单个居民住所
		FDB	特色街巷	能反映某一时代建筑风貌，或经营专门特色商品和商业服务的街道
		FDC	特色社区	建筑风貌或环境特色鲜明的居住区
		FDD	名人故居与历史纪念建筑	有历史影响的人物的住所或为历史著名事件而保留的建筑物
		FDE	书院	旧时地方上设立的供人读书或讲学的处所
		FDF	会馆	旅居异地的同乡人共同设立的馆舍，主要以馆址的房屋供同乡、同业聚会或寄居
		FDG	特色店铺	销售某类特色商品的场所
		FDH	特色市场	批发零售兼顾的特色商品供应场所
	FE归葬地	FEA	陵寝陵园	帝王及后妃的坟墓及墓地的宫殿建筑，以及一般以墓葬为主的园林
		FEB	墓（群）	单个坟墓、墓群或葬地
		FEC	悬棺	在悬崖上停放的棺木

续表

主类	亚类	代码	基本类型	简要说明
F 建筑与设施	FF 交通建筑	FFA	桥	跨越河流、山谷、障碍物或其他交通线而修建的架空通道
		FFB	车站	为了装卸客货停留的固定地点
		FFC	港口渡口与码头	位于江、河、湖、海沿岸进行航运、过渡、商贸、渔业活动的地方
		FFD	航空港	供飞机起降的场地及其相关设施
		FFE	栈道	在悬崖绝壁上凿孔架木而成的窄路
	FG 水工建筑	FGA	水库观光游憩区段	供观光、游乐、休憩的水库、池塘等人工集水区域
		FGB	水井	向下开凿到饱和层并从饱和层中抽水的深洞
		FGC	运河与渠道段落	正在运行的人工开凿的水道段落
		FGD	堤坝段落	防水、挡水的构筑物段落
		FGE	灌区	引水浇灌的田地
		FGF	提水设施	提取引水设施
G 旅游商品	GA 地方旅游商品	GAA	菜品饮食	具有跨地区声望的地方菜系、饮食
		GAB	农林畜产品及制品	具有跨地区声望的当地生产的农林畜产品及制品
		GAC	水产品及制品	具有跨地区声望的当地生产的水产品及制品
		GAD	中草药材及制品	具有跨地区声望的当地生产的中草药材及制品
		GAE	传统手工产品与工艺品	具有跨地区声望的当地生产的传统手工产品与工艺品
		GAF	日用工业品	具有跨地区声望的当地生产的日用工业品
		GAG	其他物品	具有跨地区声望的当地生产的其他物品
H 人文活动	HA 人事记录	HAA	人物	历史和现代名人
		HAB	事件	发生过的历史和现代事件
	HB 艺术	HBA	文艺团体	表演戏剧、歌舞、曲艺杂技和地方杂艺的团体
		HBB	文学艺术作品	对社会生活进行形象的概括而创作的文学艺术作品

续表

主类	亚类	代码	基本类型	简要说明
H人文活动	HC民间习俗	HCA	地方风俗与民间礼仪	地方性的习俗和风气，如待人接物礼节、仪式等
		HCB	民间节庆	民间传统的庆祝或祭祀的节日和专门活动
		HCC	民间演艺	民间各种表演方式
		HCD	民间健身活动与赛事	地方性体育健身比赛、竞技活动
		HCE	宗教活动	宗教信徒举行的佛事活动
		HCF	庙会与民间集会	节日或规定日子里在寺庙附近或既定地点举行的聚会，期间进行购物和文体活动
		HCG	特色饮食风俗	餐饮程序和方式
		HCH	特色服饰	具有地方和民族特色的衣饰
	HD现代节庆	HDA	旅游节	定期和不定期的旅游活动的节日
		HDB	文化节	定期和不定期的展览、会议、文艺表演活动的节日
		HDC	商贸农事节	定期和不定期的商业贸易和农事活动的节日
		HDD	体育节	定期和不定期的体育比赛活动的节日

附录 3　旅游规划通则[①]

一、旅游规划通则

引　言

为规范旅游规划编制工作，提高我国旅游规划工作总体水平，增强旅游规划的科学性、前瞻性和可操作性，促进旅游业可持续性发展，特制定本标准。本标准是编制各级旅游发展规划及各类旅游区规划的规范。本标准的制定，总结了国内并借鉴了国外旅游规划编制工作的经验和教训，在体现中国旅游规划特色的同时，在技术和方法上努力实现与国际接轨。

1　范围

本标准规定了旅游规划（包括旅游发展规划和旅游区规划）的编制的原则、程序和内容以及评审的方式，提出了旅游规划编制人员和评审人员的组成与素质要求。本标准适用于编制各级旅游发展规划及各类旅游区规划。

2　规范性引用文件

下列标准的条款通过本标准的引用而成为本标准的条款。凡是注日期的引用文件，其随后所有的修改单（不包括勘误的内容）或修订版均不适用于本标准，同时，鼓励根据本标准达成协议的各方研究是否可使用这些文件的最新版本。凡是不注日期的引用文件，其最新版本适用于本标准。

GB3095—1996 环境空气质量标准；GB3096—1993 城市区域环境噪声标准；GB3838 地面水环境质量标准；GB5749 生活饮用水卫生标准；GB9663 旅游业卫生标准；GB9664 文化娱乐场所卫生标准；GB9665 公共浴室卫生标准；GB9666 理发店、美容店卫生标准；GB9667 游泳场所卫生标准；GB9668 体育馆卫生标准；GB9669 图书馆、博物馆、美术馆、展览馆卫生标准；GB9670 商场（店）、书店卫生标准；GB9671 医院候诊室卫生标准；GB9672 公共交通等候室卫生标准；GB9673 公共交通工具卫生标准；GB12941—1991 景观娱乐用水水质标准；GB16153 饭馆（餐厅）卫生标准；GB/T 18972—2003 旅游资源分类、调查与评价。

3　术语和定义

下列术语和定义适用于本标准。

3.1　旅游发展规划（tourism development plan）。旅游发展规划是根据旅游

---

① 本附录节选自旅游规划通则，2003。

业的历史、现状和市场要素的变化所制定的目标体系，以及为实现目标体系在特定的发展条件下对旅游发展的要素所做的安排。

3.2　旅游区（tourism area）。旅游区是以旅游及其相关活动为主要功能或主要功能之一的空间或地域。

3.3　旅游区规划（ tourism area plan)。旅游区规划是指为了保护、开发、利用和经营管理旅游区，使其发挥多种功能和作用而进行的各项旅游要素的统筹部署和具体安排。

3.4　旅游客源市场（tourist source market)。旅游者是旅游活动的主体，旅游客源市场是指旅游区内某一特定旅游产品的现实购买者与潜在购买者。

3.5　旅游资源（tourism resources)。自然界和人类社会凡能对旅游者产生吸引力，可以为旅游业开发利用，并可产生经济效益、社会效益和环境效益的各种事物和因素，均称为旅游资源。

3.6　旅游产品（tourism product)。旅游资源经过规划、开发建设形成旅游产品。旅游产品是旅游活动的客体与对象，可分为自然、人文和综合三大类。

3.7　旅游容量（ tourism carrying capacity)。旅游容量是指在可持续发展前提下，旅游区在某一时间段内，其自然环境、人工环境和社会经济环境所能承受的旅游及其相关活动在规模和强度上的最小极限值。

4　旅游规划编制的要求

4.1　旅游规划编制要以国家和地区社会经济发展战略为依据，以旅游业发展方针、政策及法规为基础，与城市总体规划、土地利用规划相适应，与其他相关规划相协调；根据国民经济形势，对上述规划提出改进的要求。

4.2　旅游规划编制要坚持以旅游市场为导向，以旅游资源为基础，以旅游产品为主体，经济、社会和环境效益可持续发展的指导方针。

4.3　旅游规划编制要突出地方特色，注重区域协同，强调空间一体化发展，避免近距离不合理重复建设，加强对旅游资源的保护，减少对旅游资源的浪费。

4.4　旅游规划编制鼓励采用先进方法和技术。编制过程中应当进行多方案的比较，并征求各有关行政管理部门的意见，尤其是当地居民的意见。

4.5　旅游规划编制工作所采用的勘察、测量方法与图件、资料，要符合相关国家标准和技术规范。

4.6　旅游规划技术指标，应当适应旅游业发展的长远需要，具有适度超前性。技术指标参照本标准的1.1，1.2和1.3选择和确立。

4.7　旅游规划编制人员应有比较广泛的专业构成，如旅游、经济、资源、环境、城市规划、建筑等方面。

5　旅游规划的编制程序

5.1　任务确定阶段

5.1.1　委托方确定编制单位

委托方应根据国家旅游行政主管部门对旅游规划设计单位资质认定的有关规定确定旅游规划编制单位。通常有公开招标、邀请招标、直接委托等形式。公开招标：委托方以招标公告的方式邀请不特定的旅游规划设计单位投标。邀请招标：委托方以投标邀请书的方式邀请特定的旅游规划设计单位投标。直接委托：委托方直接委托某一特定规划设计单位进行旅游规划的编制工作。

5.1.2　制订项目计划书并签订旅游规划编制合同

委托方应制订项目计划书并与规划编制单位签订旅游规划编制合同。

5.2　前期准备阶段

5.2.1　政策法规研究。对国家和本地区旅游及相关政策、法规进行系统研究，全面评估规划所需要的社会、经济、文化、环境及政府行为等方面的影响。

5.2.2　旅游资源调查。对规划区内旅游资源的类别、品位进行全面调查，编制规划区内旅游资源分类明细表，绘制旅游资源分析图，具备条件时可根据需要建立旅游资源数据库，确定其旅游容量，调查方法可参照《旅游资源分类、调查与评价》（GB/T 18972—2003）。

5.2.3　旅游客源市场分析。在对规划区的旅游者数量和结构、地理和季节性分布、旅游方式、旅游目的、旅游偏好、停留时间、消费水平进行全面调查分析的基础上，研究并提出规划区旅游客源市场未来的总量、结构和水平。

5.2.4　对规划区旅游业发展进行竞争性分析，确立规划区在交通可进入性、基础设施、景点现状、服务设施、广告宣传等各方面的区域比较优势，综合分析和评价各种制约因素及机遇。

5.3　规划编制阶段

5.3.1　规划区主题确定。在前期准备工作的基础上，确立规划区旅游主题，包括主要功能、主打产品和主题形象。

5.3.2　确立规划分期及各分期目标。

5.3.3　提出旅游产品及设施的开发思路和空间布局。

5.3.4　确立重点旅游开发项目，确定投资规模，进行经济、社会和环境评价。

5.3.5　形成规划区的旅游发展战略，提出规划实施的措施、方案和步骤，包括政策支持、经营管理体制、宣传促销、融资方式、教育培训等。

5.3.6　撰写规划文本、说明和附件的草案。

5.4　征求意见阶段

规划草案形成后，原则上应广泛征求各方意见，并在此基础上，对规划草案进行修改、充实和完善。

6　旅游发展规划

6.1 旅游发展规划按规划的范围和政府管理层次分为全国旅游业发展规划、区域旅游业发展规划和地方旅游业发展规划。地方旅游业发展规划又可分为省级旅游业发展规划、地市级旅游业发展规划和县级旅游业发展规划等。地方各级旅游业发展规划均依据上一级旅游业发展规划，并结合本地区的实际情况进行编制。

6.2 旅游发展规划包括近期发展规划（3～5年）、中期发展规划（5～10年）和远期发展规划（10～20年）。

6.3 旅游发展规划的主要任务是明确旅游业在国民经济和社会发展中的地位与作用，提出旅游业发展目标，优化旅游业发展的要素结构与空间布局，安排旅游业发展优先项目，促进旅游业持续、健康、稳定发展。

6.4 旅游发展规划的主要内容

6.4.1 全面分析规划区旅游业发展历史与现状，优势与制约因素，及与相关规划的衔接。

6.4.2 分析规划区的客源市场需求总量、地域结构、消费结构及其他结构，预测规划期内客源市场需求总量、地域结构、消费结构及其他结构。

6.4.3 提出规划区的旅游主题形象和发展战略。

6.4.4 提出旅游业发展目标及其依据。

6.4.5 明确旅游产品开发的方向、特色与主要内容。

6.4.6 提出旅游发展重点项目，对其空间及时序做出安排。

6.4.7 提出要素结构、空间布局及供给要素的原则和办法。

6.4.8 按照可持续发展原则，注重保护、开发、利用的关系，提出合理的措施。

6.4.9 提出规划实施的保障措施。

6.4.10 对规划实施的总体投资分析，主要包括旅游设施建设、配套基础设施建设、旅游市场开发、人力资源开发等方面的投入与产出方面的分析。

6.5 旅游发展规划成果包括规划文本、规划图表及附件。规划图表包括区位分析图、旅游资源分析图、旅游客源市场分析图、旅游业发展目标图表、旅游产业发展规划图等。附件包括规划说明和基础资料等。

7 旅游区规划

7.1 旅游区规划按规划层次分总体规划、控制性详细规划、修建性详细规划等。

7.2 旅游区总体规划

7.2.1 旅游区在开发、建设之前，原则上应当编制总体规划。小型旅游区可直接编制控制性详细规划。

7.2.2 旅游区总体规划的期限一般为10～20年，同时可根据需要对旅游区的远景发展做出轮廓性的规划安排。对于旅游区近期的发展布局和主要建设项目，亦应做出近期规划，期限一般为 3～5 年。

7.2.3　旅游区总体规划的任务，是分析旅游区客源市场，确定旅游区的主题形象，划定旅游区的用地范围及空间布局，安排旅游区基础设施建设内容，提出开发措施。

7.2.4　旅游区总体规划内容

7.2.4.1　对旅游区的客源市场的需求总量、地域结构、消费结构等进行全面分析与预测。

7.2.4.2　划定旅游区范围，进行现状调查和分析，对旅游资源进行科学评价。

7.2.4.3　确定旅游区的性质和主题形象。

7.2.4.4　确定旅游区的功能分区和土地利用，确定规划期内的旅游容量。

7.2.4.5　规划旅游区的对外交通系统的布局和主要交通设施的规模、位置；规划旅游区内部的其他道路系统的走向、断面和交叉形式。

7.2.4.6　规划旅游区的景观系统和绿地系统的总体布局。

7.2.4.7　规划旅游区其他基础设施、服务设施和附属设施的总体布局。

7.2.4.8　规划旅游区的防灾系统和安全系统的总体布局。

7.2.4.9　研究并确定旅游区资源的保护范围和保护措施。

7.2.4.10　规划旅游区的环境卫生系统布局，提出防止和治理污染的措施。

7.2.4.11　提出旅游区近期建设规划，进行重点项目策划。

7.2.4.12　提出总体规划的实施步骤、措施和方法，以及规划、建设、运营中的管理意见。

7.2.4.13　对旅游区开发建设进行总体投资分析。

7.2.5　旅游区总体规划的成果要求

7.2.5.1　规划文本。

7.2.5.2　图件，包括旅游区区位图、综合现状图、旅游市场分析图、旅游资源评价图、总体规划图、道路交通规划图、功能分区图等其他专业规划图、近期建设规划图等。

7.2.5.3　附件，包括规划说明和其他基础资料等。

7.2.5.4　图纸比例，可根据功能需要与可能确定。

7.3　旅游区控制性详细规划

7.3.1　在旅游区总体规划的指导下，为了近期建设的需要，可编制旅游区控制性详细规划。

7.3.2　旅游区控制性详细规划的任务是，以总体规划为依据，详细规定区内建设用地的各项控制指标和其他规划管理要求，为区内一切开发建设活动提供指导。

7.3.3 旅游区控制性详细规划的主要内容

7.3.3.1 详细划定所规划范围内各类不同性质用地的界线。规定各类用地内适建、不适建或者有条件地允许建设的建筑类型。

7.3.3.2 规划分地块，规定建筑高度、建筑密度、容积率、绿地率等控制指标，并根据各类用地的性质增加其他必要的控制指标。

7.3.3.3 规定交通出入口方位、停车泊位、建筑后退红线、建筑间距等。

7.3.3.4 提出对各地块的建筑体量、尺度、色彩、风格等的要求。

7.3.3.5 确定各级道路的红线位置、控制点坐标和标高。

7.3.4 旅游区控制性详细规划的成果要求

7.3.4.1 规划文本。

7.3.4.2 图件，包括旅游区综合现状图、各地块的控制性详细规划图、各项工程管线规划图等。

7.3.4.3 附件，包括规划说明及基础资料。

7.3.4.4 图纸比例一般为 1/1000～1/2000。

7.4 旅游区修建性详细规划

7.4.1 对于旅游区当前要建设的地段，应编制修建性详细规划。

7.4.2 旅游区修建性详细规划的任务，是在总体规划或控制性详细规划的基础上，进一步深化和细化用以指导各项建筑和工程设施的设计和施工。

7.4.3 旅游区修建性详细规划的主要内容

7.4.3.1 综合现状与建设条件分析。

7.4.3.2 用地布局。

7.4.3.3 景观系统规划设计。

7.4.3.4 道路交通系统规划设计。

7.4.3.5 绿地系统规划设计。

7.4.3.6 旅游服务设施及附属设施系统规划设计。

7.4.3.7 工程管线系统规划设计。

7.4.3.8 竖向规划设计。

7.4.3.9 环境保护和环境卫生系统规划设计。

7.4.4 旅游区修建性详细规划的成果要求

7.4.4.1 规划设计说明书。

7.4.4.2 图件，包括综合现状图、修建性详细规划总图、道路及绿地系统规划设计图、工程管网综合规划设计图、竖向规划设计图、鸟瞰或透视等效果图等。图纸比例一般为 1/500～1/2000。

7.5 旅游区可根据实际需要，编制项目开发规划、旅游线路规划和旅游地建设规划、旅游营销规划、旅游区保护规划等功能性专项规划。

8　旅游规划的评审、报批与修编

8.1　旅游规划的评审

8.1.1　评审方式

8.1.1.1　旅游规划文本、图件及附件的草案完成后，由规划委托方提出申请，上一级旅游行政主管部门组织评审。

8.1.1.2　旅游规划评审采用会议审查方式。成果应在会议召开五日前送达评审人员审阅。

8.1.1.3　旅游规划的评审，需经全体评审人员讨论、表决，并有 3/4 以上评审人员同意，方为通过。评审意见应形成文字性结论，并经评审小组全体成员签字，评审意见方为有效。

8.1.2　规划评审人员的组成

8.1.2.1　旅游发展规划的评审人员由规划委托方与上一级旅游行政主管部门商定；旅游区规划的评审人员由规划委托方与当地旅游行政主管部门确定。旅游规划评审组由 7 人以上组成。其中行政管理部门代表不超过 1/3，本地专家不少于 1/3。规划评审小组设组长 1 人，根据需要可设副组长 1～2 人。组长、副组长人选由委托方与规划评审小组协商产生。

8.1.2.2　旅游规划评审人员应由经济分析专家、市场开发专家、旅游资源专家、环境保护专家、城市规划专家、工程建筑专家、旅游规划管理官员、相关部门管理官员等组成。

8.1.3　规划评审重点

旅游规划评审应围绕规划的目标、定位、内容、结构和深度等方面进行重点审议，包括：①旅游产业定位和形象定位的科学性、准确性和客观性；②规划目标体系的科学性、前瞻性和可行性；③旅游产业开发、项目策划的可行性和创新性；④旅游产业要素结构与空间布局的科学性、可行性；⑤旅游设施、交通线路空间布局的科学合理性；⑥旅游开发项目投资的经济合理性；⑦规划项目对环境影响评价的客观可靠性；⑧各项技术指标的合理性；⑨规划文本、附件和图件的规范性；⑩规划实施的可操作性和充分性。

8.2　规划的报批。旅游规划文本、图件及附件，经规划评审会议讨论通过并根据评审意见修改后，由委托方按有关规定程序报批实施。

8.3　规划的修编。在规划执行过程中，要根据市场环境等各个方面的变化对规划进行进一步的修订和完善。

二、旅游规划指标选取指南

1.1　旅游容量测算

旅游容量分为空间容量、设施容量、生态容量和社会心理容量四类。对于一个旅游区来说，日空间容量与日设施容量的测算是最基本的要求。

1.1.1　日空间容量

日空间容量的测算是在给出各个空间使用密度的情况下，把游客的日周转率考虑进去，即可估算出不同空间的日空间容量。例如，假设某游览空间面积为 Xi（m^2），在不影响游览质量的情况下，平均每位游客占用面积为 Yi（m^2/人），日周转率为 Zi。则该游览日空间容量为

$$Ci = Xi \times Zi / Yi(\text{人})$$

旅游区日空间总容量等于各分区日空间容量之和，即

$$C = \sum Ci = \sum Xi \times Zi / Yi$$

1.1.2　日设施容量

日设施容量的计算方法与日空间容量的计算方法基本类似。

例如，假设一个影剧院的座位数为 Xi，日周转率为 Yi，则日设施容量为

$$Ci = Xi \times Yi$$

旅游区日设施总容量为

$$C = \sum Ci = \sum Xi \times Yi$$

其中旅游接待设施，如宾馆，休、疗养院的日空间系数建议为0.4。

1.1.3　生态环境容量

1.1.3.1　生态环境容量的测算是一个比较复杂的问题，但起码要考虑到如下因素：①土壤密度、土壤组成、土壤温度、土壤冲蚀与径流。②植被。植被覆盖率、植被组成、植被年龄结构、稀有植物的灭绝、植被的机械性损伤。③水。水中病原体的数目与种类、水中的养分及水生植物的生长情况、污染物。④野生动物。栖息地、种群组成、种群改变、旅游活动对种群活动的影响。⑤空气。

1.1.3.2　生态环境容量的研究，常采用以下三种方法：①既成事实分析（after-the-fact analysis）。在旅游行动与环境影响已达平衡的系统，选择不同游客量压力调查其容量，所得数据用于测算相似地区环境容量。②模拟实验（simulation experiment）。以人工控制的强度实施破坏，观察其影响程度。根据实验结果测算相似地区环境容量。③长期监测（monitoring of change through time）。从旅游活动开始阶段作长期调查，分析使用强度逐年增加所引起的改变；或在游客压力突增时，随时作短期调查。所得数据用于测算相似地区的环境容量。

1.1.4　社会心理容量。社会心理容量的主要影响因素是拥挤度。对于它的测算也是一个比较复杂的问题。目前主要有两个模型可以利用：一是满意模型（hypothetical density），二是拥挤认识模型（perceived crowding models）。

1.1.5　旅游容量的确定。一般对一个旅游区来说，最基本的要求是对空间容量和设施容量进行测算，对生态环境容量和社会环境容量进行分析。有条件的

话，也应对后两个环境容量进行测算。如果上述四个容量都有测算值的话，那么一个旅游区的环境容量取决于以下三者的最小值：①生态环境容量；②社会心理容量；③空间容量与设施容量之和。

1.2 旅游服务设施规划

旅游服务设施的配置可依照以下原则：①经济上可行。配套设施的选择不仅符合投资能力，要力争有较好的经济效益，同时还要考虑它的日常维护费用和淘汰速度，力求经济实惠。②要与旅游区性质和功能相一致。不能设置与旅游区性质和规划原则相违背的设施，必须按照规划确定的功能与规模来进行。设施的配套满足使用要求，既不能配套不周全，造成旅游区在使用上的不便，也不能盲目配套造成浪费。③要有一定的弹性。波动是旅游市场的显著特征，设施配套应考虑这一情况，使之有一定的灵活适应力。

1.2.1 商业、饮食业设施。旅游区内商业、饮食业服务设施的建筑面积，建议在区内接待总床位数基础上，按 0.4～0.6 m^2/床指标作估算（附表 1）。

附表 1 商业、饮食业设施的分项配置指标

类 别	1000 床	2000 床	4000 床	7000 床	12 000 床	20 000 床
百货、食品类	1	2	4	7	10	20
综合类 a	2	3	5	8	12	20
器材类 b	2	5	10	20	35	50
服务类 c	1	2	4	7	12	30
旅游咨询及车辆出租站		P	1	1～2	2	2～3
银行			1	1	2	2
房地产所			1	2	2～3	3
总计	6	12	26	47	75	123

注：1. 假设旅馆最低出租率均为 50%。

2. P 表示可以设置；a 包括药品、书报、烟草、花木、工艺品、礼品；b 包括体育物品、摄像用品、本地产品、家具及时装；c 包括饮食、理发、洗衣、加油、汽车修理、室内。

旅游区内单个商店的面积平均在 90～130m^2 为宜。但有些商店可以组织在一起，由一个中心来管理，不同类型的商店可以混杂地组织起来创造有趣和多样的公共购物环境。

1.2.2 文娱设施。文娱性建筑的总建筑面积，建议按 0.1～0.2 m^2/床的指标作估算。文娱设施的项目除了附表 2 所列外，还可根据旅游区的具体情况设置植物园、展览及游乐性建筑、动物园等。

附表 2 文娱设施的分项配置指标

类别	1000 床	2000 床	4000 床	7000 床	12 000 床	20 000 床
电影院 300～600 座			1	1	1	2
多功能厅 200～1000 m²					1	1
露天影剧场 500 m²		1	1	1	1	1
图书阅览 150～500 m²			P	P	1	1
青年中心			P	1	1	1
夜总会、舞厅 150～200 m²				1～2	2～3	3～4

注：1. 若旅游区有扩大可能，则可以设置。

2. P 表示可以设置。

1.2.3 体育设施。户外体育活动场地的总面积可按 5～8 m²/床的指标进行估算，而游乐性建筑的面积可按 0.2 m²/床的指标进行估算。旅游区体育活动内容除了附表 3 所列之外，还可根据本身的条件组织其他活动，如登山、野外考察、海底欣赏、冲浪等。

附表 3 体育设施的分项配置指标

规模	1000 床	2000 床	4000 床	7000 床	12 000 床	20 000 床
活动场 2000m²	1	2	4	6	10	16
篮、排球场 800m²			1	1	2	4
网球场	P	1～4	2～8	4～10	6～12	8～20
室内网球（25m×40m）						1
体育厅 250～1000m²		P	P	1	1	1
室内游泳池 500～2500m²		1	1	1	1	1～2
跑马中心			P	1	1	1
马数				10	15	25
小型高尔夫球场 5000m²		P	P	1	2	3

注：P 表示可以设置。

1.2.4 管理与医疗等设施。旅游区内管理、医疗等设施的总的建筑主面积可按 0.2 m²/床的指标进行估算，如附表 4 所示。

附表 4　管理、医疗等设施的分项配置指标

类　别	1000 床	2000 床	4000 床	7000 床	12 000 床	20 000 床
行政管理中心			P			
旅游咨询服务		P				
邮电所	P					
消防队		P				
派出所（季节性）			P	P		
维修站						
医疗诊所/m^2	P	100	200	400	1000	2000
托幼服务		P				
托儿所/m^2	P	100	150	250	400	500
内科医务人员/人			1	1～2	2～6	2～10
牙科医生/人			P	P	1	1
按摩医师/人			P	1	1	1
药剂师/人		P	1	1	1～2	2～3
其他医务人员/人		1	2	3	5	5

注：1. 维修站包括道路、庭园、废物处理、扫雪等。
　　2. P 表示可以考虑设置。

1.2.5　旅馆面积指标。建议按照附表 5 执行。

附表 5　旅馆面积指标　　单位：m^2

类　别	五星	四星	三星	二星
客房部分	46	41	39	34
公共部分	4	4	3	2
饮食部分	11	10	9	7
行政服务	9	9	8	6
工程机房	9	8	7	4
其　他	2	1	0	0
备用面积	5	5	4	1
总 面 积	86	76～80	68～72	54～56

1.2.6　旅游公寓面积指标。建议按照附表 6 执行。

附表 6　旅游公寓面积指标

设施及面积	两用卧室		一间卧室		二间卧室		三间卧室	
	最小	一般	最小	一般	最小	一般	最小	一般
床数/床	2～3		3～4		5～6		7～8	
起居室净面积/m^2	14	20	14	20	16	24	18	30
厨房净面积/m^2	2	2	2	3	4	5	5	6
卫生间净面积/m^2	3	4	3	5	4	7	5	6
卧室净面积/m^2			8	9	8	10	8	10
					8	9	8	9
							7	8
过道与橱柜净面积/m^2	2	4	5	8	8	11	12	15
总净面积/m^2	21	30	32	45	48	66	63	84
总毛面积/m^2	27	39	41	58	62	86	82	112

1.3　环境质量

1.3.1　旅游区按其不同产品类型可划分为：

观光产品型，包括自然景观（如名山大川），人文景观（如名胜古迹、城市娱乐等）；度假产品型，包括森林型、山地型、草原型、温泉型、滑雪型、海滨型、河湖型度假产品等；专项产品型，包括体育、探险、游船、科学考察等旅游产品。上述类型产品可能单独出现，也可能相互交叉出现在同一旅游区内。

1.3.2　旅游区根据不同的产品类型及旅游容量采用不同环境质量标准，对跨两种或两种以上产品类型的旅游区，应采用较高的环境质量标准。

1.3.3　人文景观型旅游区的规划设计应当以达到以下环境质量标准为目标：①绿地率不少于 30%；②大气环境达到 GB3095—1996 一级标准；③人体直接接触的娱乐水体达到 GB12941—1991A 类标准，与人体非直接接触的景观娱乐水体达到 GB12941—1991B 类标准，生活饮用水水质达到 GB5749 的要求，其他水体达到 GB3838 标准；④环境噪声达到 GB3096 的要求；⑤公共场所卫生达到 GB9663—9673 和 GB16153 的要求。

1.3.4　自然景观型旅游区和度假型旅游区的规划设计应当以达到以下环境质量标准为目标：①除滑雪、海滨和河湖型旅游区外，其他旅游区绿地面积不少于 50%；②大气环境达到 GB3095—1996 一级标准；③人体直接接触的娱乐水体达到 GB12941—1991A 类标准，与人体非直接接触的景观娱乐水体达到 GB12941—1991B 类标准，生活用水水质达到 GB5749 的要求，其他水体达到 GB3838 的要求；④环境噪声达到 GB3096—19930 类标准；⑤公共场所卫生达到 GB9663—9673 和 GB16153 的要求。

1.3.5　专项旅游产品应按照专项产品环境质量保护的特殊要求进行规划设计。